DOCUMENTS

pour servir à l'étude du

NORD OUEST AFRICAIN

Tome III.

LES OASIS DE L'EXTRÊME-SUD ALGÉRIEN.

DOCUMENTS

POUR SERVIR A L'ÉTUDE DU

NORD OUEST AFRICAIN

RÉUNIS ET RÉDIGÉS PAR ORDRE DE

Mr JULES CAMBON

Gouverneur général de l'Algérie,

PAR

H.-M.-P. DE LA MARTINIÈRE,	N. LACROIX,
Directeur du Cabinet au service des Affaires Indigènes du Gouvernement général de l'Algérie.	Capitaine d'infanterie hors cadre, Chef de bureau arabe détaché au service des Affaires Indigènes du Gouvernement général de l'Algérie.

GOUVERNEMENT GÉNÉRAL DE L'ALGÉRIE
SERVICE DES AFFAIRES INDIGÈNES

M DCCC XCVII

AVERTISSEMENT.

Les régions, dans lesquelles la France s'est toujours trouvée en contact avec le Maroc, ont fait l'objet des Documents sur le Nord Ouest Africain *parus jusqu'ici : ce sont celles qu'avait en vue, à proprement parler, le traité de délimitation de 1845, qu'elles fussent situées au Nord ou au Sud du Teniet el Sassi. — Les tomes III et IV, que nous imprimons aujourd'hui, sont consacrés aux Oasis Sahariennes, connues dans le public sous le nom un peu trop généralisé de Touat, et que le traité de 1845 a passées sous silence.*

Il y a peu d'années, on n'eût pas cru nécessaire d'aborder l'étude de ces pays lointains. L'intérêt politique qu'ils présentent à l'heure actuelle, est la conséquence même des progrès de notre domination dans l'Afrique du Nord. Ce n'est pas un sentiment de vaine gloriole qui nous a conduits à étendre cette domination : c'est la force des choses. — *Les tribus que nous avons successivement soumises au Sud de nos possessions vivaient dans un état d'insécurité qui les forçait à guerroyer sans cesse ; nous leur imposons la paix, mais par cela même, nous nous obligeons à les protéger et nous sommes entraînés, pour le faire, à reculer incessamment les limites de notre action. Il y a là une sorte de loi qu'ont subie, ainsi que l'a remarqué un jour Lord Salisbury, toutes les nations civilisées en contact avec des peuples barbares.* — *D'autre part, la pénétration de l'Afrique est devenue le fait capital de ce dernier quart de siècle : elle a fait naître une sorte de concurrence entre les nations européennes et les contraint, dans les régions dépendant de la sphère d'influence reconnue à chacune d'elles, à constituer leur autorité de telle façon qu'elle ne puisse être contestée.*

Or, nous ne pouvons plus aujourd'hui considérer nos établissements dans le Nord de l'Afrique comme purement méditerranéens.

Le véritable caractère de l'intérêt qui s'attache pour nous à la possession des oasis sahariennes a pu ne point apparaître à tous les yeux par suite des prétentions que le Maroc a affichées sur ces régions. On a cru qu'elles étaient simplement l'objet d'un litige entre l'Empire Chérifien et nous. C'était une erreur. — *Il était naturel que la Cour de Fez invoquât, en vertu d'un passé bien éloigné aujourd'hui, des droits que la nature ne lui a pas donnés. Les princes musulmans, et en général les Orientaux, sont habiles et hardis dans leurs revendications, partout où les peuples civilisés se contentent* d'affirmer leurs droits sans les réaliser dans le fait : ils connaissent, par une expérience quasi quotidienne, les jalousies, qui divisent entre elles les puissances européennes et ils sont experts à en tirer parti ; — mais, quelles qu'aient été, en ce qui concerne le Touat, les affirmations du Maroc et sa ténacité, la nature des choses n'en a pas moins placé les oasis sahariennes dans l'hinterland algérien. Aussi les paroles de M. Ribot, Ministre des Affaires Étrangères, affirmant à la tribune du Parlement, en 1892, que la prise de possession du Touat était une affaire de police algérienne, n'ont-elles jamais fait l'objet d'une contestation quelconque.

L'apparence ne doit donc pas nous égarer. Il importe de distinguer soigneusement ce qu'on a appelé avec un peu d'exagération la question du Touat de la question marocaine, et de considérer l'intérêt que sa solution présente pour nous à un autre point de vue que celui de nos rapports avec l'Empire Chérifien. Nous nous sommes créé des droits dans le nord de l'Afrique, par le fer et par le sang, non moins que par l'immense service que nous avons rendu à l'Europe en détruisant la honte de la piraterie barbaresque ; ces droits nous ont été solennellement reconnus par le traité de 1890, qui a déterminé notre sphère d'influence dans cette partie du continent africain. — La possession du Touat, ainsi qu'on le verra, est la condition nécessaire de l'exercice de ces droits.

L'Afrique du Nord semble n'être, de la Mer Rouge à l'Atlantique, qu'un vaste désert, barrière infranchissable pour toute entreprise. Une seule voie la traverse *entièrement, le Nil, qui pénètre à l'est au cœur du Continent noir. A l'ouest, le traité de 1890 nous a reconnu un droit éminent sur les territoires qui relient nos possessions du Soudan à l'étroit bourrelet de terre fertile qui s'étend le long de la Méditerranée, et dont l'Algérie et la Tunisie forment la plus grande part. — Ce traité ne nous a-t-il donné qu'une satisfaction en quelque sorte platonique, et comment doivent s'exercer ces droits pour être réels et utiles? — Les volumes que nous donnons sont destinés à nous éclairer en partie sur ces points.*

Dans cette pensée nous ne nous sommes point bornés, comme précédemment, à faire porter nos études sur la géographie politique et sur l'histoire : la géographie physique a pris plus d'importance et nous publions des études géologiques du plus grand intérêt. — Le Sahara n'est pas cette étendue de sables inhabités qu'on se figure volontiers. Tous ceux qui l'ont parcouru savent par expérience combien peuplées sont parfois ces étendues qui apparaissent désertes et silencieuses. — Dans cette étrange nature, tout aime à se dissimuler : les plantes et les eaux cherchent sous le sable un abri contre l'ardeur du soleil; les hommes cachent avec soin l'orifice des puits où ils sont accoutumés d'aller boire. Les parties du pays vraiment infertiles et inhabitées sont les parties rocheuses. — Certains indices semblent indiquer que ces régions ne seraient pas sans posséder des richesses minéralogiques. C'est de ce côté qu'ont été dirigées les recherches de plusieurs des explorateurs dont nous avons encouragé les travaux et nous espérons que l'avenir récompensera les efforts qui ont été tentés dans cette voie.

Un incessant passage de caravanes relie le Soudan au Maroc, au Fezzan et à la Tripolitaine ; c'est par là qu'ont passé les apôtres de l'Islam qui ont converti l'Afrique centrale dans le courant de ce dernier demi-siècle. La propagande religieuse et le commerce allaient de compagnie. Quant à l'Algérie et à la Tunisie, la suppression de l'esclavage les a pour une grande part fermées aux caravanes : le fisc a fait le reste.

Ainsi, entre l'Algérie et le Soudan, dans ces régions même qui, aux termes du traité de 1890, sont sous notre influence, tout nous échappe. Un mouvement, dont on a peut-être grossi l'importance commerciale, mais dont on ne saurait exagérer la gravité morale et politique, rattache incessamment les parties les plus fanatiques de l'univers musulman, je veux parler du Maroc et de Djerboub des Snoussia, aux régions du Centre Africain qui constituent les plus récentes conquêtes de l'Islam. Ce serait se leurrer que de fermer les yeux sur des mouvements de cette nature et il importe aussi bien à la civilisation chrétienne en général qu'à la sûreté de notre propre domination au Soudan et en Algérie, que notre police soit effectivement exercée dans ces régions qui semblaient jusqu'ici sans intérêt pour l'Europe et pour nous.

Or, de toutes les voies suivies par les caravanes dans le Nord-Ouest Africain, la plus peuplée et la plus fertile, est assurément la vallée de l'oued Saoura, qui relie, comme les grains d'un chapelet, les Oasis Sahariennes :

elle permet pendant de longs jours de suivre une route jalonnée de villes et de villages; elle forme une sorte de couloir placé au centre du Sahara, et par où passent inévitablement les caravanes qui vont du Maroc à Tin Bouktou, dans l'Aïr ou à Murzuk. La puissance qui y dominera occupera le carrefour où se rencontrent les routes les plus importantes du Sahara; elle fermera au Maroc l'accès de l'Afrique musulmane et pourra surveiller étroitement les menées du panislamisme dans cette partie du monde; enfin elle tiendra sous sa main les magasins d'approvisionnement et de réserve des Touaregs Haggars, et sera par là maîtresse du commerce de cette immense région.

Nous avions donc raison de dire plus haut que l'intérêt de la possession du Touat dépasse de beaucoup celui du règlement d'un litige avec le Maroc. Il est d'ordre plus général et n'est autre que de savoir si les droits, qui nous ont été reconnus en 1890, dans l'intérêt de la civilisation, seront une réalité ou une chimère.

Cependant, il n'a pas paru jusqu'ici nécessaire d'entamer l'action décisive qui règlerait d'un seul coup, et sans grand effort, cette question déjà vieille.

Le Gouverneur général de l'Algérie qui représente, s'il comprend sa mission, la France dans l'Afrique du Nord, a fait successivement et d'accord avec M. le Commandant du XIXe corps, les diverses propositions que comportaient des projets d'occupation sans cesse repris, remaniés, et sans cesse abandonnés. En même temps, il s'occupait de préparer les voies à notre action; il entrait en relations plus intimes avec les populations lointaines et il étudiait le mode suivant lequel pourrait s'exercer notre domination.

Les divers ouvrages, forts, bordjs et fortins qui ont été construits depuis six ans au sud de Géryville, d'El Goléa et de Ouargla répondent au même ordre d'idée ; ils prolongent notre occupation, protègent nos tribus et serviront de base à des opérations ultérieures, vers ces oasis, but prochain de notre activité.

Chacune de ces oasis Sahariennes constitue, suivant la coutume berbère, une sorte de municipe, sans lien avec les oasis voisines ; elle est elle-même divisée en partis opposés, qui, suivant les circonstances, se montrent favorables tantôt au Maroc, tantôt à la France : les sédentaires, petites gens, y sont en opposition avec les nomades ; on y craint les Touaregs, mais de toutes les influences, les plus puissantes sont les influences religieuses. — Au Gourara, au Touat, dans l'Aouguerout et dans le Tidikelt, les ordres religieux se disputent la prééminence et quelques-uns nous sont dévoués : les Cheikia, par exemple qui dominent à Tabelkoza ou les Tidjania qui sont en relation avec les Touaregs et les royaumes du Centre Africain.

On voit par là de quelle importance sont les relations cordiales que, depuis 1891, le Gouvernement Général entretient avec les chefs de divers ordres religieux. Avant tous les autres, il faut mettre les Cheurfa d'Ouazzan, chefs de l'ordre de Moulai-Taïeb, dont l'autorité religieuse est prédominante dans l'Ouest. Le vieux Chérif Si Abd Es Selam que l'on avait négligé nous est revenu tout *entier : il a poussé le dévouement jusqu'à se rendre au Gourara sur la demande du Gouverneur de l'Algérie, malgré son âge et ses infirmités : par des actes solennels, qu'il importe de ne pas laisser tomber de désuétude, il a placé, partout où se trouve notre drapeau, ses mokaddems et ses Zaouias sous sa protection et sous notre autorité. — Ses successeurs continuent sa tradition.*

Grâce à ces influences, le nom français a des amis dans les lointaines régions qui entourent In Salah, et bien des esprits y sont déjà accoutumés à l'idée de voir nos couleurs flotter sur les murs des Kasbas du Tidikelt.

A la vérité, on ne saurait soumettre ces pays, inhabitables pour les Européens, à une administration analogue à celle de nos bureaux arabes.

Il serait plus facile et plus sage de ne point chercher à l'administrer. Un officier, résident supérieur et n'intervenant pas dans les affaires locales qui ne sont point autres que des affaires municipales ; — des postes pour protéger et surveiller les chefs investis par nous ; — un tribut léger, suffisant pour marquer la soumission et calculé d'après les frais d'occupation ; — une troupe de police, recrutée chez les gens du pays et un courrier régulier ; voilà tout ce qu'il faut pour établir économiquement dans les oasis sahariennes le pouvoir le plus fort qu'elles auront jamais connu : Voilà tout ce que nous projetons. — La mise en œuvre de moyens d'action efficaces, mais simples, est seule possible dans ces régions éloignées. Ainsi, les solutions ont été préparées ; elles sont faciles, et si les circonstances extérieures à la question le

AVERTISSEMENT. XV

permettent, aussi prochaines qu'on voudra. Il serait souhaitable que la France fut enfin en pleine possession de son empire. Elle pourrait ainsi suivre comme puissance musulmane une politique dégagée de toute préoccupation immédiate.

Nul ne saurait mesurer la force que pourrait lui donner une politique fidèlement suivie à l'égard des musulmans, dans le nord de l'Afrique. Il importe surtout que la France en ait une, et pour que cette politique soit puissante et profitable, il la faut active, intelligente des mœurs et respectueuse des croyances. — On parle souvent de Panislamisme et de ses dangers : il ne faut pas lui donner de la force sous prétexte de le combattre. L'Islam est déchiré par des dissensions profondes et le Turc, par exemple, n'a pas de pire ennemi que l'Arabe. — Les Révolutions futures du monde musulman auront pour théâtre, par une sorte de contraste, les plus anciens pays du vieux monde et les régions les plus récemment découvertes du Centre Africain : leur contre coup se fera sentir aux peuples les plus puissants de l'Europe. La France, empire musulman, pourra être appelée à jouer un rôle qui ne sera pas indigne d'elle, et il lui appartient de s'y préparer dès aujourd'hui[1].

J. C.

---

[1] Les renseignements contenus dans ce volume ont été mis à jour jusqu'au mois de juin 1897.

OBSERVATIONS.

Dans le cours de cet ouvrage, on a adopté comme règle de transcription française des noms arabes, celle qui a paru le plus se rapprocher de l'usage et de la prononciation phonétique. Afin de simplifier on a évité de transcrire en français les pluriels sous leur forme arabe, ainsi, au lieu d'écrire au pluriel Cheurfa, Kiad, Mokadmine, on a préféré Chérifs, Kaïds ou caïds, Mokaddems. Pour ce qui concerne l'équivalence de ع on s'est arrêté au r' généralement usité. Quoiqu'il en soit, on a dû laisser subsister l'orthographe adoptée gh, rg, g, dans les termes consacrés par l'usage.

On a réuni en une seule liste, placée à la fin du tome suivant, l'ensemble des ouvrages consultés pour l'établissement des deux volumes.

H. M. et N. L.

TROISIÈME PARTIE

LES OASIS DE L'EXTRÊME-SUD ALGÉRIEN

I

Étude historique, politique et économique.

DOCUMENTS

POUR SERVIR A L'ÉTUDE DU

NORD OUEST AFRICAIN

CHAPITRE PREMIER.

Nos premiers rapports avec le Grand Désert. — Différentes tentatives d'exploration dans le Sahara. — Le commerce du Sud-Algérien. — Les projets de Chemin de fer transsaharien. — Des nécessités politiques d'occuper les Oasis de l'Extrême-Sud. — De la sécurité de notre domination dans le Sahara algérien.

Lorsqu'au mois de février 1841, le général Bugeaud débarquait à Alger, il trouvait la colonie dans une situation précaire qui avait soulevé les clameurs de l'opinion. La puissance d'Abd-el-Kader y était redoutable, l'émir dominait par une armée imposante, par ses places fortes, par les facilités que lui donnaient et la proximité du Maroc[1] et son prestige religieux, la

---

[1] Voir le 1ᵉʳ chapitre du IIᵉ volume de ces Documents.

masse des tribus toujours prêtes à répondre à son appel, et le système d'escarmouches par lequel on l'avait combattu n'avait servi qu'à exciter son ardeur. Toutefois, grâce à l'activité et à l'énergie du nouveau Gouverneur Général, la situation n'allait pas tarder à se modifier; tandis que la possession de contrées où nous n'avions pas hésité à pénétrer nous était assurée, nos conquêtes nouvelles s'étendant, on percevait en haut lieu la nécessité de recueillir d'utiles informations sur les régions méridionales qui prolongeaient la colonie dans le Sud, et au contact desquelles s'arrêtait alors notre domination.

C'est ainsi que, dès l'année suivante, cette préoccupation décide l'ouverture d'une sorte de grande enquête conduite par le lieutenant-colonel Daumas, Directeur Central des Affaires Arabes, et qui précède bientôt la publication, en 1845, de l'ouvrage « *Le Sahara Algérien* ». Aussi bien, et à cette même époque, le traité de Lalla Mar'nia ne nous montrait que trop l'importance de ces choses du Sud, si longtemps négligées. N'avions-nous pas commis de graves erreurs, des fautes, dans la rédaction de cette convention, où le Maroc profita si complètement de notre ignorance?

Déjà l'année précédente, nous avions commencé à aborder les Hauts-Plateaux. En Mars-Avril, le général Marey-Monge, opérant contre les Oulad-Naïl, s'était avancé jusqu'à 25 lieues de Laghouat. Après la signature du traité, le colonel Géry parcourait les Hauts-Plateaux Oranais et arrivait jusqu'à Brézina. Malgré

ces heureux résultats, l'opinion publique hésitait à approuver ces tentatives. Car, ainsi que l'a écrit le lieutenant-colonel de Colomb (*Notice sur les Oasis du Sahara*, 1860, p. 1), « à une époque où l'on connaissait
» à peine le Tell Algérien, pour qui était à Oran et à
» Alger, les villes de Mascara, de Tlemcen et de Médéa
» étaient des oasis en plein désert; pour qui était dans
» ces villes de l'intérieur, Saïda, Tiaret, Teniet-el-Had,
» tous les postes qu'on venait de créer sur les limites
» du Tell, étaient au bout du monde. Ceux de nos
» officiers qui faisaient la guerre, qui observaient,
» savaient seuls à quoi s'en tenir. Mais pour tout le
» monde, le désert commençait au delà de ces postes,
» et il fut un temps, dans la province d'Oran, par
» exemple, où une colonne qui s'était hasardée jusqu'au
» Chott, croyait être arrivée aux limites du possible,
» et avoir atteint une ligne au delà de laquelle l'air
» n'était plus respirable que pour les nègres et les
» antilopes ».

Quoi qu'il en soit, il fallait reconnaître que le Sahara passait à l'ordre du jour, et le concours des Sociétés savantes devenait actif pour s'y intéresser.

Malheureusement, après les soucis d'Abd-el-Kader, ce devaient être les embarras de la politique intérieure qui retardèrent toute action dans l'Extrême-Sud. Des spécialistes, il est vrai, tels Prax, et plus tard Aucapitaine, proposaient de rendre la vie à ces contrées par la réorganisation des anciennes caravanes qui, avant notre venue en Barbarie, partaient du Maroc, de Fez, de Meknas pour gagner Tripoli, la Mecque, en franchissant toute la Régence.

« Pour développer, écrivait Prax, le commerce que
» les pélerins de l'Algérie font avec La Mecque, il
» convient de demander tous les ans au consul de
» France, résidant à Djedda, un état de transactions
» opérées entre les marchands de La Mecque et les
» pèlerins des différents points du monde musulman.
» Ces renseignements, publiés par le journal arabe qui
» s'imprime à Alger, seraient pour les pélerins de nos
» possessions un puissant stimulant. Au lieu de partir de
» l'Algérie, avec des écus, ils prendraient les marchan-
» dises dont le placement leur serait signalé comme
» certain et lucratif. En supposant que sur le nombre
» des musulmans d'Algérie qui vont à La Mecque, il y
» en eût cent pouvant chacun trafiquer avec 10.000 fr.,
» il s'agirait d'un million de marchandises prises
» annuellement en Algérie pour l'exportation et d'un
» autre million de denrées reçues en échange [1] ».

Mais il faut attendre jusqu'à la fin de 1851, sous le gouvernement du général Randon, pour que l'idée de la pénétration dans le Sahara s'affirme. Le souci de la sécurité de notre installation dans le Tell nous décide alors à nous établir définitivement sur les Hauts-Plateaux. C'est ainsi que la création du poste de Géryville est suivie de l'occupation de l'oasis de Laghouat. Toutefois il est déjà aisé de prévoir que Géryville et

---

[1] *Revue de l'Orient*, 1849.

Laghouat ne seront que deux étapes dans cette marche vers le Sud que nous serons sans cesse obligés de poursuivre ; car c'est là une des caractéristiques les plus frappantes de notre conquête, autant que de notre politique en Algérie, que l'obligation d'enlever tout refuge aux mécontents et aux criminels fuyant notre administration et nos lois.

Pour le succès de cette progression nécessaire de notre domination, il nous fallait compléter les notions vagues et insuffisantes que l'on possédait sur ces régions lointaines. Il ne convenait pas moins d'exploiter, au meilleur sens politique du mot, le courant commercial que l'on cherchait à y renouer. Mais les premières tentatives sur les oasis du Touat viennent se butter devant l'hostile méfiance des indigènes.

C'est ainsi qu'échouent deux missions confiées en 1854 et en 1855 à un chérif d'Ouazzan, El Hadj Mohammed ben Ahmed qui est dénoncé comme chrétien par une caravane de Rezaïna, Algériens, alors en voyage au Gourara. L'administration n'avait pas osé charger d'une mission analogue le sous-lieutenant Dastugue du bureau arabe de Mascara, qui avait projeté d'aborder ces mêmes oasis.

Vers l'Est, dans une direction opposée, nos tentatives de négociations avec les Touareg, en se multipliant, devaient produire des résultats plus heureux; c'est ainsi que se succèdent le voyage du capitaine de Bonnemain (1856) à R'adamès, celui de l'interprète militaire Ismaël Bouderba (1858), à R'at, et enfin le grand voyage (1860-

61) d'Henri Duveyrier à travers le Sahara, exploration qui devait nous rapporter de si précieux renseignements. A la même époque, en 1860, le lieutenant-colonel de Colomb publie son intéressante « *Notice sur* » *les Oasis du Sahara et les routes qui y conduisent* », où il étudie le Gourara et le Touat, « qui sont, pour » lui, un long trait d'union entre nos possessions et » Tin Bouktou[1], et qu'il considère comme la seule » voie française vers le Soudan. »

---

[1] L'orthographe du nom de cette ville a donné lieu, jusqu'à présent, à de nombreuses dissertations. On pouvait espérer que notre occupation de la cité soudanaise apporterait dans le débat de nouveaux arguments, qui permettraient de fixer l'opinion à cet égard. Il n'en a rien été et notre incertitude est restée toujours la même.

En 1355, Ibn Batouta, qui a séjourné dans cette ville, la mentionne dans ses écrits ; il la nomme تنبوكتو *Tounbouktou*.

Mais ce ne fut que plus d'un siècle plus tard, vers 1490, que le nom de la cité mystérieuse apparaît dans les annales européennes. A cette époque, Jean II de Portugal, devenu « roi de Guinée », envoie par la Gambie des ambassadeurs au roi de *Tungubutu* et aux autres souverains noirs (*).

Quelques années plus tard (1550), Léon l'Africain, dans sa « *Description de l'Afrique* (**), mentionne la ville de *Tombutto* et son royaume ; son traducteur français, Jean Temporal (1556) transcrit *Tombut*.

C'est sur ces données que l'on a vécu jusqu'au XIXe siècle, c'est-à-dire jusqu'au moment où des voyageurs européens ont pu aborder la ville soudanaise et en rapporter des indications plus certaines. Le premier en date, René Caillié, orthographie : *Temboctou*, tandis que le grand voyageur Barth, et, après lui, le Dr O. Lenz, écrivent *Timbouctou*.

Du reste, Barth donne à ce sujet de précieuses indications : « Cette

---

(*) Schirmer. — *Le Sahara*, p. 370.

(**) 1re édition : 1550. — 2e édition (Ramusio) : 1590.

Au lendemain de ces tentatives plus ou moins heureuses, après cette ample moisson d'informations, on pouvait se demander ce qu'il allait en découler, et si, forts des connaissances recueillies, nous n'allions pas rendre notre progression plus décisive. Mais on vivait

» ville n'est pas très ancienne, écrit-il (*), et, quoique d'après la
» relation d'Ahmed Baba sa fondation soit due entièrement aux
» Imouchar', il n'est nullement invraisemblable que, dès le début,
» une partie des habitants de la ville ait appartenu à la nation sonrhaï,
» et mon opinion est que la forme originelle du nom était la forme
» sonrhaï *Toumboutou*, d'où les Imouchar' firent *Toumbuktou*, forme
» transformée dans le cours des temps en *Toumbouktou*.

» Le son « ou » dans la première syllabe du mot appartient au
» nom original et cela, non seulement dans la forme sonrhaï, mais
» aussi dans la forme arabe ; mais cette voyelle s'est peu à peu
» transformée en « i » et presque tous les Arabes actuellement disent
» et écrivent Timbouktou ou plutôt Tinbouktou. — تنبكت —
» sans voyelle longue ; l'accentuation tombe sur la deuxième syllabe.
» La raison, pour laquelle vraisemblablement la ville prit ce nom, est
» qu'elle était placée, à l'origine, dans un affaissement, entre deux
» dunes de sable : *toumboutou* (mot sonrhaï) signifie *creux* ou *sein de la*
» *mère* ; c'est sur cette dernière signification du mot que s'appuie
» aussi la niaiserie qui fait dériver ce nom d'une esclave qui y aurait
» accouché (**).

» Si le mot était tamachek, la forme originelle serait avec un i ;
» mais, même alors, le nom ne signifierait pas source ou puits, car

---

(*) *Reisen*. — Tome IV, p. 419. Traduction due à l'obligeance de M. A. Bernard, professeur à l'Ecole supérieure des lettres d'Alger.

(**) Sans doute, il faut, de même, faire bon marché de la légende citée par M. Félix Dubois, dans son récent ouvrage : « *Tombouctou la Mystérieuse* », légende d'après laquelle la fondation de Tin Bouktou serait due aux Touareg Maksara. Ceux-ci attirés, au dire de cet auteur, par les avantages du site, y avaient installé un dépôt d'approvisionnements dont ils avaient confié la garde à quelques esclaves, placés sous l'autorité d'une vieille femme de confiance appelée *Tomboutou*, « la mère au gros nombril ». C'est de ce campement, que serait née la ville actuelle qui aurait gardé le nom populaire de « la mère au gros nombril ».

à une époque où notre administration était satisfaite d'exercer une action indirecte sur Ouargla et sur l'ensemble des tribus Chaanba, grâce au concours des chefs des Oulad Sidi Cheikh. Toute notre politique saharienne évoluait alors sur le seul terrain économique. A vouloir nouer des relations avec les populations du grand Désert et, par elles, avec le Soudan, la France

---

» *tin* en tamachek, comme nous l'avons vu, a une tout autre signifi-
» cation. »

La question se résume donc à savoir si on se trouve en présence d'un mot sonrhaï, Toumboutou, dont Barth donne le sens, ou d'une expression berbère (tamachek) dont la signification serait à trouver.

Une étude faite sur place peut seule donner la solution du problème.

En attendant, c'est, à notre avis, aux écrivains arabes, que nous devons nous en rapporter, malgré leur peu de science étymologique en général, malgré leur ignorance presque totale de la langue berbère. Eux seuls, en effet, ont pu, mieux que quiconque, se trouver en relations avec des informateurs dignes d'un certain crédit.

En tout cas, la plupart d'entre eux écrivent تنبكــــ ce que nos arabisants modernes, les plus accrédités traduisent par *Tenboktou* (*).

Cette orthographe ramène à la notation berbère *Tinbouktou* (**) ou

---

(*) Voyez de Slane. — *Conquête du Soudan par les Marocains*. — Revue Africaine, tome I, 1856, p. 287.

E. Mercier. *Histoire de l'Afrique septentrionale*, tome III, p. 12, etc.

(**) Il est à remarquer que Barth écrit (sauf sur les gravures qui accompagnent son ouvrage — édition allemande — où il emploie la forme sonrhaï Toumboutou) Timbouctou. Cette dernière orthographe, adoptée également par le Dr Lenz, n'est, en somme, que la forme berbère dans laquelle la lettre *n* a été remplacée par un *m*, suivant la substitution grammaticale usitée dans la plupart des langues européennes, lorsque, dans un mot composé, la lettre *n* se trouve placée devant un *b*, un *m* ou un *p*. C'est la même raison qui nous fait souvent écrire, à tort, puisque le mot arabe s'écrit avec un ن (noun) et non un م (mime), Chaamba pour Chaanba.

consacrait ses efforts dans le Sud-Algérien. Sous l'empire de ces idées d'échanges, on en arriva à oublier le principe essentiel que le prestige de la force a seul raison des hésitations de populations musulmanes. Cette erreur était consacrée par les plus fallacieuses illusions, alors que nous attribuions une prospérité tout à fait chimérique aux populations nomades ou sédentaires qui, dans ces contrées reculées, ne vivent que de privations misérables, bornant à un degré extrême leurs besoins déjà fort restreints. La vérité de cette obligation d'user du prestige de nos armes pour

mieux Tin Bouktou, qui, jusqu'à plus ample informé, nous paraît la plus rationnelle.

En effet, Duveyrier a montré (*) que beaucoup de noms de localités du Sahara, aux appellations berbères (tamachek), commencent par le technique *In* (*en, wan, ouan, ouen*), forme masculine, ou *tin* (*tau, ten*), forme féminine ; en français, celui, celle de..., l'endroit, la localité de....

C'est ainsi que l'on trouve dans la première forme : In Ifel, In Sokki, In Amedjen, En Nefis, En Tehent, etc., et dans la seconde : Tin Erkouk, Tin Oulaf, Tin Menssar, Tin Iagguin, Tin Tahout, etc., expressions empruntées à la langue tamachek (tamahak) dans laquelle elles ont une signification précise, peut-être encore ignorée aujourd'hui, mais que l'on déterminera facilement le jour où l'on connaîtra mieux ce dialecte berbère.

Tin Bouktou (**) signifierait donc, la localité de Bouktou ; le sens exact de ce dernier mot restant encore inconnu.

(*) *Touareg du Nord*, p. XXXI et p. 471. Voir également : Hanoteau, *Grammaire tamachek*, 2ᵉ édition, 1896, p. 27. Bissuel, *Touareg de l'ouest*, p. XIV.

(**) Au dire de M. Mirante, interprète militaire, chargé de la rédaction du journal arabe, le Mobacher, tous les nègres du Soudan, qu'il a eu l'occasion d'interroger pendant l'assez long séjour qu'il a fait à El Goléa, prononceraient Tin Bouktou.

vaincre la timidité, autant que l'opposition dans nos relations avec les populations, apparut clairement lorsqu'en 1860 on tenta derechef la route du Sahara Occidental. Le commandant Colonieu et le lieutenant Burin se virent fermer l'entrée du Gourara, alors que sans escorte, sans moyens suffisants, ils ne pouvaient en imposer aux fanatiques[1].

Les mêmes causes allaient encore infirmer le traité dit de R'adamès, signé en 1862 par le commandant Mircher et le capitaine de Polignac, convention qui prétendait à l'ouverture, pour nos caravanes et grâce au concours des Touareg, des routes du Sahara.

D'ailleurs, l'insurrection des Oulad Sidi Cheikh ne tarde pas à profondément troubler le Sud-Algérien et à distraire l'attention de ces projets économiques. C'est ainsi que l'on attend dix années pour reprendre les essais de pénétration. A l'Est, Dourneaux-Duperré et Joubert s'efforcent alors et en 1874, de s'aboucher avec les Touareg Azdjer ; ils sont assassinés sur la route de R'adamès à R'at. En même temps, le voyageur Soleillet, grâce à l'appui de la Chambre de Commerce d'Alger, reconnaît la route d'In Salah, mais arrêté au Ksar le

---

[1] Devant la commission supérieure du Transsaharien, le général Colonieu a rappelé ces faits (Séance du 30 juillet 1879 des 1re et 3e sous-commissions.)

Arrivé au Touat, a-t-il raconté, l'entrée des Oasis lui ayant été refusée sous prétexte qu'elles dépendaient de l'Empereur du Maroc, il offrit d'exhiber une autorisation écrite de ce souverain, et ne reçut que la réponse ci-après : « Nous nous moquons de l'Empereur du » Maroc comme de toi, chien de chrétien ! »

plus septentrional de ce district, il doit en toute hâte se rendre aux sommations qui lui sont faites de rebrousser chemin. Cet insuccès découragea momentanément d'autres tentatives vers le Sud-Ouest, et les efforts se portent pendant plusieurs années et plus volontiers au Sud et au Sud-Est. Il convient alors de mentionner les voyages de Largeau 1875-1876-1877, des Pères Paulmier, Ménoret et Bouchand 1876, ces derniers religieux massacrés par leurs guides Touareg avant d'atteindre Hassi In Ifel, et enfin de L. Say 1877.

En 1878, se manifesta une sorte de renaissance de la question du Sahara; de par l'intérêt qu'inspire au public le plan gigantesque de l'ingénieur Duponchel, qui ne visa rien moins qu'à construire un chemin de fer transsaharien, mille projets surgissent, tandis que les conférences se multiplient en France. Le Gouvernement, saisi et comme pénétré de l'intérêt d'unir l'Algérie au Soudan pour drainer à travers les espaces sans fin du Grand Désert les marchandises du centre africain, décide, après avoir réuni une commission spéciale [1], l'envoi d'une mission dirigée par le lieutenant-colonel Flatters.

---

[1] Dénommée communément : Commission supérieure du Transsaharien. Elle fut instituée par décret du 13 juillet 1879 sur la proposition de M. de Freycinet, Ministre des Travaux publics.

Elle avait pour mission « l'étude des questions relatives à la mise
» en communication par voie ferrée de l'Algérie et du Sénégal avec
» l'intérieur du Soudan. »

La plupart des projets de chemins de fer à travers le Sahara soumis à son examen abordaient la région du Touat.

Une première tentative ne donne que des résultats insuffisants (1880). Une seconde en 1881 est terminée par l'anéantissement de la mission qui va se faire massacrer à Bir R'arama dans les plus lamentables circonstances.

Cependant les tentatives d'exploration se continuent.

A la fin de 1881, les Pères Richard, Morat et Pouplard, qui essaient de gagner R'at, sont assassinés aux environs de R'adamès, et en 1883, commence la série des levers de M. Foureau, dans le Sahara.

Vers 1885, on songe de nouveau au Touat.

Le lieutenant de cavalerie Palat veut gagner Tin Bouktou par cette voie. Parti de Géryville avec un indigène des Oulad Sidi Cheikh, Bel Arbi Ould Naïmi, il se rend d'abord à El Goléa; puis, suivant l'Oued Meguiden, il atteint Tabelkoza dans le Tin Erkouk, et visite successivement Zaouiet ed Debbar', Adr'ar, El Mabrouk, El Hadj Guelman, Semmota, d'où il s'avance jusque chez Bou Amama, à Deldoun.

De retour dans l'Aouguerout, il quitte définitivement les Oulad Sidi Cheikh qui l'avaient accompagné jusqu'alors, pour se confier aux gens des Oulad ba Hammou, venus sous le prétexte de le chercher au nom d'Abdelkader ben Badjouda, d'In Salah. Peu de temps après, à Hassi Cheikh, sur la route d'In Salah, il est assassiné par ses guides avec son interprète Belkassem en Février 1886[1].

[1] Il est à peu près démontré que ce crime n'a été commis ni à

La même fin était réservée à un autre voyageur français, Camille Douls, qui, trois ans plus tard, en 1889, partait du Maroc pour gagner Tin Bouktou par le Touat. Il était victime entre l'Alouef et l'Akabli, les uns disent de ses deux guides des Ibatanaten[1], les autres d'Arabes Dermechega[2] qui vivent de rapines sur les routes du Touat.

Depuis cette époque de nombreux essais de pénétration dans le pays des Touareg[3] se sont encore produits.

Mais en résumant tous ces voyages et en les étudiant, on peut se convaincre de la fragilité autant que de la pauvreté de leurs résultats, si on en excepte toutefois la belle et studieuse exploration d'Henri Duveyrier et quelques-uns des itinéraires de M. Foureau.

Beaucoup de ces voyageurs, au surplus, ont eu comme mobile principal les plus grandes illusions.

---

l'instigation de Bou Amama ni à celle des gens du Gourara, ni même à celle d'Abdelkader ben Badjouda, d'In Salah, qui fit rechercher les coupables et ne les relâcha qu'après les avoir fait marquer d'un fer rouge. Les soupçons se sont portés, sans preuves bien établies, sur Si Lala ben bou Bekeur, notre ancien Agha d'Ouargla, qui se trouvait alors au Gourara.

[1] Touareg de l'Azaouad, la contrée au Nord de Tin Bouktou, que Douls avait rencontrés au Reggan et avec lesquels il avait passé marché pour le conduire à Tin Bouktou.

[2] Ou Dermechaka. — Voir à propos de cette tribu : Deporter, *Extrême Sud de l'Algérie*, p. 359.

[3] Allusion aux explorations de MM. Foureau (1890, 1892, 1892-93, 1893-94, 1894-95, 1895-96); G. Méry (1892, 1892-93) et B. d'Attanoux (1894).

Aussi bien, et pour faire cesser de dangereuses autant que coûteuses idées, il faut établir que le bilan des échanges dans le Sahara se réduit à peu de choses. L'agriculture y est nulle ; et il est de toute évidence que l'on ne pourra tirer aucun profit réellement appréciable des espaces vastes et stériles du grand désert. Tout au plus, et autour des puits existants ou de ceux que l'on parviendra à forer, développera-t-on par une meilleure distribution des eaux la culture du palmier : par là, évidemment on étendra la surface productive des rares oasis de verdure. Déjà quelques expériences tentées ont donné des résultats satisfaisants. En les continuant, en les multipliant, on améliorera le sort des populations, on rendra moins précaires leurs moyens d'existence, car on diminuera, du même coup et heureusement, les chances de famines si fréquentes au milieu de la désolation de cette contrée ; enfin et au point de vue politique on fixera peut-être plus solidement quelques nomades au sol qui les nourrira ; mais de là à espérer dans le Sahara une source de richesses futures il y a la distance qui sépare un rêve de la réalité.

Sous le rapport commercial les motifs de notre pénétration sont moins chimériques mais peu décisifs néanmoins. Le négoce dans le Sahara se fait de deux manières : il y a le procédé qui consiste à alimenter les habitants du Grand Désert de denrées et d'objets fabriqués qu'ils ne peuvent se procurer chez eux, c'est le commerce d'approvisionnement, il y a ensuite et surtout le commerce de transit qui s'effectue entre les ports de la Méditerranée et de l'Océan d'une part et le Soudan d'autre part. Or à l'heure présente et sauf des exceptions presque insaisissables les deux mouvements échappent à l'Algérie. Les raisons de cette quarantaine fâcheuse, comme imposée à notre colonie, sont multiples et ne datent pas d'hier.

Déjà, en 1849, Prax, qui venait d'explorer le Sud de la Tunisie et de la province de Constantine, écrivait :

« Les marchands d'El Oued s'approvisionnaient à
» Tunis et non à Constantine parce que nous ne les
» avons pas encore invités à venir sur nos marchés et
» parce qu'en outre nous ne pouvions leur offrir des
» denrées à leur convenance. » (*Revue de l'Orient*, 1849).

Puis quand nous arrivâmes dans les villages du Sud Algérien, un officier du bureau arabe de Médéa, le lieutenant de Sanvitale, constatait « qu'il ne se vend
» dans les Ksour du Sud aucun objet de fabrique fran-
» çaise, on n'y trouve guère que des produits de
» l'industrie anglaise, cotonnades, armes, etc. qui leur
» viennent de l'Est par Tunis et de l'Ouest par le
» Maroc. »[1] (*Revue de l'Orient*, mars 1854). On conçoit à plus forte raison que la situation était la même dans le Gourara, dans le Touat, et les marchandises que les négociants du Mzab y emportaient provenaient princi-

[1] Déjà en 1845, Daumas avait écrit : « Alger fournissait autrefois
» au Touat...... A la faveur de la guerre, les Anglais ont accaparé
» tout ce commerce. » *Sahara algérien*, p. 296.

palement de la régence de Tunis et de R'adamès. Toutefois cette voie ne devait pas non plus tarder à perdre de sa vitalité de par la suppression de la traite des nègres. Quant à la route de l'Ouad Saoura, elle jouissait comme maintenant d'un juste renom d'insécurité ; les nomades (Doui-Menia, R'enamena, Beraber et autres) y excerçant de constantes déprédations. C'est à peine si par l'influence religieuse des marabouts de Kerzaz, quelques caravanes parvenaient et parviennent encore à atteindre le Tafilalet ou Figuig.

Au Tidikelt cependant, l'activité commerciale est plus marquée. In Salah, est, en effet, comme l'étape et l'intermédiaire désigné entre R'adamès et Tin Bouktou.

L'occupation de cette dernière ville est venue porter un grand préjudice à ces intérêts commerciaux.

Ce serait donc se leurrer profondément que d'attribuer une grande importance au commerce des groupes d'oasis du Gourara, Touat, Tidikelt en particulier et à celui du Sahara en général.

Ce fut à la fin du XVIe siècle que cessèrent les échanges commerciaux qui unissaient le Touat au Soudan. A la disparition de l'Empire Sonrhaï les routes se fermèrent et la prospérité de Tin Bouktou, le grand marché occidental, commença à décliner. Les Touareg qu'aucune puissance ne retenait plus eurent vite fait de désoler toutes les régions[1]. Dans le même

---

[1] Il faudrait pourtant se garder de croire que les Touareg ont de tout temps demandé au pillage le plus clair de leurs ressources.

Jadis, avant la constitution de l'empire Sonrhaï, ils ont formé un

temps, mais plus au nord, une autre voie se fermait également. Ouargla, la grande ville du Sud Algérien, la Reine du Désert ainsi qu'on l'appelait communément, entretenait d'actives relations avec le Touat et avec Agadés. Cette capitale de l'Aïr, que les Sonrhaï avaient conquise au début du XVIᵉ siècle, voyait sa prospérité, sa puissance ruinée par les luttes intestines de ses habitants, et ainsi se précipitait avec cette décadence la profonde modification de l'état économique du Sahara.

De nos jours, la pacification de la vallée du Niger, provoquée par notre établissement à Tin Bouktou, concourt de plus en plus à développer le courant qui s'effectue vers l'Ouest et par la voie du Sénégal. On ne saurait, en effet, prétendre imposer aux marchandises du Soudan la longue, dangereuse et partant dispendieuse voie terrestre. On ne saurait, également,

état puissant dont la capitale, au dire de Duveyrier, s'appelait Es Souk. Ce sont eux qui auraient fondé ou plutôt restauré Tin Bouktou et une partie des Ksour du Tidikelt. L'Empire Sonrhaï, dont le centre d'action était au Soudan, a détruit leur puissance, les a en partie refoulés et a étendu sa domination jusqu'au Touat, jusqu'à l'Aïr. C'est de cette époque que semble dater le principal changement d'existence des Touareg. Toujours en lutte pour parer aux incertitudes du lendemain, leur esprit d'individualité et d'indépendance a été poussé au maximum. De là cette absence totale d'organisation politique un peu étendue et ce manque absolu d'autorité supérieure responsable que l'on remarque chez eux. L'État chez les Touareg n'existe pas, en effet, et dans les différentes confédérations (du moins aimons-nous à les désigner ainsi), il est difficile de trouver même une personnalité de quelque puissance et dont l'autorité soit respectée.

oublier que les guerres cessant dans le bassin du Niger, le recrutement des esclaves y devenant de plus en plus difficile, le négoce des caravanes en sera radicalement et heureusement changé.

Les appréciations les plus optimistes évaluent à 200 millions environ le montant de la valeur de toutes les transactions qui s'opéraient à travers le Grand Désert au temps déjà éloigné de la prospérité relative que certains lui attribuent. Cette estimation approchée se rapporte à l'ensemble des contrées Sahariennes, c'est-à-dire à toute la région désertique qui s'étend de la vallée du Nil à l'Atlantique. De nos jours ces chiffres sont bien réduits, et à une dizaine de millions[1] les statistiques les plus récentes évaluent le commerce dit Saharien, la Tripolitaine y figurant pour 7 à 8 millions.

Presque toutes les marchandises s'acheminent vers le Soudan par les trois voies de R'adamès, R'at et l'Aïr à l'Ouest, de Mourzouk et Kaouar au Centre, et de Djalo et Koufra à l'Est. De plus en plus, les transactions avec le Touat diminuent, et se réduisent aux choses strictement nécessaires à l'existence des populations de ces contrées.

Or, en raison de leurs conditions d'existence, leurs besoins sont des plus restreints.

« Le Touat, le jardin du désert, est loin, a écrit

---

[1] Commandant Rebillet, communication faite au congrès de Carthage.

» M. Schirmer[1], de subvenir aux besoins d'une popu-
» lation très dense, dont la plus grande partie ne mange
» pas à sa faim. Il est des familles, dit M. Rohlfs, qui
» passent une semaine entière sans avoir autre chose
» que des dattes pour se nourrir. Et il faut encore
» compter avec les tribus nomades, qui viennent
» percevoir en nature la rançon des sédentaires. Beau-
» coup émigrent: on rencontre dans nos villes du Sud
» de l'Algérie des hommes au teint brun qu'on nomme
» Gourariens, mais qui, en réalité, sont originaires de
» toutes les parties du Touat. »

La datte, la base de cette alimentation, est le seul produit de ces contrées ; ses habitants doivent y trouver non seulement le fond de leur nourriture, mais encore les ressources indispensables pour se procurer les objets et les denrées de première nécessité.

C'est, en effet, en échangeant ce fruit, que les gens du Gourara et du Touat obtiennent annuellement des tribus algériennes, le blé, la laine, les moutons, la

---

[1] *Le Sahara,* p. 309, 310:

« L'alimentation, écrit le même auteur (p. 248) ne varie guère dans toute l'étendue du désert ; quelques dattes, et une pâte de bouillie d'orge ou de sorgho, voilà le fond de la nourriture du riche et du pauvre ; le nomade, qui n'a souvent pas de farine, la remplace par un peu de lait. On vit avec luxe lorsqu'on combine les trois genres d'aliments, comme au Souf et dans l'Aïr. Quant à la viande, elle est réservée pour les grandes solennités ».

« Le régime alimentaire des Touareg, écrit de son côté M. Rabourdin (*Les âges de pierre du Sahara central,* p. 140), est fort simple. La mère du futur chef des Azdjer m'a assuré qu'elle ne vivait absolument que de lait. »

viande sèche, etc., et en général les choses les plus indispensables à leur existence.

C'est encore avec la datte que les habitants du Tidikelt achètent aux Touareg Ahaggar ou Taïtok leur protection. On conçoit donc que si la récolte vient à manquer, la misère est grande dans ces régions où l'activité humaine n'a pas d'autres ressources à mettre en valeur.

Aussi bien l'idée de l'établissement d'une voie ferrée à travers le désert a trouvé des opposants même parmi les plus éminents voyageurs qui aient exploré ces régions. C'est ainsi qu'au mois d'avril 1881, le Dr Lenz, de retour de son voyage à Tin Bouktou, avait, dans une conférence faite à Berlin pour rendre compte de son exploration, présenté comme irréalisable et chimérique l'exécution d'un chemin de fer transsaharien[1]. Il réitéra son appréciation le lendemain en présence de notre ambassadeur le comte de Saint-Vallier auquel le Dr Nachtigal, président de la Société de Géographie de Berlin, l'avait présenté.

« Ces deux savants voyageurs, écrivait à ce propos
» notre représentant en Allemagne, n'apprécient pas
» l'idée d'un chemin de fer transsaharien ; ils la
» regardent comme absolument chimérique et irréali-
» sable. Suivant eux, la nature du sol, le climat, les
» habitants, tout se réunit pour en rendre l'exécution

---

[1] Revenant sur cette question dans le récit de son voyage. (*Timbouctou*, T. II, p. 376 et suiv.), le Dr Lenz concluait, cette fois, que le projet d'un Transsaharien était « encore incertain et nuageux. »

» impossible. Ils affirment qu'on s'est bercé, en France,
» des plus regrettables illusions quand on a émis la
» pensée de lancer une voie ferrée à travers l'inconnu,
» les immenses espaces, les solitudes arides, les déserts
» mouvants, dénués d'eau potable, dépourvus de toute
» végétation, où ne se trouvent pas de populations
» agglomérées, ni sédentaires, mais que sillonnent des
» bandes nomades vivant de rapines, de pillages et
» de crimes.

» La France, d'après les deux voyageurs, aurait au
» contraire une belle et enviable mission civilisatrice
» à remplir, si elle portait ses efforts, ses capitaux, sa
» puissance d'expansion sur les contrées avoisinantes
» de l'Algérie et du Sénégal, en limitant sagement sa
» tâche et en avançant peu à peu dans une voie qui
» serait féconde, si chaque pas en avant était propor-
» tionné à la base solide qu'un progrès antérieur aurait
» permis de constituer. »

M. Barthélemy Saint-Hilaire, Ministre des Affaires Étrangères, s'était empressé de communiquer l'opinion des deux savants au Gouverneur Général de l'Algérie, M. A. Grévy. Dans son accusé de réception, ce haut fonctionnaire, tout en déclarant que les appréciations d'hommes aussi autorisés que les deux célèbres voyageurs ne pouvaient qu'être prises en sérieuses considérations, crut devoir formuler certaines réserves. Nous donnerons ici de longs extraits de la lettre qu'il adressa en cette circonstance au Ministre, car elle contient à notre avis, malgré certaines opinions peut-être trop exclusives, le programme de pénétration saharienne appliqué en partie après 1881.

« Les opinions émises par les deux savants allemands,
» écrivait M. A. Grévy, relativement au rôle de la
» France dans le Nord-Ouest du continent africain,
» quoique excessives, ainsi que j'aurai l'honneur, je
» l'espère, de vous le démontrer, sont cependant, sauf
» la question de mesure, partagées par quelques per-
» sonnalités algériennes joignant à l'expérience de la
» politique indigène du Sahara un sens critique exercé
» et le calme qui convient à des esprits bien équilibrés.

» Les savants allemands dans leur conversation avec
» M. de Saint-Vallier n'ont fait, malgré leur science,
» aucune différence entre les régions qui nous sont
» accessibles par l'Algérie et le pays des Touareg, par
» exemple ; ils n'ont pas vu ou voulu voir que notre
» Sahara algérien est, sur certains points, limitrophe
» de pays occupés par de nombreuses populations
» sédentaires, habitant une région productive, la seule
» où les farouches hordes des Ahaggar viennent s'ap-
» provisionner facilement. Je veux parler des régions
» du Gourara, du Touat et du Tidikelt qui occupent
» plus de 600 kilomètres comptés sur les méridiens
» d'Oran et de Nemours, au sud de notre Sahara
» Algérien de l'Ouest, et où vivent des populations
» sédentaires réparties dans plus de 300 Ksour, popu-
» lations agricoles, industrielles et commerçantes qui
» cultivent environ 8.000.000 de palmiers.

» C'est dans ces régions que se réfugient nos dissi-

» dents algériens ou les tribus marocaines qui
» n'obéissent pas à l'influence de l'empereur; c'est
» de là qu'elles partent en razzia contre nos tribus
» soumises de l'extrême Sud qui, resserrées dans
» le rayon de protection de nos postes extrêmes, ne
» peuvent se développer librement et augmenter leurs
» richesses pastorales sur des territoires où nous ne
» pouvons, dans l'état actuel des choses, leur assurer
» la sécurité.

» Aussi, comme l'ont très bien dit les deux savants
» allemands à M. le comte de Saint-Vallier, la France
» avant de s'engager dans l'entreprise périlleuse de la
» construction d'un chemin de fer transsaharien
» a-t-elle bien d'autres devoirs à remplir dans le Nord
» de l'Afrique.

» Je n'ai pas à discuter ici le plus ou le moins de
» convenance qu'il y a d'augmenter l'étendue de nos
» possessions algériennes à l'Est ou à l'Ouest de leurs
» limites actuelles; ce sont des désiderata que seul
» le Gouvernement de la République a le droit et
» le devoir de poursuivre ou de remettre à une autre
» époque.

» Mais, il est certain que si les personnalités algé-
» riennes, dont je viens de vous parler plus haut et dont
» je partage du reste les opinions en cette matière,
» n'ont pas repoussé ou combattu l'idée de la création
» d'un chemin de fer transsaharien tel qu'on le com-
» prenait généralement en France, c'est uniquement
» dans le but de ne pas détourner de l'Algérie un

» courant d'idées qui lui était certainement utile et qui
» ne pouvait qu'amener des études et plus tard des
» créations indispensables à l'affermissement et au
» développement de l'influence française dans le Sahara
» du Nord, qui est géographiquement algérien et qui
» doit l'être politiquement.

» Il est évident, en effet, qu'avant d'étudier sérieu-
» sement la question de création d'un chemin de fer
» transsaharien, il faut être maître du Sahara algérien
» aussi bien politiquement qu'économiquement, ce qui
» ne peut se faire que par la création de lignes ferrées,
» qui n'auront peut-être aujourd'hui qu'une utilité
» politique ou stratégique, mais qui peuvent devenir
» avant peu des lignes commerciales productives.

» C'est en raison de ces considérations, je le répète,
» que les hommes de bon sens en Algérie, n'ont pas
» combattu les divers projets de chemin de fer transsa-
» harien qui ont été étudiés, lesquels partant des prin-
» cipaux ports de la côte algérienne avaient presque
» tous un objectif commun : Tin Bouktou ou le coude
» du Niger à Bouroum. On espérait que, quel que fut le
» tracé adopté, on le mettrait à exécution au moins à
» travers l'Algérie et notre Sahara algérien, ce qui
» doterait notre colonie d'une ou plusieurs voies stra-
» tégiques perpendiculaires à la côte et appuyées sur
» des postes avancés dont j'ai du reste proposé la
» la création, il y a quelques mois.

» Maîtres alors du Sahara algérien, nous pourrions
» songer sans nous bercer d'illusions chimériques à

» étendre notre influence et notre action directe sur
» les populations sédentaires de l'extrême Sud que dans
» l'état actuel des choses, nous sommes impuissants à
» plier définitivement sous notre autorité.

» Mais je ne saurais trop le répéter, avant de songer
» à traverser le Sahara par une voie ferrée, il faut,
» avant de ne rien entreprendre, occuper d'une
» manière permanente et définitive le Sahara algérien,
» en y plaçant des postes qui y assurent d'abord la
» sécurité[1].

» Plus tard, quand ces populations algériennes de
» l'extrême Sud auront acquis la sécurité, elles ser-
» viront de points de départ ou de base à des accrois-
» sements ultérieurs d'occupation, facilités par les
» lignes ferrées qui rejoindront nos postes extrêmes au
» littoral.

» Ces trois lignes ferrées sont les premiers tronçons
» des trois tracés transsahariens qui ont été préconisés
» et plus ou moins sommairement étudiés.

» De tous ces tracés, celui qui se maintiendra le plus
» longtemps au milieu des populations sédentaires et
» productrices sera évidemment le meilleur à tous
» égards, tant au point de vue des facilités qu'aura sa
» construction que du but économique et politique
» qu'il est destiné à atteindre.

» Dans cet ordre d'idées qui s'impose, le tracé de

---

[1] Voir à propos des projets de création de nouveaux postes présentés par M. A. Grévy, Tome II, pp. 104, 242 et 274.

» Biskra à Ouargla, traversant environ 400 kilom.
» d'oasis malsaines pour les Européens et ne pouvant
» dépasser Ouargla, puisque, au devant, nous n'avons
» que des sables inhabités jusqu'au massif des Touareg
» Ahaggar, n'offre qu'un intérêt stratégique ; ses
» avantages sont peu importants, puisque le Sahara
» algérien ne dépasse guère Ouargla.

» Le tracé par Laghouat et Metlili ne peut aller
» plus loin que Goléa ; il offrirait des avantages straté-
» giques et politiques importants, mais qui ne se
» manifestent pas d'une manière directe ; enfin ses
» avantages économiques sont presque nuls au delà
» de Metlili.

» Le véritable tracé, réunissant toutes les conditions
» que j'ai indiquées plus haut, est celui qui partant
» d'un point quelconque de la province d'Oran, tra-
» versant la mer d'alfa pendant plus de 200 kilom.,
» ayant un point d'appui solide à hauteur de Figuig
» par la création d'un poste dans la région des Ksour
» de l'Ouest[1], se dirigera par Igli et le long de l'Oued
» Saoura sur In Salah.

» Je ne veux pas examiner ici l'utilité qu'il pourrait
» y avoir à diriger cette ligne ferrée sur un point quel-
» conque du Niger ; une opinion sérieuse à cet égard
» ne pourrait être avancée qu'à la suite d'études qui

[1] La lettre citée ici porte la date du 18 mai 1881. A ce moment, nous l'avons vu, la création d'un poste dans la région des Ksour du Sud-Ouest n'était qu'à l'état de projet, encore incertaine. Le poste d'Aïn Sefra ne fut créé qu'à la fin de l'année 1881.

» ne seraient utilement faites que lorsqu'on aurait
» atteint In Salah.

» Mais poussée jusqu'à ce point la ligne, dont je
» parle, serait tout à fait à l'abri des critiques que
» MM. Lenz et Nachtigal font du tracé général du
» chemin de fer transsaharien.

» La ligne d'Oran-In-Salah traverserait en effet
» jusqu'à la hauteur de Figuig des territoires qui nous
» appartiennent, occupés par des populations séden-
» taires et productives ; plus au Sud, elle traverserait
» la ligne des Ksour installés sur l'Oued Zousfana ; à
» Igli elle descendrait la fertile vallée de l'Oued
» Saoura, drainant ainsi la région à l'est occupée
» par les Ksour populeux du Gourara, de l'Aougue-
» rout, du Bouda, du Timmi, du Tidikelt, du Bled
» Reggan.

» Cette ligne, qui, dès ses débuts, aurait un certain
» trafic assuré, est essentiellement stratégique ; elle
» annule l'action des Ksour de Figuig et des nom-
» breuses et belliqueuses populations berbères qui
» pérégrinent entre Figuig et Igli. Elle permet de
» couper court aux incursions des Oulad Sidi Cheikh[1],
» et de détruire leur influence au Gourara et au Touat ;
» elle permet également d'amener à notre discrétion
» les Touareg Ahaggar dont tous les ravitaillements
» et le commerce se font à In Salah et au Bled Reggan.

---

[1] Rappelons ici que les Oulad Sidi Cheikh Cheraga étaient alors en inserruction depuis 1864; ils n'ont fait leur soùmission qu'en 1883.

» Ce n'est guère que par ce moyen que l'on peut
» espérer amener à composition ces forbans du Sahara
» ....

» En résumé, et comme je le disais au début de cette
» lettre, le résultat que la France doit chercher en
» Algérie dans l'établissement d'un chemin de fer
» transsaharien est la transformation économique et
» politique, à son profit, des pays productifs[1] et des
» populations sédentaires qui existent au Sud de nos
» possessions. Lorsque nous aurons vaincu les premières
» difficultés résultant du climat, de l'action des voisins
» insoumis à l'ouest aussi bien qu'à l'est, alors, mais
» alors seulement, nous pourrons étudier la possibilité,
» en même temps que la convenance de réunir nos
» possessions de l'Afrique du Nord à celles de la côte
» ouest par une voie ferrée.

» Mais, avant tout, il importe, il est même indispen-
» sable de donner la sécurité à nos populations du
» Sahara algérien et c'est pour cela que j'insiste pour
» que le Gouvernement prenne en considération les
» propositions de réorganisation des commandements
» du Sud que je lui ai soumis dernièrement, proposi-
» tions qui sont complétées par celle qu'a formulée
» M. le Consul Général de France à Tripoli relati-
» vement à l'établissement d'un agent consulaire à
» R'adamès. »

---

[1] Nous avons dit qu'elle était, à notre sens, l'importance minime de cette production.

C'est en s'appuyant sur les considérations développées ici par M. A. Grévy, que le Conseil général des Ponts et Chaussées, dans sa séance du 20 juin 1881, émit l'avis que puisque l'entreprise d'un chemin de fer transsaharien ne pouvait être abordée que lorsqu'on aurait occupé d'une manière permanente et définitive le Sahara algérien, il y avait lieu d'ajourner toute décision sur le choix d'une ligne pour amorce de ce chemin de fer, et de ne donner suite aux avant-projets présentés qu'autant que l'exécution en serait réclamée dans un intérêt politique et stratégique.

Telle fut la conclusion de la grande enquête ouverte en juillet 1879 par M. de Freycinet.

Par ce rapide exposé, nous aurons mis suffisamment en relief les illusions qui fréquemment ont eu cours sur la prospérité commerciale et sur l'avenir réservé dans ce sens au Sahara.

A la fin du second chapitre du deuxième volume de ce travail, nous avions déjà exposé combien la situation économique en Algérie était peu faite pour permettre aux produits de notre industrie de lutter contre la concurrence étrangère, qui, s'effectue victorieusement par les voies parallèles du Maroc et de la Tripolitaine. Il convient donc d'espérer les meilleurs résultats des mesures nouvelles prises depuis lors par le Gouvernement de la Métropole et sur les propositions du Gouverneur Général de l'Algérie, pour la modification des tarifs douaniers appliqués dans les ports de notre colonie, afin d'augmenter au profit de notre négoce national les faibles trafics qui se peuvent effectuer vers ces contrées déshéritées[1].

[1] Voici le texte même de l'important décret qui a été pris dans ce but :

Le Président de la République française,

Sur le rapport du Ministre du Commerce de l'Industrie, des Postes et Télégraphes :

Vu l'article 15 de la loi du 16 avril 1895, ainsi conçu :

« Un règlement d'administration publique déterminera les catégories de marchandises susceptibles d'être expédiées, en exemption des droits de douane et d'octroi de mer, des ports de l'Algérie à destination des contrées situées en dehors du territoire soumis aux régimes des douanes et de l'octroi de mer.

» Le même règlement fixera :

» 1° L'époque de son entrée en vigueur ;

» 2° Les points par lesquels les marchandises devront sortir dudit territoire ;

» 3° Les conditions et garanties auxquelles sera surbordonnée l'exonération des droits ; »

Vu les propositions du Gouverneur Général de l'Algérie ;

Vu les avis du Ministre des Finances, du Ministre de l'Intérieur et du Ministre de la Guerre ;

Le Conseil d'État entendu ;

Décrète :

Art. 1er. — Est soumise aux dispositions du présent règlement l'exemption des droits de douane et d'octroi de mer prévue par l'article 15 de la loi du 16 avril 1895.

Art. 2. — Les marchandises qui peuvent être admises à bénéficier de cette exemption sont les suivantes :

1° Les sucres bruts ou raffinés originaires des colonies françaises ; les sucres bruts exportés directement des fabriques de la métropole ; les sucres bruts ou raffinés expédiés de la métropole à la décharge des comptes d'admission temporaire de produits indigènes ou des colonies françaises ;

2° Les cafés, thés, poivres, cannelles, clous et griffes de girofle,

A mesure que la connaissance du Sahara et des conditions qui y régissent notre politique se sont

macis, muscades, piments et huiles minérales importés directement en France ou en Algérie d'un pays hors d'Europe ;

3° L'alcool contenu dans les parfumeries alcooliques, les vernis à l'alcool et tous autres produits d'origine française retenant de l'alcool à l'état de mélange ;

4° L'alcool employé à la préparation des médicaments, produits chimiques et autres produits d'origine française obtenus au moyen de la dénaturation de l'alcool.

Art. 3. — Pour bénéficier de l'exemption, les marchandises doivent être expédiées de l'un des ports de Nemours, Oran, Arzew, Mostaganem, Alger, Bougie, Philippeville ou Bône, à destination des contrées situées en dehors du territoire soumis au régime des douanes et de l'octroi de mer.

Les droits afférents à ces marchandises seront consignés ou garantis au bureau des douanes du port d'entrée.

Art. 4. — Les expéditions se feront en colis plombés. Le service pourra exiger le changement de tout emballage devenu propre à favoriser des soustractions malgré le plombage ; il aura la faculté de dispenser du plombage les marchandises qui, par leur nature, ne se prêtent pas à l'apposition des plombs.

Le prix des plombs est fixé à 25 centimes l'un.

Art. 5. — Les marchandises devront être représentées, dans le délai maximum d'un an à partir de la consignation ou de la date de la soumission cautionnée, à l'un des bureaux de El Oued, Touggourth, El Goléah, El Abiod Sidi Cheikh, Djenien Bou Resk, El Aricha, Lalla Mar'nia, avec leurs plombs et emballages intacts, et accompagnées de la reconnaissance de la consignation ou de l'acquit-à-caution.

Le Ministre des Finances pourra, en cas de nécessité, suspendre l'ouverture de l'un de ces bureaux aux opérations de sortie. La décision sera portée à la connaissance des intéressés par un avis inséré au *Bulletin officiel* du Gouvernement Général de l'Algérie.

Art. 6. — Après reconnaissance de l'identité des marchandises, leur

complétées, on a perçu l'importance des chapelets d'oasis s'égrénant du Gourara au Tidikelt et qui,

passage à l'étranger ou leur pénétration dans le territoire non assujetti sera assuré par une escorte.

L'autorité de laquelle relèvera le chef de l'escorte fixera le jour et l'heure du départ, en tenant compte, autant que les exigences du service le permettront, des intérêts des transporteurs.

Un arrêté du Gouverneur Général fixera :

1° Les conditions dans lesquelles devra s'effectuer le service des escortes ;

2° Par points de sortie, la distance minimum à laquelle les escortes pourront cesser ;

3° Le tarif des indemnités à acquitter pour ce service par les transporteurs au bureau de sortie ;

4° S'il y a lieu, un minimum de poids pour les réexpéditions à destination de l'étranger ou du territoire non assujetti.

Après le retour de l'escorte, la reconnaissance de consignation ou l'acquit-à-caution sera régularisée et renvoyée au bureau d'émission.

Art. 7. — En cas de réexpéditions partielles, les reconnaissances de consignation ou acquit-à-caution seront annotées à chaque opération.

Art. 8. — Toute substitution de marchandises, tout déficit non déclaré et ne provenant pas manifestement du déchet naturel des produits entraînera l'application de l'article 54 de la loi du 8 floréal an XI.

Les colis dont le plombage n'aura pas été reconnu intact pourront être admis en décharge de la consignation ou de l'acquit-à-caution après vérification intégrale et si le service n'élève aucun doute sur l'identité du chargement.

Art. 9. — Les droits afférents aux marchandises qui n'auraient pas été représentées seront définitivement acquis au Trésor, et, lorsqu'ils auront été simplement garantis, le recouvrement en sera poursuivi au vu des soumissions avec intérêt de retard au taux de 5 % à partir de la date de ces soumissions.

Art. 10. — Les sommes consignées devront être réclamées par les ayants-droit au bureau d'expédition dans le délai de six mois à dater

orientés du Nord au Sud, constituent de merveilleux relais créés par la nature pour aider à la traversée du Désert.

du jour où ils auront été avisés par le service de la régularisation de la consignation au bureau de sortie.

Art. 11. — Les transporteurs et caravaniers, qui, au lieu de se rendre à la destination déclarée après reconnaissance au bureau de sortie, effectueraient un transport rétrograde sur le territoire algérien, deviendraient passibles des peines édictées par les articles 41 et suivants de la loi du 28 avril 1816, 1er et suivants de celle du 2 juin 1875.

Art. 12. — Le Ministre du Commerce, de l'Industrie, des Postes et des Télégraphes, le Ministre des Finances, le Ministre de la Guerre, le Ministre de l'Intérieur, ainsi que le Gouverneur Général de l'Algérie, sont chargés, chacun en ce qui le concerne, de l'exécution du présent décret, qui sera publié au *Journal officiel* et inséré au *Bulletin des lois* et au *Bulletin officiel* du Gouvernement Général de l'Algérie, pour être appliqué à dater du 1er février 1897.

Fait à Paris, le 17 décembre 1896.

FÉLIX FAURE.

Par le Président de la République :
*Le Ministre du Commerce, de l'Industrie,
des Postes et Télégraphes,*
HENRY BOUCHER.

Le Ministre des Finances,
GEORGES COCHERY.

Le Ministre de la Guerre,
BILLOT.

Le Ministre de l'Intérieur,
LOUIS BARTHOU.

D'autre part et comme suite à ce décret, le Gouverneur Général de l'Algérie a pris un arrêté fixant les conditions dans lesquelles devra s'effectuer le service des escortes pour les marchandises admises à transiter en Algérie, à destination du Maroc et des oasis sahariennes. Les autorités locales des bureaux de sortie constitueront avec des cavaliers à cheval ou à méhari une escorte qui accompagnera les transporteurs de marchandises.

L'escorte se composera de deux ou trois cavaliers, suivant que le

En effet, si l'avantage économique est, à l'heure actuelle, insuffisant pour justifier l'occupation de ces contrées, on n'en saurait dire de même des obligations que nous impose notre domination africaine.

Ne convient-il pas, en effet, que nous mettions nos tribus à l'abri des attaques des pillards dissidents [1] qui

---

convoi comprend huit ou soixante bêtes de somme au maximum, et de quatre cavaliers, si le nombre des bêtes de somme dépasse soixante. L'indemnité de route pour les cavaliers est fixée à 2 fr. 50 par homme et par jour.

La distance à laquelle les marchandises seront accompagnées varie suivant le bureau de sortie : El Goléa, 30 kilomètres ; El Oued, Touggourt, 90 kilomètres ; Lalla Mar'nia, jusqu'à la frontière du Maroc ; Djenien Bou Resk, 17 kilomètres (sur les routes de Figuig) : El Abiod Sidi Cheikh, jusqu'à Benoud, et à 50 kilomètres sur toutes les autres routes se dirigeant vers le Sud.

C'est là, en résumé, un premier pas fait dans une voie des plus heureuses pour l'avenir économique de l'Algérie et pour l'extension de notre influence dans le Sud. D'ailleurs, si le décret précité présente réellement, comme quelques uns l'ont déjà écrit, des imperfections et des lacunes, on le constatera à l'usage et il sera alors facile d'y remédier en y apportant toutes les modifications qui seront reconnues nécessaires.

[1] C'est ainsi, par exemple, que le 15 février 1896, dix tentes des Chaanba Mouadhi se sont enfuies dans l'Ouest et sont allées rejoindre leurs frères qui s'y trouvaient déjà installés. Un exode encore plus considérable s'accomplit le 3 mai suivant : à cette date, 45 tentes des Chaanba Mouadhi (37 des Oulad Sidi El Hadj Iahia et 8 des Oulad Aïcha) et 7 des Chaanba Berazga allèrent à leur tour rejoindre Bou Amama.

Il y a lieu de citer également les 5 tentes des Chaanba qui, en mars 1896, sont allées se réfugier chez les Touareg, aux environs de R'adamès, et ont participé à l'assassinat du marquis de Morès, en juin suivant, ainsi qu'au pillage de sa caravane.

sous forme de rezzou vont s'organiser puis se réfugier dans ces oasis[1].

[1] Le 26 septembre 1893, un rezzou de 30 Chaanba dissidents montés à méhari surprenait 2 bergers des Chaanba Guebala et les contraignait à le guider jusqu'à Hassi bel Haïrane (devenu depuis Fort Lallemand) où se trouvait à ce moment un poste du cordon sanitaire destiné à empêcher la propagation de l'épidémie cholérique qui sévissait. Ce poste composé de 6 cavaliers et d'un convoyeur était surpris au milieu de la nuit et les indigènes, qui en faisaient partie, étaient complètement dépouillés et tués ; un d'eux obtenait seul la vie sauve du chef de la bande Amar ben bou Khechba. Le rezzou, se dirigeant ensuite vers l'est, atteignait Hassi Matmat où il s'emparait de 250 chameaux et, s'enfonçant vers le sud, gagnait Hassi Tozeri ; sa présence était signalée en cet endroit dans la nuit du 1er au 2 octobre. Dès que la nouvelle de ce coup de main fut connue, tous nos postes du sud, El Goléa, Ghardaïa, Touggourt, El Oued, lancèrent des partis de cavaliers à la poursuite de cette bande. Un seul de ces goums, celui de Taïbet el Gueblia (cercle de Touggourt), fort de 40 cavaliers à mehari, put retrouver les traces du rezzou ; il les suivit sans relâche et, dépassant El Biod, parvint, après huit jours de marche, à atteindre les pillards à Malah el Guefoul. Là, eut lieu un engagement désastreux pour nos gens qui y perdirent 18 des leurs (10 tués, 8 blessés) et furent obligés de battre en retraite sans avoir pu reprendre leurs chameaux.

A la même époque (29 septembre 1893), une autre bande, comprenant seulement 4 Chaanba dissidents, montés à mehari, enlevait quarante chameaux choisis parmi les plus beaux de ceux qui se trouvaient au pâturage aux environs d'Hassi El Aïcha, à 70 kilomètres au sud d'Ouargla. Un goum de 25 cavaliers, lancé à la poursuite de cette bande, ne peut l'atteindre.

Amar ben bou Khechba, dont le nom est mentionné plus haut, est un des bandits les plus réputés du sud. Il est en dissidence depuis le mois de février 1884.

Son père, Mohammed ben Haoued, dit Bou Khechba, originaire des Oulad Feredj des Chaanba Mouadhi, s'était également illustré par ses brigandages (Voir à ce sujet : Capitaine Le Châtelier, *Les Madaganat*,

Nous ne devons pas moins nous prémunir de l'agitation mauvaise qu'entretiennent les fanatiques de ces

p. 4 et passim — et Commandant Bernard, *Deux missions françaises chez les Touareg*, p. 163).

On retrouve le nom d'Amar ben bou Khechba dans la plupart des actes de brigandages qui se commettent dans le Sahara algérien, aussi bien contre nos tribus qu'au préjudice des autres nomades sahariens.

Un grand nombre de ces rezzous s'organisent dans les campements de Bou Amama et comprennent presque exclusivement des gens de son entourage, principalement Chaanba dissidents. Mais le plus souvent aussi la bande se rassemble au Touat ; le fond en est alors presque toujours fourni par les Chaanba dissidents réfugiés dans ces contrées, auxquels viennent se joindre un certain nombre de leurs frères vivant avec Bou Amama et tous les gens sans aveu, en quête d'aventures, qui pullulent au Touat.

Pour montrer toute l'insécurité de ces contrées, il paraît intéressant d'indiquer ici les principaux coups de main effectués, depuis trois ans environ, dans le Sahara algérien :

1° mai 1894. — Enlèvement de 240 chameaux aux Touareg Azdjer et Ahaggar par un rezzou de trente Chaanba dissidents.

2° 29 mai 1894. — Enlèvement de 40 chameaux aux Saïd Otba sur l'oued Mehaïguen par 7 Chaanba dissidents.

3° juillet 1894. — Enlèvement de 200 chameaux aux Touareg à Teskreft (nord-ouest de Tabelbalet) par 25 Chaanba dissidents et 15 Zoua R'araba.

4° Un mois plus tard, le 8 septembre 1894, une bande de Chaanba dissidents s'empare en plein jour du troupeau de Fort Mac-Mahon.

Ce rezzou était composé d'environ 50 cavaliers, montés à mehari, dont six habitant le Gourara ; tous les autres étaient des Chaanba dissidents réfugiés auprès de Bou Amama.

Partie de Tiberr'amine, le 6 septembre, la bande de pillards rencontrait en route une caravane de Khenafsa qui, venant d'El Goléa et de Fort Mac-Mahon, pouvait lui fournir des renseignements utiles, tant sur le troupeau de ce dernier poste que sur le convoi de vivres qui y était attendu.

Ainsi avisé, le rezzou se dirigeait sur Hassi Chouiref où il savait

lointains repaires. S'il y a beaucoup d'exagération dans l'intérêt économique que présente la jonction du Niger au Sud-Algérien, par contre, on ne saurait nier l'impé-

trouver un poste vigie de deux goumiers détachés de Fort Mac-Mahon, et les enlevait. Ces deux prisonniers, menacés de mort, se voyaient contraints de guider les pillards et de les amener, en se dissimulant dans les bas-fonds, jusqu'auprès du troupeau (93 bœufs et 377 moutons) dont ils s'emparaient en même temps que de 3 bergers. Ces prises ainsi que les mehara enlevés, étaient aussitôt dirigées sur le Gourara et le rezzou, continuant sa marche, allait s'embusquer à Hassi bou Khanfous.

Le lendemain, 9 septembre, à 10 heures et demie du soir, au moment où précisément la lune venait de disparaître, favorisant ainsi une surprise, le convoi de ravitaillement annoncé atteignait ce point d'eau. Il était escorté par un peloton de 100 hommes du 1er tirailleurs, commandé par le sous-lieutenant de la Selve et destiné à la relève de la garnison de Fort Mac-Mahon. Après une première décharge de mousqueterie, une partie des dissidents se jetait sur le convoi et y portait le désordre, tandis que le reste, surpris de trouver devant soi une aussi forte troupe française dont la présence ne lui avait pas été signalée, restait à l'écart.

Mais l'escorte, restée groupée, après un moment d'incertitude causée par la surprise et l'obscurité, n'avait pas de peines à repousser les assaillants et à rester maîtresse du terrain. Dans la lutte nous avions malheureusement 5 tués dont 2 Français, et huit blessés dont un Français. Quant aux pillards qui étaient parvenus à entraîner quelques chameaux et leurs chargements, ils laissaient 10 morts sur le terrain.

Trois contre-rezzous furent aussitôt organisés. Un, fourni par les Mouadhi, perdit les traces de la bande et rentra sans avoir rien fait. Les deux autres, organisés chez les Chaanba Berazga, poursuivirent les pillards jusqu'au Gourara et parvinrent à reprendre quelques bestiaux, mais conformément aux instructions formelles qu'ils avaient reçues de n'avoir aucun conflit avec les Ksour de cette région, ils durent cesser toute poursuite, abandonner toute idée de représailles, quand ils eurent constater que tous les ksour du Gourara accordaient

rieuse obligation qui s'impose à nous de nettoyer ces foyers d'intrigues dangereuses.

refuge et protection aux bandits et que l'on ne pourrait rien obtenir sans faire parler la poudre.

5° 17 décembre 1894. — Enlèvement à Bou Chachoua (80 kil. au sud de Tadjerouna) de 150 chameaux appartenant aux Oulad Iagoub de l'Annexe d'Aflou, par 8 cavaliers montés à méhari, venant des campements de Bou Amama.

6° avril 1895. — Enlèvement de 700 chameaux et de 20 nègres, appartenant aux Touareg à Ouhan, entre R'at et R'adamès ; pillage de 3 caravanes à Tabankort ; et enlèvement des chameaux des Oulad Salia, par une bande de 60 malfaiteurs formée au Touat et comprenant des Chaanba dissidents, des Zoua, des Djeramna et quelques Mekhadema. C'est cette même bande qui, à son retour, arrêta M. Foureau, le 4 mai, à El Biod et tua deux hommes de l'escorte de cet explorateur.

7° 4 avril 1895. — Enlèvement, à El Feidj, (25 kil. nord d'El Goléa), de 35 chameaux appartenant aux Oulad Allouch (Chaanba Mouadhi), par 12 Chaanba dissidents.

8° 25 avril 1895. — Enlèvement, à Bou Khechba (sud-ouest d'El Khobna, oued Zergoun), par des Chaanba dissidents, de 200 chameaux appartenant aux Mekhadema.

9° mai 1895. — Enlèvement, sur l'oued Zergoun, de 35 chameaux aux Oulad Allouch (Chaanba Mouadhi) par cinq malfaiteurs restés inconnus.

10° octobre 1895. — Enlèvement de deux postes de surveillance des Chaanba Berazga, aux environs d'El Khobna, par 22 Chaanba dissidents. En même temps une autre bande d'une quarantaine de Chaanba dissidents cherchait, sans succès, l'occasion d'attaquer le convoi de ravitaillement de Fort Mac-Mahon.

11° février 1896. — Enlèvement, par 12 Chaanba dissidents, entre Tit et In R'ar de 200 chameaux appartenant aux Oulad Zenan.

12° 13 février 1896. — Enlèvement, à El Morr Lachehab, de 18 chameaux appartenant aux Oulad Sidi El Hadj Cheikh, des Arbaouat (cercle de Géryville).

13° 9 juin 1896. — Assassinat du marquis de Morès et pillage de

De semblables motifs de sécurité nous ont forcés en 1852 à déborder du Tell sur les hauts plateaux, c'est

sa caravane, à El Ouatia, par une bande de Touareg, la plupart des Ifor'as et quelques Chaanba partis en dissidence depuis le mois de mars précédent.

14° 12 août 1896. — Enlèvement, aux abords de Fort Mac-Mahon, de 72 mehara, dont 68 aux spahis sahariens, par un rezzou d'une trentaine de Chaanba dissidents dirigés par Amar ben bou Khechba.

15° fin octobre 1896, un rezzou de 80 à 100 Chaanba dissidents se rassemble au Touat pour opérer dans le sud algérien et le Sahara. Il se partage en 4 bandes :

La première, de 35 Chaanba, enlève, le 22 octobre, à Hassi Oulad Zid, un poste de garde indigène de la ligne télégraphique ; dévalise ensuite, au sud de Matmat, une caravane allant à Ouargla ; et enlève 250 chameaux aux Oulad Djama, de Taïbet el Gueblia ;

La seconde, de 5 Chaanba seulement, enlève 60 chameaux aux Troud quelques jours après;

La troisième opère contre les Ahaggar et leur enlève à Hassi Gouira (à l'est d'In Salah) 120 chameaux ;

La quatrième prit, croit-on, la direction de R'adamès avec l'intention présumée de se rabattre ensuite sur le Nefzaoua pour y tenter la fortune. Elle ne paraît avoir réussi dans aucune de ses tentatives.

16° 31 octobre 1896. — Assassinat du lieutenant Collot et de trois de ses compagnons (2 tirailleurs et 1 spahis sahariens) par 3 Chaanba dissidents, embusqués dans l'oued R'allousen, sur la route d'El Goléa à Fort Miribel, pour arrêter le courrier.

17° 11 novembre 1896. — Enlèvement, à Hassi Smiheri, par 7 dissidents des Chaanba, de 60 chameaux appartenant aux Beni Thour.

18° 2 décembre 1896. — Enlèvement, à Bel Iaddin sur l'oued Zergoun, par 50 Chaanba dissidents, de 350 chameaux appartenant aux Larbâa.

La fréquence autant que l'audace de ces actes de brigandages décida le Gouvernement Général de l'Algérie à entreprendre une série d'opérations destinées à assurer la police dans ces régions. En même temps qu'il ordonnait aux autorités militaires de la province d'Alger

ainsi que plus tard encore nous avons dû nous installer à Aïn Sefra en 1881, à R'ardaïa en 1882, à El Goléa en 1891.

de poursuivre le rezzou, le Gouvernement Général prescrivait à la division d'Oran de lui couper la route. Le commandant Godron fut chargé de l'exécution de cet ordre.

Dès que la nouvelle du coup de main de Bel Iaddin avait été connue à Géryville, tous les cavaliers du makhzen disponibles avaient été envoyés occuper les puits de la région de l'Erg, pour essayer de couper la route au rezzou. Aussi, lorsque dans la soirée du 6 décembre, le commandant Godron, sur les ordres qu'il avait reçus, quitta Géryville, n'avait-il avec lui que quelques cavaliers. Mais il eut soin, avant son départ, d'envoyer aux caïds des Trafi les plus rapprochés du Sud, l'ordre de venir le rejoindre le plus tôt possible avec leur goum.

Le 9, la petite troupe arrivait à Hassi Khanfoussi, situé à 45 kilomètres au sud de Benoud. Là, Si Kaddour ben Hamza se joignait à elle avec 26 cavaliers des Oulad Sidi El Hadj bou Hafs, tous les autres étant en caravane.

Le 11, la colonne forte en tout de 46 chevaux atteignait l'oued Namous à Djorf el Akhal après une marche très pénible de 95 kilomètres à travers la Hamada bet Touadjin, entièrement recouverte de grosses pierres. Il fallait se hâter, car il y avait déjà huit jours que le coup de main avait eu lieu. On espérait cependant que les malfaiteurs, après la traversée de l'Erg, avaient dû mettre moins de précipitation à regagner leurs campements afin de donner aux chameaux volés un peu de répit, et de diminuer parmi eux les déchets provenant de la fatigue et des privations.

Le 12 décembre, entre l'oued Namous et Hassi Mezzou, la colonne atteignit une partie du rezzou à la poursuite duquel elle était; il se défendit avec acharnement. Les Chaanba eurent un mort et un blessé. Le commandant Godron réussit à capturer 103 chameaux et fit 11 prisonniers dont le blessé. De notre côté, un spahi fut frappé d'une balle au bas ventre et mourut peu après.

Les prisonniers firent connaître que le reste du rezzou avait pris la

D'ailleurs c'est au Touat que chaque hiver certaines des tribus du Sud de notre Colonie se rendent en cara-

direction d'Hassi Mezzou, en plusieurs groupes, après le partage du butin, qui avait eu lieu la veille.

Le commandant continuant sa poursuite arriva le lendemain, 14 décembre, à Hassi Mezzou sans faire aucune rencontre. Sa troupe s'était alors grossie de 70 cavaliers des Trafi ou du makhzen.

Le jour suivant, il se dirigea sur Noukhila, petite oasis et ksar en ruines, situé à 16 kilomètres de Hassi Mezzou, où il découvrit les traces d'un deuxième groupe de chameaux poussés par les gens du rezzou.

Après quatre heures de marche forcée, la colonne atteignit le groupe au pied du djebel Mezarif, sur la rive gauche de l'oued Zousfana.

Les Chaanba défendirent chaudement leur part de prise, soit 54 chameaux, mais ils durent tout abandonner et ils purent se sauver grâce à l'impossibilité où l'on se trouvait de les poursuivre au milieu des rochers de la montagne.

On alla de Noukhila nuitamment sur El Hafaïr, puis à Oglat Zafrani, où l'on arriva le 16 décembre. Plus de 500 kilomètres en dix jours avaient été franchis. Oglat Zafrani est situé à 10 kilomètres de l'oued Zousfana, à l'entrée Nord des ksour des Beni Goumi.

Entre El Hafaïr et Zafrani 400 chameaux furent pris. Parmi eux étaient 12 chameaux du rezzou poursuivi et plusieurs autres qui portaient la marque de l'Etat et avaient été volés il y a quelques mois à Fort Mac-Mahon.

Ces 400 chameaux appartenaient à des dissidents actuellement campés avec Bou Amama.

Sur ces entrefaites, le commandant Godron, renforcé de 120 nouveaux cavaliers des Trafi, apprit que d'autres dissidents, prévenus de l'arrivée de la colonne, s'étaient jetés dans le Grand Erg, vers Hassi Mer'imin et Hassi Ouskir.

Il dirigea, en conséquence, la suite de ces opérations de ce côté; et trois caravanes qui revenaient du Gourara furent surprises sucessivement ainsi qu'un douar de 7 tentes.

Après avoir exploré la hamada d'Hassi Ioucha et ses environs, et

vane pour s'approvisionner de dattes ; au cours de ces migrations elles sont exposées aux attaques de maraudeurs, tandis que là-bas elles subissent parfois de détestables et fanatiques influences.

C'est ainsi qu'au mois de janvier 1893, Si Kaddour ben Hamza et les nomades du Sud oranais qui se trouvaient au Gourara étaient prévenus qu'un fort parti de Beraber marocains les attendaient à la sortie des oasis pour les piller. L'attaque se produisit en effet, et malgré les précautions prises par nos indigènes ils y perdirent quatre des leurs et environ une centaine de chameaux. On sut plus tard que l'expédition avait été préparée de très longue main et qu'elle était composée d'environ 70 cavaliers d'Aït Khebbach[1] ; mais si la nationalité de ces individus était assez nettement marocaine, le lieu de l'attaque ne permettait pas à notre diplomatie d'en saisir la cour chérifienne, qui dans les satisfactions à nous accorder aurait puisé la reconnaissance des droits que nous lui méconnaissons dans cette même contrée. On peut donc avancer que la nécessité de cette domination policière ne cessera de nous entraîner. Aussi faut-il considérer notre action sur ces oasis comme une simple étape.

D'ailleurs le développement de notre établissement

---

envoyé une reconnaissance aux Beni Goumi, le commandant Godron acquit la conviction que le reste des dissidents s'était replié dans l'Erg d'Igli. Voyant d'autre part ses vivres prêts à manquer, il se décida à cesser la poursuite et à rentrer à Géryville.

[1] Voir Tome II, p. 746.

dans la vallée du Niger ne saurait tarder à nous inspirer une unité sans cesse croissante dans notre politique du Sahara. On doit en effet se rendre, d'ores et déjà, un compte exact que les conséquences seront complexes de notre présence à In Salah comme à Timimoun[1].

Si nous devons trouver venant dans les Ksour du Tidikelt des populations telles que les Ahaggar et les Taïtok qui jusqu'à présent s'étaient jalousement tenues éloignées de notre contact, au nord la situation méritera également la plus grande attention; de Timimoum, le plus grand Ksar du Gourara, celui où vraisemblablement porteront nos efforts, à Charouin, autre centre de populations dont les habitants ont tous des cultures sur l'Oued Saoura, il y a à peine quarante kilomètres.

Or la vallée de l'Oued Saoura est ouverte de tous côtés, sauf à l'Ouest où les dunes d'Iguidi l'isolent un peu; à l'Est et au Sud elle prolonge, tout au contraire, de vastes plaines, le reg d'Adjemor, le Reg Tidjentarin, le Tanezrouft d'Ahent [2] tandis qu'au Nord-Ouest, la

---

[1] « In Salah est aux Touareg de l'Ahaggar et de l'Adrar Ahenet » ce que R'adamès est aux Azdjer : une protégée et une table ouverte. » (Schirmer, *le Sahara*, p. 357).

« Sans les coutumes, sans les présents, les victuailles que les gens » d'In Salah donnent aux Ahaggar, ces derniers seraient exposés à » mourir de faim ». (Duveyrier, *les Touareg du Nord*, p. 298).

[2] La prise de possession du Touat, nous l'avons déjà montré, ne peut s'accomplir que par deux directions bien déterminées : 1° par le Nord, c'est-à-dire par la vallée de l'Oued Zousfana-Saoura qui est la route normale et la plus directe. (Voir Tome II, p. 143 et p. 702).

2° Par l'Est, c'est-à-dire par le Meguiden et l'Oued Mia ; c'est la direction la plus excentrique.

trouée, comprise entre l'Oued Guir et les oasis du Tafilalet, la continue sans la borner en donnant accès à toutes les populations beraber des contreforts de l'Atlas Marocain, telles les Doui Menia, les R'enanema, les Aït Atta, Ait Izdeg et aussi les Oulad Moulat, dont les caravanes se rendent journellement dans la vallée de l'Oued Saoura. Quelques-unes y ont des entrepôts de grains et de marchandises, et parfois, ainsi que le cas s'en est maintes fois présenté dans les annales de cette partie du Sahara, elles choisissent ces régions pour le terrain de leurs luttes, et nous avons déjà vu que grâce seulement à l'influence religieuse des marabouts de Kerzaz les caravanes peuvent circuler avec quelque sécurité. Aussi des voies d'accès bien déterminées qui du Sud-Algérien menaient à ces oasis, celle de l'Oued Zousfana et de l'Oued Saoura fut-elle écartée par notre diplomatie. Il est à prévoir toutefois que dès le lendemain de notre installation au Touat, la sécurité de notre établissement et les besoins d'alimentation nous conduiront à aborder, autant qu'à utiliser la vallée de Saoura-Zousfana. Il n'apparaît même pas que nous puissions procéder différemment. On devra donc s'attacher à la solution d'une question que par une sorte d'appréhension nous cherchons non seulement à éviter, mais à taire.

Ayant exposé la nécessité d'occuper les oasis de l'Extrême-Sud, véritable et simple action de police, il importe d'en préciser l'urgence. Aussi bien le Touat, qui n'est pas encore une province chérifienne, le deviendra sous peu ; et on le voit bien au seul examen du compte-rendu des séances de cette commission de 1879, dite du Transsaharien, alors que quelques-uns de ses membres les plus compétents établissaient qu'à cette époque le Touat n'était pas encore marocain. C'est ainsi que le général Colonieu déclarait que l'indépendance des habitants de ces oasis ne pouvait être mise en doute, et que la suzeraineté que pouvait y prétendre l'Empereur du Maroc était exclusivement religieuse.

Henri Duveyrier, le célèbre explorateur saharien, exprimait une semblable opinion : d'après lui « les » droits du souverain marocain sur le Touat sont » purement religieux, c'est-à-dire que ni la population, » ni les chefs de ce pays ne lui payent de tribut ; ils le » reconnaissent comme une espèce de pape, si on peut » s'exprimer ainsi, mais il n'a aucune autorité directe » sur le pays. »

La Commission supérieure du Transsaharien ne trouva pas ces arguments suffisants pour établir expressément que le Touat était nettement en dehors de l'action chérifienne[1] ; reconnaissant cependant la supériorité d'un tracé par cette contrée, elle pensa un instant qu'on pourrait trouver la solution du problème en obtenant du Maroc, par voie diplomatique, le droit de passage pour une ligne de chemin de fer.

[1] Voir, à ce sujet, ce que nous avons dit à propos des droits du Maroc sur le Touat, Tome II, p. 41 et suivantes.
Cette question sera reprise avec de nouveaux détails historiques au cinquième chapitre de ce volume.

Aussi M. Tissot, notre ancien ministre au Maroc, fit-il aisément saisir tous les inconvénients de cette conception, qui révélait une singulière méconnaissance de l'état politique des pays voisins de l'Algérie et du Sahara. On devait selon lui « s'abtenir de toute négo-
» ciation avec le Gouvernement marocain, pour le
» passage par le Touat. En fait, on obtiendrait proba-
» blement le consentement de l'Empereur; mais le lui
» demander, serait lui reconnaître sur cette contrée
» des droits de souveraineté dont nous avons jusqu'à
» ce jour ignoré l'existence; ce serait en même temps
» faire perdre au tracé occidental l'avantage qu'aura
» toujours le tracé par l'est, de n'emprunter le territoire
» d'aucune puissance étrangère. D'un autre côté, en
» ne négociant pas, on s'exposerait à d'autres incon-
» vénients; les populations du Touat, si elles croyaient
» leur indépendance menacée par notre entreprise, ne
» manqueraient sans doute pas de se mettre sponta-
» nément sous la protection de l'Empereur du Maroc,
» et l'on verrait surgir alors des difficultés diploma-
» tiques ».

Ces considérations ayant prévalu, la Commission décida de n'étudier qu'un tracé évitant toute complication internationale et pour marquer l'idée qui avait présidé à cette résolution, la Commission supérieure, dans sa séance du 28 juin 1880, émit l'avis qu'il y avait lieu « de s'abstenir de tout acte ou de toute mesure de
» nature à impliquer reconnaissance des droits du
» Maroc sur les tribus non dénommées dans le traité

» de 1845 et situées au Sud du 32° degré et demi de
» latitude Nord[1]. »

Ce programme politique était habile, très prudent, il évitait par certains côtés de fâcheuses difficultés diplomatiques, et d'autre part il précisait excellemment la tâche à accomplir, en faisant ressortir les avantages que présenterait, pour la pénétration de notre action dans le Sahara, la possession des oasis du Gourara, du Touat et du Tidikelt.

---

[1] En même temps, la Commission supérieure exprimait l'opinion qu'il y avait lieu :

1° de s'efforcer d'établir des relations amicales et suivies avec les principales tribus ;

2° de créer dans ce but un poste militaire français aux environs de Moghrar et de relier autant que possible ce poste au réseau algérien par l'établissement d'un chemin de fer.

Les événements qui se produisaient alors dans la province d'Oran allaient faire constater de nouveau la nécessité de la création d'un poste dans cette région de Moghrar (voir, à ce sujet, tome II, p. 111 et suiv., et p. 430), poste réclamé déjà depuis deux ans par la Division d'Oran. Peu après même, la ligne du chemin de fer de Saïda, prolongée d'abord jusqu'à Méchéria, puis plus tard jusqu'à Aïn Sefra, venait achever de donner satisfaction aux indications de la Commission (Voir, à ce sujet, Tome II, p. 143).

En ce qui concerne plus particulièrement les relations à établir avec les tribus, notre installation à Aïn Sefra, en nous rapprochant d'elles, devait en faciliter l'accomplissement. Ce fut, en effet, ainsi que nous l'avons déjà indiqué (V. tome II, p. 677, note 2), le programme que nous semblâmes vouloir suivre primitivement avec les Oulad Djerir et les Doui Menia, mais que nous ne voulûmes pas poursuivre jusqu'au bout en les soutenant contre les Oulad Sidi Cheikh, de crainte d'être entraînés trop loin ; si alors nous avions su nous attirer les sympathies de ces populations, il est probable que nous pourrions espérer aujourd'hui en tirer un grand profit pour faciliter notre accès dans la vallée de Zousfana.

Dans le chapitre suivant, nous examinerons, en les analysant, les différents moyens qu'étudia, pour l'occupation de ces régions, le Gouvernement Général de l'Algérie ; nous verrons l'activité déployée à cet effet, tandis que nous opposerons à cette attitude, et comme pour la mettre en lumière, la politique tenace du Gouvernement Chérifien. Ce sera en résumé, l'histoire depuis dix ans, de la question du Touat.

CHAPITRE SECOND.

La question du Touat depuis dix ans.

Pendant plusieurs années il sembla que le désastre de la mission Flatters avait porté un coup fatal à nos entreprises dans le Sahara. Au reste l'insurrection de Bou Amama devait, dès 1881, nous obliger à concentrer nos efforts dans la province d'Oran; mais à la rentrée des Oulad Sidi Cheikh, en 1883, on se préoccupa d'utiliser cette famille pour le développement de notre politique dans l'Extrême-Sud. Dès la fin de décembre 1884, le général Détrie, commandant la division d'Oran, était l'objet de leurs plus pressantes sollicitations [1], aussi proposait-il de dériver sur les oasis du

---

[1] L'agha des Oùlad Sidi Cheikh Cheraga, Si Eddin ben Hamza, avait espéré un accroissement de commandement par le rattachement de diverses tribus à son aghalik. Quant à son neveu, Si Hamza, il avait demandé avec instance la création d'un grand commandement

Gourara l'activité autant que la force d'expansion de ces indigènes.

Invité à faire connaître quels étaient à son avis les voies et moyens à employer, pour atteindre le but qu'il indiquait, cet officier fit observer que « le
» caractère absolument pacifique de l'implantation ne
» pouvait être exigé, car si les musulmans consentent
» assez facilement à venir à nous, à nous fréquenter,
» ils nous interdisent d'aller à eux, et ce n'est que
» par la pression et la force qu'au début nous les
» amenons à subir, soit notre présence, soit même celle
» de nos agents. L'expérience des diverses tentatives,
» faites par des explorateurs en pays musulmans,
» indique bien l'exactitude de cette assertion..... Ce
» n'est que chez les Meharza et les Khenafsa qu'il
» semble possible, tout d'abord, d'établir pacifiquement
» notre influence..... Ce n'est qu'avec les personnages
» riches, importants, accessibles à l'ambition et
» espérant tirer d'un commandement honneur et
» profit, que nous pouvons nous faire des partisans.
» Lorsque cette préparation serait terminée, que nous
» aurions comme base des Ksour reconnaissant les
» Oulad Sidi Cheikh Cheraga et comme points de

---

en sa faveur, commandement qui lui avait été, du reste, à peu près promis en 1883, au moment de sa rentrée.

Les aspirations des Oulad Hamza s'étaient portées :

1° Sur le sud de la division d'Alger ;
2° Sur le Djebel Amour (annexe d'Aflou) ;
3° Sur les Trafi et Oulad Ziad (cercle de Géryville) qui n'avaient pas été englobés dans l'aghalik des Oulad Sidi Cheikh Cheraga.

» repère et d'appui un certain nombre de notabilités
» dans les autres, il serait sans doute indispensable
» d'envoyer au Gourara une certaine force pour
» imposer à la masse des habitants la reconnaissance
» de notre domination [1]. »

Bien accueilli à Alger, ce projet fut soumis, dans les termes suivants, à l'appréciation de M. de Freycinet, Ministre des Affaires Étrangères, par M. Tirman, Gouverneur Général de l'Algérie :

« Les Oulad Hamza ont des serviteurs religieux
» établis dans le Gourara; il ne semblerait pas
» impossible, dès lors, d'obtenir, à l'aide de ces
» relations, que des notables Gourariens vinssent
» solliciter la protection de l'autorité française. Il n'est
» pas question ici d'une prise de possession effective,
» encore moins d'un projet d'expédition militaire; les
» Oulad Hamza seraient, au contraire, avertis que

---

[1] En même temps, sur les instances de la division d'Oran, l'agha Si Eddin s'occupait à nouer des relations avec les notabilités du Gourara. Bientôt il annonçait l'arrivée prochaine d'une députation des Khenafsa, conduite par Cheikh Hammou bel Hadj Ahmed, d'El Hadj Guelman, homme tout dévoué aux Oulad Hamza. Mais on reconnut bientôt que Cheikh Hammou était le seul personnage d'importance de cette députation. Les trois autres membres étaient de simples commerçants venus pour leurs intérêts. Ni les uns, ni les autres n'étaient investis de mandat régulier permettant d'entamer des négociations.

Dans ces conditions, le chef de bataillon Fossoyeux, commandant supérieur du cercle de Géryville, sollicita d'être envoyé au Gourara. On ne crut pas devoir lui en accorder l'autorisation, jugeant inutile de recommencer l'expérience faite jadis par le commandant Colonieu.

» toute aventure de leur part, ayant le moindre
» caractère de violence, vis-à-vis des gens du Gourara,
» serait hautement désavouée par le Gouvernement
» français. L'entreprise à tenter est toute pacifique;
» elle aurait pour but de garantir aux gens du Gourara,
» moyennant un léger tribut, le protectorat français,
» leur indépendance et la liberté de leur commerce.
» Cette combinaison n'est pas d'ailleurs sans précédents
» dans l'histoire de notre occupation : c'est dans les
» mêmes conditions, en effet, que la France avait pris
» sous sa protection la confédération du Mzab et
» qu'elle aurait pu, dès 1857, étendre son influence
» jusque sur In Salah, si elle avait écouté les propo-
» sitions que vinrent lui faire, à cette époque, des
» délégués de cette région [1]. »

[1] Tout récemment encore cette assertion était reproduite dans un travail du commandant Rebillet, attaché militaire à la Résidence de France à Tunis : « *Les relations commerciales de la Tunisie avec* » *le Sahara et le Soudan,* p. 75. »

Déjà, en 1879, le voyageur F. Soleillet, s'appuyant sur les dires de M. Mac-Carthy, avait déclaré, devant la Commission supérieure du Transsaharien, que les « Touatia » avaient envoyé, en 1857, des mandataires à Alger, offrant de reconnaître la suzeraineté de la France et de payer un tribut, si la France, de son côté, s'engageait à s'abstenir de toute ingérence dans les affaires intérieures, et que l'on avait refusé ces ouvertures. Mais, dans une séance ultérieure de la même Commission, M. Pomel, faisant bonne justice de cette assertion, avait rappelé que deux seulement de ces envoyés étaient parvenus à Alger et que, loin de les repousser, on leur avait offert le protectorat français. Mais ils ne s'étaient pas jugés porteurs de pouvoirs assez étendus pour conclure un traité et l'affaire n'avait pas eu de suite.

Le Département des Affaires Etrangères ne crut pas devoir approuver ces propositions. Car on y envisageait les inconvénients qui seraient à même de se produire si on dirigeait l'action de cette famille indigène « vers » une région où ses agissements ne manqueraient » pas d'éveiller les susceptibilités du Gouvernement » marocain ».

Toutefois la question du Touat commença de s'imposer alors qu'au lendemain du meurtre du lieutenant Palat, en 1886, les gens des oasis, par crainte d'une juste répression de notre part, envoyèrent une députation au Sultan du Maroc pour lui demander de nommer un des leurs, gouverneur du Gourara.

Au reste, et ainsi que l'écrivait à ce propos M. Tirman, chaque fois que « les musulmans, voisins » du Sud de l'Algérie, ont infligé à la France, sous » forme d'assassinat ou de massacre, un de ces » sanglants affronts qui affirment à leurs yeux et » notre impuissance et la force de l'Islam, le même » fait se reproduit ».

On apprit alors que des réponses de la Cour Chérifienne étaient parvenues dans les oasis et que Moulai El Hassan y avait annoncé sa ferme volonté de prendre à bref délai toutes les dispositions nécessaires pour placer l'ensemble de ces régions sous son autorité. C'était là une éventualité pleine de dangers pour l'avenir et comme le symptôme des difficultés que désormais nous devions rencontrer.

L'installation d'un Gouvernement régulier dans ces

contrées, en admettant même qu'il n'y eût jamais qu'une simple autorité nominale, était de nature à entraver notre liberté d'action.

C'est en s'inspirant de ces considérations, que notre représentant au Maroc, M. Féraud, fut invité à s'enquérir de l'authenticité des écrits attribués au Sultan et à obtenir de lui un démenti formel comme « les bons rapports entretenus avec ce sou-
» verain permettaient d'y compter ».

La réponse de Moulai El Hassan ne se fit pas attendre ; ainsi qu'on l'avait prévu, elle déclarait fausses et apocryphes les lettres attribuées à l'Empereur du Maroc par les gens du Touat.

Cependant M. Féraud constata dans sa correspondance que la lettre du Ministre du Sultan était moins catégorique que l'entretien qu'il venait d'avoir avec son maître, et au cours duquel Moulai El Hassan avait renié la paternité de ces lettres.

Les renseignements recueillis par le Service des Affaires Indigènes des divisions d'Alger et d'Oran confirmèrent d'ailleurs l'authenticité de ces documents. On eut la certitude que la Cour de Fez continuait ses menées dans l'ensemble des oasis.

Ces appréhensions se vérifièrent lorsque le marabout de Kenadsa (août 1887) nous annonça qu'une députation du Touat, comprenant 75 personnes (cheurfa, harrar, nègres affranchis), était passée récemment à sa résidence, se rendant à la Cour Chérifienne pour y protester contre les constructions que nous élevions à El Goléa et réclamer le rattachement des populations du Touat à un des amalats du Maroc. Moulai Ali Ould Moulai Smaïn, chef de la zaouia de Kounta, conduisait cette députation.

M. Féraud fut alors d'avis (décembre 1887) qu'il ne convenait pas de se « préoccuper outre mesure de » ces relations plus platoniques que sérieuses entre » le Makhzen et des populations si éloignées du centre » d'action du Gouvernement Chérifien », alors que la suprématie de ce dernier était narguée par les Zemmour, habitant à quatre heures de marche de Meknas[1], et qui vivent à peu près en révolte perpétuelle :

« A mon avis, écrivait encore M. Féraud, une » démarche diplomatique auprès de S. M. Moulai » El Hassan pour l'inviter à ne pas accueillir les » demandes de protectorat marocain, que quelques » ambitieux du Touat lui adressent dans un but » d'intérêt personnel, serait plus nuisible qu'utile. » On s'exposerait, sans nul doute, à une polémique » interminable sur le droit d'intervenir dans un » pays où lui, pas plus que nous, n'avons jamais » pénétré et où nous ne pénétrerons probablement » pas de sitôt. Cette polémique serait d'autant plus » inopportune qu'elle éclaterait précisément au mo- » ment même où diverses puissances nous attribuent » les projets les plus ambitieux sur le Maroc ».

En terminant, M. Féraud proposait, si les intrigues

---

[1] Résidence à cette époque de la Cour Chérifienne.

marocaines continuaient dans ces contrées, d'utiliser à notre profit l'influence incontestable du Chérif d'Ouazzan et, au besoin, d'obtenir de lui l'envoi d'un de ses fils dans ces pays pour y faire de la propagande française en rassurant les indigènes sur nos intentions. Appelé à donner son avis sur cette proposition, le général Détrie, commandant la division d'Oran, estima que l'influence du Chérif d'Ouazzan semblait déchue et que l'action, d'ailleurs éloignée, qu'il pouvait y exercer, serait à ce moment peu efficace. Il ajouta que, pour lui, la venue d'un fils du Chérif au Gourara n'aurait d'autre résultat que de lui rapporter des aumônes, mais qu'après son départ, il resterait peu de traces de son passage. Il est vrai que le général Détrie n'admettait pas davantage le projet du Gouvernement Général d'employer les Oulad Sidi Cheikh ; car, selon lui, les Oulad Hamza ne pouvaient seconder nos vues sans nuire à leurs intérêts, leur influence ne s'étendant que sur un nombre limité de districts. Il lui paraissait préférable de se borner à traiter les gens du Gourara avec bienveillance, chaque fois que l'occasion s'en présenterait, et d'attirer leurs caravanes sur les marchés algériens.

C'est à cette manière de voir que se rallièrent le Gouverneur Général (M. Tirman) et le Ministre des Affaires Étrangères (M. Goblet); car « toute » intervention de personnages marocains en notre » faveur risquait d'attirer l'attention de la Cour de » Fez plus qu'il ne conviendrait ».

Cependant, reçue avec empressement à la Cour Chérifienne, la députation en revenait dans les premiers mois de 1888, accompagnée de deux mokhazeni marocains et d'un taleb chargé de se renseigner sur le pays et ses habitants, en vue d'une organisation ultérieure. Des lettres du Sultan furent de nouveau répandues dans le pays. Mais des dissentiments surgirent, dès le retour de la députation, de par l'ambition et la rapacité de son chef, Moulai Ali Ould Moulai Smaïn [1], et l'élan qui poussait les

---

[1] Ce personnage, chef de la zouia de Kounta, avait été l'organisateur de la députation. On prétend que n'ayant pu grouper autour de lui que des membres du Sof Sefian, le moins nombreux, il avait fait jouer à un homme acheté à prix d'argent le rôle de notabilité importante du Sof Ihamed et l'avait présenté au Sultan comme appartenant au parti le moins considérable du Gourara.

Ce Moulai Ali avait voulu tirer un profit personnel du voyage à la Cour Chérifienne, dans l'espoir d'être investi par Moulai el Hassan du haut commandement des populations touatiennes.

Quoi qu'il en soit, la députation s'en revint comblée de présents par le Sultan. En arrivant au Gourara, Moulai Ali fit diriger sur sa zaouia de Kounta la plupart de ces présents, et lui-même se rendit chez les Oulad Saïd, puis à Timimoun. Là, le cheikh de cette ville, Mohammed Salem Ould el Hadj Abderrahman, les frères de ce dernier, et les notables du pays lui reprochèrent vivement les démarches qu'il avait faites auprès du Sultan pour obtenir le commandement du Touat. Ils lui déclarèrent que sa qualité de Chérif et de chef de zaouia était un titre suffisant et qu'ils ne lui en reconnaîtraient aucun autre. Ils le mirent ensuite en demeure de déposer, entre leurs mains, les lettres qui lui avaient été remises par le Sultan. Moulai Ali s'y étant refusé, Mohammed Salem et ses partisans le dépouillèrent de ses vêtements et lui enlevèrent les lettres et son cheval. Ils lui auraient fait probablement un mauvais parti s'il n'avait réussi à se réfugier dans la zaouia de Si El Hadj Belkassem,

populations des oasis vers le Maroc¹ s'en trouva diminué.

voisine de Timimoun. Les gens de cette zaouia intervinrent et obtinrent de Mohammed Salem la restitution du cheval et des vêtements de Moulai Ali qui regagna son pays ; les lettres restèrent entre les mains de Mohammed Salem.

Les membres de la députation envoyée au Sultan n'avaient pas été étrangers à l'accueil que Moulai Ali avait reçu à Timimoun. Ils avaient été fortement indisposés contre le chef de la zaouia de Kounta, non seulement à cause de l'attitude qu'il avait prise vis-à-vis d'eux à Meknas, mais aussi parce que ce personnage s'était approprié la plus grande partie des cadeaux remis par l'Empereur du Maroc à la députation.

¹ En mars 1889, c'est-à-dire presque à la même époque, M. Massicault, résident général de France à Tunis, avisait le Ministre des Affaires Étrangères que des Touatiens s'étaient établis en grand nombre à Tunis dans les dernières années. Plusieurs d'entre eux avaient fait valoir leur qualité d'habitants de contrées indépendantes, limitrophes de l'Algérie, pour réclamer la protection française et avaient été placés sous l'autorité morale d'un cheikh de leur pays appartenant à l'ordre religieux de Moulai Taïeb. Le cheikh des marocains à Tunis ayant émis la prétention d'étendre son autorité sur les gens du Touat, considérés par lui comme sujets chérifiens, M. Massicault se demanda s'il ne conviendrait pas de réunir tous les membres de la colonie originaire de ce pays sous l'autorité du délégué du chérif d'Ouazzan et de leur conférer des certificats de protection française.

Il parut au Ministre des Affaires Étrangères que cette dernière proposition ne pourrait être acceptée qu'autant que nous aurions définitivement pris parti sur la nature des rapports que nous entendons avoir avec les populations indépendantes du Sahara, limitrophes de l'Algérie. C'est dans ces conditions que le Gouverneur Général fut appelé à donner son avis sur la question.

M. Tirman estima qu'il y avait de graves dangers à placer les Touatiens de Tunis sous l'autorité d'un marocain, délégué ou non du chérif d'Ouazzan ; car ce serait leur reconnaître la qualité de sujets

Quoi qu'il en soit, la Cour de Fez persévérait dans ses projets; car la présence de nouveaux délégués marocains au Gourara était encore signalée en septembre 1889.

Cette situation préoccupait le Gouvernement Général de l'Algérie qu'inquiétaient en outre le manque de sécurité de nos tribus de l'Extrême-Sud, les agissements de Bou Amama, toujours réfugié à Deldoun, et les tentatives des Touareg. M. de Freycinet, Président du Conseil, Ministre de la Guerre, prescrivit, au mois d'octobre 1890, au général Bréart, commandant le 19e Corps, de préparer un projet de colonne à effectif restreint (4 à 600 hommes), pouvant aller installer une garnison à In Salah, en prenant la voie d'El Goléa.

Ce travail fit ressortir l'élévation des dépenses autant que l'insuffisance numérique de la colonne. Dans ces conditions on ajourna un projet qui n'offrait

---

du Sultan et notre intérêt est de traiter en populations indépendantes, les habitants de toutes les oasis du Sahara central. C'est la règle qu'ont toujours suivie les autorités algériennes dans les relations avec ces étrangers; c'est la même raison qui avait empêché récemment d'expulser du territoire algérien un gourarien, car il aurait fallu en raison de l'éloignement de son pays, le faire conduire à la frontière marocaine, ce qui entraînait implicitement la reconnaissance comme marocaines des oasis du Gourara.

Adoptant cette manière de voir, le Ministre des Affaires Etrangères prescrivit à M. Massicault de refuser au cheikh des marocains toute juridiction sur les gens du Touat, de ne pas les laisser sous l'autorité du délégué du chérif d'Ouazzan et de rechercher si parmi eux il ne s'en trouverait pas un auquel on pourrait confier la gestion des intérêts de ses compatriotes.

point assez de garanties pour pénétrer dans un pays sur lequel nous manquions de données précises.

On redoutait notamment l'agitation extrême qu'aurait causée notre venue parmi ces populations, et qui eût été favorable aux pires ambitions.

Il était en outre à craindre que l'action sur In Salah n'empêchât pas les populations du Gourara et du Touat de rechercher et d'obtenir l'appui du Maroc. L'établissement du protectorat marocain aurait donc pu en être précipité.

Pour répondre à ces dernières idées, le général de Miribel, chef d'Etat-Major de l'armée, s'attacha à l'étude d'un projet qui eût consisté à franchir la limite de nos possessions actuelles. L'effectif de la colonne, formée dans la division d'Oran, eût été de 3.500 hommes et la dépense se serait élevée à 1.200.000 fr. Descendant au Gourara par l'oued Zousfana, Igli et l'oued Saoura, l'expédition aurait séparé du Maroc les populations de cette partie du Sahara, et finalement nous serions entrés en possession de territoires reconnus à notre influence par la convention anglo-française du 5 août 1890, à ce moment toute récente. Par une lettre, en date du 11 décembre 1890, M. Tirman faisait ressortir au Président du Conseil les avantages d'une telle combinaison.

Des pourparlers avec des chefs indigènes du Sahara algérien et des notabilités des oasis devaient aboutir à une entrevue avec le Gouverneur général, qui préparaît un voyage dans le Sud, quand le Conseil des Ministres, dans sa séance du 13 décembre 1890, estima que l'époque n'était pas opportune pour y donner suite[1].

Quelques jours après, le 27 janvier 1891, M. Tirman signalait au Président du Conseil, M. de Freycinet, l'importance des groupes de dissidents qui se formaient à Deldoun autour de Bou Amama[2]. Les agissements de ce marabout étaient de nature à provoquer notre

---

[1] En tout cas, on hésita non point parce que le ksar d'Igli devait être considéré comme marocain, mais parce qu'il pouvait nous être contesté. Cependant la plupart des cartes allemandes laissent Igli dans la zone algérienne.

C'est d'ailleurs en considération de l'importance de la route de l'oued Saoura, qu'Igli commande, que le prolongement du chemin de fer d'Aïn Sefra sur Djenien bou Resk fut étudié et plus tard entrepris. (Voir T. II, p. 144, note 1).

[2] Dans les premiers jours de janvier 1891, Bou Amama avait adressé à un caïd de l'annexe d'El Oued une lettre où il affirmait avoir reçu pleins pouvoirs des Touareg Azdjer et Ahaggar pour traiter de la paix avec les Chaanba d'El Oued, d'Ouargla, de Metlili et d'El Goléa, voulant ainsi prouver, sans doute, aux yeux des Chaanba, fréquemment victimes des incursions des Touareg, que c'était de lui que dépendait leur sécurité. Quoi qu'il en soit, on apprenait peu après, à la fois par la division de Constantine et par celle d'Oran, que le Sultan du Maroc avait adressé une lettre à Bou Amama, par l'intermédiaire du caïd de Figuig. Dans cet écrit, Moulaï El Hassan engageait le marabout à s'abstenir de tout acte d'hostilité contre les Français et à renvoyer de son entourage les dissidents algériens qui tenteraient des incursions contre nos tribus sahariennes. C'était, en somme, engager Bou Amama à ne nous fournir aucun prétexte à nous immiscer dans les choses du Touat. Bientôt même l'annonce de l'envoi de nouvelles lettres du Sultan parvenait à Oran. Dans l'une, Moulaï El Hassan

attention, aussi semblait-il au Gouverneur que le moment était venu de hâter l'occupation d'El Goléa [1] autant que de préparer notre approche d'In Salah et des régions comprises dans notre zone d'influence.

La réponse du Gouvernement de la métropole impliquait peu d'espoir que l'ajournement de la solution de cette question ne fût point définitif. Aussi bien et tandis que l'on convenait que la première partie de ce programme était ainsi presque accomplie, on établissait qu'une expédition militaire dans l'Extrême-Sud n'était point possible avant l'automne.

Sur ces entrefaites le bruit d'une prochaine action du Maroc au Touat se répandait parmi nos tribus. On y annonçait que le Sultan avait ordonné à son oncle, Moulai Rechid du Tafilalet, de réunir 1.400 cavaliers et fantassins pour être dirigés sur le Touat et le Tidikelt. On prêtait également au Makhzen chérifien l'intention d'élever des constructions à

---

recommandait aux habitants du Gourara de ne pas conserver Bou Amama chez eux et de l'expulser du territoire marocain s'il persistait dans ses agissements; l'autre, adressée à Bou Amama, était, dit-on, conçue dans le même sens.

[1] La création d'un poste permanent à El Goléa, à la date du 1er janvier 1891, avait été arrêtée en principe. Il fut occupé dans les premiers jours de février de cette même année. Un arrêté gouvernemental du 14 novembre 1892 a complété cette organisation en créant, à partir du 1er janvier 1893, une annexe d'El Goléa, rattachée au cercle de Ghardaïa et ayant sous sa dépendance le Ksar d'El Goléa et les Chaanba Mouadhi. Enfin, sur la proposition de M. Cambon, et par une décision prise en août 1897, El Goléa a été érigée en chef-lieu de cercle.

Timimoun et à In Salah. De leur côté, les populations de ces régions, mises depuis longtemps en éveil par nos projets d'extension, se considéraient comme menacées par la récente occupation d'El Goléa. Redoutant l'arrivée de nos troupes et la prise de possession de leurs territoires, elles faisaient, disait-on, des offres de soumission au Maroc. Enfin, Bou Amama, que cette situation ne pouvait laisser indifférent, en profitait pour augmenter son personnage.

Nos atermoiements autant que l'incertitude de notre attitude tendaient donc à affaiblir le prestige de notre autorité. C'est du moins ce que comprit, dès son arrivée, le nouveau Gouverneur Général de l'Algérie, et au mois d'août 1891 M. Jules Cambon écrivait combien il lui paraissait nécessaire « qu'enfin
» la France prit une résolution qui assurerait définiti-
» vement la tranquillité en Algérie et sa domination
» dans le Sud algérien. »

« Les oasis du Touat, du Gouara et du Tidikelt,
» ont servi de refuge à tous les hommes de nos
» tribus plus ou moins compromis, et ont été le
» centre de toutes les agitations qui se produisent
» contre nous : c'est là, à Deldoun, que s'est réfugié
» Bou Amama qui nous poursuit de sa haine et qui
» cherche, par tous les moyens, à encourager les
» insurrections, les razzias et les défections. D'un
» autre côté, le souvenir du massacre de la mission
» Flatters, qui n'a pas été vengée, écarte le nom des
» Touareg qui l'ont concerté. Enfin les nécessités de

» la politique nous ont conduit à reconnaître la
» suzeraineté de la Porte sur R'adamès et sur R'at :
» il en résulte que si nous laissons échapper le Touat,
» qui est la plus grande ligne d'eau et de population
» se dirigeant à travers le Sahara vers l'intérieur de
» l'Afrique, comme d'autre part la ligne des oasis
» de R'adamès-R'at ne nous appartient plus, nous
» n'aurons plus de voie de pénétration facile et sûre
» dans le Sahara, et le traité conclu avec l'Angleterre
» l'an dernier (déclaration du 4 août 1890), relative-
» ment à l'Hinterland algérien, sera devenu une
» lettre morte entre nos mains. »

Mais le Ministre des Affaires Étrangères émettait l'avis que nous n'avions « aucun intérêt à nous
» emparer de vive force du Touat » ; tandis « qu'en
» agissant à la fois par la menace et par la persuasion,
» nous pourrions amener les tribus à se placer sous
» notre protection. Cela suffirait pour le présent et
» même pour l'avenir. Notre politique n'est pas, en
» effet, de nous créer à nous-mêmes des nécessités
» d'occupation coûteuse, mais d'établir solidement
» notre influence au Sud de l'Algérie et d'empêcher
» surtout que d'autres ne nous barrent la route du
» Soudan et ne puissent nous prendre à revers en
» cas d'hostilité. »

M. Ribot s'était en même temps élevé contre l'idée
» d'une marche d'Aïn-Sefra sur Igli, « comme étant de
» nature à créer une vive agitation dans toutes les
» tribus limitrophes, et peut-être à éveiller quelques

» inquiétudes en dehors du Maroc. La nécessité de nous
» prémunir contre les attaques de flanc auxquelles
» nous serions exposés pouvait nous entraîner, d'ail-
» leurs, à des dépenses considérables, et enfin, notre
» établissement à Igli ne pourrait se maintenir que
» par une occupation permanente et coûteuse. »

C'est en s'appuyant sur ces considérations que l'on en vint à abandonner toute idée d'expédition par Igli, pour adopter la route par El Goléa qui devait nous permettre « d'opérer dans une région
» qui est le prolongement des territoires que nous
» occupons déjà, et à une distance du Maroc qui
» nous mettrait sans doute à l'abri d'une surprise.
» D'autre part, au point de vue diplomatique, nous
» avions toutes chances d'éviter ainsi des difficultés
» qu'il importait de prévoir et dont il eut été
» imprudent de ne pas tenir compte. La marche par
» El Goléa devait donc avoir pour effet, selon toute
» apparence, de restreindre, en même temps, les
» frais et les risques de l'entreprise. »

Ces considérations prévalurent et le commandant du 19ᵉ Corps reçut l'ordre, tout en mettant à l'étude un projet de marche éventuelle par El Goléa, de se borner à renforcer la garnison et les approvisionnements de ce poste, de façon à pouvoir réprimer rapidement tout désordre ou à agir, si l'indépendance des oasis du Sud venait à être menacée. En même temps M. Ribot, se basant sur certains bruits en circulation à la Cour Chérifienne, bruits d'après lesquels les Touatiens, loin d'appeler à eux le Sultan du Maroc, se montraient passionnés pour leur indépendance et remplis de crainte pour les conséquences d'un conflit, prêt à éclater dans leur pays, engageait le Gouverneur Général à utiliser ces sentiments s'ils existaient réellement.

Cependant la Cour Marocaine poursuivait ses intrigues dans les oasis où nos adversaires, autant que les fauteurs de troubles, puisaient des encouragements à leurs méfaits.

M. Cambon proposa alors d'organiser dans nos postes de l'Extrême-Sud algérien des forces légères toujours prêtes, libres dans leur action et capables par leur mobilité même de répondre à la mobilité dans le désert de nos ennemis. D'autre part, les agissements du Gouvernement Chérifien provoquaient l'envoi à Fez de six délégués par Ksar. Dans le Sud-Ouest de notre colonie, les prétentions de souveraineté de Moulai El Hassan remontaient jusqu'aux localités d'Oulakak et de Dermel. Le Gouverneur Général de l'Algérie fut donc amené, en octobre 1891, à demander la préparation d'une expédition militaire, destinée à rassurer nos populations, à maintenir notre prestige et à défendre nos droits multiples. En terminant, M. Cambon réclamait en outre la prompte formation d'un bataillon monté à méhari, pour faire la police de Sahara. Mais, ainsi que l'écrivait le Président du Conseil, M. de Freycinet, « la question du Touat semblait alors présenter des

» dangers plus graves par la forme qu'elle avait
» revêtue dans les derniers temps, et par l'importance
» qu'elle avait prise auprès de certaines puissances ».

« Du reste, écrivait encore M. de Freycinet, une
» expédition militaire dans la région saharienne, à
» une très grande distance de nos postes les plus
» éloignés, est une de ces opérations hardies dont
» le succès dépend surtout de la préparation préalable.
» Or, celle que nous projetons, bien qu'il en soit
» question depuis longtemps, a, je crois, besoin
» non pas d'être mieux étudiée, mais d'être précédée
» de quelques dispositifs qui en rendent ensuite
» l'exécution plus facile ».

Dans ces conditions, le Gouvernement s'arrêta aux résolutions suivantes qui motivèrent une demande de crédits au Parlement :

1° Augmentation des forces militaires chargées de la surveillance et de la police du territoire de l'Extrême-Sud ;

L'on avait prévu la constitution à El Goléa d'une colonne mobile d'envrion 600 hommes, comprenant, outre la garnison mobile de ce poste, portée à 150 hommes dont 120 montés à méhari, ainsi que cela avait déjà été décidé, deux compagnies d'infanterie, un peloton de cavalerie, une section d'artillerie, et ayant toujours à sa disposition un équipage de 300 chameaux pour porter, au besoin, un convoi de vivres et une partie de l'infanterie. Cette colonne mobile était destinée, en principe, à appuyer les négociations, qu'on jugerait utile d'entamer avec le Touat, par l'intermédiaire des influences locales ou extérieures dont on pourrait disposer; son rôle devait donc se borner à de simples démonstrations militaires, sans opérations de guerre proprement dites.

2° Concentration rapide, par le prolongement de la voie ferrée d'Aïn Sefra à Djenien bou Resk, d'une troupe sur les points les plus éloignés de la division d'Oran, afin d'être en mesure d'opposer une résistance immédiate aux manifestations qu'auraient tentées les populations du Sud-Est du pays voisin.

Deux propositions de loi furent déposées à cet effet sur le bureau de la Chambre, le 14 novembre 1891, par les Ministres de la Guerre et des Travaux Publics. Elles furent adoptées, après déclaration d'urgence, dans la séance du 21 décembre suivant et aussitôt portées au Sénat (23 décembre). Cette assemblée votait à son tour, le 30 du même mois, le crédit demandé pour l'augmentation des forces militaires du Sud, et approuvait un peu plus tard (22 janvier 1892) le projet relatif au chemin de fer de Djenien bou Resk.

En même temps et conformément aux vues du Gouvernement, on cherchait à utiliser les influences indigènes dont nous disposions pour aborder les oasis.

Des négociations avaient déjà été engagées, dès le mois d'avril 1891, par l'intermédiaire d'un indigène des Achèche (annexe d'El Oued), avec le cheikh d'In

Salah. En cherchant à se rapprocher de nous, ce personnage demandait que nous lui garantissions sa situation actuelle, en l'investissant des fonctions de caïd ou de khalifa.

Ces pourparlers se poursuivaient et Si El Madhi ben Badjouda annonçait sa prochaine soumission [1], pendant qu'au nord les Oulad Sidi Cheikh conduisaient à Géryville des délégués d'une partie des oasis du Gourara [2] qui déclaraient reconnaître notre autorité.

---

[1] Au cours de ces négociations, Si El Madhi avait laissé entrevoir son intention de demander que le burnous d'investiture lui fût porté par un officier français. Le Conseil des Ministres ne crut pas devoir autoriser l'envoi d'un officier ; il lui parut préférable d'employer un intermédiaire officieux n'engageant pas, en cas d'accident, le Gouvernement ou de faire venir le cheikh d'In Salah en un point de notre territoire où il serait reçu avec toutes les démonstrations convenables.

[2] C'est au mois d'août 1891 que M. Cambon avait confié personnellement aux Oulad Hamza la mission de se rendre au Touat pour y recueillir des adhésions à la domination française et contrebalancer les tentatives que faisait alors dans un but analogue la Cour de Fez.

L'agha Si Eddin et son neveu, Si Hamza, alors caïd de Stitten, résolurent de ne rien tenter avant de s'être assuré le concours de Si Kaddour, avec lequel ils arrêteraient les moyens de mener à bien la mission dont ils étaient chargés. Dans ce but, ils se rendirent ensemble aux campements de Si Kaddour, alors installé à Hassi bou Zid, et parvinrent à le décider, malgré son état de santé, à se rendre lui-même au Touat, en compagnie de Si Hamza et du fils de l'agha Si Eddin, Si Ahmed. Si Kaddour, qui avait dû faire le voyage en palanquin, s'arrêta à El Hadj Guelman (Djereïfat), laissant à ses neveux le soin de parcourir les Ksour

Enfin le grand chérif d'Ouazzan, Moulai Abdesselam, qui avait été amené en Algérie, se montrait disposé à

du Gourara et de lui amener les représentants de ces groupes de population.

Malgré les agissements hostiles des envoyés du Sultan qui, à ce moment même, parcouraient le Gourara, s'efforçant de leur côté de décider des notables des oasis à les suivre à la Cour Chérifienne, les Oulad Hamza réussirent complètement dans leur mission. Le 25 novembre 1891, un miad (députation) de 15 indigènes du Gourara, qu'accompagnaient trois des Chaanba dissidents de l'entourage de Bou Amama, arrivait à Géryville. En même temps, Si Hamza rapportait une lettre de la djemaa des Oulad Mokhtar du Tidikelt qui faisait acte de soumission, et Si Kaddour faisait connaître qu'il avait reçu l'adhésion écrite des districts de Timmi et de Timimoun et l'adhésion verbale de ceux de Bouda, de Tsabit, des Oulad Saïd et de Brinkan. La députation comprenait :

1° Cheikh Hammou ben el Hadj Ahmed, des Oulad Habbas du Ksar d'El Hadj Guelman, personnage important, tout dévoué à Si Kaddour qui a épousé une de ses filles au commencement de 1890.

2° Cheikh bou Hafs ben Ahmed, des Khenafsa (Oulad Sliman), du Ksar de Tar'iaret (Djereïfat).

3° Ahmed ben Cheikh, du Ksar de Tar'iaret (Djereïfat).

4° Abdallah ben El Hadj Abdelkader, du Ksar d'Ir'ezzer (Djereïfat).

5° Allal ben Nouar, du Ksar d'El Kef (Djereïfat).

6° M'hammed ben Ahmed, des Khenafsa (Oulad Abid), du Ksar d'Ir'ezzer.

7° Mohammed bel Kheir, du Ksar d'Ir'ezzer.

8° Aïssa ben Hammou, des Khenafsa (Oulad Hosseïn), du Ksar d'El Kef.

9° Allal ben Hadj Ahmed, du Ksar d'El Kef.

10° Cheikh Nadjem ben Mohammed (*), notable des plus importants des Khenafsa de l'Aouguerout.

(*) Cheikh Nadjem avait primitivement accepté de se joindre à la députation qui devait se rendre auprès du Sultan. Dès qu'il connut cette détermination, Si Kaddour, envers lequel ce notable des Khenafsa avait contracté quelques dettes,

se rendre au Touat, malgré son âge avancé et en dépit des intrigues étrangères qui l'avaient entouré au

11° El Hadj Mohammed ben Abdelmoula, cheikh des Khenafsa du Ksar de Tiberr'amin (Aouguerout).

12° Si M'hammed ben Hamza, Zaoui (**), habitant chez les Khenafsa de l'Aouguerout.

13° Cheikh El Arbi ben Maazouz, kebir des Meharza de Tabelkoza (Tin Erkouk).

14° El Hadj M'hammed ben bou Douaïa, des Meharza de Fatis (Tin Erkouk).

15° El Hadj Mohammed ben Allal des Meharza de Fatis (Tin Erkouk).

Cette députation signait à Géryville une reconnaissance écrite de la domination de la France sur les districts du Gourara que chacun de ses membres représentait. Quelques jours avant (28 janvier 1892), sept délégués, venus à Alger, avaient été reçus par le Gouverneur Général en présence du chérif d'Ouazzan et de Si Eddin. Ils avaient déclaré s'en remettre à leurs chefs religieux. Ceux-ci les avaient exhortés à accepter le protectorat de la France, à l'abri de laquelle ils s'étaient placés eux-mêmes.

---

lui écrivit de venir les lui payer avant de se mettre en route, et dès qu'il fut auprès du marabout, celui-ci lui persuada de se rendre à Géryville au lieu d'aller à Fez. Cheikh Nadjem se laissa convaincre, mais lorsqu'il voulut ravoir ses bagages, restés entre les mains des envoyés marocains, il éprouva de la part de ceux-ci un refus catégorique de les rendre. Informé de ces faits, M. Cambon lui fit remettre une indemnité suffisante.

(**) Si M'hammed ben Hamza est des Oulad Sidi Cheikh. C'est de lui, alors âgé d'une douzaine d'années, que parle le capitaine de Colomb, commandant supérieur de Géryville, dans sa notice intitulée : *Exploration des Ksour et du Sahara de la province d'Oran* (1858, p. 29 et 30), comme se livrant à la chasse aux rats pour prouver ses talents cynégitiques. Ce personnage habite l'Aouguerout depuis 1884. Tout entier à la dévotion de Si Kaddour, il est en quelque sorte son représentant au Touat. C'est le marabout lui-même qui l'a installé dans ce pays : il lui donne des émoluments mensuels qui se montent à 30 fr. et de plus deux charges de blé tous les six mois. C'est lui que Si Kaddour avait envoyé parcourir les oasis les plus au sud et qui avait obtenu la promesse formelle des principaux notables de ces districts (Bouda, Tsabit, Oulad Said, Brinkan) de suivre la voie que le marabout indiquerait. C'est lui également qui avait rapporté les lettres d'adhésion de Mohammed ou Salem, le cheikh de Timimoun, et de Mohammed ould el Hadj Ioussef, notable de ce Ksar.

Maroc. Ce personnage se mit en route escorté par des cavaliers, fournis par les Oulad Sidi Cheikh et par les Trafi.

C'est alors que le chérif d'Ouazzan se décidait à aller visiter ses adhérents au Touat et à partir en même temps que le miad qui allait retourner dans ses foyers.

Il paraît intéressant de montrer ici en regard quels avaient été les agissements du Maroc au Touat pendant toute cette période.

C'est au mois de mars 1891, que le Sultan, alors à Merakech, avait envoyé successivement trois émissaires au Touat (*). Les deux premiers, Si Mohammed es Slassi er Rechidi et Si el Arbi el Meniaï, passèrent par Fez ; le troisième, le caïd Bou Azza el Bokhari, gagna directement la région des Ksour. Tous les trois étaient munis de lettres chérifiennes adressées aux habitants des oasis du Gourara, du Touat et du Tidikelt. Par ces lettres, dont la teneur était identique, Moulai El Hassan invitait les populations de cette partie du Sahara à s'abstenir, si elles ne voulaient pas s'exposer à des conséquences très fâcheuses pour elles, de toute entreprise contre les Français, et les engageait vivement à lui envoyer leurs principaux notables.

Er Rechidi parcourut les oasis en donnant partout lecture de la lettre chérifienne. El Meniaï, qui devait au retour s'arrêter pour un semblable motif chez les Doui Menia (voir Tome II, p. 685), limita sa mission au Touat. Tous deux réussirent à déterminer un notable du Timmi, Ba Hassoun ould el Hadj Mohammed, à les accompagner. Ce personnage, qu'escortaient un de ses cousins, deux Khenafsa de l'Aouguerout et un Zaoui d'In Salah, était autorisé à parler au nom du sof Ihamed. Er Rechidi étant mort à Kerzaz, au retour, Si El Arbi el Meniaï revint seul à Fez, après une absence qui n'avait pas duré moins de 9 mois (26 décembre 1891).

Un mois après, le caïd Bou Azza rentrait à son tour, ramenant

---

(*) Peu de temps auparavant, la présence d'un autre émissaire marocain, le caïd Mohammed Delimi, avait été signalée au Touat ; accompagné de quelques cavaliers du makhzen, il avait visité Deldoun où il avait reçu des présents de Bou Amama et des habitants ; il s'était rendu, ensuite, à Timmi d'où il était revenu à Bouda, puis dans le Gourara, avant de reprendre la route du Nord.

Ce voyage avait eu une grande importance, car il avait montré qu'un personnage, comme le chérif

deux indigènes du district de Bouda, Mohammed Abdelkader ben el Hadj Belkassem et Sid El Hadj ben el Bekri et précédant de quelques jours une délégation de Timimoun composée de :

1° Mohammed ou Salem bel Hadj Mohammed Abderrahman qui représentait plus particulièrement le sof Sefian (*).
2° El Hadj Ahmed ben ed Daou el Hadj.
3° El Hadj Mohammed bel Hadj Abdelaziz.
4° Ahmed bel Hadj Mohammed el Gandour.
5° Sid Ahmed ben Sid Salem.
6° El Hadj Abdallah bel Hadj Mohammed El Mabrouk.
7° Mohammed ben Abdelkader.
8° Allal bel Hadj Abdelhakem, des Khenafsa.
9° El Hadj Mohammed ben Mohammed, de Brinkan.

Tous ces divers délégués, auxquels s'était joint Moulai Ali ould Moulai Smaïn, chef de la zaouia de Kounta, qui était à Fez depuis quelque temps, remirent au Sultan différents cadeaux, parmi lesquels étaient sept nègres. A leur tour, les délégués reçurent des présents de Moulai El Hassan, et il fut spécifié entre eux et le Souverain marocain que les habitants du Touat n'auraient à payer au makhzen des redevances d'aucune espèce.

En même temps, dix personnages des Ksour du Touat étaient investis par Moulai el Hassan des fonctions de caïds ; c'étaient :

1° Ba Hassoun, nommé caïd de Timmi.
2° Mohammed Abdelkader ben el Hadj Belkassem, nommé caïd de Bouda et de Tamentit.

(*) C'est ce même Mohammed ou Salem qui, nous l'avons vu tout à l'heure, avait peu de temps auparavant envoyé à Si Kaddour une lettre d'adhésion à la France. Il se trouvait à Fez au moment où le chérif d'Ouazzan était au Gourara et ne cacha pas à un membre de notre légation le mécontentement que lui avait causé, lorsqu'il l'avait connu, le peu d'empressement montré vis-à-vis de ce saint personnage par certains Ksour de son pays. Il ajouta que s'il avait été présent, il serait sorti avec tous les habitants de Timimoun au-devant du chérif et lui aurait fait une magnifique réception. Il fit parvenir ses excuses au chérif et l'assura de son entier dévouement. Sur les conseils de la légation, le chérif écrivit à Mohammed ou Salem pour le remercier de ses intentions.

d'Ouazzan, prenant la route du Touat, était parti de l'Algérie, après nous en avoir demandé la permission et non celle du Sultan. Puis, en somme, il avait révélé aux habitants des Ksour du Gourara que les influences religieuses nous étaient favorables[1].

Tout en approuvant la généralité de ces dispositions, le Président du Conseil, M. de Freycinet, prescrivit

3° Mohammed ou Salem, caïd de Timimoun.
4° Abdelkader ould el Hadj Abdesselam, caïd des Khenafsa du Gourara.
5° Cheikh el Mahfoud, caïd des Oulad Saïd.
6° Cheikh Brahim, caïd de Charouin.
7° Mohammed ben Cheikh, caïd des Khenafsa de l'Aouguerout.
8° Amar ould Abdelmoula, caïd de Deldoun.
9° El Hadj El Mahdi ould Abdelkader Badjouda, caïd d'In Salah et d'une partie du Tidikelt.
10° Mohammed ould El Hadj Ahmed Mahmoud, caïd de l'autre partie du Tidikelt.

[1] Peu avant cette époque, le Sultan Moulai El Hassan, qui savait quelle influence la confrérie de Moulai Taïeb possédait dans cette partie du Sahara, avait sollicité du grand chérif l'envoi de l'un de ses fils au Touat, et ne l'ayant pas obtenu, avait tout au moins réclamé que l'un d'eux vint à sa Cour.
Le chérif lui avait envoyé son fils, Moulai el Arbi, qui demeura six semaines à Fez. Moulai El Hassan affecta de traiter ce jeune homme avec la plus grande faveur et de le combler de cadeaux. A la suite de ce voyage, Si Abdesselam se laissa aller à écrire une lettre à ses serviteurs au Touat, dans laquelle il les engageait à avoir pour le Sultan la déférence qui lui était due. Cette lettre était heureusement écrite dans le style oriental qui est naturellement très vague et, tout en étant un signe de la bonne volonté du chérif à l'égard du Sultan, elle ne pouvait constituer, entre les mains de celui-ci, une arme bien redoutable pour nous.

de s'abstenir d'utiliser des agents pouvant engager le Gouvernement et donner à notre action un caractère officiel. Une telle circonspection était due à l'allure que certaines puissances paraissaient vouloir donner à la question du Touat, en la transformant en question purement marocaine, malgré les déclarations très nettes faites à la tribune par M. Ribot.

Déjà on avait pu pressentir cette action des puissances étrangères lorsqu'on avait vu le Sultan, malgré les préoccupations que pouvait lui causer à cette époque la révolte de l'Andjera aux portes de Tanger et la main qu'y avait une légation étrangère, convoquer à Fez les caïds de l'amalat d'Oudjda et s'entretenir avec eux des mesures à prendre pour s'opposer à notre occupation éventuelle des oasis du Touat. On ne devait pas tarder à reconnaître à quelle influence il fallait attribuer l'attitude nouvelle de la Cour de Fez. En effet, on sut bientôt que l'Espagne, irritée du récent échec de ses négociations commerciales avec la France, et l'Italie, jalouse de notre situation dans le nord de l'Afrique, avaient, avec l'appui de l'Allemagne et de l'Autriche, manifesté au Cabinet de Londres les inquiétudes que leur causaient nos prétendus projets sur le Maroc et avaient sollicité son concours pour une intervention commune dans le différend qui avait surgi entre la France et l'Empire Chérifien.

Répondant à cette invitation, lord Salisbury émit l'avis que, si le Sultan avait quelques griefs contre la France, il devait les formuler et les soumettre au Gouvernement Français[1].

C'est alors (janvier 1892) que M. Souhart, notre chargé d'affaires à Tanger, reçut de Si Feddoul Gharnit, Ministre des Affaires Étrangères du Sultan, une note l'informant que, puisque le Gouvernement Français n'avait pas renoncé, malgré les protestations antérieures du Makhzen, à ses prétentions sur le Touat, le Sultan en avisait les puissances qui prenaient intérêt à sauvegarder l'intégrité du territoire marocain. En même temps, le ministre chérifien demandait, au nom de son souverain, au Gouvernement Français de lui prouver la légitimité des droits de la France sur ces oasis.

M. Souhart, d'après les instructions de son Département, répondit à la note du Makhzen en déclarant que le Gouvernement Français se réservait d'agir, dans cette question, de la manière et dans les conditions qu'il croirait nécessaire et que, d'ailleurs, la Légation de Tanger n'était pas autorisée à entrer en discussion à ce sujet avec la Cour de Fez.

---

[1] La volumineuse correspondance, qu'ont déjà produite les affaires du Touat, montre que notre diplomatie au Maroc n'a été que trop encombrée de cette question. Sur ce sujet, les avis de nos représentants à Tanger ont été unanimes et très nets. Instruits par l'expérience autant de l'inefficacité de leur action à ce point spécial que du mauvais effet, produit par l'attitude qu'on leur faisait prendre, les différents ministres, que nous avons eus dans le pays voisin de notre colonie, n'ont pas manqué de faire ressortir que la solution des affaires du Touat leur paraissait dépendre principalement de l'Algérie.

Mais la partie la plus originale de la lettre du Ministre de Moulai el Hassan était celle où il tâchait de se servir, au profit du Maroc, du silence du traité de 1845, relativement au Touat. Invoquant les articles 1 et 4 de cet acte diplomatique, Si Feddoul avançait que, si l'on n'a pas délimité le Sahara, c'est que « la terre ne s'y laboure pas et » qu'elle sert de pacage aux Arabes des deux empires ». Or le Touat est un pays « dans lequel il y a des » villages, des hameaux, et des cultures ». Les plénipotentiaires de 1845 ont donc reconnu implicitement que la possession doit en appartenir sans conteste au Makhzen.

Si Feddoul disait encore : « Le Sahara, qui est » indivis entre les deux gouvernements, est le » même que celui sur lequel les deux pays faisaient » paître leurs troupeaux, du temps des Turcs ». Or l'art. 1er de la convention de délimitation de 1845 spécifie que « les limites, qui existaient autrefois » entre le Maroc et la Turquie, resteraient les » mêmes entre l'Algérie et le Maroc ». Comme les tribus algériennes « n'ont jamais fait paître leurs » troupeaux à l'époque des Turcs » dans le Sahara du Touat, c'est-à-dire dans la bande déserte qui entoure les oasis du Touat, il s'en suivait, dans l'opinion du Gouvernement Marocain, que ces oasis devaient lui appartenir.

Enfin l'agent chérifien terminait en déclarant que « personne ne saurait être blâmé de ne pouvoir

» faire ce qui est au-dessus de ses forces ». C'était presque un aveu d'impuissance indiquant que nous avions peu à tenir compte, à cette époque, du Maroc.

En même temps, sur les instances de M. Waddington, notre ambassadeur à Londres, lord Salisbury promettait de faire tous ses efforts pour éteindre cette soi-disant question marocaine. L'apaisement se fit en effet; on put le constater quand une nouvelle note du Makhzen parvint à la Légation de Tanger, à la fin d'avril 1892. Conçue en termes plus mesurés que la première, elle n'en maintenait pas moins les droits que le Maroc croit avoir sur le Touat. Il ne fut pas répondu à la nouvelle communication du Gouvernement Marocain, parce que notre manière de voir dans la question du Touat était trop connue du Sultan pour qu'il fût utile de poursuivre avec lui un échange de notes, désormais sans utilité pratique.

Toutefois M. Cambon crut devoir émettre un avis opposé : il eut été préférable, à son sens, de répondre à cette note, car « le jour où nos partisans
» du Gourara, soutenus par le concours effectif de
» ceux de nos sujets qui ont chez eux des amitiés
» ou des intérêts, croiront le moment venu de
» secouer la servitude qu'on veut leur imposer, le
» Maroc renouvellera ses protestations et invoquera
» le précédent de notre silence. Il ne faut attribuer
» (le ton plus modéré de la dernière note) qu'à
» l'attitude plus ferme que nous avons prise à l'égard

» des prétentions du Maroc, et dans l'avenir le Sultan
» ne nous estimera qu'en raison de l'énergie dont
» il nous sentira capable ».

A la même époque M. Cambon jugeait opportun de reprendre le projet de voyage, conçu par son prédécesseur et se mettait en route en février 1892 pour El Goléa. A Laghouat se joignait à lui le général Thomassin, membre du Conseil supérieur de la guerre, qui, chargé de la haute inspection du 19ᵉ corps d'armée, étudiait la situation politique de l'Extrême-Sud de la colonie.

La présence de ces hauts personnages impressionna vivement les populations [1] : les Touareg se hâtèrent de reporter leurs campements dans le désert à près de 400 kilomètres; en même temps Si Kaddour qui, sauf de rares entrevues avec les Généraux commandant

---

[1] La mise en jeu de toutes les influences que nous avions employées dans le Sud, simultanément ou séparément, chérif d'Ouazzan, Oulad Sidi Cheikh, etc., n'avait pas été sans susciter une certaine agitation dans les régions que le Maroc cherchait à nous disputer.

Il était indubitable qu'il régnait dans les oasis une grande incertitude sur l'issue du conflit latent, existant entre nous et le Maroc, ainsi qu'un état de trouble et de malaise qui livrait le pays à toutes les intrigues. Cette agitation avait dépassé les bornes du Touat : depuis plusieurs mois, les Touareg et les tribus nomades qui habitent cette partie du Sahara, s'étaient livrés à une série de rezzou et d'attaques de caravanes comme on n'en avait pas vu depuis longtemps. Nos Chaanba eux-mêmes s'étaient permis des pilleries et il en était résulté une certaine insécurité dans les régions de l'Extrême-Sud algérien. C'est le sentiment de cette situation qui avait même obligé le Gouverneur Général à faire rentrer en Algérie l'explorateur Foureau

la division d'Oran, s'était toujours tenu à l'écart de l'autorité française, venait saluer le Gouverneur Général et lui engageait sa foi, pour reprendre avec les siens la politique qui nous avait jadis donné, par le concours de son père Si Hamza, l'ancien sultanat de Ouargla. Le chef des Oulad Sidi Cheikh promettait de diriger au profit de notre cause ses efforts vers les oasis. Pour une telle entreprise, Si Kaddour demandait l'autorisation de se rendre au Touat avec un goum de 1.000 cavaliers, soutenu par une troupe de 500 fantassins, renforcé de quatre pièces d'artillerie, servies au besoin par des tirailleurs indigènes.

C'était là une combinaison [1] qui, en cas d'insuccès, avait l'avantage de ne point entamer notre prestige en engageant le Gouvernement, et M. Cambon,

quoiqu'il n'eût rempli que la première partie de sa mission. Telle était la situation au moment de l'arrivée du Gouverneur à El Goléa. On conçoit le retentissement que sa présence dans cette oasis éloignée devait avoir dans le Sahara, retentissement qui se répercuta jusque chez les Touareg qui, comme nous l'avons dit, se hâtèrent de s'enfoncer dans le Sud.

[1] A la vérité, deux objections étaient faites à ce projet. La première était que sa réalisation amènerait le rétablissement de l'aristocratie arabe. Cela était tout à fait erroné ; car, loin de chercher à « donner de grands commandements dans le Sud et à créer » de grandes influences dans les tribus, où le sentiment féodal » n'existe pas », loin de vouloir recommencer l'erreur commise au Mzab en instituant des caïdats, on ne songeait qu'à « exercer une » action utile dans des pays qui ne nous étaient pas soumis, en » utilisant les influences locales quelles qu'elles fussent ».

La deuxième objection portait sur ce point que, si nous nous

dans les propositions qu'il adressait dans ce sens au Département des Affaires Étrangères, ne manquait pas de le faire ressortir. D'ailleurs l'action, en s'exerçant au Nord des Oasis, pouvait également se faire sentir vers le Sud du côté d'In Salah, où des négociations se poursuivaient avec le Cheikh Badjouda, et il était loisible de penser à l'efficacité qu'aurait eue dans cette direction un goum d'Acheche et de Troud, recrutés dans l'annexe d'El Oued. Enfin on pouvait, en complétant le programme de notre progression vers le Sud, occuper un point du Sahara, tel Timassinin, El Biod ou Hassi Messeguem, tandis que l'on venait de construire le bordj d'Hassi el Meï, à 150 kilomètres au sud d'El Oued.

Telles étaient les propositions que M. Cambon adressait au Gouvernement métropolitain au commencement de l'année 1892. Il les renouvelait au mois de juillet suivant en les précisant.

servons des Oulad Sidi Cheikh, nous ne sommes point sûrs qu'ils ne recommenceront pas, d'ici à quelques années, l'insurrection qui, de 1864 à 1882, a troublé le Sud Oranais. On ne peut « s'arrêter » davantage à cette objection. L'histoire des Oulad Sidi Cheikh » jusqu'en 1864 démontre que cette famille nous a servis avec » dévouement tant qu'on l'a traitée avec égard ».

« Pendant 18 ans, ils ont troublé le Sud-Ouest et nous n'avons » pas pu les réduire. Nous avons fini par faire la paix et peut-être » n'avons-nous pas tenu exactement les promesses que nous leur » avons faites alors. Cependant, si nous avons vécu avec eux, depuis » lors, sur un certain pied de défiance, il faut bien reconnaître que » si l'ordre était souvent troublé dans le Sud de la province de » Constantine et de celle d'Alger, il ne l'était point, là où ils se » trouvaient ».

« Il ne semble pas, écrivait-il alors au Président
» du Conseil, M. Loubet, que la solution de cette
» question puisse être retardée au delà de l'hiver
» prochain. En effet, malgré les protestations que
» nous avons adressées au Sultan du Maroc, celui-ci
» n'en a pas moins continué à désigner des caïds
» dans les oasis du Touat et il a envoyé 150 cavaliers
» environ pour soutenir l'autorité de ses agents.
» D'autre part, si la question marocaine venait à
» s'ouvrir, par suite de l'impatience de quelqu'une
» des puissances européennes, il est certain qu'il y
» aurait le plus grand intérêt à ce que les difficultés
» que nous avons au Touat fussent tranchées et qu'il
» fût impossible de nous opposer le fait accompli en
» faveur du Maroc. Enfin il faut tenir compte de
» l'état d'esprit des indigènes. Qu'on le veuille ou
» non, il règne un certain mécontentement chez les
» indigènes du Tell, et tout le bruit qui s'est fait
» depuis quelque temps, au Parlement et dans la
» presse, autour de certains abus qui ont pu être
» commis en Algérie, en est en partie la cause.
» Dans le Sud, la domination française est moins
» discutée, parce que les indigènes y sont moins
» mêlés à nos luttes et à nos polémiques. Mais c'est
» par l'affirmation de son autorité et de sa puissance
» que la France peut seulement y conserver son
» prestige. On ne peut se rendre compte de la
» gravité de l'échec qu'ont infligé à notre influence
» la mort de Flatters et l'indifférence que nous avons

» montrée à le venger. Aujourd'hui, tous les habitants
» du Sahara savent parfaitement que la France et
» le Maroc se disputent le Touat ; si nous n'agissons
» pas, nous donnons à nos indigènes du Sud une
» preuve de faiblesse qui en mécontentera beaucoup
» et qui sera très probablement une cause de
» troubles.

» Il faut donc en terminer par prudence avec la
» question du Touat et, tout au moins, faire acte
» d'énergie.

» Il est certain que la solution la plus nette et
» la plus décisive serait l'envoi d'une colonne qui
» permettrait d'établir définitivement notre domi-
» nation dans les oasis de l'Extrême-Sud....... Si
» le Gouvernement estime qu'il n'y a pas lieu de
» diriger une colonne de ce côté, il faut ou
» renoncer définitivement au Touat, et le dire,
» ou chercher quels moyens d'action nous pourrons
» employer à défaut de nos forces régulières ».

Puis, M. Cambon proposait de confier aux Oulad Sidi Cheikh une expédition dans ces régions où, par deux fois, nous les avions envoyés l'année précédente et où ils comptent de nombreux adhérents. Il ajoutait que pour l'exécution de cette entreprise, les Oulad Sidi Cheikh demandaient une troupe indigène de 800 à 1.000 cavaliers, et de 500 fantassins et une batterie de montagne [1]. « Grâce à cette force ils pourraient

---

[1] Les Oulad Sidi Cheikh ne demandaient aucune subvention,

» s'établir dans les oasis qui leur appartiennent et
» nous pourrions y nommer des caïds et étendre notre
» protectorat sur ces régions éloignées......[1] Ce serait
» une expédition purement indigène..... et qui suffirait
» à nous assurer les résultats que nous poursuivons....[2] »

mais simplement des armes et des munitions pour ceux qui allaient les accompagner et des avances d'orge pour les chevaux.

Les membres de cette famille religieuse, dans la pensée de M. Cambon, ne devaient avoir que le commandement nominal de l'expédition. On devait y introduire des cavaliers originaires des Hamian et des Trafi n'appartenant pas du tout aux Oulad Sidi Cheikh. L'emploi de l'artillerie, qui devait avoir un effet moral considérable, exigeait la présence d'européens, soit que le Gouvernement désignât spécialement des officiers, soit qu'on n'utilisât que des hommes n'appartenant pas à l'armée ou des officiers en congé. C'est à des officiers dans cette situation, pris parmi ceux qui ont pratiqué les indigènes, que M. Cambon aurait voulu confier la conduite de l'expédition.

[1] On comptait sur la soumission immédiate des oasis où, par les Oulad Sidi Cheikh, nos partisans sont en majorité ; on espérait que notre extension rapide et progressive dans le Nord séparerait du Maroc le reste du pays et mettrait fin aux intrigues de cette puissance avec le Touat. Au point de vue diplomatique le fait accompli eût été alors, pensait-on, en notre faveur, en même temps que la présence de quelques pièces d'artillerie serait devenue une garantie contre toute idée de révolte.

[2] Pendant le long séjour que fit le Sultan à Fez, le Gouvernement Chérifien avait subi un rude assaut de la diplomatie britannique, au moment où le Ministre d'Angleterre, sir Charles Evan Smith, venant au printemps de 1892 présenter ses lettres de créance, traita par la même occasion des conditions d'une convention commerciale à établir pour abaisser les taxes perçues par les douanes marocaines à l'exportation des céréales. On avait négocié aussi pour l'installation à Fez d'un vice-consulat de carrière britannique, puis on avait agité la

Pour compléter et assurer cette action limitée au Gourara, le Gouverneur proposait de donner enfin une sanction aux pourparlers engagés depuis longtemps avec In Salah, dont le chef El Hadj El Mahdi, qui venait de recevoir un burnous d'investiture du Sultan, avait cependant fait savoir qu'il était toujours dans les mêmes dispositions et que, si nous lui envoyions un délégué, escorté d'une

question d'une modification du fameux article 11 de la conférence de Madrid de 1880, relatif aux droits pour les étrangers d'acquérir et de posséder des propriétés au Maroc. Des incidents très vifs se produisirent, tels que l'émeute de la population de Fez, soulevée à la simple annonce que le pavillon anglais flotterait sur la maison concédée par le Sultan pour y installer le vice-consulat. Le Ministre d'Angleterre avait dû quitter la ville sans avoir pu terminer aucune des affaires qui, après la présentation de ses lettres de créance, avaient motivé son séjour auprès de la Cour Marocaine. On assure même que Moulai el Hassan, offensé de tout ce qui se passa, fit dans la suite parvenir son sentiment à la reine d'Angleterre par l'intermédiaire d'une des ambassades britanniques, accréditées auprès d'une puissance européenne.

C'est dans ces conditions qu'au mois de septembre 1892 arriva à Fez l'ambassade du comte d'Aubigny, venant présenter ses lettres de créance et régler certaines affaires fort intéressantes, telles que l'indemnité réclamée par le Gouvernement Général de l'Algérie à la suite de l'agression dont une caravane de Hamian avait été victime, l'année précédente, en allant commercer dans les oasis du Tafilalet. Notre Ministre obtint du Sultan la totalité de la somme réclamée par le bureau arabe de Méchéria et la destitution du caïd qui commandait le district où l'attaque avait eu lieu. Le makhzen concéda ensuite, — et pour une question d'intérêt général dont notre Légation de Tanger avait bien voulu se charger, — quelques améliorations dans la voirie de Tanger. Une affaire récente et malheureuse avait de même attiré l'attention générale sur les conditions défectueuses où s'effectuait la

troupe de 200 cavaliers indigènes, il l'accueillerait et serait heureux de recevoir de ses mains notre burnous et notre cachet. Une pension de 6.000 fr. par an était le prix qu'il demandait pour une soumission complète.

Il était certain que si nous occupions les points principaux du Tidikelt, en même temps que les oasis du Gourara, la partie intermédiaire, qui constitue le Touat proprement dit, tomberait dans nos mains.

Mais le Gouvernement pensa qu'il y avait lieu de retarder l'action projetée vers le Touat, en présence du bon accueil reçu à Fez par notre ambassadeur au Maroc, le comte d'Aubigny, au moment de la présentation de ses lettres de créance. Le Gouverneur de l'Algérie profita de ce répit pour compléter les informations de nature à aider à la réussite de nos entreprises dans le Sahara.

De nouveaux émissaires furent envoyés par

---

police locale et indigène de Tanger. Un sujet anglais avait été tué par les gardes du pacha au cours d'une ronde de nuit. Les responsabilités avaient été mal définies. Quoi qu'il en soit, le makhzen avait payé une indemnité à la famille. Notre Ministre profita de son passage à la Cour pour appeler toute l'attention du Sultan sur les modifications et les réformes qu'il y avait lieu d'apporter, et c'est à lui que l'on dut les améliorations très sensibles qui, pendant les années suivantes, furent constatées dans l'état des choses de la ville de Tanger. Notre représentant conclut enfin une sorte de convention commerciale, dont il est impossible de ne pas reconnaître la portée, concernant les mesures propres à protéger au Maroc les marques de fabrique françaises.

M. Cambon dans les oasis, en vue de rapporter des renseignements sur la situation politique exacte de ces régions. Les chefs indigènes, appelés à jouer un rôle éventuel dans cette entreprise, furent mandés à Alger et longuement interrogés.

Enfin le Gouvernement Général de l'Algérie chargea les trois divisions d'étudier dans le détail l'itinéraire que suivraient nos goums, dans le cas où nous adopterions ce mode d'intervention. Ces différentes enquêtes permirent d'apprécier la situation. Les tentatives, faites en notre nom et pour le succès de notre cause par le chérif d'Ouazzan et par les Oulad Sidi Cheikh, avaient impressionné les populations du Sud, et on pouvait juger le moment d'autant plus favorable à une expédition indigène, légère et partant peu coûteuse, qu'en réalité la Cour Chérifienne, malgré l'étendue et la fréquence de ses manœuvres, n'avait pas encore procédé à une prise de possession effective d'aucun des territoires que nous envisagions.

On estimait avec raison qu'une simple démonstration suffirait à déterminer en notre faveur le mouvement que nous avions préparé et nous ouvrirait les oasis ; car, placés entre nous et le Maroc, les principaux personnages de ces pays attendaient, pour prendre ouvertement parti, une manifestation décisive de notre part ; le général O'Neill, commandant la Division de Constantine, pensait qu'une escorte de cent cavaliers était suffisante pour accompagner jusqu'à In Salah l'officier chargé d'aller porter le burnous d'investiture au cheikh Badjouda [1].

Mais les événements s'étaient succédés; le Maroc, par des investitures de caïds, n'avait négligé aucune occasion d'affirmer son autorité sur les oasis; il en résultait que si nous voulions faire intervenir à ce moment une expédition indigène, il fallait prudemment l'outiller en raison des difficultés nouvelles qu'elle pourrait rencontrer.

Dans ces conditions, M. Cambon renonça à la pensée de tenter une expédition sans une dépense plus grande et qu'une étude approfondie évaluait à 900.000 fr.

Un rapport dans ce sens était adressé au commencement d'octobre 1892 à M. Loubet, Président du Conseil. Le Gouverneur Général y exposait que, d'après les rapports des divisions d'Alger et d'Oran, les moyens d'action à employer pour aborder le Gourara, en usant des contingents indigènes, nécessiteraient un effectif d'environ deux mille combattants, moitié cavaliers, moitié fantassins, sous la direction d'officiers des affaires indigènes, détachés à cet effet.

Le concours d'une batterie d'artillerie était jugé indispensable à la réussite de l'expédition qui aurait eu pour bases Aïn-Sefra, Géryville et El Goléa.

Quel rôle allait-on réserver cette fois aux Oulad

---

[1] Précédemment on a vu que le Conseil des Ministres n'avait pas autorisé l'envoi de cet officier.

Sidi Cheikh qui à l'origine devaient être l'instrument unique de notre intervention au Touat ? Pouvait-on espérer, en présence du développement pris par l'influence marocaine dans les régions touatiennes, qu'ils nous rendraient encore les mêmes services ?

Il était facile de se rendre compte qu'ils avaient dû s'inquiéter des progrès de l'administration marocaine s'établissant dans des oasis qu'ils considéraient comme leur propriété et que, dans l'incertitude où les avaient laissés nos atermoiements, ils avaient ménagé leurs intérêts immédiats de ce côté, obéissant à une habitude caractéristique de l'esprit musulman.

Il paraissait donc sage de ne plus donner aux Oulad Sidi Cheikh une situation dont ils pourraient abuser, mais de s'adresser en même temps aux Hamian, quelles que pussent être les difficultés qui en résulteraient dans nos relations avec les Zoua. Car, on devait considérer que les partisans de ces derniers au Gourara sont les nôtres et qu'il en sera encore ainsi lorsque nous y tenterons un effort quelconque, bien qu'ils n'aient pu s'opposer, comme nous l'espérions, à l'installation des agents du Maroc ni obtenir le maintien du statu quo.

Quant au Tidikelt où les manœuvres de la Cour de Fez, poursuivies sans interruption, et notre retard à lui répondre, avaient décidé Badjouda à accepter l'investiture du Sultan, ainsi qu'il nous l'avait fait connaître lui-même, sa conquête exigeait, à cette heure, aux yeux du général O'Neill, commandant la Division de Constantine, une colonne de 600 hommes et une dépense de 617.000 francs. Aussi la dépense à prévoir paraissant trop élevée, tout projet d'expédition au Tidikelt fut-il écarté par le Gouvernement.

En outre, estimant qu'en tout état de cause, il y avait lieu de créer, au-dessous d'El Goléa, des postes fortifiés, destinés à assurer notre domination et la police du Sahara par une série d'étapes, M. Cambon exprimait l'avis, qu'il importait d'avoir en main, pour occuper ces bordjs, d'autres forces que celles que nous employions, à cette heure, dans le Sud algérien, forces qui étaient incapables d'y tenir longtemps garnison et de battre le pays. Il proposait donc d'approprier nos moyens d'action au climat, en transformant les Chaanba en un makhzen, comme on l'a fait si heureusement dans le Sud de la Tunisie, avec les Ouar'amma, qui, de turbulents et insoumis qu'ils étaient, sont devenus d'utiles et de précieux auxiliaires [1].

« A dire vrai, écrivait M. Cambon, le caractère
» à donner à l'expédition a changé et s'est modifié
» avec la nature du problème qu'elle doit résoudre
» à notre profit; ce n'est plus une lutte locale entre
» des partis infimes, se disputant le pouvoir
» municipal de ces oasis lointaines. Pour un pareil
» conflit, il eut suffi d'une expédition légère qui

[1] La dépense devait s'élever annuellement à 1.800 francs par cavalier.

» n'aurait pas, en effet, trouvé d'obstacles sérieux
» chez des populations, livrées à elles-mêmes et
» prévenues en notre faveur. Mais ..... nos lenteurs
» ont donné au Maroc le temps de modifier à son
» profit et du tout au tout la situation qui existait
» au commencement de cette année......... Les
» populations des oasis ont accepté sans opposition
» les caïds du Sultan : elles devaient en effet se
» soumettre au premier qui se présenterait, qu'on
» le veuille ou non. Le nouvel état de choses
» exige un effort plus considérable si nous voulons
» n'employer que des indigènes pour y mettre fin.

» ..... Les avantages, que le Gouvernement
» semblait chercher l'an dernier dans une entreprise
» purement indigène, résidaient d'abord dans la
» modicité relative des dépenses et ensuite dans
» la faculté de couvrir en quelque sorte notre
» action et de ne point lui donner le caractère
» d'une intervention directe. Il n'en est plus ainsi
» et, puisque nous sommes les maîtres dans le
» choix des moyens, il faudra au moment opportun
» choisir le plus décisif ».

» .... Au commencement de cette année, une
» intervention purement indigène était assurée du
» succès, ses résultats sont plus douteux aujourd'hui,
» si nous ne la préparons pas dans des conditions
» telles qu'elle emporte toutes les résistances.

» ..... Mais, puisque, d'une part, nous nous
» trouvons en présence d'obstacles plus difficiles

» à surmonter, et que, d'autre part, le Gouver-
» nement se considère comme ayant une pleine et
» entière liberté d'action [1], il semble qu'il y aurait
» lieu, même au risque d'un léger retard dans
» l'exécution de cette affaire, de ne rien laisser
» au hasard et de reprendre le projet d'une expé-
» dition militaire qui, aujourd'hui comme l'année
» dernière, semble préférable à toute autre ».

Le Gouvernement ne put accueillir ces propositions, et la solution de la question fut encore ajournée. Cependant, comme il fallait tenir compte, dans nos projets d'extension, de la situation créée par les agissements de la Cour Chérifienne dans le Touat, on dut arrêter une ligne de conduite à suivre pour leur réalisation. Des instructions furent adressées [2]

---

[1] Dans une lettre plus récente, le Président du Conseil avait exprimé l'avis qu'il n'y avait pas lieu de se préoccuper du Maroc puisqu'il faut « considérer le Touat comme relevant de la France » et que nous pourrions « régler cette affaire au moment qui nous paraîtrait
» le plus opportun et par des moyens dont nous n'avons à rendre
» compte à personne ».
Toutefois, il lui paraissait nécessaire d'aviser la Cour de Fez de l'intervention de nos goums, si elle venait à se produire, car la situation, que le Sultan a prise au Touat, ne lui permet plus de regarder cette intervention avec résignation, comme il l'eût sans doute fait auparavant. Dans ces conditions, notre action, quelle qu'elle fût, devait être préparée de telle sorte qu'elle ne laissât place à aucune incertitude sur les résultats.

[2] Novembre 1892. A ce moment des notables du Tidikelt, se réclamant du Maroc, adressaient au capitaine Almand, qui dirigeait alors les travaux de construction d'un bordj à Hassi In Ifel, une protestation contre l'occupation de ce point par l'autorité française.

aux trois Généraux commandant les Divisions algériennes ; elles s'appuyaient sur le principe, posé tout récemment par le Président du Conseil, que nous ne devions pas entrer en discussion avec le Sultan, au sujet des titres d'après lesquels nous considérons le Touat comme relevant de la France.

D'ailleurs, on se plaisait à croire que l'action du Maroc, dans cette région, n'avait point eu le caractère de possession administrative et politique qu'avec nos habitudes d'esprit nous sommes appelés à lui donner, en l'exagérant. Le Sultan avait investi comme caïds les chefs déjà reconnus des oasis, et il avait pris l'engagement, ainsi que le rapportaient nos émissaires, de ne point se mêler de l'administration du pays, se bornant à donner à son intervention le caractère religieux d'un rappel à l'unité des musulmans.

A la vérité l'usage que nous avions fait des influences religieuses à notre dévotion avait été pour le Sultan la source de graves inquiétudes. Il nous fallait donc redoubler d'efforts pour amener la clientèle religieuse des Taïbia à devenir notre clientèle.

D'autre part, en encourageant le mouvement de nos caravanes du Sud Oranais, nous devions mettre à profit toutes les occasions qui s'offriraient d'augmenter nos relations avec les oasis et de nous y créer des amitiés, ou même de nous assurer le concours des notables par des dons et par la promesse de gratifications renouvelables.

En même temps, une mission spéciale se rendait dans le Sud Oranais pour y étudier le régime des eaux souterraines [1].

Ces mesures étaient complétées par la construction de bordjs au-delà des points extrêmes de nos possessions effectives, et aussi par l'organisation de makhzen dont la proposition, comme on l'a vu, avait été soumise au Gouvernement. Déjà un bordj s'élevait à Ber Resof dans la Division de Constantine, sur la route du Souf à R'adamès, un autre devait bientôt être installé à Hassi In Ifel, au sud d'El Goléa. On voulait ainsi créer des points d'appui et de correspondance à l'aide desquels il serait possible de dominer et de surveiller ces vastes espaces, en calmant la turbulence des tribus qui les parcourent. La ligne R'adamès-In Salah une fois atteinte, il devenait facile de la dominer en occupant Hassi Messeguem et Timassinin. « Ce jour
» là, que nous ayons pris ou non les oasis sahariennes,
» In Salah sera prêt de tomber d'elle-même entre
» nos mains, car nous tiendrons les avenues de son
» commerce. »

Telles étaient les grandes lignes du programme arrêté par le Gouverneur Général.

C'est celui qui a été suivi jusqu'ici et qui doit, un jour ou l'autre, nous donner la solution du problème.

Mais le Maroc poursuivait sans relâche et avec une extrême ténacité la domination des régions

---

[1] Mission Jacob, dont il sera parlé au chap. III.

situées au Sud-Ouest de l'Algérie et l'on ne tardait pas à apprendre (avril 1893) que le Sultan venait d'investir les caïds de cinq Ksour ou fractions de l'oued Zousfana et de l'oued Saoura.

M. Cambon en prit texte pour appeler de nouveau l'attention du Gouvernement sur la question du Sud et exposer ses vues personnelles sur la conduite à tenir en présence des empiètements du Maroc et de la Tripolitaine.

« L'action du Maroc, sur notre frontière et au
» Touat, écrivait-il à ce propos, se continue avec
» une persévérance, et, j'ajoute, avec une intel-
» ligence remarquable des conditions dans lesquelles
» nous nous trouvons à son égard, et il n'est pas
» douteux pour moi qu'elle est dirigée par des
» représentants des puissances européennes, fort
» avisés....

»....... La solidité de notre établissement en
» Algérie dépend directement de l'état politique des
» régions du Sud et de celui du Maroc. Au Sud, le
» souci de notre sécurité, non moins que la convention
» du 5 août 1890, nous obligent à ne pas laisser se
» fermer devant nous les routes qui conduisent au
» Soudan, à occuper les points qui commandent le
» Sahara, et à ne pas permettre la constitution, autour
» de nos possessions, de centres de ravitaillement
» pour des insurrections futures, et même pour des
» incursions à main armée comme celles que le Maroc
» semble avoir récemment encouragées. Les influences

» musulmanes cherchent à s'opposer à nos desseins et
» à se donner la main au-dessous de nos possessions ;
» à l'est, le Kaïmakam de R'adamès...... affecte de
» dire aux Touareg Azdjer..... qu'ils dépendent de
» la Porte ; à l'ouest, le Sultan du Maroc, craignant
» les résultats de la visite que les Ahaggar ont faite
» à Alger, il y a cinq mois, les invite à venir le
» voir ; il nous conteste le Touat qui est justement
» placé au-dessous de nos possessions et qui est, dans
» le Nord-Ouest de l'Afrique, la voie la plus facile et
» la plus habitée, pénétrant du Nord au Sud dans
» l'intérieur.

» En ce qui concerne notre marche vers le Sud, je
» n'attache qu'une importance médiocre aux tentatives
» faites contre nous par les fonctionnaires turcs de
» R'adamès et de R'at .... et, si nous savons
» agir rapidement et avec décision l'hiver prochain,
» occuper les points que j'ai indiqués comme néces-
» saires entre In Salah et R'adamès, et inspirer aux
» populations sahariennes, le sentiment qu'on peut
» commercer en paix dans cette région, la route
» de l'Aïr et du Soudan nous sera désormais et
» définitivement ouverte par les voies pacifiques
» et économiques.

» Il n'en est pas de même au Touat, tous nos
» retardements n'ont fait que rendre plus difficiles,
» mais aussi plus nécessaires, des opérations que nous
» eussions pu faire sans efforts, il y a dix-huit mois
» .... Nos populations du Sud ne doivent

» pas se demander plus longtemps vers qui elles
» doivent se tourner. La question marocaine doit être
» dégagée, en fait aussi bien qu'en droit, de celle du
» Touat, afin qu'étant réduite au Maroc même, notre
» diplomatie puisse la traiter à Fez, avec cette
» indépendance dans l'esprit et ce désintéressement
» qui caractérisent, si remarquablement, l'action de
» certaines nations européennes auprès du Makhzen ».

En même temps, M. Cambon faisait observer que nous ne pouvions laisser le Sultan, qui venait de nommer un caïd à Igli, affirmer de prétendus droits sur cette localité. « La main mise du Maroc, écrivait-
» il à ce propos, sur l'importante position d'Igli est
» un acte nouveau et précis sur lequel nous ne
» pouvons pas fermer les yeux .... Il y aurait
» lieu aujourd'hui de déclarer au Makhzen que
» l'occupation d'Igli, si elle se produit, constitue un
» acte d'empiètement caractérisé sur un territoire
» que le traité de 1845 n'a pas attribué au Maroc,
» et, pour appuyer cette protestation, d'autoriser
» enfin l'occupation définitive de la vallée de l'oued
» Dermel, du point qui, seul, peut servir de terminus
» à la ligne que nous voulons construire d'Aïn-Sefra
» à Djenien bou Resk ».

Ces vues parurent recevoir l'assentiment du Gouvernement de la métropole; néanmoins, des réserves furent faites par le général Loizillon, Ministre de la Guerre, qui s'éleva contre toute idée d'occupation permanente de Dermel, avant l'ouverture de la ligne

ferrée, comme pouvant nous exposer à des complications interminables et, dans ce sens, il parut préférable de se borner à montrer nos troupes de temps à autre dans cette région. C'était là, d'ailleurs, la pensée du Département des Affaires Étrangères. Quant au reste on estima « que pour le moment, la
» marche, engagée dans la direction d'In Salah et
» jalonnée par des postes successifs, paraissait être
» le plus sûr moyen de gagner toujours du terrain,
» de façon à pouvoir porter le coup décisif, lorsque
» nous serons suffisamment rapprochés du Tidikelt ».

Mais, un événement d'une haute importance allait survenir et faire remettre à une époque indéterminée tout projet d'occupation du Touat. En effet, on apprit bientôt que Moulai El Hassan, mettant à exécution un projet dès longtemps caressé. se décidait à se rendre au Tafilalet, pour y prier, disait-on, sur la tombe de son ancêtre, fondateur de la dynastie filali, Moulai Ali Cherif. Sa Majesté Chérifienne devait profiter de ce voyage pour étudier l'état politique du Sud de son Empire, régler les conditions de sa domination dans l'Extrême-Sud et, sinon revenir lui-même par Figuig, du moins renvoyer par cette voie une partie des forces qui l'accompagnaient.

De grands approvisionnements avaient été réunis en prévision de ce voyage à Ksabi ech Cheurfa sur la haute Moulouia, et dans le bassin de l'oued Ziz.

Le 29 juin 1893, Moulai El Hassan quittait Fez,

à la tête d'une armée évaluée à 15.000 fantassins, 3.000 cavaliers et quelques batteries d'artillerie de montagne, et, franchissant l'Atlas à Tizi n' Telremt, il débouchait dans cette vallée du Ziz qui aboutit au Tafilalet.

L'arrivée du Sultan dans ces régions excita à un degré extrême l'attention des populations Sahariennes. On y voyait l'intention bien marquée de Moulai El Hassan d'étendre son action le plus loin possible au Sud de son Empire. L'imagination des indigènes lui prêtait, d'ailleurs, les projets les plus audacieux; et le déploiement des forces qu'il avait avec lui, donnait quelque vraisemblance à ces projets.

Il ne faut donc point s'étonner des marques de soumission que reçut Sa Majesté Chérifienne.

Déjà avant de quitter l'oued Ziz, elle avait donné audience à une délégation des oasis, conduite par Ba Hassoun, le caïd de Timmi, qui s'était flatté de ramener des troupes marocaines pour tenir garnison dans les Ksour.

De plus, une démarche de Si Kaddour, de nos Oulad Sidi Cheikh, fut surprise par le docteur Linarès, qui accompagnait le Sultan dans son déplacement [1].

---

[1] Le 14 juillet 1893, c'est-à-dire au moment où Moulai El Hassan était en route pour se rendre au Tafilalet, Si Kaddour ben Hamza lui écrivait une longue lettre dans laquelle il lui rendait hommage. Cette démarche inattendue rendit perplexe le Sultan; il s'empressa de la communiquer à M. le médecin-major Linarès, notre compatriote qui est détaché auprès de lui par le Ministère de la Guerre.

L'action religieuse fut de même considérable, puisque Moulai El Hassan réussit à maintenir sous sa dépendance le jeune héritier du fameux Mohammed bel Arbi el Derkaoui.

Mais le Sultan fut arrêté dans ces succès par les

Avisé de ces faits, le Gouverneur Général de l'Algérie n'eut pas de peine à montrer l'intérêt qu'il y avait à ce que le Sultan écartât promptement la demande que lui avait présentée Si Kaddour.

En même temps, une enquête était faite à Géryville pour connaître les motifs de la conduite de Si Kaddour. On ne put exactement les fixer ; cependant on pensa que la cause déterminante devait être l'interdiction de récolter des ziaras, édictée cette année-là en raison de la situation précaire des indigènes, interdiction qui avait été notifiée aux Oulad Sidi Cheikh peu de jours avant que Si Kaddour n'écrivît sa lettre. D'ailleurs, l'attitude de Si Kaddour s'explique pour qui connaît la mobilité d'esprit des indigènes, l'opposition qu'il a faite, en 1883, au retour des Oulad Sidi Cheikh et le peu d'empressement qu'il avait mis jusqu'alors à en accepter le fait accompli, malgré les efforts des siens. Si, à cela, on ajoute l'effet produit dans tout le Sahara par le voyage du Sultan au Tafilalet, le prestige religieux exercé par ce souverain en tant que Chérif dans tout le Nord-Ouest africain, et la conception vague qu'ont les indigènes de la question de nationalité, on comprendra que le moindre mécontentement ait pu déterminer Si Kaddour à agir comme il l'a fait.

Quoi qu'il en soit, le mécontentement de Si Kaddour était réel, on put s'en rendre compte en novembre 1893, quand brusquement, et sans en avoir averti au préalable l'autorité locale, il partit pour le Gourara, se contentant d'informer de sa détermination le commandant supérieur de Géryville et de lui annoncer qu'il partait pour aller recueillir des créances et régler des intérêts en souffrance. Ce ne fut qu'en août 1894 qu'il se décida à rentrer sur les instances réitérées des siens, mécontent, dit-on, de voir son influence diminuer au Gourara parmi ses serviteurs religieux par suite des agissements du Maroc.

événements de Melila. Au moment où il venait de visiter Abouam, le grand entrepôt, où se font dans le Sud les échanges entre les caravanes du Nord et celles qui vont au Soudan et au Touat, il dut revenir en toute hâte à Merakech, le 19 décembre, pour y recevoir l'ambassadeur extraordinaire du roi d'Espagne, le Maréchal Martinez Campos.

Notre situation dans le Sahara n'avait donc eu que peu à souffrir du voyage du Sultan. D'ailleurs l'occupation récente de Tin Bouktou, la construction de deux nouveaux bordjs, à Hassi el Homeur (Fort Mac-Mahon) et Hassi Chebbaba (Fort Miribel), marquaient la persistance de notre politique.

Le moment parut favorable au Gouverneur Général de l'Algérie pour établir notre suprématie dans le Sahara. Cette fois, l'objectif principal devait être In Salah, point central du désert, placé au carrefour des routes qui unissent le Maroc au Soudan, au Bornou et à la Tripolitaine et dont la possession par suite assurerait notre domination sur toutes les régions sahariennes parcourues au Sud par les Touareg, au Nord par les Chaanba.

Cet avis ne fut pas partagé par le général Mercier, Ministre de la Guerre. « L'occupation d'In Salah
» seule, écrivit-il, aurait l'inconvénient de laisser
» libre carrière aux menées du Maroc au Touat et
» de donner le loisir à la population d'y organiser
» la résistance. Le Sultan, pour nous empêcher de
» remonter l'oued Saoura, ne manquerait pas de

» nous susciter des difficultés diplomatiques en
» cherchant un appui, suivant son habitude, chez
» les représentants des puissances étrangères ».

» Si nous nous contentions de prendre Timimoun,
» nous couperions court, il est vrai, aux revendi-
» cations du Maroc qui accepterait sans doute le
» fait accompli, mais les Touareg Ahaggar nous
» échapperaient, In Salah, leur seul débouché et
» leur seul centre d'approvisionnement, nous est
» nécessaire pour les mettre en notre puissance ».

Dans ces conditions M. Cambon proposa : 1° de présenter au Parlement une demande de crédit pour assurer la sécurité de nos frontières sahariennes, ébranlées par les événements de Tin Bouktou [1] et de réserver sur la somme totale une somme suffisante pour nous permettre au mois d'octobre suivant de marcher sur Timimoun et In Salah, et au besoin sur In Salah seulement ; 2° d'organiser une troupe saharienne, destinée à l'occupation des postes de l'Extrême-Sud [2] ; 3° enfin, d'aider, autant que possible, au développement rapide des voies ferrées vers le Sahara et de constituer une zone franche de droits de douane au Sud de l'Algérie.

---

[1] Massacre du colonel Bonnier et de ses compagnons.

[2] La loi du 5 décembre 1894 vint donner satisfaction à ce desideratum en créant des troupes sahariennes, tirailleurs et spahis. On organisa immédiatement (décret du 9 décembre 1894), une compagnie de tirailleurs sahariens et un escadron (2 pelotons) de spahis sahariens montés à méhari.

Le Ministre des Affaires Étrangères, M. Casimir-Périer, tout en reconnaissant la situation qu'avaient créée les récents incidents dont le Sahara avait été le théâtre, y trouva la justification de la préférence marquée par son Département à l'adoption d'une méthode « qui a déjà porté quelques fruits et, le jour
» venu, facilitera et assurera notre marche, après
» l'avoir, très momentanément retardée . . . .
» L'effet moral dû à ces mesures (l'établissement
» récent du bordj de Hassi In Ifel et la construction
» des Forts Mac-Mahon et Miribel) a contribué à
» réduire à de justes proportions et à rendre éphémère
» l'action qu'aura eue, sur les populations des oasis,
» le récent voyage de Moulai El Hassan au Tafilalet;
» les habitants du Sahara paraissent avoir compris
» de quel côté se trouve la véritable puissance et
» à qui l'avenir doit forcément appartenir.
» L'attitude des Oulad Sidi Cheikh et les récentes
» démarches si caractéristiques de Si Kaddour ben
» Hamza, tant auprès de Moulai El Hassan que
» vis-à-vis de nos autorités algériennes, ne sauraient
» guère nous laisser de doutes sur le travail qui
» s'est fait, ces temps derniers, dans l'esprit des
» Sahariens, et qui semble devoir, en fin de cause,
» tourner entièrement à notre avantage. Pour confir-
» mer dans ces dispositions les Ksouriens des oasis
» et les nomades du désert, il suffira provisoirement
» d'affirmer notre action par les moyens préconisés
» par le Gouvernement Général de l'Algérie, le

» renforcement de nos troupes sahariennes, l'établisse-
» ment aussi rapide que possible de nos voies ferrées,
» l'augmentation éventuelle des crédits affectés à la
» police de nos frontières, enfin la recherche d'une
» entente directe avec les indigènes par la voie de
» pourparlers ».

Un événement d'un autre caractère, la mort de Moulai El Hassan, allait nous obliger à une extrême et momentanée circonspection. En effet, autant il eut été avantageux de résoudre le problème des oasis avant la mort du Sultan, autant il était à craindre que les puissances étrangères, nos rivales dans l'Afrique du Nord, n'émissent la prétention de faire de l'occupation des oasis du Sud le prétexte qu'elles invoqueraient pour soulever la question du Maroc. En même temps, il convenait de prévoir le cas où, profitant des troubles, qui accompagnent générale-ment les changements de règne au Maroc, une action européenne viendrait à se produire sur un point de la côte marocaine et où il nous faudrait, sans doute, répondre à une prise de gage par une autre prise de gage.

C'est ce que s'empressa de faire remarquer M. Cambon au Ministre des Affaires Étrangères, M. Hanotaux, en lui demandant de nous tenir prêts à toute éventualité et dans ce but de réunir des approvisionnements à Aïn Sefra et à Lalla Mar'nia.

Dans ces conditions, il paraissait impossible de songer (1894) à envoyer une expédition au Gourara [1]. On se borna à prévoir l'achèvement de Fort Mac-Mahon et le jalonnement des lignes d'étapes sur Fort Miribel et Fort Mac-Mahon par l'achèvement et le cloisonnement des puits existant, ainsi que par le forage de nouveaux puits sur ces mêmes directions [2].

Peu après, le commandant Godron, commandant supérieur de Géryville, accompagné des lieutenants S. du Jonchay et de Lamothe, et de l'interprète militaire Palaska, franchissait l'Erg et allait toucher à l'oasis de Tabelkoza.

---

[1] Des troupes avaient déjà été mises en mouvement pour aller constituer à El Goléa la colonne expéditionnaire ; elles durent rétrograder. Des approvisionnements avaient été constitués dans la même intention dans ce poste.

[2] Le Gouverneur général avait également préconisé la construction, par le service des affaires indigènes, de petits bordjs qui seraient occupés par quelques goumiers ou des familles appointées, suivant le système adopté par les Russes dans l'Asie centrale. Les points choisis étaient : Aïn Guettara sur la crête du Tadmaït, Ksar Feggaguir, localité située à peu de distance de Bou Guemma, et qui domine la route d'In Salah à Timimoun, Hassi Souiniat à peu de distance du Tabelkoza.

Mais le général Hervé, commandant du 19ᵉ Corps, fit observer qu'il ne pourrait assurer la construction de ces bordjs, sans craindre une attaque qui entraîneraient une intervention qu'on semblait vouloir éviter. En tout cas, le point d'Aïn Guettara, lui parut bien choisi et comme le jour où nous serons à In Salah il faudra le construire, mieux valait l'édifier tout de suite. Quant au Ksar Feggaguir, il devait par sa situation, si nous nous y installions, engager de suite la question du Gourara, nous exposer à des attaques et nous contraindre à soutenir immédiatement les troupes de protection primitivement employées. Pour Hassi Souiniat, il était inutile, car, lorsque nous serons au Gourara, tout le Nord tombera forcément.

Il y était reçu avec des promesses de soumission et nous rapportait la certitude que les gens des oasis n'attendaient que notre venue pour accepter notre domination.

En même temps, on étudiait un projet de construction de deux nouveaux forts situés, l'un à Ferkla, sur la route de Fort Miribel à In Salah l'autre entre Fort Mac-Mahon et Timimoun, à 90 kil. environ de ce dernier point.

Un incident, survenu dans le Sud-Ouest de nos possessions, vint subitement changer la situation : le Maroc sembla vouloir entrer en scène. En effet, une colonne marocaine ou plutôt une harka, qui représente assez bien ce que nous appelons un parti de cavalerie, d'une cinquante d'hommes, commandés par un nommé Si El Hassan El Oudr'iri [1], descendit du Tafilalet, par ordre de Moulai Rechid, oncle du Sultan [2]. Cette petite troupe se dirigea vers les Ksour des R'enanema, situés le long de l'oued Saoura, c'est-à-dire sur la route la plus fréquentée pour aller des oasis de l'Extrême-Sud au Tafilalet et du Gourara au Maroc et en Algérie. Les R'enanema, maîtres de cette voie, craignant les ambitions du Makhzen, nous avaient demandé, au commencement de 1894, à se placer

[1] C'est-à-dire originaire d'El Oudar'ir, un des Ksour de Figuig.

[2] Voir à propos de ce personnage qui n'a aucune fonction officielle, mais qui exerce cependant une grande influence dans la contrée comme le représentant de la famille régnante, Tome II, p. 101. Il passe pour notre adversaire déclaré.

sous notre protection. Mais, conformément aux prescriptions du Gouvernement, nous n'avions pu accueillir leurs propositions. Or, une vieille injure à venger et les sentiments qui les animaient à l'égard du Maroc, les avaient poussés, dans le courant de 1894, à assassiner au passage le caïd de Timmi, Ba Hassoun ould el Hadj Mohammed et le caïd des Oulad Mokhtar, qui se rendaient à Fez pour porter leurs hommages au Sultan [1]. Ce double meurtre avait causé une grande émotion à Fez et au Touat chez les Ihamed, qui sont les partisans de l'influence marocaine. Le Makhzen voulait punir cette injure ; il

---

[1] A la fin de novembre 1894 le caïd de Timmi et son compagnon, Mohammed ould el Hadj Ahmed, caïd des Oulad Mokhtar, se mettaient en route pour Fez. Ils emmenaient avec eux, pour être offerts en présent au Sultan, 22 esclaves, 7 chevaux de main et une somme de 400 douros (2.000 francs). Trois individus des Beraber leur servaient de guides et de sauvegarde (Zetat. Voir tome I, p. 312) pour la traversée du Tafilalet et des tribus Beraber. Arrivée sur l'oued Saoura, la caravane fut assaillie de nuit par les R'enanema qui tuèrent les deux caïds et s'emparèrent de tous les présents destinés au Sultan, mais laissèrent la vie sauve et la liberté aux guides et aux autres personnes de la caravane contre lesquels ils n'avaient aucun motif de haine.

Ce fut, dit-on, la vengeance qui arma les R'enanema contre Ba Hassoun. On raconte que, vers 1880, ceux-ci, ayant dirigé un rezzou contre le Touat, furent surpris par Ba Hassoun qui, se trouvant en force, s'empara de douze d'entre eux, les emprisonna dans une maison solidement close et y mit ensuite le feu. Cet acte de barbarie avait amené de la part des R'enanema une haine féroce contre son auteur et ils avaient profité de l'occasion qui se présentait à eux pour en tirer vengeance.

y trouvait l'occasion de mettre la main sur le chemin du Gourara et peut-être sur le Gourara lui-même.

Les cavaliers marocains partirent donc ; ils rencontrèrent dans l'oued Saoura les Ihamed du Touat et une bande de Touareg Taïtok, venus là pour piller sous la conduite d'Ould Gueradji, au nombre d'environ 1.500 hommes plus ou moins bien armés. Ils détruisirent dix Ksour (Tamettret, Bou Hadid, El Ouata, Ammès, Anelîd, El Beïada, Ksar el Ma, Oulad Khedeir, Timr'arin, El Ksebat), menacèrent ceux où ils ne purent entrer et finirent par faire la paix sur l'intervention du marabout de Kerzaz. Ils se séparèrent ensuite, laissant derrière eux, dix Ksour ruinés, les hommes massacrés et emmenant les femmes et les enfants pour les vendre sur les marchés du Maroc [1] ; les Marocains furent même obligés de s'interposer pour empêcher les Taïtok de continuer à rançonner.

Cependant tous les Marocains ne rentrèrent pas au Tafilalet. Le caïd El Hadj Ahmed ben R'ezzouk el Boukhari[2], accompagné d'une vingtaine de cavaliers poursuivit jusqu'au Gourara, et pénétrant dans cette région d'oasis, il s'établit à Timimoun, commença la construction d'un petit bordj pour lui, sa famille

---

[1] On s'étonnera de voir des musulmans réduire en esclavage d'autres musulmans. Mais il faut observer que les R'enanema ont la réputation d'impies et qu'ils sont l'objet du mépris des vrais croyants. Voir Tome II, p. 708.

[2] Désigné communément sous le nom de caïd El Hadj.

et ses cavaliers et prit le titre de « *pacha* » du Sultan.

C'était évidemment une prise de possession bien peu effective que cette présence à Timimoun d'un caïd et de 25 cavaliers, mais les habitants de ces pays y voyaient une démarche officielle à laquelle nous ne nous opposions pas. M. Cambon, dès qu'il eut été avisé, s'empressa de demander que des observations très nettes fussent adressées au Gouvernement Chérifien. Conformément à ce désir, notre chargé d'affaires à Tanger, M. Collin de Plancy, fit aussitôt des représentations au Makhzen, mais elles n'amenèrent aucun résultat et le caïd El Hadj Ahmed ben R'ezzouk continua de résider à Timimoun. Il y eut plus, Si Mohammed Torrès, représentant de Sa Majesté Chérifienne auprès des légations de Tanger, se plaignit à M. Collin de Plancy. Le fonctionnaire marocain assimilait à une violation de frontière les études que nos officiers venaient de terminer sur le terrain pour le projet d'établissement d'un bordj entre Fort Mac-Mahon et les oasis du Gourara.

D'autre part, dans le courant du mois d'octobre de la même année, trois indigènes s'étaient présentés à Fort Mac-Mahon remettant à l'officier qui commandait ce poste une lettre de protestation du Pacha El Hadj. En retournant ce document à son auteur, on ne manqua pas de déclarer aux porteurs, que les oasis étant dans la sphère d'influence de la France, le Gouvernement de l'Algérie ne reconnaissait à aucun envoyé de la Cour Chérifienne le droit de s'y établir, et qu'il ne pouvait donc y avoir de question intéressant les deux gouvernements, comme on voulait le prétendre au sujet de contrées où nous nous réservions d'agir quand bon nous semblerait.

Mais sur ces entrefaites, et pour la première fois, la Cour Chérifienne opposait une manière de refus aux demandes d'indemnités que leur présentait notre légation touchant les déprédations commises sur notre frontière occidentale de l'Algérie [1].

On pouvait déduire de l'ensemble de ces faits que notre situation paraissait s'être modifiée à Fez. A traiter ainsi les affaires du Sud, les populations, qui ignoraient notre action diplomatique, pouvaient penser que nous nous en désintéressions. Au moment même où s'affirmait l'ingérence marocaine, les inconvénients étaient graves, car ils affectaient ainsi et très directement le prestige de notre domination

---

[1] Ce n'est même que tout récemment (octobre-novembre 1896), que la Cour de Fez s'est décidée à régler cette question. Sur la demande de notre représentant au Maroc, M. B. de Monbel, un délégué du Gouvernement Général de l'Algérie, le commandant Calley St-Paul, commandant supérieur du cercle de Méchéria, accompagné d'une des plus importantes personnalités des Hamian, le caïd El Habib ould Mebkhout, des Oulad Mansoura, s'est rendu à Tanger pour défendre les intérêts de nos administrés auprès du Makhzen. Après quelques entrevues avec l'agent que le Gouvernement Chérifien avait lui-même envoyé à cet effet à Tanger, le bien fondé de nos revendications fut admis et le solde des indemnités dues à nos sujets, que la légation réclamait depuis quelque temps déjà, fut enfin versé. Nous avons examiné dans les volumes précédents les difficultés de ces questions de parties et le procédé employé jusqu'alors pour les régler. Dans le cas présent, une situation nouvelle a été créée.

dans le Sahara, tandis que des difficultés pouvaient en résulter sur le terrain diplomatique de par l'encouragement tacite que désormais nous donnions aux entreprises du Sultan vers les oasis.

« Ainsi, écrivait M. Cambon, il ne s'agit plus des
» vues éloignées d'une politique africaine aventureuse,
» mais de notre intérêt immédiat et de la paix de
» nos possessions mêmes. Nous ne pouvons
» aujourd'hui laisser un prétendu pacha et ses 25
» hommes s'établir insolemment à Timimoun et
» parler au nom de son maître à ces populations
» timides qu'il y a quatre ans, le chef de notre
» Gouvernement déclarait à la tribune dépendre
» uniquement de notre police. »

Le Gouverneur Général de l'Algérie reprit en conséquence ses projets antérieurs et demanda au Gouvernement de la métropole l'envoi d'une colonne au Touat. Admettant toutefois que les événements de Madagascar fussent de nature à empêcher un mouvement de troupes, M. Cambon proposait alors d'en revenir à l'action des Oulad Sidi Cheikh, procédé qui ne réclamait aucun crédit et permettait de tirer parti des événements, sans engager plus directement qu'il ne convenait la responsabilité du pouvoir central.

Cependant, le chef de notre légation de Tanger, en conformité des instructions du Département des Affaires Étrangères, écrivait à nouveau, en septembre 1895, à Si Mohammed Torrès qu'il ne pouvait exister de pacha marocain au Touat, que le Gouvernement français considérait cette contrée comme exclusivement algérienne et qu'il ne saurait de ce fait admettre, sous aucun prétexte, l'ingérence du Makhzen[1].

Ces représentations étaient renouvelées le mois suivant, puis en janvier 1896. A cette époque nous protestions également contre l'emprisonnement d'une centaine d'individus des R'enanema que le Makhzen chérifien avait fait capturer et conduire à Merakech.

Cette généreuse intervention de notre part n'eut aucun résultat; aussi paraît-il qu'il eût peut-être été

---

[1] D'après les bruits en circulation au Gourara en avril 1896, le pacha El Hadj Ahmed ben R'ezzouk avait reçu de Fez la mission d'organiser politiquement tout le Sahara indépendant, et y avait généralement assez mal réussi.

Pour se conformer aux instructions reçues, il avait convoqué, disait-on, tous les caïds investis par le Sultan, et leur avait annoncé que leurs administrés auraient dorénavant à payer un impôt, devant consister en une sorte de lezma fixe très légère et en quelques prestations en nature pour l'entretien du Makhzen. C'est ainsi que la contribution réclamée aux Meharza devait être de cinq charges d'orge, deux de blé, dix de dattes et mille francs en argent. Celles des Khenafsa devait être la même.

En même temps que les caïds, le pacha avait convoqué, pour s'assurer par lui-même de leur esprit de soumission, les principaux notables du pays, ainsi qu'Ould Gueradji des Taïtok et le marabout Abidine. Mais ces derniers avaient refusé de se rendre à Timimoun et suivant leur exemple, plusieurs autres personnages avaient opposé un semblable refus. L'attitude prise par ces personnalités en cette circonstance, le mécontentement non déguisé des populations, à l'encontre de ses exigences trouvées trop lourdes et la crainte avouée par tous d'avoir à subir de plus en plus dans l'avenir les exactions du Makhzen, avaient inquiété le pacha El Hadj Ahmed ben R'ezzouk qui avait cru devoir demander au Sultan de renforcer son autorité par l'envoi d'une force de 200 cavaliers.

préférable de ne pas s'exposer à une fin de non recevoir dont le retentissement ne manqua pas d'être exploité dans un sens défavorable à notre prestige.

Sur ces entrefaites, un officier des affaires indigènes, le commandant Godron, commandant supérieur du cercle de Géryville, eut l'occasion de reconnaître personnellement et en toute sécurité, jusqu'aux premiers villages du Gourara, la route qui unit ces oasis au sud de la province oranaise.

Le Service des Affaires indigènes du Gouvernement Général de l'Algérie profita immédiatement de ces circonstances excellentes et, tout en améliorant les puits de cette voie, confia à un savant géologue M. Flamand, la mission de reconnaître et d'étudier le régime des eaux dans la région comprise entre El Abiod Sidi Cheikh et le Gourara. Au cours de ses travaux, M. Flamand traversa le Tin Erkouk étendit son itinéraire jusqu'au Tadmaït et rentra par Fort Mac-Mahon.

M. Cambon estima que l'on devait saisir cette occasion et proposa de prendre cette voie dite de l'Erg par la vallée de l'oued R'arbi pour atteindre Tabelkoza et les oasis qui subissent directement l'influence des Oulad Sidi Cheikh. Ces derniers devaient encore être nos agents d'exécution les plus actifs, mais leur rôle était plus restreint, car on leur adjoignait deux pelotons de cavalerie, deux compagnies d'infanterie et une section d'artillerie sous le commandement d'un officier supérieur. Un fort goum doublait cette action, tandis qu'une colonne, dite d'observation, organisée à Aïn Sefra, surveillerait les tribus orientales du pays voisin dans la direction de l'oued Zousfana [1]. La conception d'une telle expédition était vivement appréciée par notre légation de Tanger. Notre représentant, M. de Monbel, faisait, dans sa correspondance au Département des Affaires Étrangères, ressortir les multiples avantages que notre diplomatie devait retirer auprès du Makhzen chérifien du règlement définitif de la question dite du Touat.

Tout paraissait donc militer en faveur d'un tel projet; mais les mêmes considérations politiques, qui jusqu'alors avaient arrêté toutes nos entreprises, prévalurent une fois encore. La situation était d'ailleurs aggravée par ce fait que nous ne devions plus avoir devant nous des populations livrées à elles-mêmes, comme jadis, mais au contraire des villages ayant senti s'exercer l'influence du Sultan marocain, avec d'autant plus de force que nos hésitations avaient été plus longues.

L'on apprenait de plus que Sa Majesté Chérifienne, poursuivant l'exécution de ses plans sur les oasis, avait décidé le remplacement du pacha El Hadj

---

[1] M. Cambon se rendit lui-même dans le courant de juin 1896, accompagné de M. le commandant Godron et de M. Flamand, dans la vallée de l'oued R'arbi, et il y eut plusieurs entrevues à ce sujet avec les Oulad Sidi Cheikh, et notamment avec Si Kaddour.

Ahmed ben R'ezzouk, et confié ses fonctions à deux nouveaux fonctionnaires placés chacun à la tête de l'un des sofs ou partis Ihamed et Sefian qui se partagent la population des oasis sahariennes [1].

Afin de parer dans la limite du possible aux conséquences de cet abandon momentané de la question, notre diplomatie fut chargée d'adresser de nouvelles représentations au Gouvernement marocain, lui rappelant que nous ne pouvions admettre la persistance de ses agissements dans ces contrées. Pour la première fois, la Cour de Fez répondit qu'elle était prête si nous l'acceptions à soumettre la question à un arbitrage. Bien que cette solution doive apparaître avec toute évidence comme la pire de toutes, car le prestige de notre domination musulmane ne saurait vis-à-vis des indigènes s'accommoder d'un tel arrangement, on ne pourra se dissimuler que c'était là un précieux indice. Le Sultan semblait ainsi admettre, et pour la première fois, que les droits du Maroc sur le Touat étaient discutables, et c'était là une manière de succès pour notre diplomatie, mais ce n'était que cela. On ne saurait en effet oublier, ainsi que l'écrivait M. Cambon, que « le Sahara a été dévolu à notre

[1] Les deux fonctionnaires marocains, nommés à ces nouvelles charges, furent : 1° Driss bel Kouri Cherardi, qui fut caïd de Figuig d'octobre 1886 à juillet 1888 et que la récente décision du Makhzen marocain a mis à la tête du sof Ihamed, avec résidence à Timmi ; 2° Mohammed ben Aomar el Merakchi, tout récemment encore caïd de Figuig, qui a été placé à la tête du sof Sefian, avec résidence à Timimoun.

» domination : nous ne saurions y reconnaître, même
» en fait, aucune autre souveraineté que la nôtre,
» aussi bien au Touat et à In Salah que partout
» ailleurs. Il importe que les indigènes soient bien
» convaincus que l'occupation effective de ces régions
» n'est pour nous qu'une question de temps; qu'un
» peu plus tôt, un peu plus tard, quand l'heure
» nous paraîtra venue, cette occupation se fera, sans
» que nous ayons à tenir compte des protestations
» auxquelles elle viendrait à donner lieu, et qu'elle
» se fera sûrement ».

Telle était l'état de la question au printemps 1897 alors qu'une ambassade marocaine allait venir en France.

En resumé, durant dix ans, nous avons reconnu, avec une netteté de plus en plus accentuée, la nécessité d'annexer à notre domaine algérien ces oasis, mais par une sorte de fatalité nous avons, en une suite interminable d'atermoiements, rendu cette question extrêmement confuse.

Un instant vint où il parut nécessaire de changer de tactique; au lieu de songer à une conquête de vive force, on résolut d'amener les populations à nous par la persuasion en utilisant les influences religieuses dont l'action est en générale efficace sur l'esprit des musulmans. C'était, parmi les différentes méthodes de politique à suivre, une des plus rationnelles, trop souvent négligée depuis notre installation en Algérie ; car, mieux que tout autre, ce procédé peut utilement préparer les voies à notre influence et nous permettre de pénétrer au milieu de populations qui ont vécu, jusqu'à présent, dans une indépendance presque complète.

Cependant une action s'imposait et le Gouvernement Général de l'Algérie ne cessait de se préoccuper de la situation de ces contrées extrêmes, troublées par les incursions de bandes de maraudeurs venant du Touat ou des campements de Bou Amama. Dans ces conditions, il fallut se résoudre à une solution d'attente, capable d'exercer une surveillance plus efficace sur ces territoires en nous rapprochant du but final de nos efforts. C'est alors que fut décidée, de concert avec l'autorité militaire, la création de fortins ou bordjs, destinés à jalonner les routes du Touat.

Cette création prouvait à toutes les tribus, qui nous échappent encore, notre volonté de leur faire respecter l'ordre et la sécurité. Mais ce plan de pénétration pacifique, excellent en lui-même, ne pouvait porter tous ses fruits qu'à la condition expresse d'être poursuivi sans arrêt et avec la même et sûre méthode employée jusqu'à ces derniers temps. Dans le Sahara quand on occupe un point, on n'occupe que ce point, et, dans ces régions d'une topographie si différente des nôtres, rien n'est plus aisé à une troupe que de passer à quelques kilomètres et hors d'atteinte de ces ouvrages. Il fallait donc procéder autant par l'effet moral produit par notre établissement progressif que par la sécurité que donne aux caravanes la certitude que les points d'eau les plus abondants sont entre nos mains.

Toutefois, et justement en raison de notre établissement de plus en plus étendu dans l'Extrême-Sud, les événements qui s'y produisent intéressent par cela même de plus en plus le prestige de notre domination.

Après ces tentatives multiples il devient indispensable d'asseoir notre domination politique dans ce pays pour témoigner la volonté de la France. Il nous faut, en décourageant les fauteurs de désordre et en châtiant les brigands, donner du même coup à ceux qui veulent se rapprocher de notre domination la preuve formelle de la puissance de sa protection.

Les indigènes, ignorant les dessous des conditions politiques qui nous régissent, s'accommodent mal de nos tergiversations ; ils y voient un signe de faiblesse de notre part et nous nous ménageons ainsi de redoutables difficultés pour l'avenir [1].

L'étude précédente qui résume les efforts accomplis

---

[1] Pour terminer ce long exposé, il nous paraît nécessaire de résumer brièvement ici ce que pensent actuellement les adversaires de tout projet sur le Touat.

Nos constantes hésitations, nos perpétuels atermoiements, disent-ils, ont permis au Maroc, qui n'avait sur les régions du Touat que des droits très contestables, en tout cas depuis longtemps négligés, d'y faire acte de domination en y installant ses représentants officiels.

Au début, lorsque l'on songea pour la première fois à prendre possession de cette très vaste région, les conséquences de son occupation apparurent comme des plus graves ; on y vit l'origine de

durant ces dernières années par le Gouvernement Général de l'Algérie pour étendre notre domination sur les oasis du Sud serait incomplète, si nous n'indiquions l'organisation que l'on avait projetée d'accorder à ces territoires.

On sait que les populations des oasis de l'Extrême-

difficultés ultérieures avec le Maroc. Alors cela était peut-être exagéré ; aujourd'hui c'est la vérité. Car maintenant la route nous est barrée de ce côté, comme elle nous l'a été jadis par les Turcs à R'at.

Quelles qu'aient été les déclarations faites à la tribune par divers membres du Gouvernement français, quelles qu'aient été les protestations souvent renouvelées de notre diplomatie auprès de la Cour Chérifienne, il y a là un fait accompli devant lequel nous sommes contraints de nous incliner.

Agir autrement serait peut-être nous préparer de très graves complications d'avenir qu'embrouillerait sans doute encore à plaisir quelque nation européenne.

D'ailleurs, en admettant que nous puissions un jour remettre sur le tapis la question du Touat, elle est pour l'instant tout à fait insoluble, tant que la question d'Egypte ne sera pas liquidée ; car il est certain que l'Angleterre trouvera là un prétexte pour s'immiscer davantage dans les choses du Maroc et riposter par un refus motivé à toute nouvelle invitation à évacuer l'Egypte.

D'autre part, ce n'est pas seulement sur le Touat que l'action du Maroc s'est fait sentir, toutes les populations à l'ouest de la vallée Zousfana-Saoura, Doui Menia, Beraber, etc., qui auparavant jouissaient d'une entière liberté d'allure, ont été plus ou moins travaillées par les agents du Maroc. Elles sont prêtes à tout événement et rien ne dit qu'en cas d'intervention de notre part au Touat, elles ne soient disposées à venir en masse aider à repousser l'envahisseur.

Dans ces conditions, l'occupation du Touat peut avoir pour nous, à l'heure actuelle, trois graves inconvénients ; elle peut : 1° nous entraîner à des opérations militaires hors de proportions avec l'importance du pays conquis ; 2° nous créer des complications diplomatiques européennes ; 3° provoquer l'ouverture de la question marocaine, la Cour de Fez ne pouvant plus se désintéresser des choses du Touat.

Sud sont diverses ; Arabes, Berbères Zenata ou autres, Touareg, nègres mêmes, s'y coudoient en des agglomérations très disparates où la race prédominante impose son cachet particulier. Chacun de ces groupes subit des influences multiples, intérieures ou extérieures ; quelquefois les deux à la fois : mais tous se partagent entre les deux grands partis (sofs) rivaux qui divisent le Touat depuis des siècles, les Ihamed et les Sefian. Si à cela on ajoute l'indépendance absolue dans laquelle les habitants ont vécu de tout temps, on sentira l'étendue des difficultés que nous rencontrerons lorsqu'il s'agira de leur apporter avec notre domination les règles de notre administration.

C'est à la fin de 1891, lors de la venue à Géryville d'un miad touatien, que fut examinée, pour la première fois, la question de notre installation dans les oasis et la manière dont nous devions y exercer notre pouvoir.

Dans l'acte de soumission qu'ils avaient alors signé, les délégués gourariens avaient accepté la présence permanente d'officiers français dans leur pays, comme intermédiaires naturels entre les populations nouvellement soumises et le Gouvernement français. En outre ils s'étaient engagés, au nom des habitants des oasis, à remettre les clefs de leurs Kasbas à l'autorité française [1] et à

---

[1] Il avait d'abord été question d'exiger la remise pure et simple

payer un très léger tribut ¹. Enfin ils avaient fait la promesse de remplir fidèlement les emplois qui leur seraient confiés ².

Ces différentes stipulations pouvaient faire espérer l'installation à bref délai de notre domination au Touat, on dut se préoccuper de la manière dont on allait organiser ce pays.

M. Cambon indiqua les grandes lignes de l'organisation qu'il désirerait donner à ces groupes d'oasis :

« Quant à l'administration du Gourara et du
» Touat, écrivait-il à ce propos, nous ferons en sorte
» que les populations de ces régions soient administrées par les officiers qui commandent dans
» les cercles avec lesquels ces populations ont le
» plus de rapports et nous trouverons des indications
» pour l'avenir dans le fait seul que nous sommes
» entrés en communication avec le Gourara par le
» Sud Oranais.

» Cette organisation du Touat, du Gourara et du

___

des Kasbas elles-mêmes à l'autorité. Mais les envoyés firent des difficultés pour accepter une pareille clause ; car, comme l'écrivait le commandant supérieur de Géryville, « les Kasbas en question ne sont
» pas seulement des ouvrages fortifiés construits dans l'intérêt de la
» défense du pays, ce sont aussi les magasins de réserve où les
» Ksouriens enferment tous leurs approvisionnements. C'est donc une
» grosse responsabilité que prendraient les notables que d'engager
» ainsi les biens de leurs coreligionnaires. »

¹ On avait tenu surtout à ce que le mot tribut fût prononcé.

² Pour mieux se les attacher on songea même à accorder de suite aux principaux d'entre eux des émoluments mensuels.

» Tidikelt, si jamais nous pouvons y procéder, ne
» pourra être étudiée utilement que lorsque nous
» pourrons prendre la question dans son ensemble.

» J'estime que pour éviter des difficultés ultérieures
» que pourrait nous créer, soit dans le pays même
» soit au dehors, une annexion administrative, il
» importe de respecter les institutions locales et de
» n'établir de ces populations à nous que des rapports
» de vassalité, nous en remettant à l'avenir pour
» resserrer progressivement les liens qui nous les
» rattacheront. Des officiers devront être appelés
» à nous représenter dans ces oasis, mais dès
» aujourd'hui je me préoccupe du rôle qui pourra être
» donné aux Oulad Sidi Cheikh, et tout en étant
» disposé à les récompenser des services qu'ils nous
» ont rendus, je ne voudrais pas qu'ils pussent
» devenir une source de difficultés, étant donné
» surtout la constitution politique des oasis du
» Gourara. J'aimerais mieux leur donner des comman-
» dements de Makhzen et des titres que des comman-
» dements territoriaux ».

Lorsqu'en juillet 1892, M. Cambon renouvela auprès de M. Loubet, Président du Conseil, ses propositions en vue de confier une expédition aux Oulad Sidi Cheikh, la question de l'organisation des régions à conquérir vint de même à l'étude. Reconnaissant qu'il ne fallait pas songer à soumettre immédiatement et effectivement ces contrées éloignées à notre administration, le Gouverneur proposa d'y constituer simplement une sorte de protectorat respectant les hommes et les institutions et y assurant la police. « Dans ce but, et en attendant que nous puissions » occuper par des forces régulières françaises les » principales des oasis du Touat, il y aurait lieu d'y » constituer une sorte de milice locale commandée » par des officiers français et indigènes nommés par » nous ».

C'est encore l'idée d'un protectorat qui prévalut quand on songea tout récemment, en 1896, à reprendre les projets antérieurs. On pensa alors qu'il convenait de laisser à chaque village d'abord ses modes particuliers d'administration, en un mot son autonomie habituelle. Mais pour faciliter la tâche du représentant, que nous allions installer au Gourara, au milieu d'une multitude de Ksour de toute importance, on était résolu d'y constituer des groupements placés sous la haute direction d'une notabilité prise dans la région et qui serait devenue notre intermédiaire avec les populations[1]. Quelques officiers des affaires indigènes, assistés d'un Makhzen judicieusement choisi, auraient coopéré au fonctionnement de ce protectorat, sous la haute direction d'un commandant supérieur, sorte de résident militaire, chargé plutôt d'un service de police et de contrôle que d'une administration proprement dite.

[1] La liste de ces notabilités avait été établie.

CHAPITRE TROISIÈME.

Le Touat et ses habitants. — Aperçus géographiques.
Notions historiques.
Mœurs. — Climat. — Maladies.

APERÇUS GÉOGRAPHIQUES.

« Il est assez difficile de donner une définition
» exacte de ce qu'on appelle le Touat. Géographi-
» quement, ce pays n'existe pas. Ce n'est ni une
» vallée de fleuve comme l'Egypte, ni un plateau
» rayé de lits de rivière comme le Mzab, ni un
» bas-fond comme la plaine d'Ouargla : on y trouve
» un peu de tout cela. Le Touat n'est pas davantage
» une région ethnographique ; on y voit vivre
» côte à côte presque toutes les races qui peuplent
» l'Afrique du Nord. Ce n'est, enfin, même pas
» un état politique ; les oasis qui le composent
» n'ont de commun ni l'autorité qui les commande,
» ni l'intérêt qui les fait agir. On ne peut donc
» guère définir le Touat que de la façon suivante :.
» Une série d'oasis situées entre le plateau de
» Tadmaït, les dunes de l'Erg, celles d'Iguidi et

» le plateau de Mouidir, et qui ne sont ni maro-
» caines, ni touareg, ni turques, ni — du moins
» jusqu'à nouvel ordre — françaises[1] ».

Cet ensemble d'oasis, auquel nous appliquons le nom générique de Touat, suivant un usage communément adopté, est partagé en trois groupes distincts : au nord, le Gourara[2], adossé à l'Erg, qui l'envahit même en partie ; au sud, le Touat[3] proprement dit, dont les oasis s'égrènent le long et à proximité de l'oued Saoura, devenu l'oued Messaoud ; au sud-est le Tidikelt[4] perpendiculairement à l'alignement des districts du Touat et s'y rattachant par son extrémité occidentale.

---

[1] H. Schirmer, *le Touat, étude de géographie physique et économique.* Annales de géographie, 1891-92, p. 404.

[2] Le nom de Gourara vient de guerara qui signifie « bas-fond où » se colligent les eaux. » Les auteurs arabes, comme Ibn Khaldoun, appellent cette région Tigourarin. Ainsi que l'a montré de Slane (*Conquête du Soudan par les Marocains.* Revue africaine, 1856, p. 288, note), Tigourarin est une forme plurielle berbère dont le singulier est Tigourart. D'après M. Gourgeot, interprète principal de l'armée en retraite, le sens primitif de Tigourarin était : les Gourariens.

[3] D'après de Slane (*loco citato*) le mot Touat paraît être la forme féminine berbérisée du mot arabe ouah (oasis). En copte, ouah signifie endroit habité (Schirmer, *le Sahara*, p. 285).

[4] Suivant M. René Basset (*Notes de lexicographie berbère*, 4ᵉ fascicule, p. 9), le mot Tidikelt signifie « la réunion. » Ce mot viendrait de la racine *d-k-l* qui veut dire se réunir, s'assembler. Ajoutons qu'en tamahak, réunion se dit : « *adoukel* » et que le technique *ti*, si souvent employé dans la formation des noms berbères, est un pronom, au genre féminin, signifiant : celle, dont la forme masculine est *i*, celui. On le retrouve accolé avec la préposition *n*, de, sous la forme *in*, *tin* dont nous avons déjà parlé.

Le commandant Bissuel, ancien chef du service des Affaires indi-

Le Gourara est divisé lui-même en douze districts dont voici l'énumération :

1° Tin Erkouk,
2° Oulad Saïd,
3° El Haïha,
4° Charouin,
5° Teganet,
6° El Djereïfat,

7° Timimoun,
8° Zoua et Deldoun,
9° Der'amcha,
10° Tsabit,
11° Aouguerout,
12° Sbâ.

Le Touat proprement dit, appelé aussi, d'après Rohlfs[1], le petit Touat, se subdivise en onze districts[2].

gènes au Gouvernement Général de l'Algérie, dans des notes manuscrites sur la signification primitive des noms de la plupart des localités de la région touatienne, notes que nous devons à son obligeance et auxquelles nous aurons à faire de fréquents emprunts, donne du mot Tidikelt une étymologie différente. Pour lui, cette expression viendrait de *idikel*, qui signifie, en tamahak, paume de la main — plateau d'une balance — en somme quelque chose de légèrement creux. Cette nouvelle étymologie paraît d'autant plus acceptable qu'elle semble bien s'adapter à la configuration générale de la contrée en question, et l'on sait combien les indigènes sont habiles à appliquer aux localités de leur pays des noms qui en peignent exactement les principales particularités. D'ailleurs, on trouve, en quelque sorte, la confirmation de l'étymologie donnée par le commandant Bissuel, dans l'*Haoudh*, ouvrage écrit en langue berbère (dialecte du Sous), publié et traduit récemment (in Revue africaine, 1897) par M. Luciani, sous-chef de bureau au Gouvernement Général de l'Algérie. L'expression *tedikelt* (p. 76 du tirage à part) — au pluriel, *tedakal* (p. 120) — y est employée, en effet, pour désigner la paume de la main.

[1] *Reise*, p. 159.

[2] Les gens du pays, nous apprend Rohlfs (*Reise*, p. 135), réservent la dénomination de Touat au pays situé au sud de Bouda et de Timmi.

Les tribus du Sud oranais comprennent dans le Gourara les districts de Bouda, Timmi, Bou Faddi, Tamentit et Tasfaout.

Ce sont :

1° Bouda,
2° Timmi,
3° Bou Faddi,
4° Tamentit,
5° Tasfaout-Fenourin,
6° Tamest,
7° Zaouiet Kounta,
8° Inzegmir,
9° Sali,
10° Reggan,
11° El Kseïbat. [1]

Le Tidikelt comprend six districts qui sont :

1° Aoulef,
2° Akabli,
3° Tit,
4° In R'ar,
5° In Salah,
6° Foggaret ez Zoua

Toute la région du Touat est comprise sensiblement entre le 30e et le 27e degré de latitude nord-est et entre le méridien 0 et le 3e degré de longitude ouest. Elle se trouve par suite sur les mêmes méridiens qu'Oran et Mostaganem et à l'est de celui de Nemours. Sa longueur approximative est de 400 kil. sur une largeur très variable atteignant parfois jusqu'à 60 kil. environ.

Il ne faut pas envisager le Touat comme une succession d'oasis se rattachant les unes aux autres, mais bien, comme une série d'oasis s'échelonnant du nord au sud pour le Gourara et le Touat proprement dit, de l'est à l'ouest pour le Tidikelt, et séparées souvent entre elles par de grands espaces désertiques.

Au nord, le Gourara n'est à proprement parler

---

[1] Nous comprenons ce groupe de deux petits Ksour dans le Touat, car placé à peu près sous la latitude de Tasfaout, il se rattache géographiquement à cette région. Le commandant Deporter en a formé un groupe à part à la suite du Tidikelt.

qu'une vaste et immense dépression, au sol à peine incliné, où devaient se déverser, bien avant les formations récentes, tous les cours d'eau qui descendaient des hauts plateaux oranais. Alors la barrière de l'Erg n'existait pas ; les grands oueds qui colligeaient ces eaux, l'oued Namous, l'oued Zousfana (Saoura), etc., apportaient tous leur tribut liquide à ces régions méridionales. Celles-ci formaient sans doute à cette époque une succession de grands fleuves, de grands lacs à estuaires, identiques au lac Tchad des temps modernes et à la région des *mares* du Niger, aux abords de Tin Bouktou. L'oued Namous s'y déversait par un vaste estuaire dont on retrouve aujourd'hui les vestiges dans la sebkha du Gourara. Celle-ci, avec ses falaises rougeâtres et très découpées, où sont bâtis nombre de Ksour [1], a un fond humide et boueux en hiver qui se couvre même quelquefois de quelques centimètres d'eau, mais, en été, son sol se dessèche, devient dur et peut facilement être traversé [2].

---

[1] Marcel Frescaly (lieutenant Palat), *Journal de route*, p. 256.

« Toutes les oasis, avait déjà écrit le commandant Colonieu, dans » son *Voyage au Gourara* (Bulletin de la Société de Géographie de » Paris, 1er trimestre 1893, p. 54), sont bâties sur les dépressions » qui y aboutissent ».

[2] C'est au commandant Deporter (*Extrême-Sud de l'Algérie*, p. 125) que nous empruntons ces détails sur le sol de la sebkha, conséquence d'après lui des pluies d'hiver. Rohlfs dit au contraire (*Reise*, p. 144) que son fond reste toujours desséché, car elle ne reçoit aucun apport d'oued, ni aucune eau de pluie.

Aujourd'hui tous les grands oueds venant de l'Atlas sont morts ou du moins ne portent plus leurs eaux, même après les plus fortes crues qui suivent les périodes très pluvieuses du nord, au delà de la limite sud des plateaux de hammada (zone d'épandage des grands oueds); mais si leurs lits se sont desséchés, si l'accumulation des sables est venue obstruer et même effacer en partie leurs cours, si la dépression qui les recevait s'est asséchée, la quantité d'eau qui tombe, de l'automne au printemps, sur les pentes des montagnes du nord, est toujours considérable. Absorbée par le sol, elle s'écoule comme autrefois vers le sud, mais en nappe souterraine, qui affleure rarement la surface. Aussi pour donner la vie à ces régions méridionales, l'homme a-t-il dû s'ingénier à aller chercher l'eau dans le sous-sol.

Partout, en effet, dans ces contrées, on trouve de forts courants d'eau souterrains, l'explorateur Rohlfs l'a particulièrement constaté: il a vu, dans tout le Touat, de puissants écoulements se dirigeant du nord-est au sud-ouest vers l'oued Saoura [1].

Dans d'autres régions, comme au Tin Erkouk,

---

[1] Rohlfs, *ouvrage cité* p. 158.— Voir également : Deporter, *Extrême-Sud de l'Algérie*, p. 164.

Parlant de ces contrées, Ibn Khaldoun (t. I, p. 191) avait déjà écrit : « Derrière l'Areg, du côté du midi, on trouve une portion » des contrées djeridiennes où les dattiers abondent ainsi que les » eaux courantes. »

régions généralement situées au nord du Gourara et sur la lisière de l'Erg, la nappe souterraine se rapproche de la surface du sol; aussi nombre de palmiers, dans cette partie du Touat, n'ont-ils pas besoin d'irrigation.

Toute la contrée au sud du Gourara participe des mêmes conditions hydrologiques. C'est toujours une grande dépression plus ou moins comblée, dans la suite des temps, par de puissants atterrissements, ceux-ci limitant entre eux des dépressions secondaires où viennent mourir les oueds descendant du Tadmaït. C'est là que sont venues s'installer les oasis du Touat méridional.

Ici, comme au Gourara, les conditions sont les mêmes ; l'eau se trouve en abondance dans tout le sous-sol. La nappe qu'elle forme s'alimente sans doute elle aussi par le nord, mais on doit tenir compte également des très nombreuses rides, oueds et ravinements venant de l'est, c'est-à-dire du Tadmaït, dont les dernières pentes s'allongent jusqu'aux environs de Sali.

Le Touat septentrional participe du système général, mais il se rattache aussi à celui du Meguiden. Cette longue dépression, en effet, après avoir contribué pour la plus grande partie à l'alimentation des oasis de l'Aouguerout, dont la sebkha n'est qu'un reste de l'ancien lit de l'oued, se prolonge elle-même par une nouvelle dépression, appelée par les indigènes Oued el Hadjar, dans la direction du Timmi.

Ce groupe d'oasis, celui de Tamentit qui lui fait suite, celui de Bouda même, un peu plus au nord, se trouvent précisément placés dans le réceptacle final des eaux du Meguiden; et la sebkha desséchée de Tamentit qui aujourd'hui, au dire de Rohlfs, « ne » contient jamais d'eau provenant d'un apport de » rivière ou d'une chute de pluie [1] » est, à son tour, le dernier vestige de l'ancien estuaire de cet oued.

Avant le dépôt des formations géologiques récentes, aux temps reculés où nous nous sommes placés, l'oued Saoura était également tributaire de la grande dépression gourarienne et s'étendait même au delà des oasis du district de Reggan. Plus tard lorsque les phénomènes clysmiens diminuèrent d'intensité, lorsque les eaux venant du nord pénétrèrent peu à peu plus difficilement dans les régions insensiblement obstruées par les sables, lorsque les actions érosives dues aux agents atmosphériques (vents) devinrent prédominantes, l'oued Saoura, seul entre tous les oueds qui descendent comme lui des pentes méridionales de l'Atlas, put lutter contre l'envahissement des sables. On le vit alors réduire peu à peu la largeur de son cours et prendre progressivement la physionomie et la disposition qui le caractérisent de nos jours.

Cet oued en effet est, entre tous, celui qui peut réunir, à un moment donné, la masse d'eau la plus

---

[1] « Er (la Sebkha) halt nie Wasser, weder durch Zufluss noch » durch Niederschlag ». Rohlfs, *Reise*, p. 144.

considérable, et, par un effort violent, débarrasser alors son lit de tous les obstacles qui ont pu s'y accumuler. C'est qu'effectivement, il sert de gouttière finale à toutes les eaux qui tombent sur une vaste étendue de pays aux sommets souvent élevés, étendue qui embrasse toutes les pentes de l'Atlas depuis le 3e degré jusqu'au delà du 6e degré de longitude ouest. En outre, depuis Igli, sa rive droite est constituée par une berge rocheuse, d'abord il est vrai peu élevée, mais qui atteint 500 mètres à Guerzim [1] et a encore 120 mètres à Kerzaz. Jamais les sables ne se sont accumulés en grande masse sur cette rive. Aussi menacé seulement par ceux venant de l'est, l'oued Saoura s'est toujours trouvé dans les meilleures conditions pour empêcher l'obstruction complète de sa vallée. D'ailleurs, aujourd'hui encore dans les grandes crues, il coule très loin vers le sud, et la tradition assure que tous les 18 ans [2] l'eau coule jusqu'à hauteur de Taourirt dans le bas Touat [3].

---

[1] Voir à ce sujet : tome II, p. 697 et suivantes.

[2] C. Sabatier, *Itinéraire de Figuig au Touat* in Mobacher. Janvier et Février 1876.

[3] D'après M. Pouyanne (*Documents relatifs à la mission dirigée au sud de l'Algérie*, publication du Ministère des Travaux publics, p. 116), cet oued roule quelquefois (à peu près tous les 15 ans) de l'eau de surface jusqu'à Timadanin (Reggan), mais jamais au delà.

Il est certain, ajouterons-nous, que ces grandes crues ne peuvent se produire qu'à la suite de pluies générales et persistantes dans la haute région tout entière qui sert de bassin primordial d'alimentation à l'oued Saoura.

Nous avons peu de données exactes sur le cours de l'oued Saoura à l'ouest du Touat. G. Rohlfs, qui en 1864 en a suivi tout le cours supérieur, a constaté qu'au sud d'El Ksebat (Kessabi), dernier Ksar que nous ayons mentionné sur ce cours d'eau dans une étude précédente, il faisait un grand coude vers l'est. En même temps les hauteurs, qui depuis Timmoudi s'étaient éloignées de sa rive droite, revenaient, au sud de ce coude, barrer son lit, suivant une direction est-ouest. Mais l'oued, se frayant un passage à travers ces hauteurs rocheuses, composées de grès noirs, et certainement peu élevées, nous dit le voyageur allemand, les franchissait au défilé [2] appelé Foum el Kheneg (Foum el Khang) [1].

[1] Foum signifie proprement, bouche, et, en toponymie, embouchure, débouché. — Kheneg (Khang) désigne un défilé, un passage étroit.

[2] C'est à G. Rohlfs (*ouvrage cité*, p. 131) que nous empruntons ces renseignements. La route qu'il a suivie lui a fait franchir ces collines un peu à l'ouest du défilé. Les détails qu'il nous donne sur la région parcourue, et particulièrement sur la rive droite de l'oued, sont en contradiction avec ceux qu'a recueillis et résumés, en 1881, le capitaine Coÿne dans son intéressant opuscule : *Une ghazzia dans le grand Sahara*. Nous ne pouvons mieux faire que de reproduire ici, en regard l'un de l'autre, le récit du voyageur allemand et la description de l'officier français.

Parti d'El Ksebat à 2 heures de l'après-midi, G. Rohlfs descendit d'abord le cours de l'oued jusqu'à 5 heures du soir. « Là, nous dit-il,
» l'oued faisait un fort coude vers l'est. Nous passons sur la rive
» droite et nous atteignons au bout d'une demi-heure les hauteurs
» qui s'éloignaient du fleuve depuis Timmoudi et qui courent ici de
» l'ouest à l'est. Nous franchissons ces rochers certainement peu
» élevés et formés de grès noirs et nous nous trouvons ensuite sur le

Au delà de cette gorge, l'oued Saoura poursuit son cours, comme précédemment, dans une direction

» versant sud de la hauteur. A 7 heures nous avions atteint de nouveau
» l'oued Saoura qui s'était frayé un passage à travers la colline,
» passage appelé Foum el Chink (*). Nous poursuivîmes ensuite
» jusqu'à huit heures du soir dans le lit de l'oued qui continue à
» couler dans son ancienne direction. »

De son côté le capitaine Coÿne écrit (p. 34) : « Le cours de l'oued
» Saoura est très tortueux au-dessus du Kheneg. Ce Kheneg est
» formé, sur la rive droite, par une ligne de hauteurs que la rivière
» paraît avoir coupées à leur extrémité et qui s'élèvent verticalement
» au-dessus de la rivière d'environ 150 ou 200 mètres, laissant
» seulement un passage étroit, en console, élevé de 3 mètres au-
» dessus du lit proprement dit, et large de 4 mètres environ. Au-
» dessus et au-dessous du Kheneg, le lit de la rivière est plat et
» s'étale largement sur les deux rives. En face de l'escarpement, et
» sur la rive gauche, la montagne de la rive droite se continue par
» une ligne de rochers, ayant à peine 3 mètres de hauteur, et que
» l'on traverse facilement avec des chameaux chargés. Il est bon
» d'ajouter qu'au-dessus du Kheneg la montagne qui serre de près
» le lit de la rivière, jusque bien au nord d'El Kessabi, n'est jamais
» à moins de 15 mètres de la rive proprement dite, laquelle n'est élevée
» au-dessus du fond de la rivière que de 3 mètres. En face d'El
» Kessabi, cette ligne de hauteurs s'est déjà beaucoup abaissée et
» n'est plus qu'une simple colline ; à ce même point, l'oued Saoura
» a un lit de 6 à 7 kilomètres de largeur, plein de palmiers. Au
» Kheneg même, les rochers du fond du lit forment une sorte de
» barrage qui retient l'eau et dans lequel il y a deux grandes gueltas
» pleines, en tout temps, d'une eau qui est un peu saumâtre, mais
» cependant potable. »

Enfin complétons encore ces données, en ajoutant que, d'après les informations rapportées par les agents indigènes du Gouvernement Général de l'Algérie, « la gorge, appelée Foum el Kheneg, est située
» entre deux collines qui portent le nom de El Mekassem. »

(*) G. Rohlfs écrit Foum el Chink suivant la prononciation allemande qui représente par « ch » la lettre arabe خ que nous figurons par kh.

générale Sud-Est. Dans tout son parcours, son lit, au dire de Rohlfs, est si humide et si saturé d'eau qu'il suffit de gratter la surface à un ou deux pieds de profondeur pour se procurer du liquide [1]; jusqu'au fond du Touat, une longue hammada accompagne l'oued sur la rive droite; elle en constitue le rebord et c'est sur elle que s'appuie le grand massif de dunes connu sous le nom d'Iguidi.

La rive gauche, d'abord constituée par une hammada, élevée et pierreuse, suivant Rohlfs, se relèverait vers l'Est pour former, à une dizaine de kilomètres de l'oued, une ligne de hauteurs peu élevées [2] qui séparent l'oued Saoura du bassin Gourarien.

A 7 kil. de Foum el Kheneg, le lit encaissé de l'oued Saoura n'a pas plus de 60^m de large, d'une rive à l'autre: il est couvert d'une végétation abondante de tarfas, de retems et d'alendas et la nappe liquide affleure en quantité à cet endroit dans de grands trous. La vallée elle-même, dans laquelle il coule, n'a guère ici plus de 7 à 800^m [3].

Un peu plus loin, on signale encore un point important Talahiat et Fokra, lieu qui prend son nom

---

[1] Rohlfs, *Le Touat*, article paru dans le Globus, 1893, n° 17, p. 275.

[2] Parti de l'oued Saoura à 10 heures du soir, G. Rohlfs atteignait ces hauteurs vers minuit après une marche très rapide dans une direction Sud-Est.

[3] Coÿne, *ouvrage cité*, p. 17.

d'un arbre colossal [1], dont l'ombre pourrait abriter, disent les indigènes, une caravane entière. Au pied de cet arbre géant jailliraient dans l'oued des sources nombreuses [2].

Plus loin encore, à hauteur de Bouda, à quelque distance de l'oued même, dans les collines qui le longent à l'est, on a signalé une foggara importante, Hassi ben Ahmed. C'est là, d'après M. Pouyanne, que l'oued Saoura prendrait le nom d'oued Messaoud [3].

Un peu après, l'oued fait un coude vers l'ouest et s'éloigne de Tamentit. Alors son lit, au dire de Flatters, se présente comme un fond de reg sans

---

[1] Sans doute un talha comme l'indique le nom de cette localité. Le mot talahiat est un diminutif pluriel de talha. Il désigne ordinairement dans le Sahara un petit bouquet de talhas.

[2] C. Sabatier, *Itinéraire de Figuig au Touat*, 1876. Ce mémoire, paru d'abord dans le Mobacher, a été reproduit par M. Pouyanne, dans les « *Documents relatifs à sa mission au sud de l'Algérie* ».

[3] *Ouvrage cité* p. 113.
Les avis sont très partagés en ce qui concerne le point où l'oued Saoura prend le nom d'oued Messaoud. — De Colomb (*Notice sur les oasis*, p. 20) ne lui fait prendre cette dénomination qu'à partir de Bouda ; il la lui conserve jusqu'à Tasfaout où il lui fait prendre le nom d'oued Touat.

G. Rohlfs (*ouvrage cité* p. 159) écrit qu'il ne prend le nom d'oued Messaoud qu'à partir de Tasfaout.

C. Sabatier (*Itinéraire de Figuig au Touat*) le lui donne à partir d'El Ksebat.

Enfin Deporter (*Extrême Sud de l'Algérie*, p. 163) le lui fait prendre au sud de Kerzaz, après qu'il a décrit un grand coude vers l'ouest.

sable [1]. Puis, revenant vers l'est et reprenant peu à peu son ancienne direction générale, il se rapproche insensiblement des oasis du Touat proprement dit et vient passer ainsi à proximité des Ksour du Tasfaout; bientôt même, à partir de Fenourin et dans toute la traversée du Touat, il va longer la forêt de palmiers qui s'avance jusqu'à sa berge gauche, tandis que sur la rive opposée on n'aperçoit que des dunes semblant dans le lointain se confondre avec le ciel [2]. Lorsqu'enfin l'oued arrive à hauteur de Zaouiet Kounta, son cours se confond presque avec la grande sebkha qui s'étale alors sur sa rive gauche.

C'est sur le bord oriental de cette sebkha que sont bâtis les Ksour de Zaouiet Kounta et d'Inzegmir. Au delà l'oued Messaoud longe le district de Sali avant d'arriver au Reggan où sa vallée est envahie par les sables. Elle ne présente plus alors que des cuvettes successives et plus ou moins étendues. Plus loin, le lit reparaît avec ses berges bien marquées.

Que devient ensuite l'oued Messaoud? où va plus loin son cours souterrain? On a déjà longuement disserté sur cette question sans l'avoir encore définitivement résolue. Duveyrier avait pensé que se repliant, pour ainsi dire, sur lui-même, il allait rejoindre l'oued Drâa, à travers les dunes d'Iguidi

---

[1] Flatters, *Journal de route*, 2ᵉ mission, p. 295.
[2] Rohlfs, *Reise*, p. 155 et 156.

où le bassin même de sa vallée disparaissait sous des masses de sable [1]. C'était là, a priori, une hypothèse bien invraisemblable et dont l'invraisemblance même s'est encore accrue quand les observations, faites par de Foucauld, sont venues reculer le cours de l'oued Drâa vers l'Ouest et le Nord.

En 1880, M. C. Sabatier[2], après une consciencieuse et savante enquête, admit que l'oued Messaoud, masqué un instant par l'Iguidi, aboutissait au Niger. Cette nouvelle hypothèse, conforme aux indications que les gens du Touat avaient données à G. Rohlfs, ainsi qu'il le mentionne sur sa carte, était cependant difficile à concilier avec la faible altitude du Touat. Les renseignements recueillis par le commandant Bissuel sur la direction des vallées de l'Adrar Ahenet[3], vinrent annihiler ces suppositions et faire aboutir l'oued Messaoud au Djouf[4]. De là, naquit alors la pensée que l'oued Teli, croisé par Lenz au sud de Taodenit et qu'il avait trouvé si riche en eau, était le prolongement

---

[1] Duveyrier, *Touareg du Nord*, p. 26.

[2] *Mémoire sur la Géographie physique du Sahara central* in Bul. de la Société de Géog. d'Oran, 1880, p. 271 et suivantes — et *Géographie physique du Sahara central*. Association française pour l'avancement des sciences. Congrès d'Alger 1881, p. 989 et suivantes.

[3] *Les Touareg de l'Ouest*, 1888.

[4] C. Sabatier, *Touat, Sahara, Soudan*, 1891, p. 10.

du fleuve touatien [1]. Mais l'altitude de l'oued Teli, en cet endroit, 150 mètres environ, paraît être un sérieux obstacle à l'adoption de cette dernière hypothèse; ne vaut-il pas mieux supposer que l'oued Messaoud aboutit, comme tant d'autres, à un bas-fond sans issue.

« Tous les renseignements, a d'ailleurs écrit
» Flatters, paraissent confirmer qu'il y a une sebkha
» d'embouchure au confluent (de l'oued Messaoud et
» de l'oued Akabara), avec végétation (zeïta, baguel,
» drin, etc.). Ce serait un fond où s'arrêtent les deux
» oueds. Ce fond se continue au Sud avec interposition
» de hautes dunes, à l'ouest du Tanezrouft [2] qui est un
» reg absolument plat et non un plateau de hammada
» y aboutissant et l'on peut le considérer à la rigueur
» comme un oued......; mais il n'y aurait pas de

---

[1] « L'oued Teli, dit Lenz (*Timbouctou*, tome II. p. 72), est un lit de
» rivière de largeur moyenne, pourvu de berges escarpées encore fort
» nettes, et formées de tuf calcaire très poreux, faiblement coloré en
» rouge et disposé en longues et étroites terrasses. On y a creusé
» plus de cent puits, qui ont toujours de l'eau. L'antique ville de
» Taoudeni, qui est dans le voisinage, vient en chercher là, car celle
» de la ville est trop salée, c'est ainsi qu'ont été creusés ce grand
» nombre de puits.... Cette rivière, si riche en eau, doit rouler
» sous une couche de sable, une masse liquide assez considé-
» rable, pour qu'un grand nombre de puits en soient toujours
» suffisamment pourvus. »

[2] Le Commandant Bissuel, d'après les indications fournies par les Taïtok (*Touareg de l'Ouest*, p. 44), dit du Tanezrouft que pour ces populations c'est le « Khelaa » des arabes, le pays abandonné, inhabitable, « le pays de la soif et de la faim », le désert en un mot; on

» thalweg, apparent.... Ce système serait analogue
» à celui de l'oued R'ir et du bas de l'oued Ir'arr'ar,
» mais avec entremêlement de hautes dunes et de
» larges espaces plats de reg et de hammada, ce qui
» lui enlève le caractère d'oued, même pour les
» indigènes les plus enclins à donner de l'extension à
» cette dénomination [1] ».

L'orientation générale du Gourara et du Touat proprement dit, dont nous venons de tenter d'esquisser à grands traits l'aspect général, est nord-sud, tandis

retrouve le Tanezrouft sur la route du Soudan, à l'ouest et au sud du puits d'In Azoua.

Le commandant Deporter le définit à son tour : plaine basse et caillouteuse sans végétation.

Enfin L. Rabourdin, membre de la 1re mission Flatters, dans son mémoire intitulé : *Les âges de pierre du Sahara central*, p. 153, note. — dit que le mot tanezrouft, synonyme, en tamachek, de hammada, indique un plateau rocheux.

Flatters lui-même (*Journal de la 1re mission*, p. 44) écrit que le mot tanezrouft signifie hammada en berbère.

[1] *Journal de route de la 2e mission*, p. 327. Revenant sur la question dans sa correspondance, Flatters écrivait (p. 431) : « Le
» Tanezrouft n'est pas un plateau, c'est un reg en contre-bas de
» l'Ahenet, *reg gassi* jaune et par place rouge, absolument plat, c'est
» le « bahr », la mer disent les arabes. On peut admettre l'hypo-
» thèse de M. Sabatier, mais la suite du Saoura est une dépression
» avec reg et quelques dunes et hammadas et plus à l'ouest que ne le
» suppose M. Sabatier. L'oued Akabara ou Botha y va au Sud
» d'Akabli. L'oued Tirhedjert finirait au Tanezrouft qui lui-même
» est le bord en pente ouest (s'il y a pente) de la dépression dont le
» fond vrai serait plus loin au sud par le Djouf ».

Rappelons encore que parlant de l'oued Messaoud, Ibn Khaldoun, a écrit (Tome I, p. 128) : « C'est auprès de cette dernière localité
» (Reggan) qu'il disparaît dans les sables. »

que celle du Tidikelt, dont nous allons parler maintenant, est est-ouest. Les limites générales de cette dernière région sont marquées, au nord par les pentes en gradins successifs du Tadmaït, à l'est par l'oued Farès Oum el Lill et l'oued Botha, prolongement de l'oued Massin, au sud par ce même oued Botha devenu l'oued Akabara (oued Arak, oued Iahret), qui longe ici les derniers escarpements du plateau de Mouidir, à l'ouest enfin par la hammada pierreuse que G. Rohlfs a parcourue entre le Reggan et l'Aoulef.

Le plateau en hammada qui borde l'oued Akabara, plateau dont les points les plus élevés se trouveraient sur la rive droite escarpée de cet oued, vers les hauteurs appelées Tidjentarin, s'inclinerait en pente très douce vers le nord, constituant au pied du Tadmaït une immense dépression de forme allongée qui, dans la suite des siècles, a été plus ou moins comblée par les dépôts alluvionnaires, apport des nombreux oueds, au lit primitivement torrentueux, qui descendent de ce même Tadmaït.

Transformée ainsi par ces apports sur une grande étendue, cette grande dépression s'est changée en une longue plaine peu mouvementée qui nourrit une végétation assez vigoureuse pour ces arides régions et où croissent les nombreuses plantes sahariennes comme le belbel et le drin et particulièrement le dhomran, signalé partout par G. Rohlfs. Le voyageur allemand a, en effet, reconnu cette longue bande de végétation, souvent de plus de 25 kil. de large, dit-on, depuis l'Aoulef jusqu'à la hammada de **Ber el Hamra**[1], hammada située à l'ouest de Farès Oum el Lill. Les indigènes, par un euphémisme qui leur est habituel, ont donné à cette zone de végétation, le nom de « r'aba » forêt. Ils y trouvent des pâturages pour leurs troupeaux et ils y ont creusé une multitude de puits, de 5 à 10 mètres et quelquefois de 15 mètres de profondeur, dont ils augmentent sans cesse le nombre, suivant les déplacements de leurs troupeaux[2].

Les oasis de cette région se sont installées soit dans la plaine même, soit au pied des dernières pentes du Tadmaït, suivant un alignement caractéristique, mais à proximité des ondulations qui en sont les dernières ramifications, ondulations où elles vont puiser par des feggaguir l'eau nécessaire à l'irrigation des jardins.

La nappe qui alimente celle-ci plus élevée que celle que l'on trouve dans le sous-sol de la raba vient très probablement du Tadmaït, et G. Rohlfs a constaté qu'elle coulait du nord au sud comme au Touat[3].

[1] Ber el Hamra, le pays rouge. Cette expression de ber (pays) se rencontre quelquefois dans la toponymie saharienne.

[2] Voir à propos de cette région, un intéressant mémoire, que nous avons utilement consulté, dû à M. le capitaine Le Châtelier : *Note sur le régime des eaux du Tidikelt*. Bul. de la Soc. de Géog. de Paris, 3ᵉ trimestre 1886, p. 364. Voir également du même : *Description de l'oasis d'In Salah*, mémoire déjà cité.

[3] G. Rohlfs, *ouvrage cité*, p. 190. Pour le voyageur allemand cependant (p. 212) c'est l'oued Massin « qui vraisemblablement » effectue l'irrigation d'In Salah : car il se ramifie souterrainement » dans le Tidikelt jusqu'à ce qu'il soit ramené à la surface au moyen » des feggaguir ».

Notions Historiques.

Les anciens ont certainement connu [1], au moins de nom, les groupes d'oasis appelés Gourara, Touat et Tidikelt. Il est malheureusement impossible d'essayer d'assimiler les dénominations modernes avec celles recueillies, pour la plupart, d'une manière très confuse, par le géographe Ptolémée.

Mais on admet généralement aujourd'hui que le Ger de Pline l'ancien, jusqu'où parvint Suetonius Paulinus, est identique au Ghir de Léon l'Africain et à l'oued Saoura actuel [2]. C'est très probablement aux populations qui occupaient ces trois groupes d'oasis que les géographes grecs et romains appliquèrent la dénomination vague de Gétules ou Mélano-Gétules [3]. Elles gardèrent leur indépendance pendant toute la durée en Afrique de la domination romaine, vandale et byzantine. Leur éloignement même dut les mettre

---

[1] Nous empruntons la plupart de ces données historiques aux *Notes de lexicographie berbère* (4ᵉ fascicule) de M. René Basset.

[2] D'Anville fut le premier, en 1745 qui établit cette identité (mémoires de l'Académie des Inscriptions (ancienne série) t. XXVI, p. 81. *Sur les rivières de l'Intérieur de l'Afrique*). Voir également Vivien de Saint-Martin, *Le Nord de l'Afrique dans l'Antiquité*, 1863, p. 425-449.

[3] R. Basset, *ouvrage cité*, p. 6.

D'après Duveyrier, le Touat était habité, aux temps antiques, par des Gamaruntes. « Les auteurs grecs et latins, nous dit-il, » indiquent le Tafilalet comme limite ouest de leur territoire. » (*Touareg du Nord*, p. 294).

à l'abri des premières conquêtes mulsumanes. A quelle date furent-elles converties à l'islamisme? On ne peut se livrer à ce point de vue qu'à des conjectures.

Après avoir échappé aux conquêtes de Moussa ben Noceïr, qui porta ses armes victorieuses jusqu'au Tafilalet actuel (707 après J.-C.), ces populations durent vraisemblablement subir l'influence des Miknassa qui, vers 757, fondèrent à Sidjilmassa un royaume, véritable centre de prosélytisme d'une secte Kharedjite, tenant de l'ibadisme et du sofrisme. L'un des plus illustres des souverains (Beni Ouaçoul, Beni Midrar) de cette dynastie, Abou Mansour El Iasa (790 à 823), « soumit, nous dit Ibn Khaldoun, » les oasis du désert au midi de Sidjilmassa [1] ». Mais la domination des Beni Midrar, comme celle des Beni Khazroun, leurs successeurs, dut être toujours plus nominale qu'effective.

Lorsque les Ketama et les Sanhadja eurent repoussé les Zenata dans le Maghreb el Aksa, les Beni Ouassin, c'est-à-dire les Beni Abdelouad, les Beni Toudjin, les Beni Mzab, les Beni Merin allèrent s'établir sur le territoire situé entre le Za et la Moulouia; puis s'étant multipliés, ils poussèrent de nouvelles ramifications dans le désert, au sud des deux Maghrebs et même jusque dans le Zab et les déserts de l'Ifrikia qui y touchent. Ils y reconnurent d'abord l'autorité des

---

[1] Ibn Khaldoun. T. I, p. 262.

princes des Miknassa et ensuite celle des émirs de Maghraoua. Puis lorsque la puissance Sanhadjienne fut sur son déclin, les Beni Ouémannou et les Beni Iloumi, autres tribus Zénatiennes, se partagèrent les provinces du Maghreb central. Ils s'y maintinrent même lorsque les arabes hilaliens, ayant renversé les restes de la puissance des Sanhadja, marchèrent contre les Zenata du Maghreb central, et contraignirent les Beni Ouassin à reculer. Alors les Beni Merin vinrent s'installer dans le Sahara, de Tigourarin à Debdou, et, depuis la Moulouia jusqu'à Sidjilmassa, d'où ils partirent plus tard pour fonder une dynastie à Fez. En même temps les Beni Badin, (Beni Abdelouad, Beni Zerdal, Beni Mzab et Beni Rached), occupaient la partie orientale du même désert, au sud du Maghreb central depuis Figuig jusqu'au Mzab, où ils avaient pour voisins les arabes Hilaliens. Parmi ces derniers, les Zor'ba n'allaient pas tarder à faire alliance avec les Beni Badin et à s'installer dans le Mzab et le Djebel Rached. Puis lorsque les Beni Badin furent opposés par les Almohades dans le Maghreb central aux Beni Ouémannou et aux Beni Iloumi, les Zor'ba, leurs alliés, y entrèrent à leur suite. C'est alors, que leurs voisins, les arabes Makiliens, parurent dans cette partie du Sahara où aujourd'hui encore l'on retrouve leurs traces à chaque pas [1].

---

[1] Ibn Khaldoun. T. I, p. p. 50-87. T. III, p. p. 296-305 et suivantes.

Soumises au moins nominalement aux Almoravides, les oasis semblent avoir échappé complètement à la domination almohade ; car les chroniques, relatives aux évènements qui se sont produits à Sidjilmassa sous les derniers souverains de cette dynastie, ne les mentionnent pas.

Il n'en fut pas de même sous les Mérinides. En 1315, le prince Abou Ali Omar, fils du Sultan Abou Saïd Othman, qui, après s'être révolté contre son père, avait obtenu de lui le Gouvernement de Sidjilmassa, organisa une armée, prit à son service des Arabes Makiliens et marcha sur le Touat. « Il s'empara alors, nous dit Ibn Khaldoun, des » places fortes du désert, réduisit les bourgades » de Touat, de Tigourarin et de Tamentit »[1]. Il sut y maintenir son autorité jusqu'au jour où, de nouveau révolté, il fut pris et mis à mort par ordre de son frère, le Sultan Abou el Hassen Ali qui avait succédé à Abou Saïd. Dès lors le Touat dut passer sous la domination mérinide. Il ne semble pas cependant que l'action exercée par les souverains du Maghreb ait été alors bien effective, car Ibn Khaldoun nous apprend que, pendant les guerres entreprises ultérieurement par Abou el Hassen, le lien fragile qui rattachait cette région à la dynastie mérinide n'avait pas tardé à se rompre. Sur les conseils de Iahia ben el Azz,

[1] Ibn Khaldoun. T. IV p. 194.

notable des Beni Snassen, Abou el Hassen résolut de faire la conquête de ces contrées.

« Ayant reçu du Sultan le commandement d'un
» corps d'arabes, Ibn el Azz pénétra dans le désert et
» occupa les Ksour [1] ». Mais cette conquête avait profondément irrité les Doui Obeïd-Allah, arabes Makiliens, dont le territoire dans le Tell « s'étend de
» Tlemcen à Oudjda et de là jusqu'à l'embouchure de
» la Moulouia, puis vers le midi jusqu'à la source du
» Za [2] ». Ils s'indignèrent de se voir ainsi privés d'un pays qu'ils considéraient comme leur possession, car,

---

[1] Ibn Khaldoun. T. I, p. 121.

[2] Ibn Khaldoun. T. I, p. 120.
« Etablis dans le désert occidental et devenus voisins des Zenata,
» avait déjà écrit Ibn Khaldoun, T. I, p. 116-117, les Makil se
» multiplièrent au point de peupler les plaines et les solitudes du
» Maghreb el Aksa. Ayant soumis ces contrées, ils formèrent, avec les
» Zenata, une confédération qui ne se brisa jamais. Lorsque les
» Zenata s'emparèrent du Maghreb et en occupèrent les villes, leurs
» anciens alliés, les Makil, restèrent seuls dans le désert, et s'y
» étant multipliés d'une manière vraiment extraordinaire, ils
» soumirent les bourgades que ce peuple y avait construites. De
» cette manière ils devinrent maîtres des Ksour de Sous, du côté de
» l'occident, et de ceux du Touat, de Bouda, de Tamentit, de Reggan,
» de Teçabit et de Tigourarin du côté de l'orient ; chacun de ces lieux
» forme un séjour à part et possède de nombreux bourgs, des dattiers
» et des eaux courantes. La population de ces localités se composait
» principalement de Zenata, et dans chacune d'elles l'on se disputait
» le commandement par l'intrigue et par les armes. En poussant
» vers ce côté leurs expéditions nomades, les Makil y établirent
» leur autorité et imposèrent aux habitants un tribut et des contribu-
» tions dont ils se firent un revenu et un moyen d'agrandir leur
» puissance ».

« quand ils entrent dans le désert, ils poussent
» jusqu'aux bourgades de Touat et de Tamentit, et
» quelquefois ils font un détour à gauche pour
» atteindre Teçabit et Tigourarin [1] ». Les Kharadj
(Doui Obeïd-Allah) levèrent alors l'étendard de la
révolte contre le nouveau Sultan mérinide Abou
Eïnane (1353), ils se réfugièrent à Tsabit au moment
ou Ibn Batouta, revenant de Tin Bouktou, passait à
Bouda [2].

Vingt ans plus tard, l'émir Zianite Abou Hammou II,
chassé de Tlemcen par le Sultan mérinide Abdelaziz,
allait demander asile aux Zenata du sud avec lesquels
les Beni Zian, d'origine Zenatienne eux-mêmes,
avaient toujours conservé des relations. Il trouva un
refuge au Gourara (1372) où il arriva presque seul [3].
Mais, menacé dans sa retraite par les Arabes
Makiliens du Maghreb central, récemment soumis au
Sultan mérinide et qui s'étaient engagés auprès
d'Abdelaziz à envoyer une expédition contre lui, il
songeait à se réfugier au Soudan, lorsque le souverain
marocain mourut. Le jeune âge du nouveau Sultan
Es Saïd II, les évènements qui accompagnèrent son
élévation au trône permirent à Abou Hammou II de
quitter le Gourara pour rentrer à Tlemcen [4].

[1] Ibn Khaldoun. T. I, p. 120.
[2] Ibn Batouta, traduction Defrémery et Sanguinetti, t. IV, p. 446. Voir également Journal asiatique, mars 1843, p. 239.
[3] Ibn Khaldoun. T. IV, p. 389.
[4] Ibn Khaldoun. T. I, p. 461. T. IV, pp. 389 et 401.

A l'époque où nous sommes arrivés, c'est-à-dire à la fin du XIVe siècle, la région touatienne avait atteint un haut degré de prospérité. Le Touat proprement dit, occupé par une fraction des Ouémannou, comprenait, au dire d'Ibn Khaldoun, plus de deux cents bourgades[1]. Une d'elles, Tamentit, était très peuplée ; elle servait de station aux caravanes du Maghreb qui se rendaient au Soudan ou qui en revenaient ; elle avait supplanté Bouda d'où partaient auparavant les marchands qui se dirigeaient vers Oualata. Mais les brigandages des Arabes du Sous, qui se plaisaient à piller les voyageurs et à intercepter les cavavanes, avait dû contraindre les commerçants à abandonner cette route pour s'en frayer une nouvelle par Tamentit.

Au nord le Gourara renfermait une centaine de Ksour. Ces localités très florissantes abritaient une nombreuse population, appartenant presque toute entière aux Beni Ialeddès, branche des Beni Ouémannou ou, comme l'affirment quelques-uns, de la grande tribu des Maghraoua. On y trouvait également des représentants d'autres tribus, tant Zenatiennes que berbères, tels que des Ourtatr'ir, des Beni Mzab,

---

[1] T. III, p. 298. — Ailleurs Ibn Khaldoun (T. I. p. 240) nous apprend que « depuis Touat, au midi de Sidjilmassa, jusqu'à » Tamentit, dernière ville de cette région, on rencontre une popu-» lation sédentaire et fort nombreuse, composée de Matr'ara (Beni » Faten), dans laquelle une foule de Berbères, appartenant à diverses » tribus, sont venus se mêler. »

des Beni Abdelouad, et des Beni Merin [1]. Toutes ces populations se livraient à la culture de jardins où, à l'ombre des dattiers, croissaient la vigne et des arbres fruitiers.

Alors, nous apprend Ibn Khaldoun, au Touat et au Gourara, on creusait des puits artésiens comme on le fait encore aujourd'hui dans l'oued R'ir [2].

Le commerce de ces contrées était très florissant. Apportées à Tlemcen par des commerçants italiens, les marchandises européennes s'acheminaient vers Sidjilmassa et de là gagnaient Oualata aux portes du Soudan, par le Gourara, le Touat et le Tidikelt. Les caravanes en rapportaient en échange des plumes d'autruches, de l'ivoire, de la poudre d'or, des cuirs, des noix de kola et surtout des esclaves [3].

D'ailleurs les arabes nomades et surtout les Doui Obeïd Allah, cette tribu makilienne qui « devait au » hasard de sa première émigration la possession » d'un territoire aussi utile », se transportaient, chaque année, dans la région touatienne et venaient prendre leur quartier d'hiver dans le Touat et à

---

[1] Généralisant la question, Ibn Khaldoun écrit autre part (T. III, p. 179) : « on trouve les Zenata dans les pays des dattiers » depuis R'adamès jusqu'au Sous el Aksa, et l'on peut dire qu'ils » forment à peu près toute la population des villages situés dans » les régions dactylifères du désert ».

[2] Ibn Khaldoun. T. III, pp. 297 et suivantes. — T. I, p. 196.

[3] E. de la Primaudaie, *Le commerce et la navigation de l'Algérie avant la conquête française*. Revue algérienne et coloniale. Tome III, p. 280. — Abbé Bargès, *Tlemcen*, p. 206-214.

Tamentit. Parfois les Beni Amer, tribu Zor'bienne, venaient avec eux partager les pâturages du Gourara. Et quand tous ces nomades quittaient le Tell pour se rendre dans ces régions, les caravanes fournies par les villes du Tell se joignaient à eux et les accompagnaient à Tamentit où elles prenaient une escorte pour le Soudan [1].

Parfois même, les Sanhadja au « litham », ces ancêtres des Touareg, poussaient leurs courses jusqu'au bord méridionale de l'Erg et servaient aussi d'intermédiaire au commerce [2].

Alors, le Gourara avait, au dire de Léon l'Africain, un chef particulier [3].

Des cadis éclairés rendaient au Touat la justice et

---

[1] Ibn Khaldoun, t. III, p. 299.

[2] Ibn Khaldoun, t. I, p. 191.

[3] « Principem quemdam proprium habent » écrit Léon l'Africain. (*De Africæ descriptione*. Leyde, 1632. t. II, p. 618). Ce fait semble confirmé par ce que rapporte Colonieu (Bul. de la Soc. de géog. de Paris, 1893, p. 67. *Voyage au Gourara*) : « Parmi les oasis de T'in
» Erkouk, rapporte t-il, celle d'Adr'ar (Ouadrar) a longtemps joué le
» rôle de capitale des Arabes et ce n'est qu'à la fin du siècle dernier
» qu'elle a perdu ce rang pour disparaître presque entièrement.
» Adr'ar et probablement les tribus arabes qui s'y rattachaient
» mettaient huit cents cavaliers et plusieurs milliers de fantassins
» sous les armes. Un sultan y gouvernait et se revêtait d'or et de
» soie. Nous avons visité ce qui reste de cette reine des oasis et sur
» ses débris nous avons fait l'aumône au petit fils de son dernier
» sultan. C'était, en 1861, un vieillard couvert de haillons,
» autrefois né dans la pourpre. La destruction d'Adr'ar date d'une
» soixantaine d'années. » Nous verrons d'ailleurs plus loin le voyageur El Aïachi parler incidemment de l'émir de Tigourarin.

jouissaient dans ce pays d'une grande influence. L'histoire nous a conservé le nom de l'un d'eux, Abdallah el Asnouni, qui, dans les dernières années du XVᵉ siècle, eut à lutter contre un agitateur religieux, Moussa ben Aïssa el Mer'ili et Tazouni [1], originaire de Tlemcen et disciple du célèbre Si Abderrahman et Thaalebi, enterré à Alger. A cette époque, les royaumes berbères du nord de l'Afrique semblaient se fondre dans des luttes intestines, et les chrétiens, bientôt seuls maîtres de l'Espagne, se préparaient à entamer à leur tour la Berbérie.

L'esprit surexcité par les défaites de l'Islam en Europe, El Mer'ili prêcha qu'il fallait accuser du malheur des temps présents les « gens de l'erreur » et particulièrement les Juifs auxquels la trahison rapportait de si gros bénéfices et dont l'influence était grande à Sidjilmassa et dans les contrées environnantes [2]. Après avoir persécuté les juifs à Sidjilmassa, El Mer'ili vint au Touat où la prospérité des Ksour autant que le désir d'échapper au fanatisme, qu'avaient surexcité, dans le Maghreb, les succès répétés des chrétiens, avait attiré un grand nombre de juifs [3]. Il voulait y continuer son œuvre, mais, il se trouva dès

---

[1] Le cheikh Abou Ras (*Voyages extraordinaires*, traduction Arnaud) qui lui donne d'abord ce nom (p. 172), l'appelle ensuite (p. 184) Mohammed ben Abdelkerim, nom sous lequel nous voyons, au témoignage de Barth, qu'il est connu au Sahara.

[2] Cheikh Abou Ras, p. 185.

[3] G. Rohlfs nous apprend en effet (*ouvrage cité* p. 144)

l'abord en butte à l'opposition du cadi Abdallah et ne parvint à la briser qu'en s'appuyant sur les fétouas rendus en sa faveur par les plus célèbres docteurs musulmans de l'époque et par la plupart des eulémas de Fez, de Tlemcen et de Tunis. Il l'emporta enfin, et, en 1492 [1], l'année même de l'expulsion des juifs d'Espagne, la synagogue du Touat était détruite, en même temps que chaque tête de juif était payée 7 mitkhals (environ 100 frs.) par l'agitateur lui-même. Rassemblant ensuite ses nombreux adhérents, El Mer'ili voulut marcher contre les Beni Ouattas auxquels il reprochait leur tiédeur, mais ses bandes étaient mises en déroute par le Sultan Ahmed ben

---

que différentes localités du Touat et particulièrement Tamentit étaient habitées autrefois par des Juifs, aujourd'hui convertis à l'Islam.

Revenant sur cette question dans un article paru dans le Globus en 1893 (N° 17, p. 276), il a écrit. « Comme plusieurs autres
» centres de ce pays, Tamentit était autrefois habité par des Juifs
» qui, lors de l'invasion musulmane, furent convertis de force ou
» exterminés. Aujourd'hui il ne serait pas possible de trouver un
» seul Juif dans le Touat. Et ceux-mêmes parmi les habitants
» actuels, qui se disent descendants des Juifs, ne montrent sur
» leur visage aucune trace de leur origine ; par le mélange avec
» les nègres du Soudan, la couleur de leur peau est devenue aussi
» foncée que celle des autres habitants du Touat. Toutefois l'acti-
» vité et l'industrie de leurs ancêtres se sont conservées, ils font le
» commerce et toute espèce de métiers, sont cordonniers, tailleurs,
» armuriers, serruriers ».

[1] Léon l'Africain, *De Africæ descriptione*. Leyde, 1632, t. II, p. 617.— Marmol, traduction P. d'Ablancourt, 1667, t. III. l. VII, ch. XI. III.

Iahia ben Abou Amrane el Ourtassi et lui-même devait aller chercher un refuge au Soudan [1].

Les Juifs rentraient bientôt au Touat, et l'un d'eux, animé par la vengeance, tuait le fils d'El Mer'ili.

Celui-ci accourut aussitôt du Soudan, pour venger à son tour la mort de son fils, mais la mort le surprit en arrivant [2].

La tradition a conservé le souvenir de ces événements, mais en les altérant et en y rattachant l'origine du nom du Gourara. Le lieutenant-colonel de Colomb, qui l'a recueillie, la rapporte comme il suit [3] :

« Un Juif nommé Gourari vivait alors à Timimoun;

[1] Il y enseigna, dit-on, la jurisprudence et le Coran.
Il fut accueilli à Gagho par le roi de Sonrhaï, Askia el Hadj Mohammed, qui lui posa diverses questions de politique et de gouvernement. Les réponses d'El Mer'ili, qui ont été conservées, sont empreintes d'un caractère de fanatisme et de cruauté que nous ne devons pas nous étonner de retrouver chez l'agitateur du Touat.
Barth a rencontré sur la route de Tin Telloust à Agadès, un oratoire connu des indigènes sous le nom de Mekam Cheikh ben Abdelkerim. « Cet oratoire, nous apprend-il (trad. Ithier. t. I, p. 219), fut fondé » par le fameux Mohammed ben Abdelkerim *ben Marhili*, qui trans- » planta l'Islamisme dans les régions centrales du Soudan et étendit » jusqu'à ces lieux la lutte formidable qui, de pays en pays, sembla » devoir envahir même les contrées situées au delà de l'équateur. » Barth indique en outre que Mohammed ben Abdelkerim mourut en 1533.

[2] El Mer'ili serait enterré dans la Koubba de Zaouiet Cheikh ben Abdelkerim (district de Zaouiet Kounta). D'après Deporter (*Extrême-sud de l'Algérie*, p. 196), ce saint personnage serait un des ancêtres des marabouts de Kerzaz.

[3] *Notice sur les oasis du Sahara*, p. 10.

» c'était un homme juste quoiqu'il ne marchât pas
» dans la voie indiquée par le Prophète ; il était riche
» et, contrairement aux habitudes de sa race, grand
» et généreux. Il prit beaucoup d'empire sur les gens
» du pays, et, peu à peu, faussa leur religion en leur
» faisant adopter des pratiques de la sienne.

« Vint du Soudan un marabout nommé Cheikh
» Abdelkerim ; il s'établit à Bou Ali dans le Touat,
» où avaient pénétré déjà les fausses doctrines qui
» partaient de Timimoun. Etonné que des musulmans
» s'écartassent ainsi de la vraie religion, Cheikh
» Adelkerim prit des informations et apprit ce qui se
» passait. Il monta à cheval, alla trouver à Timimoun
» Sidi Moussa ould Messaoud [1] qui était resté pur, et
» tous deux tuèrent le juif Gourari et ramenèrent les
» habitants aux doctrines de l'Islam [2].

» Le nom de Gourara, c'est à dire sectateurs de
» Gourari, resta aux habitants, et par suite, au pays
» qu'avaient envahis les mauvaises pratiques. »

Les troubles suscités par El Mer'ili, sa tentative
de conquête du Maroc avaient très probablement
entraîné l'intervention du souverain du Maghreb dans
les Ksour et l'occupation, au moins, momentanée du

---

[1] C'est sans doute le saint Marabout de ce nom enterré à Ouallen qui est désigné ici. Nous aurons occasion de parler de lui au chapitre II du tome IV à propos de cette dernière localité.

[2] « On voit à Bou Ali, ajoute le colonel de Colomb, la Koubba qui
» couvre le tombeau de Cheikh Abdelkerim, et une Zaouïa qu'il y
» fonda et qui est occupée par ses descendants ».

pays. Mais les données que nous possédons sur cette période de l'histoire du Maroc sont trop vagues, trop incertaines pour qu'on ne puisse se livrer à ce sujet qu'à des conjectures.

En tout cas, la soumission des oasis avait dû être de courte durée, car lorsque le Sultan Saadien Abou el Abbas Ahmed el Mansour conçut le projet de conquérir le Soudan, il voulut s'assurer d'abord d'une des principales routes qui y mènent et résolut de s'emparer au préalable du Touat et du Gourara. L'expédition très fortement organisée fut confiée par lui à ses deux meilleurs généraux, les caïds Mohammed ben Bareka et Ahmed ben el Haddad. L'armée marocaine atteignit les oasis après soixante-dix jours de marche. Sommés de se rendre, les habitants refusèrent. Il fallut donner l'assaut à chaque oasis qui toutes furent défendues avec le plus grand courage, mais la victoire resta enfin aux troupes chérifiennes [1] (1581).

En 1653, au dire d'El Aïachi, le Gourara était administré par un émir, plus ou moins indépendant. C'est la rapacité de ce personnage qui amène l'écrivain musulman à parler de lui. Il nous apprend en effet que les habitants du pays avaient dû faire transporter à El Goléa les 1.500 volumes qu'avait laissés, en mourant, un saint marabout, Si Mohammed ben

---

[1] *Nozhet el Hadi*, traduction Houdas, pp. 154 et 154. — De Slane, *Conquête du Soudan par les Marocains*. Revue Africaine, 1856, p. 288.

Ismaïl, volumes dont ce chef avait voulu s'emparer [1]. El Aïachi, traversant ces contrées en 1662, c'est-à-dire neuf ans après les évènements qu'il raconte, et qui était muni de lettres de recommandation de l'émir de Sidjilmassa [2] pour tous les pays qui dépendaient de lui jusqu'au Touat, s'arrêta à Tsabit. Il y constata avec amertume l'ignorance des populations : « Je ne » trouvai point dans cet endroit, nous dit-il, un seul » marabout, un homme pieux ou un savant ; ce sont » tous des ignorants, qui ne savent pas même écrire, » des gens de commerce dont les moyens d'existence » sont principalement basés sur la vente des dattes [3] ». En tous cas, les liens qui rattachaient les oasis du Touat au Maroc devaient être bien fragiles, car, dès 1667, Moulai Rechid envoyait une expédition dans le sud de son empire pour rattacher encore une fois au Maroc le Touat et les autres provinces dépendant du Tafilalet. Les oasis durent envoyer au Sultan une députation pour faire acte de soumission et lui porter des présents [4].

[1] El Aïachi, traduction Berbrugger, pp. 30 et 31.

[2] Emir el belad (gouverneur du pays) nous dit El Aïachi, p. 11 sans le nommer ; plus loin (p. 23) il nous apprend que le souverain de Sidjilmassa était alors le prince Ech Chérif.

[3] El Aïachi, p. 22. Pour se rendre au Touat, l'écrivain musulman était passé par la vallée de l'oued Guir, il y avait trouvé une paix profonde, grâce à la police rigoureuse qu'y exerçait l'émir de Sidjilmassa (p. 15).

[4] Mouette, *Histoire des conquêtes de Moulay Archy*.(MoulaiRechid.) 1683, p. 55.

Quelle fut, après Moulai Rechid, l'action exercée au Touat par les souverains du Maghreb. Les historiens sont muets à ce sujet. Toutefois, il semble probable que cette action se maintint intacte, au moins pendant quelque temps [1], sous le règne despotique de son successeur immédiat, Moula Ismaël, qui sut donner une si forte organisation à son empire. Cependant les préoccupations de sa lutte contre les Turcs ont dû l'amener peut-être, lui aussi, à se désintéresser de ces oasis. Mais, il est certain que pendant les 30 années de désordres sans nom qui suivirent son règne, les liens, qui pouvaient encore unir le Touat au Maroc, se rompirent de nouveau.

Le long et sage règne de Moulai Mohammed, venant après cette période d'anarchie, fut réparateur, mais il fallut ne plus prétendre exercer une action sérieuse sur un grand nombre de populations du Maroc, et encore moins sur les anciennes conquêtes du Sud [2].

---

[1] Il est d'ailleurs à remarquer que Moula Ismaël monta sur le trône en 1672, c'est-à-dire cinq années après que son frère et prédécesseur Moulai Rechid eût soumis les oasis. Cependant Palat, *Journal de route* p. 219, signale à Ouadrar (Tin Erkouk) un bordj ruiné qui porterait le nom de Moula Ismaël et où le sultan entretenait un Makhzen.

[2] E. Mercier, *Hist. de l'Afrique Septentrionale*, t. III, p. 543.

Une tradition indigène, recueillie à Géryville en septembre 1891, donne sur cette période historique, des détails qu'il est bon de noter ici. Ils sont dus à un indigène d'Aoukedim (Timmi), Moulai Hassan ben Moulai El Mehdi, venu à Géryville pour réclamer notre protection.

D'après lui, depuis Moula Ismaël jusqu'à Moulai Sliman inclusivement, les Sultans du Maroc auraient, en réalité, exercé une action

Il faut venir jusqu'aux temps modernes pour voir les chérifs de Fez reprendre le chemin de ces contrées. En 1808 Moulai Sliman y dirige lui-même une expédition heureuse, au cours de laquelle il contraint les habitants à lui verser l'impôt [1].

Des données historiques que nous venons de développer on peut conclure que dans ce que nous appellons la région touatienne, les souverains des différentes dynasties qui se sont succédé au Maghreb el Aksa, n'ont jamais pu installer leur autorité d'une façon durable; soumises un instant par la force, les oasis grâce à leur éloignement ne tardaient pas à reprendre leur indépendance. C'est que le Touat est le véritable hinterland du Maghreb central (Algérie), le territoire des Zenata d'Ibn Khaldoun [2], qu'il prolonge

directe et effective sur les pays touatiens. Pendant toute cette période, selon lui, les habitants du Touat payaient l'impôt; le Sultan nommait des caïds et des cadis, choisis dans le pays, ou venant du Maroc; sous le règne de Moulai Abdallah, un Ksar, aujourd'hui ruiné, fut construit au Timmi pour le Makhzen marocain, un autre fut édifié, en même temps, à Timimoun : ce dernier, qui existerait encore, serait toujours habité. A partir de Moulai Abderrahman, l'action des Sultans, au dire de cet informateur, ne s'est plus exercée d'une façon tangible, et les populations de ces contrées, oublieuses du passé, ne se sont souvenues des souverains chérifiens que lorsque la crainte de la venue des chrétiens les a amenées à revendiquer la qualité de sujets marocains.

[1] Et Tordjemane, traduction Houdas, p. 189.

[2] T. III, p. 180. Un des Ksour du district de Teganet dans le Gourara est appelé encore aujourd'hui Ksar Zenata.

Il faut cependant noter ce passage du cheikh Abou Ras (traduction Arnaud 1885, p. 162).

« La population de Figuig, Tigrarine (Tigourarin), du Touat et

au Sud, et qu'il y a toujours eu entre ces deux régions extrêmes, affinité de race et d'intérêts. Sans être non plus effective, l'action des émirs Zianites, tant qu'ils ont gouverné à Tlemcen, y fut toujours plus considérable et c'est au Gourara, comme nous l'avons vu, qu'Abou Hammou II, chassé de ses états, put trouver au milieu de ses frères Zenata un refuge momentané.

Jusqu'ici nous avons étudié l'action que les peuples du Nord ont pu exercer sur le Touat ; il nous reste à examiner celle qui vint des populations situées au Sud. Il est hors de doute en effet qu'au moins le bas Touat et le Tidikelt se sont trouvés mêlés plus ou moins directement aux luttes soutenues par leurs voisins immédiats, les Sanhadja (Zanaga) au litham, que nous avons vus s'avancer parfois jusqu'au bord méridional de l'Erg [1]. Ces Sanhadja formaient, au dire d'Ibn Khaldoun, depuis le Nil jusqu'à l'Atlantique, un long cordon qui séparait le pays des Noirs, des deux

» de la plus grande partie du Mzab, descend des Sanhadja. » Et l'auteur arabe a le soin d'ajouter : « Dieu sait mieux que personne la » vérité absolue ». On peut d'ailleurs supposer qu'Abou Ras, compilateur dépourvu de toute critique, a voulu parler des Miknassa, tribu Sanhadja du Tafilalet, dont quelques fractions purent se fixer au Touat.

[1] « Il existe, dit Carette, entre les mouvements qui, à diverses » époques, agitèrent les contrées les plus méridionales du grand » désert et les révolutions des contrées septentrionales de l'Afrique, » des rapports de synchronisme qu'il n'est pas sans intérêt de faire » remarquer. La domination du désert paraît avoir été alternativement » entre les mains des tribus du Soudan septentrional et des peuples » berbères limitrophes. » *Recherches sur l'origine et les migrations des principales tribus de l'Algérie*, p. 229.

Maghrebs et de l'Ifrikia. Une de leurs tribus les Guedala, à l'époque où écrivait le savant historien [1], se trouvait en face des Doui Hassan, branche de la tribu arabe des Makil, qui habitait le Sous el Aksa ; les Lemtouna et les Ounziga [2] (ou Outriga) avaient devant eux les Doui Obeïd-Allah, Makiliens du Maghreb el Aksa ; les Messoufa étaient vis-à-vis des Zor'ba, tribu arabe du Maghreb central ; les Lamta, se trouvaient en face des Riah, tribu arabe qui occupait le Zab et les campagnes de Bougie et de Constantine, et enfin, les Targa se tenaient vis-à-vis des Soleïm, tribu arabe de l'Ifrikia. Ce sont, sans doute, ces Lemtouna, ces Ounziga et peut-être aussi ces Messoufa, qui fondèrent ou tout au moins soumirent une partie des Ksour du Touat et du Tidikelt, où nous retrouvons encore aujourd'hui des fractions targuies [3]. Mais on ne peut se livrer à ce

[1] T. II, p. 104.

[2] Il faut sans doute identifier les Ounziga d'Ibn Khaldoun avec les Zuenziga que Léon l'Africain (Édit. J. Temporal 1556, p. 317) place dans la partie du désert qui « commence aux confins de Tégaza, du » côté de Ponant, suivant son étendue devers Levant, jusqu'aux » limites d'Haïr, désert auquel habite le peuple Targa. »

[3] « Avant l'invasion de ces berbères (les Zenata) dans le Touat, » nous dit Duveyrier (*Touareg du nord*, p. 294), les Touareg du » Ahaggar (Sanhadja) auraient étendu leur domination sur les oasis » méridionales de l'archipel, mais Ibn Khaldoun n'en fait pas » mention. » Et plus loin (p. 298), il ajoute : « A une époque qu'il » serait difficile de préciser, les Touareg auraient abandonné aux » Touatiens et aux Oulad ba Hammou le territoire qu'ils occupent » aujourd'hui, mais sans renoncer aux droits que la conquête leur » avait conférés. »

sujet qu'à des conjectures, car les traditions historiques manquent à peu près totalement en ce qui concerne le Tidikelt. En tout cas, toute cette région extrême du Touat dut subir au moins le contre-coup des événements qui se produisirent dans le Sahara méridional à ces époques reculées.

Au IXe siècle, les Lemtouna fondent un royaume berbère à Aoudaghost [1]. Il devait tomber deux siècles plus tard, sous les coups des Almoravides qui conquéraient à la fois le Maroc et les contrées du Niger et leur imposaient des rois de leur race. Alors le Touat dut être englobé par la conquête almoravide et subir la domination de ces marabouts. Car ils sortaient, comme nous l'apprend Ibn Khaldoun, de ces mêmes Messoufa et Lemtouna, qu'il plaçait aux abords du Touat.

Au XIIIe siècle, les rois de Mali (Malinkés) sont maîtres du Sahara. Le plus grand d'entre eux Koukour Moussa (le Mença Mouça d'Ibn Khaldoun) étend son autorité jusqu'au désert qui avoisine Ouargla [2]. En 1324 [3], ce monarque faisait un pèlerinage à La Mecque, à la tête d'une armée de 60.000 hommes, il passait par Oualata et le Touat et

---

[1] Barth (Traduction Ithier, t. I, p. 225) place cette ville « vers les contrées lointaines de l'ouest, dans le voisinage de Tedjigdja (Tijikja de la carte Vuillot) et de Ksar el Barka (Kacer el Barka de Vuillot), au pays de Teganet ».

[2] Ibn Khaldoun, tome 2, p. 112.

[3] Date donnée par Ibn Khaldoun.

laissait une grande partie de son armée, malade, dans ces oasis, où elle se fixait [1].

Mais après la mort de Koukour Moussa, les Sanhadja, que, nous appellerons désormais les Touareg, reprennent le dessus et un des successeurs du souverain soudanais, au dire encore d'Ibn Khaldoun, était obligé d'envoyer une armée faire le blocus de Takedda, ville où résidait un chef « lithamien » qui prenait le titre de Sultan [2] Cette diversion n'empêcha pas les Touareg de pousser leur conquête jusqu'à l'Aïr et de fonder Agadès [3] (1438).

En même temps, les Sonrhaï prennent la prépondérance sur le Niger; à la fin du XVe siècle, leur souverain Mohammed ben Abou Beker, plus connu sous le nom d'Askia Mohammed ou d'Askia le Grand, donne toute son extension au nouvel empire nègre, Agadès est reconquise [4] et, partageant ses états en quatre viceroyautés, Askia le Grand, crée entre autres celle de Bankou,

---

[1] Ces détails se trouvent dans la Chronique du Soudan que Barth a attribuée à tort à Ahmed Baba, et dont quelques fragments ont été traduits par Ralfs. Zeitschrift der deutschen morgenlandischen Gesellschaft, t. IX, 1855, p. 525.

L'auteur de la Chronique du Soudan est Abderrahman es Sa'di et Tin Boukti (Dubois, *Tombouctou la Mystérieuse*).

[2] Ibn Khaldoun. T. II, p. 115.

[3] Parmi les cinq peuples qui contribuèrent particulièrement à la fondation de cette ville, Barth (traduction Ithier, t. I, p. 226) cite les Gourara de Taouat (Touat). Le rapprochement de ces deux noms est au moins caractéristique.

[4] En 1515, d'après Barth.

comprenant toute la contrée depuis Gao et Tin Bouktou, sur le Niger, jusqu'au Touat [1]. En même temps il organisait une armée régulière où figuraient des escadrons auxiliaires de Touareg [2].

Mais, la conquête du Soudan par les Marocains (1590-1591) devait anéantir ce puissant empire et briser les liens qui pouvaient encore l'unir au Touat. Ce fut le signal qu'attendaient les Touareg pour reparaître dans les régions méridionales du Sahara ; les Kel Oui reprennent alors possession de l'Aïr et les Aouelimmiden se rapprochent de plus en plus du Niger, ne laissant subsister, entre les pays nègres et le Touat, d'autres rapports que des rapports commerciaux de plus en plus rares.

Populations — Ethnographie.

Des données historiques que nous venons d'exposer, il résulte que des populations d'origines diverses ont, au cours des siècles, successivement occupé la région des oasis du Touat. Ce furent d'abord d'après les uns les Mélano-Gétules ou, suivant Duveyrier, la race subéthiopienne des Garamantes. A ces peuplades, il faut sans doute attribuer les nombreuses traces d'industrie primitive que l'on retrouve partout dans le Sahara, sous forme de

---

[1] Félix Dubois, *Tombouctou la Mystérieuse*, p. 132.

[2] Félix Dubois, *ouvrage cité*, p. 133.

silex taillés, de haches et de lances, mêlés de fragments de poteries grossières. Ce serait encore à elles qu'il faudrait attribuer l'établissement des premières oasis et l'aménagement de ces conduites souterraines, appelées Feggaguir, conduites à l'aide desquelles elles auraient su donner la vie aux oasis.

Plus tard vinrent les Berbères. Ils appartenaient principalement à la grande famille Zénatienne. C'étaient surtout des Beni Ouémannou et des Beni Ialeddès, auxquels s'étaient joints, au milieu du bouleversement de tribus qu'amena l'invasion arabe, d'autres Zenata, Ourtatr'ir, Beni Mzab, Beni Abdelouad et Beni Merin. A ceux-ci se mêlèrent dans le Nord, des Matr'ara (berbères Beni Faten) et sans doute quelques familles des Miknassa (Sanhadja) venus du Tafilalet, tandis que les Sanhadja au litham (Touareg) s'imposèrent dans le Sud.

Les arabes hilaliens apparurent ensuite, Zor'ba et Makil. Ils refoulèrent les Zenata et se substituèrent à eux dans une partie des Ksour.

Enfin les nègres du Soudan vinrent à leur tour amener, par leurs conquêtes, un nouvel élément ethnique, mais s'ils ont disparu en tant que population libre et prédominante depuis la chute de l'empire Sonrhaï, ils n'en ont pas moins laissé par le métissage des traces profondes de leur passage chez les habitants de ces contrées, traces d'ailleurs entretenues depuis cette époque par les apports constants et ininterrompus de nègres esclaves du Soudan, toujours nombreux au Touat [1].

On a longuement disserté sur l'authenticité d'une race primitive autochthone[2] (les Garamantes de Duveyrier) ayant peuplé, aux temps primitifs, tout le Sahara. Les uns, avec Duveyrier [3] et Barth [4], ont affirmé son

---

[1] « La population du Touat tout entier, nous dit Rohlfs (Globus, article cité, p. 275), est fortement mêlée de sang soudanais, aussi la couleur de la peau est-elle plutôt foncée que claire ; de même le nez aquilin, qu'on rencontre chez la plupart des arabes, disparaît ici entièrement et fait place au nez droit et au nez écrasé des nègres ».

« Il y a au Touat, nous dit à son tour Barth (tome I, édition allemande, p. 275), des familles nègres établies là depuis longtemps. Elles appartiennent principalement à la race Poullo (Foulah) ».

« D'après la tradition arabe, écrit Léon Roches, les Fellata (Foulah) formaient une petite tribu, qui, chassée du Tell par la misère, se réfugia au Soudan. La supériorité de leur race et de leur intelligence leur donna un tel ascendant sur les populations de la Nigritie qu'ils en convertirent à l'islamisme un grand nombre, combattirent les autres avec leurs néophytes et parvinrent à fonder des empires dont ils devinrent les chefs ». Lettre de L. Roches, consul général de France à Tunis au général de Martimprey, commandant supérieur des forces de terre et de mer, 29 mai 1860.

Cette origine des Foulah, acceptée par plusieurs savants, a été signalée pour la première fois en 1820, par Mollien, *Voyage dans l'intérieur de l'Afrique*, t. I, p. 273, et, en 1853, par Boilat, *Esquisses sénégalaises*, t. I, p. 389.

[2] Voir sur cette question des races du Sahara, l'intéressant chapitre qu'y a consacré M. Schirmer, dans son livre : *le Sahara*, p. 218 et suiv.

[3] *Touareg du nord*, p. 280.

[4] *Reisen*, t. I, p. 242 et suiv.

existence, en la rattachant à la grande famille nègre du Soudan. D'autres, comme Carette[1], y ont reconnu une population particulière beaucoup plus voisine du noir que du blanc et n'ayant de la race noire, ni le nez aplati, ni les lèvres épaisses, ni les cheveux crépus, quoique cependant ses traits ne soient pas complétement ceux de la race blanche.

Au contraire, pour M. le Dr Weisgerber, ancien membre de la mission Choisy, cette race, qu'il a étudiée dans l'oued R'ir, n'est pas pure, c'est un mélange de deux races, mélange qui dénote une parenté berbère et une parenté nègre.

Le général Faidherbe[2] est encore plus explicite. D'après lui il n'y a jamais eu dans l'Afrique septentrionale que des Berbères et des Arabes, tous de race blanche; et s'il a existé des habitants noirs dans les oasis du nord du Sahara, ce n'est que lorsque les Berbères et les Arabes en ont été chercher au Soudan.

La question d'ailleurs est d'autant plus difficile à résoudre[3] que les points de repère dans l'antiquité,

---

[1] *Origines et migrations des principales tribus de l'Algérie*, p. 305.

[2] *Recherches anthropologiques sur les tombeaux mégalitiques de Roknia*, p. 7 et Revue africaine, 1867, p. 68.

[3] D'après un touatien, dont l'abbé Bargès a traduit le manuscrit, « dans les temps anciens, le Sahara du Touat n'était pas habité : il » en était de même d'Ouargla, de l'oued R'ir, du Fezzan et du » *Tourghra* dans le voisinage de l'Égypte. Ce fut notre Seigneur » Dhou'l Kornéïn qui amena les noirs dans ces contrées et les peupla. » Le Touat est habité par cinq peuples différents : les Noirs, qui sont

les textes ethnographiques, font à peu près complètement défaut, et il ne semble pas que la science ethnographique soit, dès maintenant, en état de dire quels furent les aborigènes du Sahara.

Quoiqu'il en soit, il existe au Touat, un groupe ethnique, véritable caste de serfs ou de fermiers, ce sont les Haratin [1] (au singulier Hartani) qui constituent dans toute cette région le fond de la population. Ils y sont très nombreux, formant généralement le quart, et même le tiers dans certaines régions, de la population totale.

Le commandant Colonieu, malgré leur couleur noire, qui les a fait souvent prendre pour des affranchis ou des fils d'affranchis, c'est-à-dire des

» les plus anciens dans le pays, les Touareg, les Zenata, les Arabes » et les juifs. Ces derniers se sont faits mulsulmans et ont embrassé la » religion des arabes. Quant aux Zenata ils ont conservé leur langage, » qui est le berbère. » Abbé Bargès, *Le Sahara et le Soudan*. Revue de l'Orient, février 1853. L'auteur du manuscrit arabe, traduit par l'abbé Bargès, était un indigène d'Aoulef chargé par le capitaine Boissonnet (aujourd'hui général de division en retraite) de recueillir des renseignements sur le Sahara.

[1] Cette dénomination d'Haratin, formant comme une classe à part dans la population, se retrouve appliquée à une partie des habitants des Ksour des Beni Goumi, de tout l'oued Saoura supérieur (voir tome II) et de l'oued Draa. A propos de ces derniers, de Foucauld (*Reconnaissance au Maroc*, p. 122) « a remarqué, en tous lieux, que » le teint des Haratin est d'autant plus noir qu'ils sont plus compacts, » d'autant plus clair que les Chellaha (Berbères) auxquels ils sont » mélangés sont plus nombreux ». Il constate encore la présence d'Haratin sur l'oued Dadès, une des sources de l'oued Draa, mais pas au delà, vers l'Est (p. 224).

nègres [1], n'hésite pas à en faire une race à part. « Cette
» couleur noire, nous dit-il [2], est plus bleue que celle
» des nègres, leur nez n'est pas épaté, leur front n'est
» pas déprimé ; ils sont plus grêles, plus intelligents,
» ils n'ont pas les marques et tatouages soudaniens ;
» bref, ils offrent tous les caractères d'une classe à
» part dans la race noire ».

Nègres ou non, les Haratin semblent être les anciens propriétaires du sol. Dépossédés par l'invasion des Zenata, ils restèrent les serviteurs des berbères et plus tard des arabes. « Le hartani,
» nous dit Colonieu [3], n'est point serf, ni attaché à
» la glèbe. C'est plutôt l'ancien client romain. Chaque
» hartani a dans son Ksar son *sid*, son patron,
» dont il travaille les jardins et les palmiers,
» moyennant certaines conventions usuelles, mais
» sans que rien l'y oblige. Le patron emploie son
» hartani à tout ce qu'il veut ; sa protection lui
» fait une loi de lui obéir. Le hartani peut posséder,
» bien peu sont dans ce cas ».

En somme les haratin constituent aujourd'hui la race la plus malheureuse du Touat ; ils n'ont conservé que leur fierté et leur intelligence et ne veulent pas être confondus avec le nègre qui est

---

[1] C'est l'opinion de Rohlfs qui fait des Haratin des descendants d'arabes et de nègres, mais hommes libres (Globus, *article cité*, p. 275).

[2] *Voyage au Gourara*. Bulletin de la Société de Géographie de Paris, 1er trim. 1893, p. 65.

[3] Bull. de la Soc. de Géog. de Paris, 3e trim. 1894, p. 455.

esclave ou affranchi. Appeler un hartani, nègre ou affranchi, c'est lui faire la plus sensible des injures. Enfants, ils fréquentent assidûment les écoles et apprennent rapidement à lire, à écrire et à réciter les versets du Coran; beaucoup de derrer [1] des tribus sahariennes, particulièrement dans le Sud algérien, viennent du Gourara. Le nègre de son côté méprise l'hartani parce qu'il le considère comme un meurt de faim; le nègre a sa nourriture et ses vêtements assurés, il est la chose du maître, l'hartani n'est rien; il faut qu'il travaille pour vivre, mais le travail ne lui est pas assuré. Le nègre est rivé à la chaîne du maître qui le nourrit, l'hartani est enchaîné à la misère.

Ce sont presque exclusivement les haratin, chassés par la misère et la pauvreté de leur pays, qui fournissent la grande quantité d'émigrants que l'on rencontre dans les villes du Sud de l'Algérie; très travailleurs ils se livrent souvent à la culture maraîchère. On les désigne improprement sous le nom de Gourariens, quoique la plupart proviennent du Touat proprement dit, et particulièrement de Timmi, de Bouda, de Tamentit, de Sali et des Oulad el Hadj [2].

[1] Educateur d'enfants, maître d'école.
[2] C'est du moins l'assertion de Deporter, *Extrême-Sud de l'Algérie*, p. 109. Il ne faut pas l'admettre d'une façon exclusive, car M. Foureau au moment d'atteindre Hassi el Mongar (*Mission de 1893-1894*, p. 37) rencontra « une caravane de Chaanba, habitant Zaouiet Kahala » qui, avec des Oulad ba Hammou et des Zoua d'In Salah, convoyaient » à El Goléa des haratin du Tidikelt en quête de travail. »

Les berbères ont conservé au Gourara le nom de Zenata ; au Touat proprement dit, on les appelle Kebala, c'est-à-dire *refoulés*. Ce sont tous des Ksouriens par excellence, sédentaires, cultivateurs, industrieux et commerçants ; par contre, les arabes, leurs voisins, qui habitent les Ksour, sont moins sédentaires, plus aventuriers, et aussi plus insouciants quand il s'agit d'affaires commerciales. Les berbères sont guerriers chez eux ; quand on les attaque, ils se tiennent sur la défensive et se défendent énergiquement ; les arabes se battent en rase campagne et vont au devant de l'ennemi pour prendre l'initiative de l'attaque. Aussi les Ksour, où les berbères sont en majorité, sont-ils bien fortifiés tandis que ceux où domine l'élément arabe n'ont que des murailles en ruines [1].

Les berbères possèdent quelque fortune ; ce sont eux qui organisent les caravanes pour aller chercher les produits du Soudan, mais ce sont les arabes presque toujours qui, associés au bénéfice des négociants berbères, conduisent les caravanes et courent les risques et périls du voyage ; le marchand berbère ne risque pas sa personne, il ne risque qu'une certaine somme d'argent.

Si on examine le groupement des oasis, plus particulièrement arabes, on trouve que leur distribution

---

[1] « Les Meharza, dit le commandant Colonieu, n'ont pas d'oasis » fortifiés, ils n'ont que des maisons isolées dans les palmiers ». *Voyage au Gourara*, 1894, p. 453.

territoriale répond à des conditions stratégiques bien déterminées. Les arabes occupent le Nord et l'Est, formant une ligne de places fortes, aujourd'hui bien déchues, opposées à toute agression du Sud et de l'Ouest et constituent une occupation militaire très rationnelle pour un peuple envahisseur. C'est un front de bataille faisant face à l'ouest et dont l'aile droite, celle à portée des renforts, est surtout très forte. On sait que les arabes du Gourara (Meharza, Khenafsa, Oulad Iaïch) sont d'origine makilienne comme leurs frères les Mekhadema et les Saïd, prédécesseurs des Chaanba dans la région de Metlili et d'Ouargla.

Les berbères fuyant la conquête islamique envahirent le Touat et s'y installèrent en dépossédant les Haratin, cultivateurs du sol, dont ils firent leurs fermiers. Plus tard, les arabes, continuant à progresser, ont contraint les berbères à reculer. Le venue des arabes se fit sans doute par le nord-est. Ce fut le Tin Erkouk qui dut subir la première agression des conquérants. Arrêtés bientôt par les oasis restées berbères, les arabes s'attachèrent à se créer un rempart contre tout retour offensif de leur part. Pour cela, ils prolongèrent leur ligne d'occupation vers le sud en s'emparant des oasis les plus à l'est, jusqu'à In Salah. L'avantage de cette occupation était de les mettre à l'abri comme pasteurs; ces habitudes pastorales se sont conservées jusqu'à nos jours. La lutte a dû cesser lorsque la conversion des berbères fut achevée, mais elle avait dû durer longtemps, car, ainsi que nous l'avons vu, la tradition et l'histoire nous apprennent qu'il existait encore au Touat, à la fin du XVe siècle, des fractions berbères professant le judaïsme [1].

Depuis cette époque les deux races se sont quelque peu mélangées quoique, nous le répétons, les oasis de l'ouest soient restées plus particulièrement berbères, principalement au Gourara où les Zenata constituent le groupe le plus important. Encore nombreux au Touat proprement dit [2], ils ne se rencontrent plus que comme individualités au Tidikelt.

Les arabes au contraire sont répandus dans le Touat tout entier. La plupart habitent des Ksour, mais un grand nombre d'entre eux au Tidikelt ont conservé des habitudes pastorales et préfèrent demeurer sous la tente [3]. C'est ainsi que « les Zoua (d'In Salah) vont
» en estivage sur le territoire d'El Goléa : dans l'oued
» Mia, l'oued Chebbaba, l'oued Sekhouna, ils
» s'avancent même jusqu'à l'Areg Khanem et les
» gour El Aggabi dans le nord-est d'El Goléa. Ils sont

---

[1] On retrouve partout, comme nous l'avons déjà montré à plusieurs reprises, la tradition de populations professant le judaïsme, habitant autrefois le Touat. Nous avons vu G. Rohlfs signalant le fait pour Tamentit, il en serait de même, au dire de Deporter, pour Brinkan.

[2] Contrairement à l'assertion de Deporter que nous suivons ici, le capitaine Godron, dans un mémoire datant de 1894, affirme qu'il n'y a pas de Zenata au Touat proprement dit, ce qui est contraire, du moins, aux données historiques.

[3] Le lieutenant-colonel de Colomb (*mémoire cité*, p. 45) affirme qu'à Bouda et à Tasfaout quelques fractions s'adonnent à la vie nomade.

» ainsi tout autant les nomades du cercle de Ghardaïa
» que du Tidikelt¹ ». Les Oulad ba Hammou, leurs voisins, gravitent dans le même cercle, mais leurs terrains de parcours s'étendent plutôt à l'est dans le Madher et l'oued Massin, et au sud vers le Mouidir et le Deggant où ils se trouvent constamment en contact avec les Touareg Ahaggar et particulièrement les Tedjehe Mellet (Oulad Messaoud).

Dans l'est du Gourara, les arabes forment une agglomération aujourd'hui bien déchue et qui représente les débris des anciennes tribus makiliennes installées dans cette région à l'époque de l'invasion arabe. Leurs chefs prenaient alors, comme nous l'avons déjà indiqué, le titre d'émir. Agissant en véritables sultans, ils « étaient devenus de
» redoutables tyrans, impitoyables pour leurs ennemis,
» leurs voisins et même leurs serviteurs. Leur
» tyrannie amena des luttes intestines, des émi-
» grations, des massacres. L'étranger prit part à
» ces luttes, et de massacres en massacres, de
» destruction en destruction, leur capitale ², autrefois

---

¹ F. Foureau, *Mission de 1893-1894*, p. 36. Cet explorateur a rencontré des campements de Zoua dans le haut oued Mia. « Depuis
» près de deux ans, nous dit-il (p. 26), ils n'ont pas quitté la région
» et leurs tentes ne se sont jamais rapprochées d'un village depuis
» cette époque. Quelques-uns des propriétaires se contentent d'aller
» de temps en temps au Mzab ou à In Salah pour s'y ravitailler ».

² Nous avons vu que le commandant Colonieu la nomme Adr'ar. C'est l'Ouadrar de Deporter. Le lieutenant Falconetti, dans un travail récent, l'appelle Oudjgak.

» si florissante, devint un monceau de ruines. Les
» survivants de ces dissensions s'éloignèrent car le
» doigt de Dieu s'était appesanti sur leur cité; ils
» se réfugièrent à Brinkan et chez les Touareg, où
» ils sont encore aujourd'hui. Il ne revint que
» quelques familles qui vivent aujourd'hui au
» milieu des débris de toute cette splendeur, débris
» que les sables leur disputent ».

Parmi les arabes, avec lesquels on les confond souvent, quoiqu'un grand nombre d'entre eux doivent se rattacher de préférence aux berbères par leur origine, on trouve des Cheurfa. Peu nombreux au Gourara, ces descendants plus ou moins authentiques du Prophète constituent au contraire au Touat proprement dit une fraction importante de la population. Ce sont généralement les descendants des marabouts, qui, après la conquête musulmane, ont assumé la tâche de convertir les populations berbères de ces contrées. Leur présence en aussi grand nombre au Touat proprement dit, où ils occupent seuls des Ksour entiers avec leurs haratin et leurs nègres, semble indiquer que les anciens habitants de cette région se montrèrent particulièrement rebelles à toute conversion.

On sait, d'autre part, que, de tout temps le Tafilalet a été le lieu d'exil où les souverains marocains internaient les Cheurfa qui pouvaient leur porter ombrage. Rien ne dit que ceux-ci n'aient souvent préféré venir s'établir au Touat où ils pouvaient mieux échapper à toute surveillance.

Au Tidikelt, on ne rencontre presque point de Cheurfa. L'élément arabe, qui n'a pas eu à lutter avec les Zenata dans cette région comme dans le nord, a dû prendre du premier jour la prédominance. Il l'a toujours gardée depuis. Par contre la noblesse religieuse des Oulad Sidi Cheikh devait étendre son action jusque là. Elle y a pris en effet une situation particulière que nous étudierons plus loin. Pour des causes identiques il en fut de même parmi les arabes du Gourara. Mais, ici, leur action rendue plus directe par le voisinage immédiat y est devenue prépondérante.

Les nègres sont nombreux au Touat ; ils constituent dans tous les Ksour un groupe assez important de la population. On les rencontre, toutes proportions gardées, en bien plus grand nombre au fur et à mesure que l'on s'avance vers le Sud. La plupart, au dire de Rohlfs sont esclaves ; ce sont des noirs, importés principalement du Bornou et des pays haoussas [1]. Mais ce qui prouve qu'il ne faut pas, non plus, s'exagérer l'importance de cette partie de la population, c'est que le même voyageur estime [2] qu'il n'y a pas plus de quatre ou cinq notables dans tout le Touat qui possèdent vingt esclaves ; les gens les plus considérables n'en ont qu'un petit nombre. Le nègre esclave est

---

[1] Rohlfs. Globus, *article cité*, p. 275.
[2] *Reise*, p. 166.

obligatoirement nourri, vêtu et logé par son maître ; il est protégé d'ailleurs par le code islamique appliqué rigoureusement au Touat dans toutes ses prescriptions paternelles. Si l'esclave souffre de la faim chez son maître, on oblige ce dernier à le vendre. Les mauvais traitements lui sont rarement infligés et jamais sans motif. Si ce n'était cette torture morale, que nous lui attribuons volontiers et qu'il a rarement, de se savoir marchandise, sa condition matérielle est cent fois préférable à celle du hartani, pour lequel du reste il professe à son tour le plus souverain mépris [1].

Quelques groupes de Touareg vivent en permanence au Tidikelt ; on n'en rencontre pas dans le reste du Touat. Ceux du Tidikelt sont d'ailleurs fort peu nombreux et les renseignements que nous possédons à leur sujet sont très indécis et même contradictoires. A part quelques individualités d'origine noble, Ahaggar à Ksar el Arab (In Salah), Kel Amellel à Ksar el Arab, à Meliana (In R'ar), à Sahela Tahtania (Foggaret ez Zoua), la plupart sont imrad. Les plus forts groupements se rencontrent dans les districts d'In R'ar et d'Akabli où ils habitent des Ksour. Partout ailleurs, ils se

---

[1] Colonieu, *Mémoire cité*, 1893, p. 73. Les Touatiens, ajouterons-nous, ne comprennent pas le sentiment d'humanité qui a présidé à l'abolition de l'esclavage : pour eux l'homme noir n'est pas l'égal de l'homme de race blanche et si Dieu ne lui a donné ni la couleur ni l'élégance de forme de l'homme blanc, c'est qu'il a voulu en faire le serviteur de celui-ci.

contentent de huttes en branches de palmiers ou de tentes en peau comme leurs congénères nomades. En automne, la plupart des Ahaggar, des Kel Amellel (Tedjehe-n-ou-Sidi) et des Taïtok, arrivent au Tidikelt, venant, au dire de G. Rohlfs, échanger des dattes contre de la chair d'antilope ou de gazelle séchée au soleil. Ils perçoivent alors la « r'efara » la rançon du sédentaire sous forme de dattes ou de grains.

Ainsi que nous l'avons déjà montré, il n'y a pas de juifs au Touat ; on en rencontre cependant quelques individualités isolées au Gourara, particulièrement à Timimoun [1]. Ils viennent généralement du Maroc et c'est sans doute par cette voie qu'il s'en est infiltré au Mzab.

Quelle est l'importance de la population du Touat ? On a beaucoup écrit sur cette question, pour aboutir généralement à des résultats très disparates, car ils étaient basés sur des données, provenant de renseigne-

---

[1] Toutefois, il y a lieu de noter cette phrase, contenue dans un manuscrit arabe, traduit par Cherbonneau : « Les Juifs, qui sont en » grand nombre au Touat, y comptent plusieurs synagogues ». *Indication de la route de Touggourt à Tombouctou*. Revue Algérienne et coloniale. Sept. 1860

Ajoutons, à titre de renseignement, qu'il y a à In Salah un juif marocain, Ioussef ben Atia, que les gens du pays ont contraint de se faire musulman et de prendre le nom de Mohammed ben Abderrahman. L'existence dans cette oasis de « Juifs convertis à l'Islamisme » avait, d'ailleurs, déjà été signalée par un des survivants de la 2e mission Flatters. (F. Patorni, *Les tirailleurs algériens dans le Sahara*, p. 42).

ments fournis par des indigènes, et l'on sait combien les indigènes sont éloignés de toute conception statistique.

Le premier, le lieutenant-colonel de Colomb, en 1860, a cherché à en établir l'évaluation : d'après lui, le chiffre de la population du Touat dépasserait peut-être 300.000 âmes [1]. Peu après, le commandant Colonieu (1861) émit l'opinion qu'il pouvait y avoir dans le Gourara et le Touat plus de 100.000 habitants [2]. En 1886, M. Pouyanne, dans son enquête sur le projet d'un chemin de fer transsaharien par l'ouest [3], arrivait au chiffre de 289.750 âmes [4].

La même année, le lieutenant Devaux, adjoint au bureau arabe de Géryville, dans un mémoire descriptif de la région touatienne, donnait l'évaluation suivante.

Gourara.	46.600 habitants.
Touat.	46.100 »
Tidikelt.	15.930 »
Total.	108.630 »

En 1890, le Commandant Deporter [5] arrivait à un

[1] *Notice sur les oasis*, p. 28.

[2] *Voyage au Gourara*. Bul. de la Soc. de Géog. de Paris, 1894, p. 435.

[3] *Documents relatifs à la mission dirigée au Sud de l'Algérie*, publication du Ministre des Travaux publics, p. 152.

[4] C'était approximativement le chiffre (300.000) que Palat indiquait la même année comme étant la population approchée du Touat. Marcel Frescaly (Palat), *Journal de route*, p. 248.

[5] *Extrême sud de l'Algérie*, p. p. 406, 164 et 211.

total plus élevé. Nous résumerons le résultat de ses estimations dans le tableau ci-après.

SUBDIVISIONS RÉGIONALES	ZENATA	CHEURFA	HARATIN	ARABES	NÈGRES	TOUAREG	POPULATION TOTALE	en CHIFFRE ROND
Gourara	23.356	2.762	17.913	16.416	13.099	»	73.546	80.000
Touat	8.570	10.081	33.227	25.506	17.624	»	95.008	100.000
Tidikelt	60	1.532	6.224	10.537	4.194	200	22.747	23.000
Totaux	31.986	14.375	57.364	52.459	34.917	200	191.301	203.000

En 1891, M. C. Sabatier [1], après discussion des chiffres précédents, donnait les évaluations suivantes :

SUBDIVISIONS RÉGIONALES	CHEURFA	HARATIN	ARABES et ZENATA	NÈGRES	POPULATION TOTALE
Gourara	2.762	17.913	107.478	13.099	141.252
Touat	10.080	33.267	60.000	17.624	120.971
Tidikelt	1.532	6.224	24.000	4.194	35.950
Totaux	14.374	57.404	191.478	34.917	298.173

En dernier lieu enfin (1894), le capitaine Godron, chef de l'annexe d'El Goléa, dans un travail sur le Touat, présentait des chiffres très inférieurs à tous

---

[1] *Touat, Sahara, Soudan*, p. 163.

les précédents. Ils sont reproduits dans le tableau ci-dessous :

SUBDIVISIONS RÉGIONALES	ZENATA	CHEURFA	HARATIN	ARABES NOMADES	ARABES SÉDEN- TAIRES	NÈGRES	POPULATION TOTALE
Gourara..........	5.930	173	4.155	600	2.480	1.950	15.288
Touat............	»	1.477	2.650	»	3.360	1.835	9.322
Tidikelt..	»	230	1.860	2.000	1.950	1.420	7.460
Totaux......	5.930	1.880	8.665	2.600	7.790	5.205	32.070

Ces derniers chiffres sont évidemment très au-dessous de la réalité ; mais, ils n'en sont pas cependant aussi éloignés qu'on pourrait le croire : car, si les oasis ont été jadis très prospères, elles sont actuellement bien déchues [1]. On ne peut faire un pas dans toute la région du Touat sans rencontrer des plantations de palmiers abandonnées, où ces arbres délaissés et livrés à eux-mêmes ne produisent plus ou presque plus, faute de soins et d'arrosage et sont

[1] L'opinion de Rohlfs est cependant à noter. Le voyageur allemand est le seul qui ait parcouru le Touat dans toute sa longueur. Il était donc plus à même que tout autre de se prononcer sur le chiffre de la population qui l'habite. Il ne l'a pas fait et s'est contenté d'écrire dans le Globus, en 1893, (p. 275) : « Nous n'osons pas
» donner une estimation précise, mais nous faisons seulement remar-
» quer que le Touat, le Gourara et le Tidikelt doivent être
» surpeuplés, si l'on en juge par l'émigration qui chaque année se
» produit vers l'Algérie et le Maroc. »

envahis par les sables. Ce n'est partout que ruines d'anciens Ksour et d'anciennes Kasbas, dont les habitants ont fui ou disparu. Les guerres, la misère ont fait leur œuvre ; nombre d'oasis que, sur la foi de renseignements volontairement exagérés, nous considérons comme contenant un Ksar important, abritent seulement quelques maisons isolées à moitié vides. Aussi l'exode des Touatiens est-il considérable. On les rencontre partout, aussi bien dans le Sud Algérien comme nous l'avons montré, qu'à Tunis où ils ont une colonie importante, à Agadès, à R'at, à R'adamès, à Tripoli, au Maroc [1].

Il est évident qu'il existe encore au Touat des centres d'une certaine importance ; Timimoun, Adr'ar (Timmi), Tamentit sont dans ce cas ; mais ces localités sont aujourd'hui bien tombées. Les habitants des oasis du Nord, celles qui se trouvent les plus rapprochées du Tell, parviennent encore à vivre avec une facilité relative. Mais dans le Sud la misère est toujours très grande et plus on avance dans cette direction, plus elle augmente.

C'est ce que confirme G. Rohlfs, lorsque, arrivé au Touat, il remarque que « les affections de l'estomac » sont naturellement inconnues dans ce pays où la » plupart des habitants ne sont jamais rassasiés en » raison de la disette permanente qui y règne. Pour » montrer par exemple, ajoute-t-il, la sobriété avec

---

[1] Duveyrier, *Touareg du Nord*, p. 295.

» laquelle on vit ici, je citerai le fait suivant; le
» Mokaddem (des Taïbia), qui m'a accompagné de
» Timmi à Sali, m'ayant prié d'acheter des grains
» pour sa famille afin qu'elle eût de quoi vivre
» pendant son absence, je lui demandai quelle
» quantité lui était nécessaire; il me répondit que
» sa famille, composée de huit personnes, se contentait
» d'une demi-mesure d'orge pour quatre jours, tant
» qu'elle pouvait manger des dattes à volonté.
» Lorsqu'on saura que la demi-mesure en question
» n'est pas une fois aussi grande qu'un *setier de Brême*,
» on pourra se rendre compte de quelle maigre pitance
» se contentent la plupart des habitants de ce pays.
» En réalité, il y a des familles qui restent huit jours
» sans manger aucun aliment où il entre de la farine
» et qui se nourrissent uniquement de dattes. Je ne
» parle pas de viande, car il est rare, même dans les
» premières familles, qu'il en vienne tous les jours
» sur la table [1] ».

Au Tidikelt, Rohlfs a été le témoin d'une véritable famine « occasionnée par un retard survenu dans l'arrivée d'une caravane chargée de grains, attendue depuis plus de 16 jours ». Lui-même faillit en souffrir, à cause du nombre « d'hôtes affamés » qu'il lui fallait chaque jour héberger [2].

D'ailleurs les gens du Touat, comme tous les

[1] G. Rohlfs, *Reine durch Marokko und durch die grosse Wuste*, p. 168-169.

[2] G. Rohlfs, *Ouvrage cité* p. 199.

Sahariens, sont obligés de rechercher un surcroît de nourriture parmi les plantes qui croissent naturellement dans leur pays.

La plus précieuse pour eux est sans contredit le drin [1], arthratherum pungens, graminée aux racines traçantes qui pousse dans les sables et produit un épi contenant un grand nombre de petites graines ressemblants à du très petit millet. Cette graine, appelée *loul*, constitue une nourriture très saine. Chaque année elle arrive à point vers la fin du printemps pour suppléer chez les pauvres, qui n'ont pu faire de grands approvisionnements, au manque de dattes. Tout le monde, hommes, femmes, enfants, travaille en même temps à la récolte, et une famille de quatre ou cinq personnes arrive facilement à réunir une douzaine de charge, pouvant assurer sa subsistance pendant deux mois si ce n'est plus. On ne se

---

[1] On le nomme *Sebot* en Tripolitaine. Sur les bords de l'Atlantique, il porte le même nom ou encore celui d'*Illig* (Coÿne, *Une ghazzia dans le grand Sahara*, p. 16).

Pour Duveyrier, c'est incontestablement la plante la plus répandue dans le Sahara, celle qui rend le plus de services aux Sahariens par son chaume pour la nourriture des troupeaux, par sa graine pour l'alimentation de l'homme.

« Quand on se préoccupera, dit-il, d'améliorer les voies de commu-
» nication dans le Sahara, en y creusant des puits et en créant autour
» de ces puits des pacages pour les caravanes, on fera bien certai-
» nement des semis de loul, car on ne peut trouver une plante qui
» convienne mieux au climat du Sahara que l'arthratherum
» pungens ».

Touareg du Nord, p. 204.

contente pas seulement de récolter la graine sur la plante même, on retourne même les fourmilières pour y rechercher les approvisionnements de loul qu'ont pu patiemment y amasser les industrieuses fourmis [1].

Le loul, réduit en farine, se mange en galette, mais on en fait plus généralement une sorte de bouillie, l'*assida*, en le faisant cuire avec un peu d'eau ou de lait, du beurre, du piment rouge et une ou deux dattes. C'est, en quelque sorte, un mets national, et les plus riches eux-mêmes ne le dédaignent pas. Duveyrier, qui s'est vu dans la nécessité d'en faire usage, reconnaît que, la faim aidant, ce n'est pas un aliment à mépriser [2].

Citons encore une orobanche, le dhanoun — phelipœa violacea — qu'au dire de Palat, les habitants du Touat mangent cuite ou crue [3].

[1] Foureau, *Mission au Tademaït*, 1890, p. 72.
[2] *Ouvrage cité*, p. 204.
[3] Marcel Frescaly (Palat), *Journal de route*, p. 200.
Palat ajoute que cette plante a à peu près le goût de la patate.
D'après Duveyrier (*ouvrage cité*, p. 185), c'est une plante à tige unique, sans branches ni feuilles, haute de 60 centimètres, n'apparaissant que dans les sables. Pour la manger, les indigènes la font bouillir, puis sécher au soleil, afin de pouvoir la réduire en farine. La fécule ainsi obtenue est mélangée à d'autres substances alimentaires.
Palat parle ailleurs (p. 186) d'un végétal qu'il semble différencier et qu'il avait déjà rencontré dans le Sahara tunisien : c'est une grosse asperge noire à chair rose. Les Touatiens, nous dit-il, la réduisent en farine et en font du couscouss ; on la nomme *tarsouts* : elle n'a ni feuilles ni racines.
Dans son récent vocabulaire des noms des plantes algériennes et sahariennes, M. Foureau identifie le *tarsous* avec le dhanoun.

On conçoit que dans de pareilles conditions d'existence, la population ne puisse être aussi dense qu'on a voulu le faire croire. Malheureusement on ne possède même pas un point de départ fixe pouvant servir de terme de comparaison pour l'ensemble.

LANGUES.

Plusieurs langues différentes sont parlées au Touat : c'est une conséquence de la diversité des races qui habitent ces contrées.

Toutefois la langue arabe, telle qu'on l'emploie en Algérie, est en usage partout.

Dans les oasis où l'élément berbère domine, Zenata et Haratin se servent du chelha, qu'au Gourara on appelle aussi zenatia. Comme tous les dialectes berbères, il varie souvent d'un Ksar à l'autre, même très rapprochés. Au Touat et au Gourara, d'après M. R. Basset qui l'a étudié, son caractère distinctif est l'altération de certaines consonnes, prononcées par des populations fortement mélangées de sang nègre [1].

Le lieutenant-colonel de Colomb a essayé, d'après l'emploi de la langue, de distinguer les oasis berbères des oasis arabes. Mais, il a constaté que l'adoption du chelha pouvait tout aussi bien avoir été provoquée

---

[1] R. Basset, *note citée*, p. 24. « On trouve, dit encore ce savant » linguiste, p. 4, dans le dialecte parlé dans ces oasis des phéno- » mènes phonétiques particuliers au ouolof et à quelques langues » soudaniennes ».

par des relations de voisinage ou d'affaires. Il cite, par exemple le Ksar de Sidi Mansour (Tin Erkouk) où l'on parle berbère, bien que les Oulad Sidi Mansour, qui se prétendent descendants de Si Ahmed ben Ioussef el Miliani [1] soient évidemment arabes.

D'après le même informateur, on parle chelha dans tout le Gourara ; dans tous les Ksour des Zoua excepté à Deldoun ; dans celui de Charef (Aouguerout) ; dans ceux des Der'amcha, excepté à El Mertafa ; de Tsabit, excepté à El Habla ; de Seba ; d'El Guerara ; de Meraguen, Ouina et Tililan (Timmi) ; de Tamentit ; de Tasfaout ; de Tamest ; de Zaglou et de Bou Ali (Zaouiet Kounta) ; de Tiloulin (Inzegmir) ; de Reggan [2].

En somme, comme le dit Duveyrier, le berbère (chelha, zenatia) est resté la langue nationale du Touat, quoique l'arabe y soit devenu la langue écrite commerciale et religieuse [3].

Les nègres parlent entre eux une langue soudanienne, à laquelle on donne communément le nom de *Kouria*.

---

[1] Fondateur de l'ordre des Ioussefia. Voir tome II, p. 440 et suiv.

[2] De Colomb, *mémoire cité*, p. 28 et 29.

[3] Duveyrier, *ouvrage cité* p. 295.
Il est à noter que les Haratin n'ont pas de langue particulière et que dans les oasis où on ne parle qu'arabe, ils ne font usage que de cette langue, c'est même là un argument sur lequel on s'est appuyé pour démontrer qu'ils ne pouvaient être les derniers représentants d'une race aborigène qui aurait eu sans doute son langage spécial.

Enfin, au Tidikelt, en dehors des groupes de populations targuies qui parlent forcément leur langue d'origine, il n'est pas rare de trouver des gens faisant usage du tamahak.

SOFS.

La plupart de ceux qui se sont occupés du Touat ont constaté que les districts de cette région sont partagés en deux partis, deux sofs politiques, ennemis irréconciliables.

Ils ont appris que ces deux sofs se nomment Ihamed et Sefian ; mais nul d'entre eux n'a expliqué d'une manière satisfaisante, soit l'origine de ces deux divisions politiques, soit celle des noms appliqués à chacune d'elles.

Ainsi, ni le lieutenant-colonel de Colomb, dans sa « *Notice sur les oasis du Sahara et les routes qui* » *y conduisent* [1] », ni le commandant Colonieu, dans le rapport établi à la suite de son « *Voyage au Gourara* » *et à l'Aouguerout* [2] », ni Duveyrier dans le chapitre qu'il a consacré au Touat, dans son livre, « *les Touareg du Nord* [3] », n'ont donné à ce sujet, des indications même à peu près précises.

---

[1] Revue algérienne et coloniale, Juillet, Septembre et Octobre 1860.

[2] Publié dans le Bulletin de la Société de Géographie de Paris, 1ᵉʳ trim. 1892, 1ᵉʳ trim. 1893, et 3ᵉ trim. 1894.

[3] P. 290 et suiv.

Seuls le commandant Deporter [1] et, après lui, le commandant Bissuel [2] ont donné, touchant les Ihamed et les Sefian, quelques renseignements exacts, il est vrai, mais cependant encore fort obscurs.

Nous allons essayer de les compléter.

Au nombre des tribus hilaliennes installées dans l'est, de Biskra au Djerid, en 1187, se trouvait celle des Djochem.

Elle comprenait les fractions et sous-fractions énumérées dans le tableau ci-après [3] :

$$\text{Djochem} \begin{cases} \text{Acem} \\ \text{Mokaddem} \\ \text{Djochem} \begin{cases} \text{Kholt} \\ \text{Sefian}\ldots\ldots \begin{cases} \text{Hareth} \\ \text{Klabia} \end{cases} \\ \text{Beni Djaber} \end{cases} \end{cases}$$

Ces Djochem avaient, peu auparavant, pris parti pour la famille des Ibn R'ania qui, chefs des îles Baléares sous les Almoravides, essayèrent un instant de résister aux Almohades et en particulier au Khalife Abou Ioussof Iakoub el Mansour.

Dès qu'il eut complètement vaincu les Ibn R'ania, El Mansour, pour mettre à tout jamais les Djochem et d'autres tribus qui avaient aidé ses ennemis,

---

[1] *Extrême-Sud de l'Algérie*, p. 108.

[2] *Le Sahara français*, p. 16.

[3] Mercier, *Histoire de l'Afrique septentrionale*, t. II, p. 12.

dans l'impossibilité de lui nuire, se décida à les dépayser.

Les Djochem furent alors poussés du Djerid et des Zibans vers le Maghreb el Aksa. El Mansour les installa dans le Tamesna, vaste plaine entre Salé et Maroc.

« Ainsi, par la force des événements, l'élément
» arabe se fixait au cœur de la race berbère. Son
» établissement sur les bords de l'Atlantique *allait*
» *devenir un sujet de troubles incessants et une cause*
» *d'affaiblissement pour l'empire almohade* [1] ».

Dès 1225, moins de trente ans après, deux des fractions des Djochem, les Sefian et les Kholt rentrèrent en effet en scène. On les vit s'unir entre elles pour lutter contre les Khalifes almohades, puis, brusquement se diviser : l'une soutenant les Khalifes, l'autre les nombreux agitateurs de l'époque.

Parfois, elles tinrent ensemble en échec les armées almohades et « s'avancèrent en maîtres
» jusqu'à Maroc [2] ».

C'est surtout vers 1240 que leurs querelles s'envenimèrent : « Pendant longtemps, dit Ibn
» Khaldoun, les tribus de Sefian et de Kholt se
» livrèrent à des hostilités mutuelles, et comme
» les Kholt s'étaient attachés à la cause d'El

---

[1] Mercier, *ouvrage cité*, t. II, p. 120.
[2] Mercier, *ouvrage cité*, t. II, p. 147.

» Mamoun (le sultan almohade) et de ses fils, les
» Sefian prêtèrent leur appui à Iahia ibn en Nacer
» qui disputait à ce prince le Khalifat du Maroc.
» Er Rechid (fils d'El Mamoun) ayant fait mettre
» à mort Masoud ibn Hamidan, chef des Kholt,
» ceux-ci prirent le parti de Iahia ibn en Nacer,
» et les Sefian passèrent aussitôt du côté d'Er
» Rechid [1] ».

Masoud ibn Hamidan était frère de Hilal ibn Hamidan, chef des Kholt au moment où el Mansour déporta les Djochem au Maghreb. A Masoud ibn Hamidan succéda son neveu Iahia ibn Hilal ibn Hamidan. La famille des descendants des Hamidan était donc, cela est incontestable, la première des Kholt, celle qui dirigeait le parti opposé à celui des Sefian.

On comprend, par suite, qu'à un moment donné, les deux partis aient été désignés, l'un sous le nom de Sefian, et l'autre sous celui de Ihamed, pluriel, sous une forme plus ou moins correctement berbérisée, de Hamidan ou Hamed [2].

---

[1] *Hist. des berbères*, t. I, p. 62.

[2] Il est d'ailleurs tout naturel que les Kholt aient eux-mêmes cherché à se donner un autre nom, attendu que Kholt n'était en définitive qu'un surnom injurieux de la tribu. Celle-ci s'appelait à l'origine (Ibn Khaldoun, t. I, p. 26 et 64) Beni Montafik ; elle fut désignée à une certaine époque sous le nom de Kholt (c'est-à-dire intrigue, désordre) probablement parce qu'elle s'était fait particulièrement remarquer parmi les tribus qui suivirent une de ces nombreuses sectes, nées dans les premiers siècles de l'hégire et

Les deux partis subsistèrent vivaces, irréconciliables jusque vers la fin de l'empire des mérinides, les successeurs des Almohades. Ibn Khaldoun les cite souvent ; il connaît leur sort jusqu'à la fin du XIV⁰ siècle. Les Almohades, nous apprend-il, par exemple, préférèrent les Sefian et s'allièrent à eux par des mariages. Les Merinides aimèrent les rivaux des Sefian et prirent des femmes chez eux.

Ce sont les intrigues de ces tribus, leurs guerres de cousins « si toutefois on peut donner le nom de guerres » à une série ininterrompue de meurtres, de trahisons » et d'attentats de toute sorte [1] » qui, durant fort longtemps, augmentèrent l'anarchie dans toute l'étendue du Maghreb.

En résumé la tribu des Kholt (celle-ci ayant à sa tête les descendants de Hamidan ou les Ihamed) jouèrent durant presque deux siècles (du XIII⁰ à la fin du XIV⁰ siècle) un rôle considérable au Maghreb. Elles eurent par suite, dans l'ouest, leurs partisans et leurs ennemis. Les Sefian s'inféodèrent surtout aux Almohades ; les Ihamed aidèrent les Mérinides à supplanter les Almohades.

C'est certainement à cette époque que le Touat subissant, malgré son éloignement, le contre-coup des divisions du Maghreb, se partagea en Sefian et Ihamed.

désignées sous le nom de Khelat (intrigues, extravagances). (Ibn Khaldoun, t. II, p. 502 et suiv.).

[1] Mercier, *ouvrage cité*, t. II, p. 178.

Peu bouleversé par les événements qui se sont déroulés au Maghreb depuis les Mérinides jusqu'à nos jours, le Touat a, par tradition, continué à vivre politiquement séparé en Sefian et Ihamed. On naît encore au Gourara, au Touat et au Tidikelt, Sefian ou Ihamed, sans se douter, bien entendu, de l'origine de ces partis que les siècles ont entourée d'obscurité, et on reste divisé en conséquence [1].

Le commandant Colonieu, il faut le reconnaître, avait pressenti la genèse spéciale de la division des Touatiens en Sefian et Ihamed : « Pour nous, a-t-il » écrit, nous croyons que c'est un reste de guerres » féodales entre deux familles rivales, une guerre de » Guelfes et de Gibelins, dont les chefs ayant » disparu, les masses sont restées divisées [2]. »

Cette division en deux sofs opposés n'est pas d'ailleurs spéciale au Touat, on la retrouve dans la plupart des Ksour du Sud, jusqu'au Djerid tunisien, où encore aujourd'hui les deux partis rivaux luttent d'intérêts et d'influence. Mais ce n'est qu'au Touat qu'ils ont conservé les noms particuliers de Ihamed et de Sefian. Parmi les premiers, il faut compter en général tous les Ksour où l'élément arabe domine. Quelques-uns cependant restent neutres dans les

---

[1] Ces recherches historiques sur l'origine des Ihamed et des Sefian sont dues au commandant Emperauger, ancien commandant supérieur du cercle de Tebessa.

[2] *Voyage au Gourara.* Bull. de la Soc. de Géog. de Paris, 1ᵉʳ trimestre 1893, p. 85.

dissensions que ces divisions provoquent. Quant aux oasis berbères elles appartiennent d'ordinaire au parti Sefian, quoique un certain nombre d'entre elles se rattachent aux Ihamed : quelques-unes également restent neutres.

Des deux partis ce sont les Ihamed, ainsi que nous l'avons déjà montré, qui se montrent le moins hostiles à notre influence. Ils sont les plus nombreux, mais les Sefian passent au Touat pour les plus courageux.

Les relations, que les nomades, Arabes, Beraber ou Touareg, entretiennent avec le Touat, les ont amenés à prendre parti pour l'un ou l'autre sof. Toutefois les tribus algériennes, assez éloignées de ces régions, n'ont jamais dû prendre une part active à ces luttes intestines. Mais, lorsqu'elles venaient faire leurs approvisionnements annuels dans les Ksour de leur parti, elles n'hésitaient pas à prêter leur appui au sof auquel elles s'étaient inféodées ; il n'était pas rare autrefois de voir les caravanistes tenter des coups de main sur les oasis adverses et jamais sur celles de leur bord. A Timimoun même, quand les Trafi passaient devant l'oasis, ils échangeaient généralement des coups de fusil avec les habitants auxquels ils cherchaient d'ordinaire à voler quelques nègres ou négresses dans les jardins.

Quant aux tribus marocaines, plus rapprochées du Touat, elles profitent encore de ce voisinage pour venir de temps en temps mettre à contribution les oasis du parti opposé et faire gratis ample provision de dattes. Un mois avant l'arrivée du commandant Colonieu au Gourara, une troupe de Beraber était venue opérer de cette manière contre l'oasis de Keberten qu'ils avaient mise à sac, tuant quelques malheureux et enlevant quelques esclaves.

Daumas nous a conservé également le souvenir d'une de ces luttes qui eut pour Timimoun des conséquences terribles.

Vers 1835, les Beraber, secondés par les Meharza, vinrent tenter un coup de main sur le grand marché du Gourara. « L'ennemi, écrit Daumas, s'était divisé
» en deux bandes, dont l'une s'était cachée dans les
» palmiers, et dont l'autre se porta ouvertement vers
» les puits. Les assiégés, trompés par cette ruse,
» coururent en masse à la défense de leurs eaux
» menacées, et, à la faveur du combat qui s'engagea
» sur ce point, le corps de réserve escalada la place
» dégarnie et s'en empara. Pendant huit jours ce fut
» un horrible pillage : tout ce qui pouvait porter une
» arme fut massacré, toutes les femmes, et même les
» petites filles furent violées ; toutes les maisons
» furent ruinées, détruites, et les vainqueurs ne se
» retirèrent qu'après avoir mis le feu aux magasins de
» dattes. Ils n'avaient pas découvert cependant toutes
» les cachettes où les habitants de la malheureuse ville
» avaient enfoui leur argent, et beaucoup retrouvèrent
» leur petit trésor où ils l'avaient mis, sous les

» conduits des eaux. Les magasins d'approvision-
» nement étaient d'ailleurs si abondamment pourvus
» qu'on put retrouver assez de dattes pour suffire aux
» premiers besoins. En face de cette calamité publique,
» la **djemâa** rendit un décret par lequel il était ordonné
» à chacun de déclarer ses ressources et de les mettre
» à la disposition de tous. Des distributions furent
» faites ; les tribus arabes des environs qui commer-
» cent avec **Timimoun**, et dont l'intérêt était de venir
» à son secours, lui apportèrent des grains, des
» moutons, etc.; quelques mois après, enfin, elle
» renaissait de ses ruines et recommençait à vivre [1] ».

Treize ans plus tard, en 1848, la guerre recommence, mais elle ne met en présence cette fois que des habitants du Touat. Ce fut, au témoignage de Rohlfs, la lutte la plus grande qui ait désolé ces contrées. Les oasis du Timmi, du Touat méridional et du Tidikelt prennent les armes contre celles du Tsabit[2]. « Brinkan,
» nous dit le voyageur allemand, eut alors à soutenir
» les plus violentes attaques. Abdelkader ben Badjouda,
» le cheikh d'In Salah, et El Hadj M'hammed du
» Timmi, avec toutes leurs forces, vinrent l'assiéger
» pendant 24 jours et elle eût succombé si le cheikh du
» Bouda et celui du Gourara s'étaient joints à l'entre-
» prise, mais l'un et l'autre restèrent neutres. Brinkan
» sortit donc sinon victorieuse, du moins invaincue de

[1] Daumas, *Le Sahara algérien*, p. 283.
[2] Rohlfs, *Reise*, p. 165.

» ce conflit, mais nombre d'habitants avaient été tués
» et la moitié des palmiers coupés. Ceux-ci portent
» aujourd'hui des fruits et rien ne rappellerait cette
» lutte si un monceau de carcasses de chevaux tués ne
» gisait devant la nouvelle Kasba [1] ».

D'après le commandant Colonieu, on compterait parmi les Ihamed les tribus suivantes :

Toutes les tribus Targuies.
Les Doui Menia.
Les Hamian Djemba (du cercle de Mécheria).
Les Trafi (du cercle de Géryville) moins les Oulad Serour.
Les Oulad Moumen (des Lar'ouat el Ksel, du cercle de Géryville).
Les Gueraridj (des Lar'ouat el Ksel, du cercle de Géryville).

Parmi les Sefian, on citerait :

Les R'enanema (de l'oued Saoura).
Les Ida ou Belal (du Sud marocain).
Les Hamian Chafaâ (du cercle de Mécheria).
Les Rezaïna (de l'annexe de Saïda).
Les Oulad Ziad (du cercle de Géryville).
Les Rezeïgat (des Lar'ouat el Ksel, du cercle de Géryville).
Les Oulad Serour (des Trafi, du cercle de Géryville).

Quant aux oasis, sans entrer dans le détail de leur répartition comme Ihamed ou Sefian, détail que nous donnerons plus loin, on peut dire, d'une manière générale, que celles qui appartiennent au premier de ces sofs sont :

Au Gourara, celles des Meharza et des Khenafsa.

[1] Rohlfs, *Reise*, p. 139.

Au Touat proprement dit, celles de Timmi, Tamest, Inzegmir et Sali.

Au Tidikelt, la région presque tout entière.

Aux Sefian se rattachent :

Au Gourara : Timimoun, Charouin, Tsabit.

Au Touat : Bouda, Tamentit et Reggan.

CONFRÉRIES RELIGIEUSES.

Dans un pays où les tolba sont en grand nombre, où les cheurfa et les marabouts sont également très répandus, où se sont multipliées à l'infini les zaouias, refuges assurés pour les nombreux étrangers qui viennent attirés par le commerce, les confréries religieuses devaient trouver un terrain fort facile d'expansion.

Les principales de celles que l'on rencontre dans le Nord africain sont, en effet, largement représentées au Touat. Elles y possèdent des biens, souvent immenses, provenant soit de dotations soit d'aumônes, dues à la piété des fidèles.

On conçoit quelle influence peuvent leur donner pareilles richesses unies au prestige religieux dont elles jouissent dans un pays où les habitants sont si attachés à leur religion.

En Algérie, où nous dominons les chefs de confrérie, leurs khouan ont intérêt à nous ménager et à paraître accepter de bon gré notre souveraineté. Au Maroc où notre action est contrebalancée par bien d'autres, des intérêts communs peuvent seuls amener un certain rapprochement entre ces mêmes chefs et les représentants de notre puissance. Mais, au Touat, pays éloigné, vivant d'une vie propre, en dehors des influences extérieures et où la haine du chrétien est le premier article de foi, ces confréries n'ont de raison d'être qu'en se montrant tout à fait intransigeantes.

On l'a bien vu lorsque le chérif d'Ouazzan s'est rendu au Touat : ses partisans eux-mêmes, malgré leur nombre, n'ont pu ou voulu lui ménager la réception à laquelle il s'attendait. Plus loin de nous encore, en 1860, Si bou Bekeur, le fils de notre Khalifa Si Hamza, qui accompagnait dans leur voyage le commandant Colonieu et le lieutenant Burin, voyait ses avances repoussées, comme venant du *chef des renégats*[1].

Ce sont là des faits dont il faut tenir grand compte, car ils montrent que, dans ce pays, l'esprit hostile à notre expansion est le même chez le khouan Snoussia que chez l'adepte des Taïbia. C'est même là une des causes pour lesquelles la maison d'Ouazzan, dont les adeptes sont les plus répandus au Touat avec ceux de Si Abdelkader Djilani (Kadria), si elle n'en a pas vu diminuer le nombre, a du moins perdu, depuis quelques années, une partie de son influence. Et il suffirait qu'une personnalité un peu marquée vînt à paraître au Touat en ce moment pour provoquer chez les Taïbia de ce pays un mouvement séparatiste.

[1] Colonieu, *Voyage au Gourara*, 1894, p. 430.

Cela montre également que nous ne viendrons réellement à bout de ces régions qu'en nous y imposant par la force et que si, dans le même but, nous voulons utiliser les Oulad Sidi Cheikh, nous ne devrons pas hésiter à leur fournir les moyens les plus efficaces pour qu'ils mènent à bien leur tâche.

Les principales confréries religieuses qui ont des adeptes au Touat sont celles des Taïbia, des Kadria, des Cheikhia, des Kerzazia, des Tidjania, des Snoussia, des Bakkaïa, des Derkaoua, des Ziania.

Voici, en quelques mots, quelle est l'extension de chacune d'elles dans cette contrée.

Taïbia. — La confrérie de Moulai Taïeb est incontestablement celle qui est la plus répandue dans tout le Touat. Elle compte des adhérents dans tous les districts et il n'est pas rare de trouver des Ksour dont la population entière est affiliée à la confrérie d'Ouazzan. Elle possède une zaouia à Erg Chache (Akabli) et une autre au Timmi, appelée Zaouia Bekria ou Zaouia Sid el Bekri.

Le voyageur allemand, G. Rohlfs, qui a visité le Touat sous l'égide du chérif d'Ouazzan et s'y est trouvé en contact avec plusieurs mokaddems de la confrérie, évalue [1] à 50.000 francs le total des ziaras récoltées par les chérifs envoyés, chaque année, d'Ouazzan. C'est, à son avis, pour un pays aussi pauvre, un tribut relativement considérable.

[1] Rohlfs, *Reise*, p. 165.

Kadria. — Cette confrérie, la plus ancienne de l'Islam, est très répandue dans tout le Sahara. Elle compte particulièrement de très nombreux adeptes au Touat où elle pourrait presque contrebalancer les précédents, s'ils avaient plus de cohésion. En effet, comme toutes les confréries religieuses un peu anciennes, qui n'ont conservé que de rares relations avec le siège primitif de la confrérie (on sait que celui des Kadria est à Bar'dad), celle-ci a subi l'influence de personnalités religieuses locales qui ont su grouper ses adeptes à leur profit. C'est ainsi que pendant longtemps les Bakkaïa de Tin Bouktou qui, ainsi que nous le verrons plus loin, possèdent des zaouias importantes dans le sud du Touat, ont eu la prépondérance. Mais aujourd'hui une nouvelle personnalité a surgi qui semble vouloir rassembler les forces éparses des Kadria et constituer dans le Sahara occidental un très puissant élément de résistance avec lequel il nous faudra peut-être compter un jour. C'est vers l'Est que les Kadria tournent actuellement leurs regards, attirés par un personnage religieux important, le Cheikh Ahmed Ma-El-Aïneïn ech Chinguiti venu tout récemment (décembre 1896) à Merrakech pour faire hommage au Sultan Moulai Abdelaziz. Il a été reçu en grande pompe par le souverain marocain qui connaissait son influence et avait évidemment intérêt à la ménager. Ajoutons, d'après un renseignement fourni par l'amel actuel d'Oudjda, Si Driss ben Iaïch, que Cheikh Ahmed serait le frère de Saad Bou, le marabout sénégalais, notre pensionné.

Les Kadria ont une zaouia importante dans l'Aouguerout, à Zaouia Sidi Abdallah.

Cheikhia. — Les Oulad Sidi Cheikh étendent leur influence surtout dans le nord-est du Gourara, sur les populations d'origine arabe qui y vivent : Oulad Iaïch, Meharza, Khenafsa. C'est ainsi que la plupart des Ksour de l'Aouguerout, d'El Djereïfat et du Tin Erkouk leur sont inféodés. Ils ont également quelque action aux Oulad Saïd, à Deldoun et à Timimoun.

Au Tidikelt, les Zoua d'In Salah, les Oulad Sidi El Hadj M'hammed, parmi lesquels vivent les descendants de Si bou Nouar, un des 18 fils de Sidi Cheikh, sont naturellement les clients des Oulad Sidi Cheikh ; les Oulad Mokhtar paient la r'efara aux abid de la Zaouia de Si El Hadj bou Hafs. Les Oulad ba Hammou donnent même la ziara aux Oulad Sidi Cheikh, quand un membre de cette famille se rend dans leur pays. L'action des Oulad Sidi Cheikh sur ces arabes en général et sur les Oulad Badjouda en particulier était même jadis beaucoup plus considérable ; du temps du Khalifa Si Hamza, El Hadj Abdelkader Badjouda vint plusieurs fois à El Abiod Sidi Cheikh pour apporter des offrandes religieuses.

Kerzazia. — Cette confrérie qui s'est toujours posée en protectrice du Ksourien compte un certain nombre de serviteurs dans l'ouest du Gourara et dans le nord du

Touat. Elle possède du reste de nombreux biens dans cette région, notamment à Tsabit, aux Der'amcha, à Bouda et au Timmi. L'orientation même de ces biens semble indiquer que le choix de leur emplacement a été fait dans un but bien déterminé : celui de jalonner la route qui du grand marché de Tamentit se dirige vers le Nord par l'oued Saoura. Les Kerzazia compteraient également quelques adhérents dans le district de Zaouiet Kounta.

Tidjania. — Cette confrérie religieuse, qui est en décadence dans presque tout le Sahara indépendant, compte encore quelques adhérents au Touat. Ils se rattachent non à la secte algérienne qui a son siège principal à Aïn Mahdi et qui reçoit la direction de Temacin, ou de Guemar, mais à la branche marocaine, issue de celle d'Algérie et qui suit des doctrines un peu différentes.

Snoussia. — On s'est, en général, beaucoup exagéré l'importance de l'action de cette confrérie religieuse. Comme toutes les confréries naissantes, et l'on sait qu'elle est de date relativement récente, elle a dû débuter par un redoublement de fanatisme et de prosélytisme. Il lui fallait, en effet, non seulement se faire accepter des populations, mais encore se créer parmi elles le plus possible de partisans, source de tous les revenus. La période active des Snoussia paraît aujourd'hui terminée et ils semblent rentrer de plus en plus dans la catégorie des confréries religieuses qui tiennent surtout à garder les positions acquises.

Au Tidikelt, depuis 1860, c'est-à-dire depuis le voyage du commandant Colonieu et du lieutenant Burin au Gourara, il s'est formé une communauté de Snoussia. Les adhérents se sont recrutés principalement chez les Oulad ba Hammou qui ont abandonné peu à peu les Cheikhia. Un de leurs chefs El Hadj Abdelkader Badjouda fut longtemps le mokaddem de l'ordre: il dirigeait la zaouia d'In Salah. Aujourd'hui encore tous les Oulad ba Hammou, sauf deux fractions, sont Snoussia. D'après Deporter, les Snoussia compteraient encore des adhérents à Tamentit où une partie de la population leur serait affiliée, et quelques-uns seulement à Timimoun.

Bakkaïa. — Les Bakkaïa qui, comme nous l'avons dit, se rattachent aux Kadria, avaient jadis leur centre à Tin Bouktou. Ils étaient alors dirigés par Cheikh el Bakkaï, le protecteur de Barth. A la suite des événements qui ont succédé à la mort de ce dernier, ils perdirent leur influence et les Touareg des environs de Tin Bouktou, sous l'action successive du tidjani El Hadj Omar et de ses descendants, les abandonnèrent pour s'affilier aux Tidjania de la branche marocaine [1].

[1] C'est en effet à la branche marocaine nous le répétons que se rattachent tous les Tidjania non seulement du Sahara occidental, mais encore du Soudan, du Sénégal, etc.

Au Touat, particulièrement dans le sud et au Tidikelt, les Bakkaïa ont toujours conservé une certaine influence, due autant à l'existence à Zaouiet Kounta de leur zaouia-mère qu'à la protection qu'ils ont su accorder de tout temps au commerce avec le Soudan.

Le chef spirituel de cette confrérie est actuellement Sidi Alaouata, petit-fils de Sidi Mokhtar, l'aîné de Cheikh el Bakkaï, en résidence à Haribongo dans l'Aribinda. Il ferait également de fréquents et assez longs séjours à Zaouiet Kounta, dont il dirigerait lui-même la zaouia.

Abidin, le frère d'Alaouata, est l'homme d'action, le guerrier de la famille. Il ne craint pas de se mettre à la tête des contingents fournis par les affiliés pour une action commune. C'est lui qui dirige particulièrement les trois zaouias bakkaïtes que les habitants d'In Salah entretiennent dans leur oasis en récompense de la protection maraboutique que les Bakkaï leur accordent.

Derkaoua. — Cette confrérie ne compte que quelques adhérents au Touat. Mais ici, comme partout, les Derkaoua, dissidents des Chadelia, pratiquent le puritanisme le plus outré ; comme partout encore, ils se montrent hostiles à toute autorité, à tout gouvernement, serait-il musulman, ce qui fait leur succès auprès des masses.

Ziania. — Ils sont très peu nombreux au Touat

et ne compteraient, d'après Deporter, que quelques adhérents parmi les nomades d'In Salah.

ARMEMENT.

Il n'y a pas bien longtemps, tous les habitants du Touat n'étaient armés que de ces longs fusils à pierre, munis d'une courte crosse, qui sont toujours en usage dans le Sahara marocain. Ils y joignaient quelques pistolets, également à pierre, des sabres et des poignards.

Au Tidikelt, où l'influence du voisinage des Touareg a toujours été très grande, la plupart des habitants, et principalement les Oulad ba Hammou, portaient également la lance et le poignard de bras [1]. Ils en font, du reste, toujours usage.

Depuis quelques années, les armes européennes pénètrent un peu au Touat. Déjà, en 1864, El Hadj Abdelkader Badjouda avait confié à Rohlfs, pour qu'il lui fît remettre une platine neuve à Tripoli, un pistolet à deux coups « d'un travail tout spécial [2] ».

Il est certain, d'ailleurs, que les principaux personnages du Touat ont dû, de tout temps, faire venir de l'étranger des armes de luxe. En 1862, un voyageur indigène [3] constatait que les gens de Timimoun et de tout le Gourara possédaient de belles

---

[1] Duveyrier, *Touareg du Nord*, p. 295.

[2] Rohlfs, *Reise*, p. 204.

[3] Ali ben Merin dans *Les caravanes françaises au Soudan* du Dr Maurin, p. 14.

armes venant de Constantinople ou du Maroc, et quelques-unes fabriquées dans le pays même.

Aujourd'hui, il entre au Touat par la voie de l'oued Saoura, et même par celle de R'adamès, des fusils à deux coups, anglais et belges; mais le nombre de ceux, qui arrivent par la première de ces voies, ne paraît pas très considérable, parce qu'ils ne peuvent y parvenir que par des échanges successifs. Il en est à peu près de même de la voie R'adamès-In Salah, car une partie des armes qui pénètrent, par là, sont surtout exportées au Soudan. Toutefois, nos récents projets d'occupation auraient amené les gens de Timimoun à faire venir quelques remington.

Mais, c'est peut-être de Tunisie qu'il s'introduit le plus d'armes européennes au Touat. Tous les habitants de ce pays qui se rendent dans la Régence pour y travailler (ce sont principalement des haratin qui ne possèdent généralement pas d'armes, ou du moins n'en ont jamais quand ils s'expatrient pour venir chercher de l'ouvrage dans le Nord) reviennent, munis de fusils ou de carabines de l'ancien système à piston: ils les ont achetés à des marchands indigènes tunisiens qui en font le commerce. La plupart de ces touatiens, à leur retour dans leur pays, passant par nos postes du Sud, l'attention des représentants de l'autorité française a été attirée sur ces faits. Il les ont signalés, et des instructions ont été données pour ne laisser pénétrer au Touat, par cette voie, que des armes se chargeant par la bouche.

KSOUR. — HABITATIONS.

Tous ceux qui ont écrit sur le Touat se sont complus à donner une longue énumération des Ksour disséminés sur toute la vaste étendue qu'occupe cette région. Il est probable que cette liste, qui augmente sans cesse, sera considérablement réduite le jour où nous nous déciderons à occuper les oasis [1]. En effet, comme le dit très bien le commandant Colonieu, il y a nombre d'oasis où il n'existe « qu'une habitation
» isolée et fortifiée, appartenant à une famille riche
» où à une réunion de quelques marabouts, quelque-
» fois même à un seul homme qui a pour compa-
» gnons de son isolement quelques haratin et ses
» esclaves. Ces kasbas isolées ont leur nom qui est
» généralement un nom de famille ou de fraction.
» D'autres fois, on les appelle kasba de *un tel*. Les
» marabouts généralement respectés de tous ont le
» plus spécialement des habitations isolées afin de
» se distinguer de la masse, de donner leur nom
» à un lieu habité et laisser ainsi un souvenir.
» Souvent ce nom a la prétention de s'appeler oasis,
» zaouia, et on fait précéder le nom de la fraction

---

[1] « Les arabes, nous dit le lieutenant-colonel de Colomb, ne
» tarissent pas quand ils parlent de leur Ksar natal ; mais quand,
» après avoir noté leurs interminables récits, ou en cherche la
» substance, on ne trouve que puérilité ou exagération. » *Ouvrage cité*, p. 27.

» ou du marabout du mot Ksar ou Zaouïa ou Kasba » de *un tel* ou des Oulad *un tel* ».[1]

La façon dont les Ksour sont édifiés varie extrêmement suivant la nature du terrain sur lequel ils sont construits, l'importance de la population qui les occupe, les moyens de défense dont celle-ci dispose. Fréquemment aussi les habitations sont isolées ou disséminées par petits groupes. Mais, quel que soit le mode de groupement adopté, il y a toujours dans l'oasis un emplacement judicieusement choisi où s'élève une kasba, c'est-à-dire une sorte de citadelle où chacun trouve un local pour serrer ses objets les plus précieux et ses approvisionnements et qui sert en même temps de refuge en cas d'attaque extérieure. Ces kasbas, sauf celles des grandes oasis, sont généralement prenables par le manque d'eau; car, elles ne sont approvisionnées qu'au moyen de peaux de bouc, qu'il faut y transporter à l'avance.

Une troupe européenne munie de canons aurait vite raison de ces petits réduits où en cas de danger s'entasse toute la population de l'oasis. Le moindre obus y ferait alors de cruels ravages. Quelquefois, comme à Sidi Mansour, le Ksar, de forme rectangulaire, est constitué par deux parties juxtaposées, et limitées par des murs dentelés de créneaux: l'une des enceintes renferme les habi-

---

[1] *Voyage au Gourara*, Bul. Soc. de Géog. de Paris, 1893, p. 54.

tations des Ksouriens, l'autre sert de refuge aux petites caravanes [1].

D'autres fois, comme aux Oulad Aïach, le Ksar se compose de deux petites enceintes distantes l'une de l'autre d'environ 200 mètres [2]. Parfois même, comme dans ce Ksar ruiné qu'a visité Palat, à proximité d'Adr'ar, il est défendu par une double muraille dans l'intérieur de laquelle court un couloir à deux étages, large de 2 mètres et permettant d'utiliser deux lignes de créneaux superposées, tandis que les maisons des Ksouriens le remplissent se serrant les unes contre les autres [3].

La plupart de ces Ksour ont été bâtis sur la lisière des oasis et s'ils se trouvent actuellement entourés de palmiers, c'est que leurs abords ont été gagnés peu à à peu par les plantations. On en rencontre également qui ont été bâtis sur une éminence comme ce Ksar de Mebrouk que Palat a trouvé abandonné depuis cinq ans [4], comme celui de Tasfaout, au dire de Deporter.

Dans les oasis les plus riches, les jardins sont entourés d'un mur d'enceinte flanqué de distance en distance par de petites kasbas rectangulaires qui forment autant de petits Ksour et ont à chaque angle des bastionnets à trois étages de créneaux. Les murs formant courtine en sont crénelés et en outre dentelés au sommet,

---

[1] Colonieu, *mémoire cité*, 1892, p. 80.
[2] Colonieu, 1892, p. 81.
[3] Palat (Marcel Frescaly), *Journal de route*, p. 220.
[4] *Ouvrage cité*, p. 225.

ce qui donne un aspect pittoresque aux constructions. Ces dentelures seraient cependant de faibles abris, car elles sont formées seulement de quelques briques rondes superposées[1]. C'est une disposition défensive signalée par le commandant Colonieu. Il l'a trouvée employée dans l'Aouguerout où toutes les oasis sont reliées ainsi, à Timimoun, dont il a longé l'oasis à une distance de 200 mètres. Mais ici il a constaté également l'existence d'une grande kasba servant de réduit qui « est d'une forme pareille à celle des
» autres (les petites kasbas de l'enceinte), c'est-à-dire
» quadrangulaire, mais ses dimensions sont bien plus
» considérables, les courtines ont environ 200 mètres
» de côté, la hauteur de leurs murs est de 8 à 10
» mètres ; trois étages de créneaux les défendent. Les
» bastions sont plus élevés de 1 mètre, ils ont quatre
» étages de feu. Le tout est entouré d'un fossé sans
» eau. Les bastions des angles de la kasba sont
» parfaitement construits en briques de terre, cuites
» au soleil; aussi chaque orage cause-t-il quelques
» dégâts que l'on se hâte de réparer. Contre les murs
» des courtines, à l'intérieur, sont adossées des
» maisons dont les terrasses communiquent. Aux
» étages des maisons se trouvent aussi des créneaux,
» ainsi qu'au rez-de-chaussée. Quant au fossé, les
» habitants prétendent pouvoir le remplir d'eau. En
» tout cas, toutes les feggaguir sont au pouvoir de

---

[1] Colonieu, *mémoire cité*, 1892, p. 89.

» l'assaillant, qui peut les couper sans avoir le moindre
» danger à courir. Deux puits publics sont creusés
» dans la citadelle; chaque habitant possède un
» magasin dans cette citadelle dont toute la surface est
» couverte de constructions et de rues étroites pour
» la communication. Chacun tient ses richesses les
» plus précieuses et une partie de ses provisions dans
» son magasin de la citadelle. En cas d'une attaque
» sérieuse, on ne défend jamais la ville elle-même,
» tout le monde court se réfugier dans la kasba. Les
» murs de la ville ont trop de développement pour le
» nombre de fusils, tandis que c'est l'inverse qui a
» lieu pour la citadelle. Si ce mode de résistance est
» le meilleur contre les tribus pillardes, il serait au
» contraire très désavantageux contre une force
» régulière munie d'engins destructeurs. Chaque
» bombe, chaque obus, chaque fusée feraient des
» victimes dans une agglomération aussi dense. Au
» centre de la courtine ouest se trouve une porte
» défendue par des mâchicoulis et nommée Bab Sidi
» El Hadj.

» En cas d'alerte, des cris immenses, où se
» mêlent les voix d'hommes, de femmes et d'enfants
» se font entendre. Ces cris sont ce que l'on nomme
» *el bezz*, c'est le signal du pays en danger. A ce
» signal tous les hommes prennent les armes et
» se rendent aux remparts de la citadelle, les
» femmes les suivent en poussant des cris et
» brûlant des parfums sur leurs traces pour que

» les mauvais génies ne suivent pas leurs maris et
» pour éloigner les djinns malfaisants de la guerre [1] ».

D'autres centres importants ne sont pas aussi bien défendus que Timimoun. Brinkan, par exemple, qui a été visité par Rohlfs, est sans mur d'enceinte, mais elle possède deux kasbas d'un périmètre considérable [2].

Le centre le plus important de tout le Touat serait, au dire du même voyageur, Tamentit, ville de 6.000 âmes à ce qu'il prétend, qui possède une kasba. « Plusieurs rues longues et étroites, garnies
» de chaque côté de petites boutiques de détaillants,
» y constituent ce qu'il y a de plus attrayant
» pour l'étranger [3] ».

Citons encore, comme localités importantes, Adr'ar (du Timmi) qui malgré sa déchéance n'en est pas moins encore un marché important, et au Tidikelt Ksar el Arab, qui, suivant Rohlfs, contiendrait 1.550 habitants « sans compter les nombreux
» étrangers qui y séjournent pour leurs affaires [4] ».

Toutes les constructions édifiées par les gens du Touat sont bâties en toubes, briques de terre séchées au soleil. Aussi les Ksouriens appréhendent-ils la pluie, car au moindre orage un grand nombre de

[1] Colonieu, *Mémoire cité*, 1892, p. 89-90.
[2] G. Rohlfs, *Reise*, p. 139.
[3] *Ouvrage cité*, p. 143 et suiv.
[4] *Ouvrage cité*, p. 188.

maisons tombent en ruines. Cependant lorsqu'ils ont à élever un édifice un peu important, tel qu'une kasba, ils en soignent davantage la construction, c'est ainsi que les assises en sont généralement établies, jusqu'à une hauteur de deux mètres environ au-dessus du sol, avec des pierres reliées par un mortier de terre.

Quelques Ksour enfin, principalement au Touat proprement dit, sont bâtis complètement en pierres. Toutes ces habitations sont recouvertes de terrasses comme dans nos Ksour du Sud. Elles ne comprennent généralement qu'un rez-de-chaussée, autour d'une cour intérieure quand le terrain le permet. Les gens aisés ont quelquefois une pièce ou deux au premier. « Le sol est formé par une couche de sable
» fin et jaune des dunes, laquelle est balayée et
» renouvelée tous les huit jours. Le sable sali qui
» sort des maisons est mis en litière aux animaux,
» chèvres et ânes, et porté dans les jardins quand il
» est converti en fumier. Les maisons sont tenues
» constamment propres et débarrassées, paraît-il, des
» insectes qui dans nos Ksour du Nord dévorent les
» malheureux habitants [1] ».

Au Tidikelt, les habitations ont généralement un aspect plus sordide. Ce ne sont d'ordinaire que

---

[1] De Colomb, *Notice citée*, p. 43. G. Rohlfs constate, non sans étonnement, le grand nombre de latrines qui existent dans chaque village du Touat, dans les maisons aussi bien que dans les rues et sur les places publiques, chaque maison, en effet, en dehors de ses latrines particulières, en entretiendrait de publiques. *Reise*, p. 170.

des huttes en terre argileuse, dont les murs n'ont pas plus de 2^m à 2^{m}50. Ils supportent un lit de « Khecheb », recouvert d'une simple couche d'argile [1].

A chaque pas au Touat, et particulièrement au Gourara, on rencontre des ruines d'anciennes Kasbas, d'anciens Ksour, des oasis abandonnées où les palmiers bour sont les seuls témoins qui restent d'une ancienne prospérité. Les divisions, les luttes intestines ont amené peu à peu la diminution de la population et avec elle l'abandon progressif des cultures. Alors le désert reprenant ses droits, les sables sont venus recouvrir les anciennes plantations, comblant les puits et achevant petit à petit d'effacer la prospérité passée. Les sables d'ailleurs dans la région du Gourara paraissent gagner tous les jours vers le Sud. Le commandant Colonieu cite le Ksar de Sidi Mansour situé dans une enceinte formée par des dunes. Celles-ci, malgré les précautions prises par les habitants, précautions consistant à arrêter les sables au sommet des dunes par des haies de palmes, grandissent tous les jours [2].

Jadis les Khenafsa et les Meharza occupaient un plus grand nombre de Ksour qu'à l'heure présente; ils ont dû peu à peu abandonner tous ceux situés à

[1] Le Châtelier, *Description de l'oasis d'In Salah*, p. 28.
[2] *Voyage au Gourara*, 1892, p. 80.

l'est, tels que Ksar Faggaguir, Hassi Remadj, pour ne citer que ceux que nous avons déjà signalés.

« On trouve tout le long du chemin, nous dit le
» commandant Colonieu, de grandes quantités de
» feggaguir abandonnées, de conduits comblés et de
» palmiers bour, ou sauvages, qui sont autant de débris
» de l'ancienne splendeur des oasis dont on voit les
» ruines. Ces ruines ont un aspect très pittoresque. De
» loin, on croirait voir le reste de vieux châteaux féo-
» daux. Les palmiers bour sont ce qui survit des anciens
» palmiers des oasis détruites. On en trouve presque
» partout. Tout accuse que les pauvres oasis ont cruel-
» lement souffert de la guerre.[1] »

ADMINISTRATION. — JUSTICE.

Il n'existe pas de confédération du Touat unissant par un lien politique les diverses populations qui habitent ces contrées. Le pouvoir local, au contraire, s'émiette à l'infini ; dans les oasis berbères il est aux mains d'une djemâa, tandis que dans les Ksour où l'élément arabe est prépondérant, il appartient à des chefs de noble extraction, ayant souvent un caractère religieux.

Les Berbères ont, en somme, conservé leur antique organisation de la djemâa, que nous avons retrouvée en Kabylie. Chez eux, quelques hommes peuvent parfaitement avoir dans cette assemblée

---

[1] Colonieu, *Mémoire cité*, 1892, p. 85.

une autorité incontestée, et jouir personnellement d'une certaine initiative, mais c'est le résultat d'une influence de fait, non de droit. Elle peut s'exercer dans les affaires de minime importance, mais dans les questions d'intérêt général, elle reste sans force contre la volonté populaire. C'est surtout par les alliances de famille, par le nombre et la richesse des parents que cette influence s'établit aujourd'hui.

Il n'en a pas été toujours ainsi. Il fut un temps où des familles d'origine arabe implantées dans les oasis berbères y avaient la prépondérance et l'autorité. C'étaient les descendants de chefs, souvent de noblesse religieuse, autrefois nommés par les sultans du Maroc, alors que ceux-ci étendaient leur suzeraineté sur les oasis. Les souverains du Maghreb avaient créé en leur faveur de véritables fiefs, qu'ils transmirent en apanage à leurs héritiers. Aujourd'hui que les djemâas, reprenant les antiques traditions, ont ressaisi de plus en plus le pouvoir, l'ancienne autorité de ces familles se réduit à une puissante influence, comme celle de Mohammed ou Salem bel Hadj Mohammed Abderrahman à Timimoun.

Chez les Arabes, au contraire, l'influence du chef et surtout du chef religieux est restée toute puissante. C'est ce qui fait la force des Oulad Sidi Cheikh au Touat, et particulièrement au Gourara où la plupart des districts du Nord-Est leur sont inféodés.

Au Touat proprement dit, où les marabouts et les cheurfa abondent, l'influence est plus partagée. Il y a là quelques grandes familles, qui ont su conserver entre leurs mains toute l'autorité, comme au Timmi, à Zaouiet Kounta. Au Tidikelt, à In Salah, c'est encore l'élément arabe qui prédomine avec les Oulad Badjouda.

Le chef, quand il y en a un, qu'il doive son autorité à sa naissance ou à ses vertus personnelles, règle les contestations et les questions de police et juge au criminel. Dans ce dernier cas, il se fait toujours assister par deux ou trois notables.

Lorsqu'il inflige une amende, c'est lui qui en recueille le montant. Il a, à sa solde, un chaouch, un khodja, moueddhen (muezzin), un forgeron, etc. et prélève des ziaras pour payer les dépenses qui en résultent.

Quel que soit, du reste, le pouvoir de ces chefs, il est peu de districts où il ne soit tempéré par une djemâa, à laquelle incombe au moins l'administration intérieure des Ksour.

Dans toutes les oasis où l'élément berbère domine, l'autorité dirigeante est la djemâa; elle possède, en même temps que les pouvoirs politiques et administratifs, les pouvoirs judiciaires en ce qui concerne la répression des crimes et délits. Ses décisions sont souveraines et sans appel: au besoin elle les fait exécuter elle-même.

Chaque Ksar nomme pour chacun des quartiers de l'oasis des délégués ou *dhoman*, dont la réunion forme la djemâa; ils nomment un chef: *Cheikh, amin* ou *amrar*.

L'autorité de la djemâa, s'étend à tout ce qui intéresse le Ksar; lorsque le besoin s'en fait sentir elle fait des règlements nouveaux; elle abroge ou modifie les anciens, décide de la paix ou de la guerre, vote les impôts, en fixe la quotité, la répartition et l'emploi.

Au point de vue judiciaire, elle connaît les crimes, délits ou contraventions et peut prononcer la peine de mort : elle punit d'amendes les infractions aux règlements ou kanoun.

Le cheikh a pour auxiliaires naturels les dhoman, qui l'aident dans tous les détails de l'administration; ils lui doivent obéissance et sont responsables envers lui de tout ce qui se passe dans leurs quartiers.

L'administration s'exerce à peu près de la même façon dans tous les Ksour. Elle comporte seulement trois employés : l'*ouakaf*, le *berrah* ou crieur public, le *kiel-el-ma* ou répartiteur des eaux [1].

Les fonctions de l'ouakaf sont multiples. Il est chargé de la garde de la porte qu'il ouvre et qu'il ferme aux heures voulues. Il reçoit tous les étrangers qui se présentent, les répartit dans la ou les maisons des

---

[1] Nous empruntons tous les renseignements que nous allons donner sur l'administration intérieure des oasis au lieutenant-colonel de Colomb, *Notice citée*, p. 33 et suivantes. Le même auteur avait eu soin précédemment (p. 30) de faire connaître que, si l'administration intérieure des Ksour est à peu près la même dans toutes les oasis depuis Sidi Mansour jusqu'à In Salah, il peut cependant y avoir quelques dissemblances dans les détails. Aussi a-t-il pris plus particulièrement comme exemple Adr'ar du Timmi comme on prend la moyenne d'un ensemble de chiffres différents.

hôtes (chaque Ksar en possède au moins une) et prévient les familles qui doivent les héberger. Il a la garde du tambour, qui sert pendant le ramadhan à indiquer l'heure où le jeûne doit commencer, ou bien en cas d'alerte, à avertir les habitants dispersés dans les jardins. Il est en outre l'officieux de toutes les bonnes familles du Ksar.

En récompense de ces divers services, on lui paye *l'âda* (coutume). Celle-ci consiste en un régime de dattes et un *guemmoun* (planche de blé ou d'orge) par jardin, un morceau de chaque mouton tué dans le Ksar, et aussi dans le droit de faire deux fois par an des quêtes où on lui donne de l'orge et des dattes.

Le berrah, comme son nom l'indique, est chargé d'annoncer à la population les décisions des chefs ou de la djemââ, et, en général, tout ce qui peut l'intéresser. En même temps, le berrah est le chef des haratin et l'exécuteur des hautes œuvres. Il reçoit également une âda d'un régime de dattes et d'un guemmoun par jardin.

Les fonctions du kiel-el-mâ sont des plus importantes : c'est lui qui est chargé de la répartition des eaux. Il possède pour le mesurage une planchette généralement en cuivre, percée de trous ayant entre eux une proportion connue, qui permet d'évaluer le débit des canaux, et de répartir l'eau dans toutes les proportions. C'est lui qui règle aussi les heures de répartition pour la nuit et pour le jour. La division première de l'eau est toujours facile entre les propriétaires originaires ; elle consiste à faire autant d'ouvertures de même diamètre à une même hauteur qu'il y a de parts égales à faire, et à attribuer à chacun le nombre de parts qui lui reviennent. Mais cette première répartition faite, viennent les ventes et cessions d'eau, faites le long du trajet du conduit de chacun des premiers propriétaires. La foggara s'ensable, a besoin d'être nettoyée ; tous les acheteurs n'ont pas la quantité d'eau qui leur a été vendue ; de là, des contestations que le kiel-el-ma est chargé de régler, au moins en ce qui concerne les quantités, après que le cadi, s'il y a lieu, a établi le droit de chacun.

Il n'y a généralement qu'un seul kiel-el-ma par district. Il touche un âda d'un régime de dattes et d'un guemmoun par jardin.

Les fonctions d'ouakaf, de berrah et de kiel-el-ma sont ordinairement héréditaires dans la même famille.

Dans les grands centres, à Timimoun, à Adr'ar, à In Salah, un cadi est chargé de régler les affaires de jurisprudence civile; celui d'Adr'ar se fait représenter dans les Ksour populeux du Timmi par des adoul dont il ratifie ou infirme les jugements. Le cadi d'Adr'ar, au dire du lieutenant-colonel de Colomb, serait toujours fourni par la medersa de Melouka.

Partout où il existe des cadis, ils sont nommés par les djemâas ou les chefs qui ont en main l'autorité. Les mariages, les divorces et en général toutes les questions qui se rapportent à l'idée religieuse sont du ressort des imans des mosquées auxquels on donne le nom de chahed [1].

Chaque Ksar un peu important possède un bâtiment un peu plus vaste et un peu mieux entretenu que les autres constructions, qui sert de mosquée. Quelques-unes sont pourvues d'un minaret peu élevé.

La mosquée sert de lieu de réunion pour la prière en commun ; beaucoup d'habitants vont même y faire la sieste en été et y passer la journée. La plupart des mosquées possèdent des propriétés provenant de donations pieuses; elles sont administrées par un oukil, sous la direction de la djemâa. Les fonctions d'oukil de la mosquée sont purement honorifiques.

Les crimes et les délits sont fort rares, ils sont punis suivant le cas, de l'exil, de la bastonnade, de l'exposition en public, etc.

Le viol et l'adultère sont punis de la flagellation en place publique. Dans tous les Ksour un peu importants, on voit fixé au milieu de la place publique le poteau de justice auquel on attache le coupable pour le flageller et l'exposer nu au mépris public.

Le vol est également puni de la flagellation, mais le

---

[1] C'est celui qui dit la *chehada*, la profession de foi.

voleur est ensuite tellement en butte à la réprobation générale, qu'il est obligé de s'expatrier. Sa femme, ses filles, si elles ne le suivent pas dans son exil, ne trouveront pas à se marier.

Le vol est d'ordinaire le fait des esclaves. Le maître en est responsable : il punit l'esclave ou le fait punir.

Le meurtre est puni de mort.

Le séducteur s'il est connu, est puni d'amende et exilé. Quant à la fille séduite (le fait est très rare), elle est, qu'elle soit blanche ou négresse, couverte d'un accoutrement ridicule et promenée sur un âne dans tout le village. Les enfants la couvrent de huées et de fumier, et la battent avec des branches de palmier. Enfin, elle est chassée du pays.

MŒURS. — COUTUMES. — VÊTEMENTS. — NOURRITURE.

« Le naturel des habitants du Touat, dit Rohlfs, est
» beaucoup plus pacifique que celui des populations
» qui l'entourent. Cela a pu changer beaucoup avec
» le temps (une génération a passé depuis l'époque
» où j'ai visité le Touat) : les alertes incessantes, la
» crainte d'être *dévorés* par les Français, le fanatisme
» surexcité pourraient expliquer pareil changement.
» On vante avec raison l'hospitalité, la droiture et la
» fidélité des Touatiens, et je leur dois cette recon-
» naissance que pendant tout le temps de mon séjour

» dans leur pays, pas le moindre objet ne m'a été
» dérobé [1] ».

C'est aussi l'opinion du Commandant Colonieu: pour lui, les habitants des oasis sont bons, hospitaliers, peu vindicatifs, amis des plaisirs sensuels, très probes dans leurs relations commerciales ou amicales, mais fanatiques à l'extrême dans leurs convictions religieuses [2]. C'est bien, en effet, le fanatisme religieux qui a amené jusqu'ici ces populations à s'opposer à toute immixtion européenne et à accueillir comme elles le font nos dissidents et en général tous ceux qui veulent échapper à notre répression. Elles se rendent parfaitement compte cependant des avantages qu'elles pourraient retirer de notre contact pour le bien être matériel et la prospérité de leur pays : elles ne demandent même qu'à entretenir avec nous des relations de bon voisinage, car elles sont aussi intéressées que nous pouvons l'être au maintien de la paix et de la sécurité sans

---

[1] G. Rohlfs, *article cité*. Globus, 1893, p. 275.

[2] Le lieutenant-colonel de Colomb exprime aussi un avis identique, Voir p. 32 de sa *notice déjà citee*.

A côté de ces diverses opinions, il est bon de placer celle de Palat : « Combien de gens malhonnêtes dans ce pays ? Sans être chauvin,
» écrivait-il, on peut être fier d'être français, en vivant chez les
» musulmans. Les mensonges les plus grossiers, les plus impudents,
» s'épanouissent ici en toute liberté. Il y a bien longtemps que je n'ai
» vu le visage d'un honnête homme ». *Journal de route*, p. 314.

Il faut ajouter que ce passage est extrait de la dernière lettre parvenue à la famille de l'infortuné voyageur et que, lorsqu'il l'a écrite, il était déjà en butte aux multiples contrariétés qui ont été, en quelque sorte, le prélude de sa mort.

lesquelles elles ne peuvent se livrer à leur commerce d'échange, ni envoyer dans nos ksour du Sud ces robustes et bons travailleurs dont il est fort rare que la conduite donne lieu à des plaintes.

A la suite de l'assassinat de Palat, en 1886, toutes relations cessèrent brusquement avec les oasis. Pendant sept mois, on ne vit aucune caravane de Touatiens paraître ni à Géryville, ni à Ghardaïa. Les Gourariens avaient cherché par leur accueil à décourager le malheureux explorateur et à l'empêcher de pousser plus loin. N'ayant pu y réussir, ils le laissèrent partir, sachant bien quel sort lui était réservé, mais préférant en laisser la responsabilité à d'autres. Il fut tué, le 6 février 1886, par ses guides originaires d'In Salah et de l'Aoulef, dans un endroit écarté [1], et le crime ne fut connu, pour la première fois, à Ouargla, que le 23 mars suivant.

Si Rohlfs a pu aussi facilement parcourir les oasis, en 1864, c'est qu'il voyageait, comme il le dit lui-même, sous le masque de l'Islam et avec l'appui

---

[1] L'endroit où Palat fut assassiné n'a jamais pu être déterminé d'une façon exacte. On admet généralement, sur la déposition de son domestique nègre, laissé par lui au Gourara, que le crime eut lieu dans l'oued Aflissez, à Hassi Cheikh, mais les déclarations de ce nègre sont sujettes à caution ; on a indiqué également, sur la foi d'autres informateurs, les points suivants : 1º Megueta El Hadj bou Hafs dans l'oued Aflissez : 2º La Gantra mta Tin Zelaouin, à proximité du même oued : 3º Tizliouin au sud du même oued : 4º Ang Djemel, à une demi journée d'In Salah : 5º l'oued Littilia, sans doute l'oued Tlilia, à une journée de marche à l'ouest d'In Salah.

du chérif d'Ouazzan. Il est certain qu'aujourd'hui où les populations du Touat se sentent menacées de la venue des chrétiens, un explorateur européen voyageant dans les mêmes conditions que Rohlfs, serait vite arrêté dans sa marche.

Toute la population du Touat se partage en trois castes bien distinctes : Ce sont : en premier lieu, les cheurfa et les djouad, c'est-à-dire les blancs ou les fils de blancs avec les négresses ; puis viennent les haratin, et, enfin, les nègres. Les premiers mènent une vie de loisirs ; ce sont les propriétaires et les haratin leurs métayers. Ces derniers ont droit au cinquième des produits des jardins qu'ils cultivent et à cinq pour cent des bénéfices provenant des marchandises qu'ils sont chargés de vendre.

Le métier de boucher est exclusivement réservé aux haratin ou aux nègres affranchis, aux fils d'esclaves.

Les forgerons et maçons sont exempts de corvées personnelles à la condition qu'ils travaillent gratis pour le Ksar.

Dans les Ksour où l'on fait paître le troupeau en commun, chaque maison fournit à tour de rôle le berger et est responsable des accidents survenus par la négligence de ce gardien.

On a souvent parlé de la dissolution des mœurs des Touatiens. Cet amour des plaisirs sensuels est réel, mais on ne le rencontre, en général, que dans la basse classe de la population ; les femmes des *djouad*, comme en tout pays musulman, restent enfermées chez elles et ne sortent jamais qu'accompagnées par leurs négresses ou des femmes d'haratin [1].

La licence des mœurs provient de l'oisiveté et surtout de la misère. Ce sont là les pourvoyeurs de la débauche dans un pays où la femme ne connait pas le mot pudeur, où regorgent les mendiants, où la hideuse famine fait, tous les ans, son apparition. Le patron doit aide et protection à son client hartani en échange de son dévouement et de son labeur, mais cette protection reste souvent illusoire et le bénéfice le plus clair en revient au seigneur. Puis, que l'hartani meure, sa femme, sa fille n'ont plus pour vivre que les aumônes toujours insuffisantes du maître. Elles courent alors les jardins et vivent de leurs charmes. Ce sont généralement des veuves ou orphelines d'haratin ou des négresses que leurs maîtres livrent à ce commerce pour en tirer profit.

« Tous les jours, nous dit le Commandant Colonieu,

---

[1] Parlant de la femme chez les Khenafsa, Palat dit qu'elle occupe chez eux une position supérieure à celle de ses sœurs d'Algérie. Elle ne se voile pas, prie parfois en public, peut causer librement avec les hommes et n'a pas de rivales officielles auprès de son mari. Mais si le Khanfoussi n'a qu'une épouse à la fois, en revanche il divorce facilement.

Palat cite encore le cas de la femme du Cheikh d'El Hadj Guelman, qui, au dire de celui-ci, grâce à son intelligence, commandait en son absence, *ouvrage cité*, p. 230.

» des jeunes femmes venaient mendier dans les tentes
» et savaient parler à voix basse ».

Dans ce pays, où les étés sont très chauds, le milieu du jour est généralement employé à dormir, pendant que les haratin et les nègres s'occupent de l'arrosage des jardins ou font la sieste sous les palmiers.

Au déclin du jour, tout le monde s'éveille ; « les
» femmes des riches montent sur des terrasses pour
» humer les premières bouffées fraîches du soir et
» travailler à leur tissage, pendant que celles des
» malheureux et les négresses préparent les aliments.

« Les hommes sortent et vont s'assurer du travail
» des serviteurs, on conduit dans les jardins les
» quelques chèvres ou brebis à poil ras (demman)
» que chaque famille possède pour se procurer le
» lait destiné à *affranchir les dattes*. Après le repas
» du soir, on se répand en foule dans les jardins
» pour y jouir de la douce température ; les joueurs
» de flûte se font entendre ; les chanteurs les
» accompagnent de la voix et en frappant de leurs
» mains en cadence ; les négresses et les enfants
» jouent et dansent : les hommes graves forment
» des *miad* où l'on cause des nouvelles du jour,
» des histoires passées, tout en fumant le tabac
» acheté dans les oasis au sud de Timmi. La pipe
» du fumeur passe de bouche en bouche, les
» groupes principaux se tiennent près des portes,
» l'entrée de ces portes est un long vestibule ouvert,

» garni de larges bancs en pierre où se tiennent
» des réunions et où couche toujours nombreuse
» compagnie.

« Comme on le voit la première partie de la
» nuit est toute au mouvement, à la joie, au
» plaisir, au travail; les serviteurs sont occupés
» dans les jardins à l'arrosage. Ce n'est qu'après
» le milieu de la nuit que les chants cessent peu
» à peu; chacun se dispose à dormir au frais; les
» riches et leurs femmes sur les terrasses, les
» nègres et haratin sur le sable, dans les jardins
» à portée de leurs travaux, le calme règne ensuite
» jusqu'à l'appel matinal du muezzin qui convoque
» à la prière. Les hommes prient avec une ferveur
» affectée, vont ensuite à leurs affaires, visiter
» leurs jardins, pendant que les femmes ont repris
» leurs travaux et que le déjeuner se prépare;
» après quoi chacun ira chercher le coin le plus
» frais pour la sieste » [1].

Telle est, en été, l'existence journalière des gens du Touat; elle ne varie guère du nord au sud, sauf dans certaines situations toutes locales et particulières.

En hiver, les Touatiens se confinent davantage chez eux, mais les hommes continuent à passer leur vie sur les places publiques ou dans les jardins, les femmes dans leurs intérieurs ou sur les terrasses.

Comme l'a dit Rohlfs, le Touatien est hospitalier.

---

[1] Colonieu, *Voyage au Gourara*, 1893, p. 73-74.

Dans toutes les oasis, l'étranger est assuré d'être hébergé pendant trois jours. Dans les principaux Ksour, il y a un tour établi parmi les familles aisées pour l'hébergement des hôtes.

L'ouakaf est chargé de prévenir celle dont le tour est arrivé de la venue des voyageurs et de la maison où ils sont installés. Aussitôt un nègre esclave est envoyé pour veiller à leurs besoins et leur apporter leur nourriture. Il ne les quitte que le troisième jour après le repas du soir.

Les hôtes sont divisés suivant leur état social en quatre catégories, qui prennent le nom du genre de nourriture qu'on leur offre.

Rohlfs signale la véritable passion qu'ont les Touatiens pour l'opium dont ils font une grande consommation [1]. Tous prisent et fument un tabac récolté dans leur pays.

Pour les Touatiens, comme pour les orientaux, la femme grasse est l'idéal de la beauté. Rohlfs, qui l'avait déjà constaté au Touat, en fit particulièrement l'observation à In Salah. « Il y a, nous dit-il, des femmes ou
» jeunes filles si grasses qu'à vingt ans, elles ne
» peuvent plus se lever ni se mouvoir.

» Naturellement ce phénomène ne s'observe que
» dans les classes les plus élevées et les plus riches,
» on engraisse les jeunes filles avec du lait et du
» beurre de chamelle et on les tient enfermées dans un

---

[1] Rohlfs, *Reise*, p. 153.

» étroit espace jusqu'à ce qu'elles aient atteint le degré
» voulu de graisse [1] ».

Dans le Gourara du Nord, le costume est en général le costume arabe, mais dépouillé de tout son luxe. Plus au Sud, hommes et femmes sont généralement vêtus d'étoffes de coton, quelquefois teintes en bleu. D'ailleurs la plupart des Touatiens sont généralement fort peu vêtus. Au Tidikelt, la majorité des habitants et particulièrement les Oulad ba Hammou, portent le costume des Touareg. Mais comme ils font usage du voile blanc au lieu du voile noir, on les appelle quelquefois Touareg blancs. Les Settaf d'Akabli ont seuls conservé le voile noir.

En ce qui concerne la chevelure, les uns, parmi les hommes, se rasent toute la tête, ne laissant, comme les Touareg, qu'une crête sur le sommet du crâne, allant du front à la nuque; d'autres ne se rasent qu'un seul côté [2]. Quant aux enfants on ne leur laisse généralement qu'une touffe de cheveux au-dessus de l'oreille droite.

Les Cheurfa portent un anneau d'or ou d'argent à une oreille.

Les nègres esclaves, les haratin sont généralement vêtus d'un pantalon et d'une gandoura (chemise) presque aussi courte qu'une blouse et serrée à la taille

---

[1] Rohlfs, Globus, 1893, p. 275.

[2] D'après Rohlfs, au Timmi personne ne porte la moustache. *Reise*, p. 142.

par une ceinture de cuir ; pour coiffure une chéchia graisseuse, rarement un haïk.

Chez les esclaves, ces habits sont en lambeaux et quelquefois à peine suffisants pour cacher leur nudité [1].

La mise des femmes seule offre quelques singularités.

« Elles ont ici, nous dit Palat, un vêtement presque
» élégant ; un haïk rayé de blanc, noué sous le menton
» et faisant une coiffure à la vierge, puis retombant en
» plis amples autour du corps, auquel il est lié par une
» cordelière en laine à gros glands de couleur ; quelques
» unes drapent même ce haïk derrière elles de façon
» à former ce que les françaises appellent une tournure.
» Ainsi vêtues de blanc, marchant lentement dans
» leurs jupes traînantes et faisant sauter à chaque pas
» les glands de leur cordelière, ces femmes à peau
» blanche et à grands yeux noirs avivés de Koheul
» ont un charme particulier [2] ».

Toutes portent comme les femmes indigènes d'Algérie des bracelets de pied et de main en corne, en bois, en étain, cuivre, argent et or, ainsi que d'immenses pendants d'oreilles fort lourds. Toutes également ont de fort belles chevelures dont elles prennent grand soin.

Les négresses portent en guise de robe un haïk de laine fendu sur les côtés jusqu'à la ceinture, retenu aux épaules par des agrafes et serré à la taille par une corde de laine, le soir elles remontent ce haïk au-dessus de la tête et s'en coiffent. Toutes portent des verroteries

[1] Palat, *ouvrage cité*, p. 233.
[2] Palat, *ouvrage cité*, p. 233.

blanches ou rouges, mêlées à des ornements de cuivre, des bracelets de faïence et de corne et des anneaux de pied en fer ou en cuivre.

A ces ornements, elles ajoutent des cauris, petits coquillages qui servent de monnaie au Soudan ; elles les assemblent, les cousent sur du cuir et se font ainsi des colliers.

Les négresses et les hartaniat sont toujours tête nue. Leur coiffure est formée d'un certain nombre de tresses retombant tout autour de la tête jusqu'à la naissance du cou ; sur le sommet de la tête les cheveux sont maintenus lisses. Pour se coiffer, elles laissent retomber tout naturellement leurs cheveux autour de la tête ; puis après les avoir peignés, elles se ceignent d'une corde destinée à séparer la partie qui doit rester lisse de celle qui doit être tressée. Ces tresses se terminent par des bouts d'ambre, de corail ou des cauris. Au dire du Commandant Colonieu, auquel nous empruntons ces renseignements, cette coiffure ne manque pas de grâce.

Les jeunes filles se distinguent en ce qu'elles n'attachent pas leur haïk sur l'épaule, mais sous l'aisselle gauche. L'épaule gauche reste nue [1].

La datte est la base de la nourriture de tout le Touat. Pour le riche comme pour le pauvre, pour le chérif comme pour le hartani, c'est le principal aliment. Les classes pauvres s'en nourrissent presque

---

[1] Le lieutenant-colonel de Colomb, *Notice citée*, p. 44, dit au contraire que c'est l'épaule droite.

exclusivement, mais comme cet aliment, quoique sain, est très échauffant presque tous les habitants un peu fortunés des oasis possèdent quelques chèvres, dont le lait rafraichissant est destiné, suivant leur expression, à *affranchir les dattes*.

Chez les plus riches, on mange, chaque jour, un couscouss généralement mal préparé, auquel on mélange, d'après Palat, des lentilles [1], et qui est toujours très épicé. La viande est rare ; on ne la mange presque jamais fraîche, mais le plus souvent salée et séchée au soleil. Elle est apportée d'ordinaire par les nomades qui y trouvent un élément de trafic. Au Tidikelt, d'après Rohlfs, ce sont les Touareg, qui se livrent à ce commerce. Au Gourara et au Touat, nos tribus algériennes importent chaque année de la viande ainsi préparée [2].

A cette alimentation, il faut ajouter quelques fruits et légumes cultivés dans les jardins. Nous en reparlerons plus loin à propos des cultures.

Mais, comme nous l'avons déjà montré, les produc-

---

[1] C'est la seule fois que nous ayons trouvé cette légumineuse mentionnée au Touat. Elle n'y est pas cultivée et n'a jamais été signalée comme article d'importation habituel. Palat a dû généraliser un fait isolé.

[2] Pour conserver la viande de bœuf ou de mouton, les indigènes la découpent en lanières étroites qu'ils font sécher au soleil sur des cordes. La viande préparée par ce procédé se dit *Kaddid* ou *hachim*. Les gens aisés la conservent, après l'avoir salée, dans un mélange d'huile et de graisse. Cette préparation prend, dans ce cas, le nom de *Khelia*.

tions du sol sont insuffisantes dans tout le Touat pour nourrir les habitants de ce pays. Les quelques céréales qu'ils cultivent, en plus de celles qui sont importées, ne profitent qu'aux riches, et les plus pauvres doivent se contenter de dattes et de plantes comestibles qui croissent naturellement dans la contrée. Aussi le pays regorge-t-il de mendiants et lorsqu'une caravane du nord arrive dans une oasis quelconque du Touat, elle est littéralement assaillie par des vieillards mourant de faim, de chétifs enfants criant misère, des femmes demi-nues tendant la main ; tous sont des haratin. C'est qu'il leur est difficile de vivre sur un sol qui ne leur appartient pas et dont ils ne récoltent pour eux que le cinquième des produits obtenus par leur labeur.

Il est enfin à noter que dans la vie commune tout le monde au Touat fait usage de la division de l'année en mois solaires, et non en mois lunaires qui ne sont employés que par les gens instruits, principalement dans la correspondance. Ils disent : Jenouaïr, Fefraïr, Mars, Abril, Maio, Jounio, Joulio, Roust, Stember, Ktobr, Nvembr et Dsembr. Cet usage se retrouve d'ailleurs depuis l'oued Draa jusqu'au Fezzan : il a été imposé par le retour, à période fixe, des cultures [1].

---

[1] Rohlfs, *Reise*, p. 194. — de Foucauld, *Reconnaissance au Maroc*, p. 169.

C'est là évidemment, comme le fait observer Rohlfs, un reste de l'ancienne domination chrétienne dans le nord de l'Afrique. C'est, en

Climat. — Maladies

Le climat du Touat participe de celui de tout le Sahara. Il est donc des plus chauds et la température, extrêmement élevée pendant le jour, doit baisser d'une façon très sensible après le coucher du soleil.

D'après les tableaux annexés par M. Thévenet à son *Essai de climatologie algérienne*, la température maxima du Touat serait en janvier de + 15° et en juillet de + 40°, la température minima serait en janvier de 0° et en juillet de + 24°, mais ce ne sont là que des déductions tirées des observations faites dans nos postes du Sud.

On peut cependant se rendre compte de leur exactitude relative en les comparant aux indications que Rohlfs nous a rapportées de son voyage dans ces contrées.

Le 14 août 1864, en effet, se trouvant à Brinkan, l'explorateur allemand a constaté que son thermomètre, placé dans une chambre, marquait + 36°, et le lendemain + 38° à une heure et demie de l'après-midi. Le 20 août à Adr'ar, du Timmi, le thermomètre indiquait à 1 h. 1/2 de l'après midi + 42° à l'ombre ; le 25 août, avant le lever du

---

effet, l'année julienne qui est employée : lors du séjour du voyageur allemand à In Salah, les habitants se disaient en Septembre quand en réalité on était déjà en Octobre.

soleil + 23°, et l'après-midi à l'ombre + 37°. Le 9 septembre, à Meharza (Sali), le thermomètre exposé dehors la nuit, marquait, avant le lever du soleil, + 25°. A Ksar el Arab (In Salah), le 5 octobre, le thermomètre placé dehors, la nuit, marquait, avant le lever du soleil, le matin, + 24°; l'après-midi, suspendu dans la chambre, + 30°.

Rohlfs fait, en outre, remarquer que toutes ces observations ont été faites dans des chambres complétement ouvertes qui laissaient pénétrer l'air extérieur.

La grande chaleur diminue peu à peu, nous apprend-il encore, et, vers le mois de Novembre, on entre dans une saison relativement fraîche. Il fait même assez froid dans la partie nord du Touat. En janvier 1886, Palat, alors à Semmota (El Djereïfat), se voyait dans la nécessité de se vêtir plus chaudement pour supporter la basse température [1] qu'il faisait à cette époque.

Il pleut rarement au Touat. Duveyrier parle de sécheresses de vingt cinq ans [2], c'est là un fait peut-être exagéré pour le nord du Gourara où les pluies d'hiver sont suffisantes au dire de Deporter pour rendre boueux le fond de la Sebkha du Gourara;

---

[1] Palat, *ouvrage cité*, p. 314.

[2] *Touareg du nord*, p. 295. Ailleurs (p. 373), Duveyrier réduit les périodes de sécheresse à 12 ans.

Cependant Rohlfs a écrit (Globus, *article cité*, p. 275) « Si les » habitants du Touat tout entier prétendent que la pluie ne tomba » jamais chez eux, il ne faut pourtant ajouter foi à ce qu'ils racontent « qu'avec une grande réserve. »

mais déjà, au Timmi, on peut en constater l'exactitude, car le sol de la Sebkha de cette région reste toujours desséché, d'après Rohlfs, la pluie n'y venant jamais apporter son tribut d'humidité.

L'existence, dans une atmosphère aussi sèche, devrait être à l'abri des maladies infectieuses qui rendent certaines régions presque inhabitables surtout pour l'Européen. Il semble en être ainsi à In Salah, au Touat proprement dit, où probablement le vent du désert, que rien n'arrête, peut circuler librement sous les palmiers et chasser les miasmes. Mais la situation est différente au Gourara et particulièrement dans l'Aouguerout, à Deldoun, à El Metarfa (Der'amcha), aux Oulad Saïd, à Timimoun et à Tabelkoza (Tin Erkouk). Là, évidemment les oasis sont plus abritées, l'air circule moins facilement, l'eau séjourne plus volontiers dans des bas-fonds d'un sol peu déclive, chargé de matières organiques, et, perméable, sans doute, à la surface seulement. Aussi la fièvre paludéenne, le *them* des oasis du Sud algérien, l'*ikroudh* des gourariens, sévit-elle quelquefois très fortement dans cette partie du Touat, détruisant même, certaines années, au dire du capitaine Coÿne, tous les habitants d'un Ksar [1].

Par contre, chez les habitants du Touat proprement dit et du Tidikelt qui comme les Touareg s'habillent plutôt de cotonnades que de laine, les affections de

---

[1] Coÿne, *Une ghazzia dans le grand Sahara*, p. 40.

poitrine et la phtisie sont fréquentes [1]. Pour les mêmes causes, le rhumatisme est une infirmité presque générale [2]. Ces maladies sont la conséquence des refroidissements occasionnés par les différences de température auxquelles ils sont exposés en été. En effet, à cette époque de l'année, la température du jour se maintient toujours dans les environs de + 40° à l'ombre, tandis que les nuits sont fraîches.

D'ailleurs Rohlfs a constaté que les affections de toute nature étaient nombreuses dans toute la partie du Touat qu'il a parcourue. Si on n'y voit pas autant de maladies d'yeux que dans les oasis du Tafilalet et de l'oued Draa, cela tient, nous apprend-il, à ce que les habitants ont l'habitude de se laver. Cependant d'après des renseignements récents, les gens du Touat utiliseraient pour guérir les maux d'yeux, la *thomela*, minéral dont on trouve des gisements dans leur pays. La même substance servirait encore à soigner les maux de gorge.

Comme nous l'avons déjà vu, les maladies provenant de l'estomac sont, au dire du même voyageur, inconnues dans un pays où presque tous vivent de privations. Ils possèderaient toutefois, suivant de nouvelles informations, un remède contre les maux d'estomac. C'est l'*ouankal* ou *menkel*, autre minéral propre à la contrée, qu'ils absorberaient dans ce

---

[1] Rohlfs, *Reise*, p. 168.
[2] Schirmer, *le Sahara*, p. 261.

cas, après en avoir délayé une petite quantité dans l'eau.

Contrairement à l'affirmation de Rohlfs qui prétend que les maladies vénériennes n'existent pas au Touat, on en rencontre comme partout ailleurs. C'est ainsi que pour combattre les accidents externes de la syphilis les Touatiens font usage de la *thomela* [1]. Enfin d'après Daumas, les *tobba* (médecins) du Touat seraient très renommés ; ils auraient des remèdes contre toutes les maladies et sauraient même atténuer les effets de la petite vérole en pratiquant l'inoculation du virus par une incision entre le pouce et le premier doigt [2].

---

[1] Bissuel, *Le Sahara français*, p. 32.
[2] Daumas, *Le Grand Désert*, p. 84.

CHAPITRE QUATRIÈME.

Productions du Touat.

§ I. Productions minérales [1].

Nous résumerons, dans ce court exposé des productions minérales du bassin de l'oued Saoura et des régions qui le limitent, nos connaissances acquises à ce jour, en nous servant des documents rapportés ou des faits signalés par les explorateurs, des renseignements dus aux indigènes et de quelques observations personnelles [2].

---

[1] C'est au savant et obligeant concours de M. G. B. M. Flamand, chargé de conférences à l'École supérieure des sciences d'Alger, qu'est due l'étude que nous insérons ici sur les productions minérales du Touat. Son récent voyage au Tin Erkouk et dans le Meguiden, ses études antérieures, ses travaux personnels le désignaient tout spécialement pour traiter avec toute l'autorité voulue cette importante question. Pour compléter ces données, M. Flamand a bien voulu rédiger un mémoire spécial, placé en appendice à la fin de ce volume, où il a exposé, en un aperçu général, nos connaissances géologiques actuelles sur le Touat et les régions limitrophes.

[2] Voir les notes bibliographiques ([2]), ([3]) et ([4]) de l'*Aperçu général sur la géologie de l'Archipel touatien et des régions limitrophes* (Appendice).

Nous traiterons des espèces minérales dans l'ordre suivant : métalloïdes, métaux (par famille), silice et silicates, en indiquant, au fur et à mesure, les applications locales.

MÉTALLOÏDES.

COMBUSTIBLES MINÉRAUX (MINÉRAUX DU CARBONE).

Diamant. — Il est bien peu probable que cette gemme existe dans l'archipel touatien ; néanmoins nous citerons à ce propos, au simple titre de document curieux, les dires de *Cid-el-Hadj-Abd-el-Kader-ben-Abou-Bekr-et-Touati*, qui avait été chargé par M. le capitaine *Bou-Senna* (Boissonnet) de recueillir des renseignements sur le Touat et qui avait reçu de cet officier des instructions à cet effet [1] : « Quant aux
» diamants, j'en ai trouvé dans notre pays au milieu
» de certaines pierres noires. Il nous a été impossible
» d'en prendre des fragments parce que les pierres
» qui les contiennent sont d'une dureté telle qu'on
» ne peut les casser avec un outil de fer et que même
» elles cassent le fer. Ces diamants qui croissent
» dans le cœur des pierres se présentent sous la
» forme de grains de grenade ; ils sont excessi-
» vement pesants et brillent comme le verre de

---

[1] Abbé Bargès, *Le Sahara et le Soudan*. Documents historiques et géographiques, recueillis par le *Cid - el - Hadj - Abd - el - Kader - ben - Abou - behr - et - Touati*, traduits de l'arabe, in Revue de l'Orient (Bull. Soc. orientale de France), février 1853, p. 12.

» Pharaon, reflétant une couleur qui tient du blanc
» et du bleu ». Et le même indigène ajoute plus
loin [1]: « pour ce qui est des pierres noires qui
» contiennent les diamants, on en trouve entre
» Ouellen et Agably ».

Agably, c'est Akabli, au S.-O. d'In Salah.
Ouellen (Ouallen) est dans la partie N.-O. de
l'Adrar Ahenet.

Charbons fossiles. — Houille. — Nous indiquerons
dans un paragraphe suivant[2], à propos de l'extension
des terrains carbonifères[3] dans le Sahara occidental,
les conditions de possibilité de l'existence des terrains
houillers d'une part vers la vaste région des dunes
d'Iguidi, à l'ouest et au nord-ouest de la rive droite de
l'oued Saoura, et d'autre part bien au delà dans le
Sahara sud-oriental, dans la région d'Eguélé[4]. Nous
avons cité, en même temps, l'opinion émise par
M. J. Bergeron[5], à propos du terrain houiller dans
son exposé des résultats géologiques des missions de

---

[1] Abbès Bargès, *Loc. cit.*, p. 13.

[2] Appendice : Aperçu général sur la géologie, etc.

[3] O. Lenz, *Tombouctou*, traduction Lehautcourt, 1886, t. I et II.
Beyrich, *Bericht über die von Owerweg auf der Reise von Tripoli
nach Murzuk und von Murzuk nach Ghat gefundene Versteinerungen*
(Zeitschrift der deutschen geologischen Gesellschaft, 1852).
G. Stache, *Verhand. d. K. K. Akad. der Wissensch.*, Wien,
juin 1882.

[4] F. Foureau, *Ma mission chez les Touareg Azdjer*, 1894, p. 236
et suiv.

[5] J. Bergeron, *Résultats des voyages de M. Foureau au point de vue*

M. Foureau. Ce sont là les derniers faits précis que nous puissions indiquer sur cette question; à ce jour, il n'y a donc pas *dans le Sahara* de gisement *reconnu* du terrain houiller proprement dit, de *houille vraie*[1].

Lignite et produits charbonneux. — Nous citerons pour mémoire les dépôts étagés à différents niveaux, sous une faible épaisseur et de peu d'étendue, qui se montrent interstratifiés dans les assises limono-salines à coquilles d'eaux douces ou saumâtres de certaines sebkhas, telles que celles que nous signalons[2] entre Hassi el Azz et Hassi el Meharzi, dans l'oued Rekama et à Hassi Aïcha, dans de nombreux points de l'Erg,

de la géologie et de l'hydrologie de la région méridionale du Sahara algérien, in Mémoires de la Soc. des Ing. civils de France, janv. 1897.

[1] En 1854, un indigène El Hadj Mohammed ben Ahmed el Ouazzani, qui avait déjà fait pour son compte le voyage de Tin Bouktou à différentes reprises, était chargé d'une mission dans le sud en vue de lier des relations avec ces régions et de préparer les moyens d'expédier plus tard des caravanes dans ces contrées pour y faire du commerce. Il revint à Alger le 12 août, prétendant avoir poussé jusqu'à Tin Bouktou, et rapportant un échantillon de houille, soi-disant trouvé dans les environs d'In Salah. (Archives du Gouvernement Général de l'Algérie). Suivant le capitaine de Polignac, qui a rapporté les mêmes faits (*Résultats obtenus jusqu'à ce jour par les explorations pour pénétrer dans le Soudan,* avril 1862, p. 4), le morceau de houille présenté par cet indigène comme provenant d'une *mine du Touat* avait été pris au Maroc. « Sa fable, ajoute-t-il, » fut découverte ».

[2] G. B. M. Flamand, *De l'Oranie au Gourara* in Algérie nouvelle. Alger 1896-97.

Le même, *Note sur la géologie du Sahara Nord-Occidental.* Bull. Soc. géol. de France 1896, t. XXIV, pag. 891.

au nord-est du Gourara (Tin Erkouk). Ces dépôts se montrent formés de débris charbonneux noirs avec fragments très menus de végétaux (roseaux) transformés en lignite, le tout mélangé de calcaire pulvérulent sali; cette formation incohérente, très restreinte, ne saurait être utilisée.

SOUFRE.

Soufre natif. — Non loin du Touat, le soufre natif a été signalé par M. G. Rolland dans la région orientale du Tadmaït (bassin de l'oued Ir'arr'ar), dans le bas oued Mia, à 50 kil. en aval d'Hassi In Ifel, dans la *daïa Kebrit* [1]. Ce soufre prend naissance par suite de la décomposition des gypses des atterrissements quaternaires par des produits organiques (excréments) sous l'influence de la chaleur et de l'humidité. C'est là un type de gisement du soufre assez fréquent dans le Sahara et sur les Hauts Plateaux [2]. Ces gisements sont peu importants. Les indigènes les utilisent sur place pour traiter les maladies de peaux (la gale) des chameaux.

---

[1] G. Rolland, *Géologie et hydrologie du Sahara algérien et aperçu géologique sur le Sahara de l'Océan Atlantique à la mer Rouge*, 1890, p. 173. Notons incidemment que le mot arabe *kebrit* signifie soufre.

[2] Tel le gisement assez abondant qui se trouve, dans des conditions identiques, très connu des indigènes, au lieu dit El Kebritia (la soufrière), dans le Chott R'arbi, un peu à l'ouest de la route d'Oglat Nadja à El Aricha.

Dans les ravinements du nord-ouest du Tadmaït même, vers l'oued Aflissez, on nous a signalé [1] plusieurs gisements de soufre natif en rapport avec des dépôts gypseux, mais il a été impossible de faire préciser si ce soufre était en relation avec des dépôts limono-gypseux quaternaires des dépressions comme à Daïa Kebrit, ou bien s'il se trouvait au milieu de bancs de gypse fibreux bien en place, interstratifiés dans les marnes cénomaniennes. En 1893, M. le capitaine Lamy remettait à M. l'ingénieur Jacob des échantillons de soufre provenant de Daïa Kebrit, déjà indiqué. Ce soufre a donné à l'analyse [2] :

Sulfates (évalués en sulfate de chaux)......	1.442.
Soufre total.................................	59.29.
Soit en soufre libre.........................	53.96 %

D'une manière générale, il semble que la plus grande quantité du soufre, utilisé par les gens de l'archipel touatien pour la fabrication de la poudre, vient du nord [3] apportée par les caravanes, c'est-à-dire du Maroc et aussi de l'Algérie ; car, malgré les entraves mises au commerce de cette matière dans la colonie par la législation en vigueur, nos tribus de l'ouest et de l'est se livrent au commerce clan-

---

[1] Les indigènes Si M'hammed ben Hamza de Tiberr'amin et Si Mohammed ben Cheikh, le chef du Makhzen d'El Abiod Sidi Cheikh.

[2] *Note sur un gisement de soufre dans l'oued Mia*, in Rapport de mission de M. l'ingénieur Jacob, juin 1893.

[3] De Colomb, *Notice sur les oasis du Sahara et les routes qui y conduisent*, p. 42.

destin du soufre. Il s'échange contre les produits du pays sur la plupart des marchés des nombreux Ksour du Gourara et du Touat. On peut citer, entre autres, les ksour des districts de Timimoun [1], des Oulad Saïd [2] et de Tsabit au Gourara, ceux du Timmi au Touat.

MÉTAUX.

OR.

Or. — On indique depuis fort longtemps l'or comme un produit d'échange rapporté par nos caravanes [3] revenant du Gourara, du Touat ou du Tidikelt. Cet or n'est point extrait du sol de ces contrées, il provient des régions soudaniennes [4] où son plus important marché est Araouan [5] dans l'Azaouad et Tin Bouktou.

C'est à l'état de poudre d'or [6], de pépites, de lingots,

---

[1] Commandant Deporter, *Extrême sud de l'Algérie*, 1890, p. 127.

[2] Commandant. Deporter, *Loc. cit.*, p. 133.

[3] Dr A. Maurin, *Les caravanes françaises au Soudan.* Relation de voyage d'Ali ben Merin, 1863, p. 27.

[4] « Le commerce rapporte du Soudan de l'or en poudre (*teber*), » de l'or en lingot ». De Colomb, *Notice sur les oasis du Sahara et les routes qui y conduisent*, p. 42.

« Les Touareg apportent à In Salah de la poudre d'or » Daumas, *Le Sahara algérien*, p. 295.

[5] Barth, *Voyages et découvertes dans l'Afrique septentrionale et centrale.* Trad. Ithier, t. IV.

[6] Abbé Bargès, *Tlemcen*, 1859, p. 206.

E. de la Primaudaie, *Le commerce et la navigation de l'Algérie avant la conquête française*, in Revue algérienne et coloniale, t. III, p. 820.

voire d'or ouvré, que ce métal est importé par les grandes caravanes (*Akabar*) et qu'il se répand des principaux marchés de Ksar Abenkour et de Ksar Touki, du district de Bou Faddi (Touat) [1], dans toutes les autres oasis, où l'échangent les indigènes de nos tribus [2].

Les Touatiens connaissaient la poudre d'or qui était apportée chez eux par les Soudaniens depuis les temps les plus anciens [3]; il est donc bien probable que si le

---

[1] Commandant Deporter, *Loc. cit.*, p. 181.

[2] Les principaux Ksour ou districts où se fait l'échange de l'or — poudre, pépites et lingots — sont, d'après le commandant Deporter (*Loc. cit.*):

Au Gourara:
Le district des Oulad Saïd, p. 133.
Timimoun (district du même nom), p. 127.
Brinkan (district de Tsabit), p. 157, un des principaux centres d'échange.
Au Touat:
Le district de Timmi, p. 171.
Celui de Bou Faddi, p. 181.
Celui de Sali, p. 203.
Titaf (district de Tamest), p. 192.
Timadanin (district de Reggan), p. 207, marché important.
Au Tidikelt:
Ksar El Arab (district d'In Salah), p. 231.

[3] Ibn Khaldoun (*Hist. des Berbères*, trad. de Slane, t. II, p. 113) parle de quatre-vingts charges de poudre d'or emportées par le souverain soudanais Mansa Moussa dans son pélerinage. El. Oufrani, dans le *Nozhet el Hadi* (trad. Houdas, p. 167), nous apprend qu'à la suite de la conquête du Soudan par les Marocains, le sultan du Maghreb, Moulai Ahmed el Mansour, reçut tant de poudre d'or qu'il ne payait plus ses fonctionnaires qu'en métal pur et en dinars de bons poids. Cette surabondance du métal précieux fit donner au souverain marocain le surnom de *ed Dehebi*, le doré.

Touat contenait des gisements aurifères, ils seraient, au moins partiellement, mis en valeur, depuis longtemps, ou tout au moins seraient connus.

FER.

Fer natif. — Le fer natif a été signalé depuis longtemps sous forme de *fer météorique* au Ksar de Tamentit[1]. « On y voit devant la grande mosquée
» une pierre grise qui est, dit-on, tombée du ciel ; elle
» est tellement dure que ni le fer ni l'acier ne peuvent
» l'entamer, tellement lourde qu'il n'y a pas de force
» humaine capable de la faire mouvoir ».

En 1864, lors de son voyage aux Ksour de l'oued Saoura, G. Rohlfs put voir cette météorite. Voici la description qu'il en donne : « Mais ce que les indigènes
» (de Tamentit) vantent comme étant pour eux la chose
» la plus remarquable, c'est une pierre noire qu'ils
» disent être tombée du ciel et qui est placée dans la
» cour de la Kasba. D'après eux, cette pierre, d'abord
» en argent, s'est transformée en fer. Je l'ai vue, mais
» je n'ai pu l'examiner de près : il me fut défendu de
» la toucher. Son diamètre est d'environ un demi-mètre,
» extérieurement noire et comme marquée par de
» nombreuses empreintes de doigts ; il n'y pas de doute
» que nous ayons là une simple pierre météorite [2] ».

[1] De Colomb, *Loc. cit.*, 1860, p. 19.
[2] G. Rohlfs, « *Tuat* » in Globus, 1893, n° 17, p. 277.
Le même, *Reise durch Marokko*, etc., p. 145.

Les nombreuses empreintes de doigts, dont parle G. Rohlfs, sont les *cupules* dues à l'action de l'air (pression) pendant le temps du passage de la météorite au travers de l'atmosphère terrestre.

Fer sulfuré (Fe S²). — *Pyrite cubique.* — *Marcasite (Pyrite blanche).* — Nous avons constaté la présence de petits cristaux de pyrite de fer cubique : cubes, dodécaèdres pentagonaux, disséminés, ainsi que quelques petits nodules ferrugineux pouvant appartenir à de la marcasite altérée, dans les parties calcaréo-marneuses des calcaires crétacés cénomaniens de la terrasse supérieure du Tadmaït, au sud de la gara Kerboub, flanc nord de la gara El Feïdj : il se pourrait que des gisements un peu importants de ces espèces minérales existassent plus au sud, vers le bas Gourara et le Touat moyen. Nous reviendrons sur ce sujet à propos de la *thomela*, produit minéral employé pour la teinture par les indigènes du Touat.

Les oxydes du fer. — La présence de simples *produits* ferrugineux a été indiquée par plusieurs voyageurs au sud (Tidikelt) du plateau du Tadmaït : Soleillet, dans son itinéraire d'El Goléa à In Salah, cite dans sa descente sur le Ksar de Méliana une hammada « appelée El Chaab (terrain raviné), remplie » de pierres rougeâtres qui paraissent être du fer »[1] et M. F. Foureau signale également dans son raid d'Hassi

---

[1] P. Soleillet, *L'Afrique occidentale, Algérie, Mzab, Tidikelt*, avec une carte, 1877, p. 250 (journée du 5 mars).

El Mongar, sur le versant sud du Tadmaït (septième journée), les grès ferrugineux à sphéroïdes [1]. Or, nous parlerons plus loin [2] de l'extension de ces grès à sphéroïdes, qui, par place, présentent souvent une concentration telle de produits ferrugineux, quelquefois aussi d'oxyde de manganèse, qu'ils constituent de véritables minerais. Mais ce ne sont là que des accidents ordinairement assez peu développés au moins dans les régions où il a été donné de les étudier : Atlas algérien et Meguiden. En résumé, on ne connaît dans ces contrées, à ce jour, aucun gisement de minerai de fer exploitable. Au sud-est, dans le Tassili, et au sud dans l'Ahaggar, Ismaël bou Derba [3] et Henri Duveyrier [4] ont signalé le minerai de fer « en » massifs plus ou moins considérables ».

---

[1] F. Foureau, *Notes sur la route d'El Goléa à Hassi El Mongar*, 1893, p. 15.

Le même, *Rapport sur ma mission au Sahara*, octobre 1893, mars 1894, p. 34.

[2] In Appendice : Aperçu général sur la géologie, etc.

[3] Ismaël bou Derba. — « Touskirine (vallée d'Issaoui)..... » au-dessus apparaît un filon de carbonate de fer dont l'épaisseur » varie de 5 à 10 mètres, à une inclinaison de 35° S.-E. Il est » encaissé dans des grès auxquels il communique sa teinte noire ». *Voyage à R'at* (août-décembre 1858), in Revue algérienne et coloniale, décembre 1859, p. 270.

[4] H. Duveyrier, *Touareg du nord*, p. 142. « J'ai constaté la » présence du fer en plusieurs endroits : notamment à Azel-en-» Bangou, dans les environs du mont Télout, sur le rebord nord » du Tassili, dans le ravin d'In Akhkh, autour des puits artésiens » d'Ihanaren, dans la vallée d'Ouararet. Les renseignements des » indigènes signalent aussi ce minerai sur d'autres points du Tassili » et du Ahaggar ».

Ocres. — La mine d'alun d'In Has, située dans le reg d'Adjemor, au delà de Tiounr'ir'in, à 70 kilom. au sud de Foggaret ez Zoua (Tidikelt), et dont il sera parlé plus loin, serait, d'après le lieutenant-colonel Flatters [1], accompagnée de mines d'ocre rouge et jaune, dans des dépressions entourées de gour.

D'autre part, Si M'hammed ben Hamza, de Tiberr'amin (Aouguerout), le même indigène qui, tout jeune, accompagnait déjà M. le Dr P. Marès dans son voyage d'exploration du Sahara oranais, auquel nous montrions un faible affleurement d'une poche d'*argile ocreuse* jaune clair, très homogène, de l'oued R'arbi (entre Hassi bel Maḥi et Bou Aroua), nous affirma qu'il en existait de semblables en certains ravins venus du Tadmaït, dans la région de l'Aouguerout, et également dans le district de Timimoun. On sait que les Touareg emploient cette substance pour la teinture et pour les soins hygiéniques de la peau [2].

L'industrie du fer paraît limitée chez les Touatiens ; elle se borne au travail des taillandiers et des forgerons, à la production d'outils [3]. La plus grande partie de la matière première — fer ou acier, ainsi que des produits manufacturés — outils, fil de fer, etc. —

---

[1] Lieutenant-colonel Flatters, *Documents relatifs à la mission dirigée au sud de l'Algérie*, 2ᵉ mission, p. 309.

[2] H. Duveyrier, *Touareg du Nord*, p. 146.

[3] De Colomb, *Loc. cit.*, 1860, p. 41.

vient du nord, du Maroc [1] par le Tafilalet et de l'Algérie [2] — Sud oranais et Mzab (Chaanba), — par les caravanes de nos tribus [3] de l'ouest et de l'est [4].

MANGANÈSE.

Manganèse. — Nous ne pouvons que signaler les concentrations restreintes d'oxyde de manganèse qui, par place, se rencontrent, accompagnant les produits ferrugineux dans les grés néocomiens.

Nous citerons également les *enduits* d'oxyde de manganèse qui recouvrent, par place, les éléments calcaires et gréseux des poudingues de hammadas de divers niveaux et qui sont assez généralement répandus du nord au sud — à Hassi bel Mahi (oued R'arbi), à la gara Oum Ed Dhar (zone d'épandage) et jusque sous les masses de sables de l'Erg.

Au Tadmaït, en certains points, les calcaires crétacés du sommet se montrent noircis par de faibles enduits et dentrites d'oxyde de manganèse.

[1] Commandant Deporter, *Loc. cit.*, 1860.
Brinkan. — (District de Tsabit, Gourara) reçoit le fer, etc.... du Maroc, p. 157.
District de Bouda (Touat), p. 167.
District de Timmi (Touat) reçoit le fer du Tafilalet, p. 171.
District de Tamentit (Touat), p. 179.
District d'Aoulef (Tidikelt), p. 215.
District d'In Salah (Tidikelt), p. 232, etc.

[2] Daumas et de Chancel, *Le Grand Désert*, nouv. édit., p. 53.

[3] Commandant Deporter, *Loc. cit.*, 1890. Au Gourara, sur les marchés du district de Timimoun, p. 127, sur ceux des Oulad Saïd, p. 133.

[4] Duveyrier (*Touareg du nord*, p. 142), indique également que tout le fer employé par les Touareg leur est apporté par le commerce.

CUIVRE. — PLOMB. — ÉTAIN.

On ne connaît point de minerais de ces métaux dans le bassin de l'oued Saoura. Seuls, les grès de la vallée de Meguiden montrent, dans quelques-uns des ravinements qui les entaillent — ouest de la gara Kerboub, du Baten au Hassi Targui (direction nord-sud) —, quelques couches argilo-gréseuses avec des taches vertes et noires semblables aux « mouches » de malachite et d'oxyde de cuivre, si fréquentes dans les formations gréseuses des montagnes des Ksour [1].

Le cuivre, le plomb, l'étain, dans l'archipel touatien, presque tous de provenance européenne, font l'objet, soit bruts, soit ouvrés, d'échanges pour les caravanes venues du nord, particulièrement du Maroc par le Tafilalet [2].

Antimoine. — L'usage du sulfure d'antimoine (Stibine, $Sb^2 S^3$) pour l'hygiène et la parure des

---

[1] Touidjin (N.-E. de Tazina) — Aïn Tessela et Tiourtelt (N.-E. du Djebel Djara) — Aïn Tiloula (N. de Tiout), flanc sud du Djebel Aïssa (Aïn Sefra) — ce dernier point, avec Tiourtelt, (*), avait donné lieu à un commencement très sérieux de recherches.

[2] Commandant Deporter, *Loc. cit.*, 1890, principaux marchés du cuivre, du plomb et de l'étain :

Tsabit (Gourara)	p. 157.
Bouda (Touat)	p. 167.
Timmi (Touat)	p. 171.
Tamentit (Touat)	p. 179.
Aoulef (Tidikelt)	p. 215.

(*) J. Pouyanne, *Notice minéralogique*, 1889, p. 29.

yeux est très répandu dans toutes les oasis. On le désigne sous le nom de *Koheul*, mais « *Koheul* en
» arabe signifie tout ce qui *noircit*, donc, sous ce
» nom, on emploie indistinctement ou le sulfure de
» plomb ou le sulfure d'antimoine, suivant la facilité
» de se le procurer [1] ». Nous ajouterons que des indigènes nous ont quelquefois également désigné sous cette même appellation des poudres minérales composées d'oxyde de manganèse [2] ou d'oxyde de cuivre [3]. Il est donc très difficile d'obtenir par les indigènes des renseignements précis s'ils ne sont porteurs d'échantillons.

Nos nomades du sud oranais rapportent quelquefois du *Koheul*, au retour de leurs caravanes annuelles, mais on n'a point indiqué la nature de ce produit et, pour Duveyrier, le *Koheul* (sulfure d'antimoine), qui se vend à Timimoun et que l'on trouve sur les marchés du Mzab, est de provenance marocaine [4]. De Colomb l'indique aussi, dans le Touat, comme un produit venu du nord [5]. Cependant le général Daumas [6] signale

---

[1] Duveyrier, *Touareg du nord*, p. 142.

[2] Poudre minérale d'oxyde de manganèse prise sur place à Hassi el Hadri et à Kheneg Azir, près de Géryville.

[3] Recueillie à Gara Touidjin, au N.-E. de Tazina (cercle de Géryville).

[4] H. Duveyrier, *Coup d'œil sur le pays des Beni Mzab et sur celui des Chaanba occidentaux* (avec une carte), in Bull. Soc. Géog. de Paris, 1859, p. 234.

[5] De Colomb, *Op. cit.* pl. 42, 1860, p. 42.

[6] Daumas, *Le Sahara algérien*, 1845, p. 285.

le sulfure d'antimoine [1], que rapportent les Chaanba, comme tiré *des mines du Touat*.

D'autre part, une faible quantité de ce produit pourrait peut-être provenir du gisement d'El Barakat [2], près de R'at.

MAGNÉSIUM.

Chlorure de magnésium ($MgCl^2$) et *Sulfate de magnésie* ($SO^4 Mg$). — Les chlorures et sulfates de magnésie se rencontrent, en plus ou moins grande proportion, dans presque tous les dépôts limonosalins des sebkhas, accompagnant le sel gemme (sel vivant) et le gypse (sulfate de chaux). Il en est du moins ainsi pour les dépôts des chotts et des sebkhas du nord. On peut donc penser qu'ils doivent se rencontrer aussi dans les vastes bas-fonds salins qui se montrent, si nombreux et si étendus, tout au long du développement des oasis, du Tin Erkouk au Reggan et à l'est dans le Tidikelt.

Carbonate de magnésie [$(CO^3)^2 Mg.Ca$]. — Le carbonate de magnésie, associé en proportions variables au carbonate de chaux, formant les « *dolomies* » ($(CO^3)^2$ Mg. Ca.) et les calcaires dolomitiques, constitue des assises épaisses dans la puissante formation des

---

[1] En tamahak, le nom du sulfure d'antimoine est *tazoult*. Or, dans le district de Zaouiet Kounta, de Colomb, (*Op. cit.* p. 22) cite un Ksar du nom de Tazoul (ou Tazoult, d'après Deporter, *Op. cit.* p. 196) qui est bâti *dans* un petit mamelon de roches noires et habité par une malheureuse population d'haratin.

[2] Duveyrier, *Touareg du nord*, p. 142.

calcaires crétacés (turoniens) du plateau du Tadmaït ; ces dolomies se montrent en masses cristallines à éclat nacré — rosé, à la gara El Feïdj et à la gara Kerboub.

ALUMINIUM.

Alun[1], $3 (SO^3) Al^2 O^3 + SO^3 K^2O + 24 H^2O$. *(Sulfate double d'alumine et de potasse).* — Ce minéral impur est abondant dans le Gourara, le Touat et le Tidikelt ; très employé pour la teinture dans les Ksour mêmes, il fait aussi l'objet d'un commerce assez considérable avec le nord[2]. Duveyrier signalait déjà sa présence sur les marchés du Mzab et son origine, en 1857[3] : « l'alun vient du pays de » Tamentit, on le recueille sans avoir à payer de droit. » C'est l'article le moins cher, une charge de » chameau ne valant que 20 à 30 francs » ; puis, plus tard, Soleillet[4] faisait, au sujet d'El Goléa et de Metlili, les mêmes remarques : « le Touat envoie au » Mzab une grande partie de ses produits tels que : » henné, salpêtre, alun..... ». On sait, d'autre part,

---

[1] Voir plus loin la note au sujet des Pierres précieuses.

[2] De Colomb, *Op. cit.*, p. 42.

Le Châtelier, *Description de l'oasis d'In Salah*, in Bull. de correspondance africaine, publication de l'Ecole des Lettres d'Alger, 1885, p. 452.

[3] Duveyrier, *Coup d'œil sur le pays des Beni Mzab et sur celui des Chaanba occidentaux* (avec 1 carte), in Bull. Soc. Géog. Paris, octobre 1857, p. 234.

[4] P. Soleillet, *Voyage d'Alger à l'oasis d'In Salah*. Alger, 1874, pp. 121, 126, 130.

que l'alun vendu à In Salah, très abondant, provient de deux gîtes miniers du nord du Mouidir, que Duveyrier nous signale : le premier est situé sur l'oued Tetch-Oûlli, affluent de l'oued Akabara, l'autre très connu, très fréquenté des indigènes, à In Has dans le reg d'Adjemor [1]. Le lieutenant-colonel Flatters [2] a déterminé, par renseignements, l'emplacement de ce dernier gisement : il serait à environ 70 kil. au S.-E. de Foggaret ez Zoua au delà (30 kil.) de Tiounr'ir'in [3]. Cette mine, nous l'avons vu précédemment, serait accompagnée d'une mine d'ocre.

Un autre gisement, plus à l'ouest, à El Kerdassa, a été indiqué par M. Le Châtelier [4], mais il faut sans doute identifier cette localité avec l'une des précédentes indiquée par H. Duveyrier pour le nord du Mouidir.

En outre des gisements d'alun d'In Has et de Kerdassa, de nombreux Ksour de l'archipel touatien sont connus comme centres de production de l'alun, ce sont, dans le Gourara :

District de Timimoun [5];

---

[1] H. Duveyrier, *Touareg du nord*, p. 144.
D'après le même auteur, il en existe dans l'est, dans la vallée d'Ouarâret, au nord de R'at et à Serdelès. « C'est la production » minérale la plus commune du pays des Touareg ».

[2] Lieutenant-colonel Flatters, *Documents relatifs à la mission dirigée au sud de l'Algérie* (2ᵉ mission), p. 309.

[3] Tioundjiguin de la carte de Le Châtelier, jointe à la *Description de l'oasis d'In Salah*, in Bull. de correspondance africaine, publication de l'Ecole supérieure des Lettres d'Alger, 1885, p. 246 et suiv.

[4] Le Châtelier, *Loc. cit.*, p. 280.

[5] Commandant Deporter, *Loc. cit.*, p. 127.

Dans le Touat :

District de Tasfaout-Fenourin : à Tasfaout [1] ;

District de Reggan, à Aïn ech Chebbi [2], sur la route du Tidikelt, où se trouve un gisement considérable ;

Dans le Tidikelt :

District d'Aoulef [3] ;

District d'Akabli [4], à Ksar Sahel [5] où l'alun et le salpêtre se trouvent en abondance, et dans le district d'In Salah [6].

Argiles. — (*Silicates d'alumine hydratés*). — Les *argiles communes* et impures des dépôts quaternaires anciens et récents paraissent devoir être très développées dans la vallée de l'oued Saoura et dans le Tidikelt. Le plus grand nombre des Ksour (habitations et murs), étant, d'après tous les renseignements, à de rares exceptions près, bâtis en briques cuites au soleil (*Toubes*).

A Hassi el Homeur (Fort Mac-Mahon), dans la vallée de Méguiden, on utilise comme *toubes* les dépôts argilo-sableux rouges quaternaires qui comblent les cuvettes des faibles ondulations des grès crétacés inférieurs, et, quelquefois aussi, directement, les

---

[1] Commandant Deporter, *Loc. cit.*, p. 185.
Daumas, *Le Sahara algérien*, p. 187.

[2] De Colomb, *Loc. cit.*, p. 23.

[3] Commandant Deporter, *Loc. cit.*, p. 215.

[4] Commandant Deporter, *Loc. cit.*, p. 217.

[5] Commandant Deporter, *Loc. cit.*, p. 219.

[6] Commandant Deporter, *Loc. cit.*, p. 231.

argiles bariolées de la formation gréseuse elle-même. Puis dans cet immense développement de dépôts limoneux des berges actuelles des oueds et les fonds des grandes sebkhas, il doit exister certainement de multiples gisements d'*argiles* à brique et de *terres* à poterie.

L'argile à poterie se rencontre d'ailleurs au nord, dans le plateau du Tadmaït, où on l'a précédemment signalée à la Gara ben Aouissa, dans la région d'Hassi Mezzer[1] : cet important gisement donne une argile de couleur jaune, exploitée par les Oulad ba Hammou, les Oulad Khelifa, les Oulad Makhlen, les Oulad Zenan et les gens d'In Salah et de l'Aoulef.

Nous citerons, comme se rapprochant de ce type de gisement, les masses argilo-marneuses cénomaniennes des falaises du Baten du Tadmaït que nous signalons au nord et au sud de ce plateau[2].

Il existe une mine d'argile exploitée dans le district d'Akabli, près du Ksar Sahel, au voisinage d'un gisement d'alun cité plus haut[3].

CALCIUM.

Calcite. Carbonate de chaux. Calcaire ($Ca^3 Ca$). — A propos de ce minéral, on ne peut que donner des

---

[1] J. Pouyanne, *Documents relatifs à la mission dirigée au sud de l'Algérie*, 1886. Itinéraire d'El Goléa à In Salah et à l'Aoulef, p. 106.

[2] Appendice. — Aperçu général sur la géologie, etc. (Calcaires crétacés, quaternaires anciens et récents).

[3] Commandant Deporter, *Extrême sud de l'Algérie*, 1890, p. 219.

indications très générales. Les calcaires, employés tantôt comme pierres à chaux, tantôt comme matériaux de construction, paraissent très répandus dans les régions qui nous occupent. Les différents faciès de cette espèce minéralogique sont décrits dans leur ordre chronologique de formation dans l'aperçu géologique sur l'ensemble de ces régions.

Calcite cristallisée (spathique). — Elle existe en filons et filonnets dans les calcaires crétacés. La calcite montre en certains points des cristaux rhomboédriques atteignant 8 et 10 centimètres d'axe : Tadmaït (gara Kerboub), Chebket Brezina, Kheneg Zoubia dans la chaîne atlantique.

Le *calcaire cristallin*, associé à du carbonate de magnésie, forme toute une série de calcaires plus ou moins dolomitiques et constitue les assises puissantes des calcaires turoniens (plus particulièrement) : ils sont donc très développés dans tout le Tadmaït [1]

---

[1] G. Rohlfs, *Reise durch Marokko*, 1864.

G. Rolland, *Géologie et hydrologie du Sahara algérien et aperçu géologique sur le Sahara de l'Atlantique à la mer Rouge.*

Roche, In *Documents relatifs à la mission dirigée au sud de l'Algérie par le lieutenant-colonel Flatters.*

F. Foureau, *Mission au Tadmaït*, 1890.

Le même, *Mission au Sahara et chez les Touareg Azdjer*, octobre 1893-mars 1894.

G.-B.-M. Flamand, *De l'Oranie au Gourara* in Algérie nouvelle, 1896-97.

et dans les reliefs de la partie sud occidentale de la chaîne saharienne du nord : — Zoubia, Chebka Tamednaïa — et au delà, au Djebel Bechar, — au sud du Tadmaït (Itinéraire de G. Rohlfs). Le calcaire cristallin est d'autre part signalé au Gourara, dans la partie septentrionale de l'oued Mebrouk[1], près de la sebkha du Gourara, et sous forme de marbre blanc dans l'oued Itel (Tadmaït)[2].

Calcaire marneux. — Certaines assises du terrain cénomanien se montrent formées d'un calcaire compact marneux, à cassure conchoïdale et à grain très fin ; c'est un type se rapprochant assez du calcaire lithographique (chaîne atlantique, Tadmaït).

Calcaires travertineux. — Tufs. — Les calcaires travertineux tufacés forment sur de grandes surfaces, la croute, la carapace des plateaux de hammadas, mélangés de poudingues à ciment calcaire vers la base. D'épaisseur variable, atteignant parfois 4 et 6 mètres (Bouib er Raïb, Melk Sliman), ce calcaire présente, surtout vers le haut, des parties très pures, très homogènes qui fournissent une bonne pierre à chaux et de bons matériaux de construction. Partout où existent des plateaux de hammadas, on est presque certain de rencontrer cette formation, toutefois elle n'atteint son maximum de puissance et ne présente ses

---

[1] Marcel Frescaly (lieutenant Palat), *Journal de route et correspondance* (avec 1 carte), 1886, p. 224.

[2] Abbé Bargès, *Le Sahara et le Soudan*.

caractères de légèreté et d'homogénéité que sur le couronnement du plateau tout à fait supérieur (hammada de haut niveau). Le plus ordinairement blancs, ces calcaires se montrent parfois colorés en rose par des oxydes de fer. Ils occupent des surfaces considérables et disparaissent sous les dunes de l'Erg.

Travertins. — Les travertins à végétaux déposés par des sources aux temps quaternaires sont très restreints comme surface. Ils sont aussi souvent très siliceux. On les rencontre à Hassi Cheikh, à Hassi Izi, dans l'Erg et vers Msafra, dans la zone d'épandage des grands oueds.

Calcaire farineux. — Les dépôts calcaires à fossiles d'eau douce et saumâtre des sebkhas se montrent en petites couches très minces, bien litées, rappelant le faciès des tripolis miocènes du Tell. De fines coquilles fossiles blanches y sont accumulées en nombre considérable et constituent, à elles seules, presque tout le dépôt. A la surface, les petits bancs se désagrègent donnant une *farine calcaire* d'un blanc éclatant, très légère, douce au toucher, que le moindre vent soulève et emporte sur les dunes siliceuses voisines. Cette farine calcaire se montre dans les fonds des couloirs des sebkhas et des daïas desséchées de la zone d'épandage et de l'Erg, depuis Metilfa jusqu'auprès de Tabelkoza. Elle existe, d'après les renseignements des indigènes qui nous accompagnaient, au delà, au S.-O. (sebkha du Gourara). C'est cette formation (sol blanc) qui dans l'Erg constitue le *sol dur* des oueds ou des feidjs de la zone des grandes dunes.

C'est très probablement à cette *farine calcaire* que le commandant Colonieu fait allusion quand il parle de l'habitude qu'ont « les Touatiens, quand ils envoient » des vêtements à la vente, de les saupoudrer de » craie blanche, afin de donner au tissu un aspect » plus brillant et de le faire paraître serré [1] ».

On sait, en effet, que les indigènes désignent sous le nom de *Tifkert* — تَفكَرت — une craie qui, réduite en poudre, leur sert à *blanchir* et à *préserver* les bernous.

Les deux centres, où se fabrique plus particulièrement *la chaux vive*, sont pour le Gourara :

Timimoun [2], dans le district de ce nom.

Ksar el Kebir [3], dans celui des Oulad Saïd.

Gypse. — *Sulfate de chaux hydraté* ($SO^4Ca + 2H^2O$). — (*Pierre à plâtre*). — Le gypse est commun dans toute la région saharienne ; nous verrons [4] que dans la chaîne atlantique il affecte différents types de gisement et qu'il se présente, soit en dykes d'origine

---

[1] Commandant Colonieu, *Voyage au Gourara et à l'Aouguerout* (1860), in Bull. Soc. Geog. Paris, t. XIV, 1er trim. 1893, p. 91.

[2] Commandant Deporter, *Extrême-sud de l'Algérie*, p. 127.

[3] Commandant Deporter, *Loc. cit.*, p. 133.

[4] Appendice.

éruptive (massifs ophito-gypseux), soit en couches *sédimentaires* : intercalations répétées dans les strates argileuses colorées des grès crétacés inférieurs, bancs puissants dans les marnes verdâtres cénomaniennes. Enfin, nous l'avons observé, formant dans les immenses sebkhas et heïchas soit des encroûtements cristallins, soit des couches régulières alternant avec les limons argilo-sableux, cela particulièrement dans les sebkhas au sol annuellement remanié par les crues.

Jusqu'à ce jour on ne connaît point, en dehors des gisements ophito-gypseux des montagnes des Ksour et du Djebel Amour, de pointements de gypse *éruptif* dans le bassin de l'oued Saoura ou dans les régions immédiates, et les couches gypsifères paraissent très rares et très subordonnées dans les argiles bariolées de l'étage des grès (crétacé inférieur) du Meguiden.

Albâtre gypseux. — Par contre, les marnes plus ou moins argileuses du cénomanien se montrent très riches en *gypse*; d'énormes bancs de ce minéral se montrent à cinq ou six niveaux différents, compris entre les dernières assises des grès à sphéroïdes et les premières couches de calcaire marneux cénomanien. C'est un gypse fibreux présentant parfois des lits de $0^m,30$ d'épaisseur à l'état fibreux ; dépassant aussi 1 mètre lorsqu'il est compacte. Ce gypse est souvent blanc ; il est très pur. Il se montre aussi parfois coloré par des matières organiques, il prend alors une teinte grise —

voire noire. — Sous l'action d'eaux dissolvantes et de réductions, agissant sur place, les calcaires (calcaires marneux particulièrement) donnent naissance, au contact des couches gypseuses, à des pseudo-cargueules, caverneuses, scoriacées, dont les cavités se tapissent secondairement de *calcite* cristallisée, jaune de miel.

Ces bancs de gypse cénomaniens existent sur le flanc septentrional du Tadmaït : Gara Samani, Gara El Feidj, Gara Kerboub [1], Gara El Aggaïa, et sur le flanc méridional : nord d'Hassi el Mongar. Ils se montrent dans quelques-uns des ravinements qui déchirent le plateau supérieur où d'après les renseignements précités [2], ils donneraient par décomposition du soufre natif.

Gypse des sebkhas. — Mais les gisements les plus étendus sont les dépôts gypseux des sebkhas et des heïchas si nombreuses dans les dépressions sahariennes. Le gypse se montre là en masses blanches, formant des croûtes blanches, épaisses, craquantes, associées à des sels étrangers : sulfates et chlorures de magnésie, de potasse et de soude et formant comme l'écume de ces vastes cuvettes salines. Ces produits dus à l'évaporation superficielle constituent souvent de véritables *ponts*, laissant au-dessous d'eux des espaces vides, ou cachant des terrains *mouvants*. Cela rend quelquefois dangereuse la traversée des sebkhas.

[1] Voir Appendice.
[2] Voir précédemment : Soufre.

Gypse fer de lance. — Le plus ordinairement le gypse, souillé de matières étrangères : argiles, sables, matières organiques — cristallise, puis agglutine ses cristaux en masses au milieu de limon argileux, c'est le *barrag*— جرفى des arabes — l'étincelant — le gypse en fer de lance ; l'autre, le gypse plus ou moins compacte ou cristallin, c'est le *djibs* جبس

Roses du Souf. — On sait que si, par suite d'infiltrations d'eaux séléniteuses dans les sables, des cristaux de gypse s'édifient, ils s'imprègnent si fortement de grains de sable que souvent dans de semblables cristaux le gypse n'est plus là qu'une sorte de squelette, provoquant la forme cristalline. Un semblable cristal a fourni à l'analyse jusqu'à 58 % de silice ou sable quartzeux [1].

Ces cristaux de gypse sableux trapezéens se groupent en gerbes, en rosaces, de formes très variées, connues sous le nom de *roses du Souf*. Les groupements cristallins de ce genre se rencontrent souvent dans les sebkhas.

Les couches argilo-gypseuses à gypse fer de lance, gris ou jaunâtres, sont les plus développées, formant assez souvent les bords surélevés des sebkhas, véritables berges dominant les fonds limono-salins à sel gemme : — leur dépôt, dans ce cas, s'est donc effectué antérieurement à ces derniers ; mais en bien des points on ne saurait établir cette distinction.

[1] G. Rolland, *Géologie du Sahara algérien*, p. 381.

L'extension des dépôts de gypse cristallin et de limons gypsifères est considérable : elle comprend toutes les sebkhas de l'archipel touatien, du Gourara, du Touat, du Tidikelt : Timimoun — Tamentit — In Zegmir, etc., — et presque toutes les dépressions d'âge quaternaire récent que l'on rencontre sur les routes qui conduisent du nord — par les hammadas et l'Erg du Gourara — en y comprenant certains estuaires du cours des grands oueds (de l'oued Seggueur à l'est à l'oued Guir à l'ouest).

Le *plâtre* se fabrique en assez grande quantité à Timimoun [1], à Ksar el Kebir des Oulad Saïd [2] et dans l'Aoulef [3].

Anhydrite. — *Karsténite ou sulfate de chaux anhydre* (SO^4Ca). — L'anhydrite, jusqu'à ce jour, n'a été signalée que dans les gisements de gypse d'origine éruptive, c'est-à-dire dans les montagnes des Ksour et dans le Djebel Amour.

POTASSIUM

Nitrate ou azotate de potasse (Azo^3K.) *(Nitre ou salpêtre)*. — Tous les voyageurs sont unanimes pour indiquer comme importante l'exploitation du nitrate

---

[1] Commandant Deporter, *Extrême-sud de l'Algérie*, p. 127

[2] Commandant Deporter, *Loc. cit.*, p. 133.

[3] Commandant Deporter, *Loc. cit.*, p. 215.

de potasse dans la région touatienne ; toutes nos enquêtes — statistiques commerciales de nos cercles et annexes du sud, renseignements fournis par nos caravanes, dires indigènes — nous montrent, de tout temps, le nitre comme faisant l'objet d'un commerce relativement considérable avec toutes les contrées (nord et sud) avec lesquelles les populations des oasis font des échanges. Déjà, à propos du soufre, nous avons dit comment, grâce à un commerce clandestin, tous nos Ksour Sud oranais — Bou Semr'oun, Brezina, Moghrar — étaient abondamment pourvus des éléments nécessaires à la fabrication de la poudre : soufre venant en fraude de l'Algérie (produits français) ou du Maroc par Figuig et Ich (produits anglais), *salpêtre* provenant du Gourara et du Touat, importé surtout au moment du retour de nos caravanes annuelles.

Dès 1844, le capitaine Carette indiquait pour l'oued Mzab la provenance saharienne de la plus grande quantité du salpêtre employé sur place dans les cités mozabites pour la préparation de la poudre [1].

Duveyrier, plus tard (1857), précisait et le lieu d'achat et le prix du produit : « le salpêtre, que les » Chaanba vont acheter aux Oulad Mhammoud, à onze » journées sud-ouest d'El Goléa, se vend à des prix

---

[1] Capitaine Carette, *Recherches sur la Géographie et le Commerce de l'Algérie méridionale. Exploration scientifique de l'Algérie*, 1844, p. 231.

» qui varient depuis 0 fr. 50 cent. jusqu'à un franc la
» livre [1] ».

Soleillet, pendant son séjour dans le Mzab, au retour de son voyage à In Salah, étudiant le commerce de transit de Metlili, donne comme principales productions du Gourara et du Tidikelt importées « l'*alun*, le » *salpêtre* [2] », puis parlant du Touat il cite également, comme marchandises importantes, venant sur les marchés du Mzab, « l'*alun* et le *salpêtre* [3] ». — « La » poudre fait l'objet d'un commerce important au » Mzab, elle se fabrique sur une grande échelle et » se vend 3 et 4 francs le kilog [4] ».

Cinq Zoua du Tidikelt, que ce voyageur amenait en Algérie pour lier des relations commerciales, apportaient également avec eux du salpêtre [5] comme type de marchandise pouvant être facilement échangée.

D'ailleurs dans le volume II de l'Exploration scientifique de l'Algérie, dès 1844, le capitaine Carette [6]

---

[1] H. Duveyrier, *Coup d'œil sur le pays des Beni Mzab et sur celui des Chaanba occidentaux*, avec une carte, in Bull. Soc. Géog. Paris, octobre 1857, p. 234.

[2] P. Soleillet, *Voyage d'Alger à l'oasis d'In Salah*. — Rapport présenté à la Chambre de commerce d'Alger, 1874, p. 126.
Voir aussi du même, *L'Afrique occidentale. Algérie, Mzab, Tidikelt*, 1877 (avec une carte), p. 81.

[3] P. Soleillet, *Voyage d'Alger à l'oasis d'In Salah*, p. 130.

[4] P. Soleillet, *Voyage d'Alger à l'oasis d'In Salah*, p. 130.

[5] P. Soleillet, *Voyage d'Alger à l'oasis d'In Salah*, p. 121.

[6] Capitaine Carette, *Recherches sur la géographie et le commerce de l'Algérie méridionale*. — *Exploration scientifique de l'Algérie*, 1844, p. 555.

dans les tableaux montrant le détail des opérations d'échange auxquelles se livrent les principales villes et tribus du Sahara algérien, tableaux qui terminent son étude sur le commerce de l'Algérie méridionale, indique de très nombreuses localités où le salpêtre est importé, venant du Gourara, du Touat ou du Tidikelt.

De Colomb, en 1860, cite la poudre comme produit industriel, le salpêtre comme production du sol dans les oasis du Touat [1].

La quantité de poudre que brûlent nos indigènes et les Touatiens pour célébrer la moindre fête, la moindre réjouissance, est au dire de tous inimaginable. On sent que nous sommes ici, dans l'archipel touatien, au vrai *Bled el Baroud*, au pays de la poudre, et si les auteurs diffèrent dans l'estimation du prix de vente de cette poudre, tous insistent sur son abondance. « La poudre s'y fabrique (à Timimoun) sur les lieux et
» se vend dix-huit sous la livre ; le salpêtre qui sert à sa
» fabrication vient d'un lac salé (sebkha) qui se trouve
» à quelques lieues à l'ouest, il se vend cinq sous la
» livre [2] ».

Le lieutenant Palat (Marcel Frescaly) écrit du ksar

---

[1] De Colomb, *Notice sur les oasis du Sahara et les routes qui y conduisent*, 1860, pp. 10, 14, 41.

[2] Daumas et de Chancel, *Le Grand Désert*, 1848, p. 68, 1883 (nouvelle édition), p. 57.

Daumas, *Le Sahara algérien*, 1845. La poudre fabriquée dans le Touat coûte 9 à 10 sous la livre, p. 285.

d'El Hadj Guelmane (Gourara) : « On ne doit pas
» s'étonner de la fréquence des combats dans une
» contrée où le salpêtre abonde dans la sebkha (sebkha
» de Timimoun) et où la poudre européenne vaut
» 5 francs et celle du pays 2 francs la livre [1] ».

Echantillon de nitre de la sebkha du Gourara. —
En 1862, un indigène algérien, nommé Ali ben
Merin, fut envoyé au Gourara par un commerçant de
Saïda, M. Jacques Solari [2], avec une caravane de
68 chameaux portant toutes sortes de marchandises.
Il en rapporta, entre autres objets ou produits,
un échantillon de salpêtre très beau, parfaitement
cristallisé et d'apparence très pure. Soumis à l'analyse,
cet échantillon fut reconnu comme ne renfermant pas
moins de 63 % de *nitrate de potasse pur*. « Au dire
» d'Ali ben Merin, des gisements immenses de salpêtre
» existaient dans le Gourara, qui suffiraient à l'appro-
» visionnement de toutes les puissances européennes
» qui aiment tant à faire parler la poudre [3] ». Cette
découverte passa alors inaperçue ; nous reviendrons

---

[1] Marcel Frescaly (lieut. Palat), *Journal de route et correspondance*, 1886, p. 252.

[2] M. G. Solari avait eu, un instant, en 1860, l'intention de se joindre au commandant Colonieu et au lieutenant Burin, lors de leur voyage au Gourara. Il ne s'y décida pas au dernier moment et se contenta de leur confier 1.800 kilog. de marchandises diverses que des indigènes dévoués devaient se charger de vendre au Gourara.

[3] D' A. Maurin, *Les caravanes françaises au Soudan*. Relation de voyage d'Ali ben Merin, conducteur de la caravane de M. J. Solari. Alger, 1863, p. 27.

plus loin, à propos d'un autre échantillon de *salpêtre* raffiné de la sebkha de Timimoun, sur l'importance de ce produit et sur le résultat de son analyse.

Terres salpêtrées. — Le capitaine du génie Carette signalait déjà, en 1844[1], de nombreux points du sud où les matériaux provenant des ruines et des terres salpêtrées étaient exploités par les indigènes pour l'extraction du salpêtre; il citait entre autres : Nefta, le Djebel Berga, à l'ouest de Khanguet Sidi Nadji, puis l'oasis des Ziban (Kaïada), l'oued Djerf (affluent de l'oued Djedi), le lac de Msila (Hodna) et l'oued Djedi, aux environs des villages d'El Amoura, El Hamel, El Aleg Bou Ferdjoun, Dis Ben Nzô, Bou Saada, enfin l'oued R'ir, — puis pour une dernière région, l'oued Mzab. — L'auteur cité ajoute : « L'oued » Mzab en contient aussi, mais en moindre quan- » tité ; cependant il n'est pas un seul village de cette » oasis où l'on ne fabrique de la poudre. Presque » tout le salpêtre, que cette fabrication consomme, » vient de l'Afrique centrale d'où il est apporté en » pains par les Touareg », — lisez Chaanba. Et, d'autre part, à El Outaïa, à 12 kilomètres de Biskra, le service des poudres et salpêtres avait organisé autrefois une exploitation des terres salpêtrées. Une rivière avait été

---

[1] Capitaine Carette, *Recherches sur la Géographie et le Commerce de l'Algérie méridionale*. — Exploration scientifique de l'Algérie, 1844, p. 231-232.

détournée pour le lavage des terres. Le sel était extrait ensuite des eaux de lavage par évaporation [1].

Reprenant en 1852 l'étude du pays des Ziban, l'ingénieur Dubocq indiquait : « Près de l'oasis de Lioua, dans
» le zab Guebli (sud constantinois), existe un plateau
» où des nitrières assez importantes (terres salpêtrées)
» étaient anciennement exploitées par les indigènes
» eux-mêmes ». A propos des procédés d'extraction et de raffinage par les arabes du salpêtre de cette région, il entrait dans quelques détails que nous reproduisons [2].
« L'exploitation se fait sur des terres prises dans les
» constructions d'une partie de l'oasis, aujourd'hui en
» ruines, et sur les résidus des anciens lessivages, que
» l'on reprend, après un certain intervalle, dans les
» tas assez considérables qui existent au nord-ouest
» de l'oasis. Ces matériaux sont d'abord soumis à un
» lessivage à l'eau froide dans des réservoirs en argile
» battue, d'une capacité de deux litres au plus. On les
» laisse séjourner, au contact de l'eau, pendant un
» espace de deux ou trois jours. On soutire ensuite, au
» moyen d'un conduit en roseau, placé à la partie
» supérieure du réservoir et bouché par un fausset en
» bois, les eaux chargées des sels solubles que renfer-
» maient les terres, et on les soumet à une première
» concentration dans des bassins exposés à l'action du

[1] Renseignements fournis par M. le Capitaine Cagniard.

[2] Dubocq, *Mémoire sur la constitution géologique des Ziban et de l'oued R'ir, au point de vue des eaux artésiennes de cette portion du Sahara*, in Annales des mines, tome II, 1852, p. 249.

» soleil; la majeure partie du sulfate de chaux entraîné
» en dissolution se précipite sur les parois de ces
» bassins, et la concentration du nitre s'achève, au
» moyen de la chaleur dans de petites chaudières en
» cuivre dont la capacité ne dépasse pas 10 à 15 litres [1].

» Un échantillon de terre salpêtrée pris à l'est du
» village a donné à l'analyse les proportions suivantes :

» Nitrate de potasse....................	4.14
» Chlorure de potassium..................	1.44
» Chlorure de sodium.....................	5.70
» Chlorure de magnésium.................	0.69
» Sulfate de magnésie....................	0.83
» Sulfate de chaux.......................	34.80
» Carbonate de chaux.....................	4.35
» Phosphate de chaux.....................	5.05
» Argile	
» Sable siliceux.........................	17.65
» Peroxyde de fer	4.15
» Eau et matières organiques.............	21.20
	100.00

---

[1] Voici, d'après le capitaine Carette, le détail du dispositif employé pour l'extraction du nitrate des terres salpêtrées et qui s'applique en partie à la même région des Ziban : « Dans tout le pays où nous
» venons de signaler la présence du salpêtre, le procédé d'extraction
» est invariablement le même, et aussi simple que grossier. Les
» terres imprégnées de nitre sont jetées dans une fosse de forme
» conique creusée dans le sol. Elles sont retenues un peu au-dessus
» du fond par un grillage horizontal en bois; c'est dans l'espace
» libre ménagé par cet appareil que les eaux de lavage versées sur
» les terres viennent se réunir avec le salpêtre qu'elles entraînent.
» Une rigole pratiquée dans la partie inférieure met celle-ci en
» communication avec une autre fosse en contre bas de la première,

» Le salpêtre que cette terre fournit est blanc, un
» peu rosé, assez déliquescent; il renferme :

» Nitrate de potasse	70.60
» Nitrate de soude	4.00
» Chlorure de sodium	13.60
» Chlorure de magnésium	traces
» Sulfate de chaux	0.90
» Eau	8.20
	100.00

» Sa composition se rapproche ainsi de celle du
» nitre brut ou de première cuite des salpétrières;
» les indigènes l'emploient en cet état, après l'avoir
» séché au soleil pour la confection de la poudre, mais
» il serait nécessaire de le soumettre à un raffinage
» pour pouvoir l'admettre dans nos poudreries.

» La proportion de salpêtre, que l'oasis de Lioua
» pourrait livrer, paraît d'ailleurs fort limitée, et, il est
» probable que la quantité produite annuellement
» dans les quelques villages des Ziban, tels que El
» Kantra, Doucen, El Guema, Thouda, où l'on exploite
» comme à Lioua des matières salpêtrées provenant
» d'anciennes constructions, ne suffiraient pas à
» alimenter une raffinerie d'une manière régulière et
» continue; car on aurait bientôt épuisé, en conservant
» les méthodes arabes, les matériaux salpêtrés

» au fond de laquelle on place un vase destiné à recevoir le liquide.
» Le liquide évaporé au feu laisse déposer le salpêtre ».

Capitaine Carette, *Recherches sur la Géographie et le Commerce de l'Algérie méridionale.* **Exploration scientifique de l'Algérie, 1844,** p. 231.

» existant, ainsi que le tas de matières lessivées, dans
» lesquelles le salpêtre se reproduit au contact de
» l'air; et il serait, sans doute, difficile de faire adopter
» aux indigènes les méthodes plus délicates suivies
» par les salpêtriers, dans l'industrie des nitrières
» artificielles ».

Echantillon de nitrate (salpêtre) de la sebkha de Timimoun. — Au cours de notre mission saharienne (mars-mai 1896), à l'un de nos campements de l'Erg, dans la région de Tin Erkouk (Gourara), un indigène gourarien, qui conduisait vers les Ksour de l'Oranie, à El Abiod Sidi Cheikh ou à Brézina, une petite caravane chargée de produits du Gourara : dattes, vêtements, menus objets, nous remit plusieurs morceaux de salpêtre (Melah m'ta el Baroud) qui composait la charge d'un de ses chameaux.

Ce salpêtre du Gourara est un sel blanc, brillant, formé de cristaux de 0 cent. 5 à 1 centimètre, enchevêtrés en une masse présentant encore la forme courbe des vaisseaux dans lesquels on l'a purifié; il était superficiellement recouvert d'une légère couche adventive de sable qui avait pénétré les *gueraras* dans lesquelles on le transportait. C'est un produit raffiné.

L'indigène indiqua comme provenance de ce produit la zone de la sebkha de Timimoun située à l'ouest, non loin du Ksar du même nom. D'après ce même informant, il y aurait quantité de ce sel que l'on extrait de la sebkha même.

Plusieurs analyses de ce produit ont été faites sur des échantillons moyens.

Un premier dosage rapide, fait par M. Ch. Langlois, avait donné pour le *produit brut :*

Humidité à 100°......	3.94 %
Sable et insoluble (silicates)..................	6.23 %
Nitrate de potasse............................	60.00 %
Nitrate de soude.............................	20.00 %

les sels étrangers étant des chlorures, nitrates, sulfates de potasse, de soude, de magnésie, de chaux et les sulfates à l'état de traces.

Deux autres analyses quantitatives de ce produit ont été faites par M. L. Simon, Contrôleur principal des Mines, au laboratoire du service des mines d'Alger, sous la direction de M. l'Ingénieur en chef Jacob. En voici le procès-verbal d'analyse :

Éléments dosés (%) [1].

	ÉCHANTILLON A : %.	ÉCHANTILLON B : %.
Sable et résidu insoluble retenus par filtre taré après dissolution dans l'eau.	0,65	1,05
Acide sulfurique.................	0,27	Traces.
Id. phosphorique.........	Néant.	Néant.
Id. azotique....................	54,31	55,60
Chlore	1,48	0,20
Chaux..........................	0,11	0,16
Magnésie......................	0,13	0,14
Potasse	30,46	31,92
Soude......................... ..	12,41	10,69

[1] Dans la prise les échantillons ont été débarrassés par grattage

Composition probable (%).

	ÉCHANTILLON A.	ÉCHANTILLON B.
Chlorure de sodium..............	2,43	0,32
Sulfate de potasse...............	0,58	Traces.
Azotate de chaux................	0,32	0,47
Azotate de magnésie	0,48	0,52
Azotate de potasse...............	64,69	68,50
Azotate de soude	30,32	28,86
Sables et matières insolubles dans l'eau..............................	0,65	1,05
Total......	99,37	99,72

Le Contrôleur des Mines chargé du Laboratoire,
Signé : L. SIMON.

La richesse en nitrates — nitrate de potasse et nitrate de soude — de ce produit *raffiné* par des procédés indigènes est donc considérable. Il est d'autre part très intéressant de rapprocher ces nombres 64,69 68,50 %, richesse en nitrate de potasse, de la teneur 63 % en nitrate de potasse de l'échantillon rapporté par l'indigène algérien Ali ben Merin, conducteur de la caravane de M. J. Solari, d'après l'analyse faite en 1862 [1].

de la plus grande partie du sable rouge qui souillait la surface des cristaux.

Les dosages ont été effectués sur les échantillons pulvérisés et desséchés à l'étuve.

[1] Dr A. Maurin, *Les caravanes françaises au Soudan*, Relation de voyage d'Ali ben Merin, conducteur de la caravane de M. J. Solari, 1863, p. 27.

En réunissant l'ensemble de toutes ces données, tant analyses d'échantillons que relations d'explorations et renseignements indigènes, on peut déduire qu'il existe dans tout l'archipel touatien des gisements de nitrates présentant une réelle importance, et que ces gisements paraissent, d'autre part, être en général facilement exploitables dans les conditions matérielles et économiques de la vie indigène.

Quant à leur façon d'être, à leur nature, on ne saurait être affirmatif. Sommes-nous là en présence de *terres salpêtrées* ou de sortes de *nitrières* très probablement *naturelles* de *houssage*, dont la production constante de salpêtre serait due à des conditions que nous ne soupçonnons même pas, ou bien sont-ce des gisements *en place*, riches, étendus, du type des bassins à *caliches* du Chili et du Pérou? — Nous venons de voir qu'en l'état actuel de nos connaissances on ne pourrait répondre avec certitude. Toutefois, en considérant les grandes quantités de ce sel exportées, et cela très anciennement déjà, dans toutes les directions (Mzab, Ksour oranais et marocains, Soudan) par les Touatiens, en remarquant l'opposition de certaines idées émises par l'ingénieur Dubocq au sujet des nitrières des Ziban et des faits que viennent affirmer les assertions positives de tous les voyageurs qui ont abordé ces régions, on serait porté à croire que l'on se trouve ici, au moins pour quelques localités d'extraction, en présence de *gisements riches*, de *nitrates* et non simplement de *terres salpêtrées*?

Voici les noms des plus connus des Ksour auprès desquels s'exploite actuellement le salpêtre, ou les districts qui en renferment des gisements :

Gourara : *Oulad M'hammoud* (district de l'Aouguerout).—On y ramasse du salpêtre d'excellente qualité [1].

Lalla Rabha ou *Zaouiet Rabha* (Aouguerout).—On y trouve du salpêtre d'excellente qualité [2].

Keberten (Aouguerout) [3].

Timimoun (sebkha de Timimoun) [4].

Sbâ (district de Sbâ) [5];

Et *Guerara* (district de Sbâ). Les habitants de ces deux Ksour ne vivent que du commerce assez considérable du salpêtre qu'ils extraient du sol entre Guerara — Sbâ et Bouda (bas-fonds d'El Melah), entre Guerara et Meraguen (district de Timmi) — vaste cuvette de la sebkha Maoua [6].

Touat : *Meraguen Zaouiet Sidi M'hammed es Salem*

---

[1] De Colomb, *Notice sur les oasis du Sahara et les routes qui y conduisent*, 1860, p. 14.

H. Duveyrier, *Coup d'œil sur le pays des Beni Mzab et sur celui des Chaanba occidentaux* (avec une carte), in Bull. Soc. Géog. Paris, oct. 1859, p. 234.

Commandant Deporter, *Extrême-sud de l'Algérie*, 1890, p. 115.

[2] Commandant Deporter, *Loc. cit.*, p. 115.

[3] Commandant Deporter, *Loc. cit.*, p. 115.

[4] Daumas et de Chancel, *Le Grand Désert*, 1848, p. 68, 1883 (édition nouvelle), p. 53.

Commandant Deporter, *Loc. cit.*, p. 127.

[5] Commandant Deporter, *Loc. cit.*, p. 159.

[6] Commandant Deporter, *Loc. cit.*, p. 161.

(district de Timmi) possède un gisement de salpêtre de très bonne qualité [1].

Tililan Zaouiet Sidi M'hammed ben Ioussef (Timmi), salpêtre d'excellente qualité [2].

Tarahmoun (Timmi), salpêtre d'excellente qualité [3].

Tidikelt. : *Aoulef* (district d') compte, parmi ses productions naturelles, le salpêtre [4].

Akabli (district d') compte, parmi ses productions naturelles, le salpêtre [5].

In Salah (district d') compte, parmi ses productions naturelles, le salpêtre [6].

Au sud-est de la région des Touareg Azdjer, on connaît l'existence des gisements de *l'oued Tikhammalt* et des *environs de R'at* [7]. Plus au sud, chez les Touareg, « il n'est point douteux qu'on en trouve (du salpêtre) » en quantité importante dans les pays similaires »; et « si le commerce français demandait du salpêtre au » Touat, les Touareg ne tarderaient probablement pas » à lui faire concurrence [8,9] ».

[1] Commandant Deporter, *Loc. cit.*, p. 175.
[2] Commandant Deporter, *Loc. cit.*, p. 175.
[3] Commandant Deporter, *Loc. cit.*, p. 175.
[4] Commandant Deporter, *Loc. cit.*, p. 215.
[5] Commandant Deporter, *Loc. cit.*, p. 217.
[6] Commandant Deporter, *Loc. cit.*, p. 281.
[7] Duveyrier, *Touareg du nord*, p. 144.
[8] Duveyrier, *Touareg du nord*, p. 144.
[9] En se basant sur des considérations de zones de mêmes latitudes et sur l'existence de dyke, éruptifs, de roches basaltoïdes et de granites du Tassili, plateau du massif du Ahaggar, ainsi que sur la présence

Poudre. — Nous venons de voir l'origine de deux des éléments qui entrent dans la composition de la poudre : le *salpêtre*, produit raffiné des matières premières très abondantes extraites du sol même ; le *soufre* en grande partie, sinon totalement, importé par les caravanes venues du nord : le troisième élément, le *charbon de bois* se prépare dans certains ksours, dont il constitue souvent la seule industrie. Il provient de diverses essences très développées et répandues en certaines *raba* tout au long du cours de l'oued Saoura : Gourara et Touat, et aussi dans le Tidikelt (raba d'In Salah).

Dans le Mzab et les Ksour du nord, les indigènes emploient le bois de laurier rose (defla) [1].

Au Gourara, le talha (Acacia gummifera ou arabica,

du sel gemme dans la sebkha d'Amadr'or, M. l'Ingénieur Souleyre (*) émettait tout dernièrement l'idée de l'existence probable de gisements de nitrates, comparables à ceux du Chili et du Pérou, dans la zone de la sebkha d'Amadr'or et du plateau d'Eguéré. Les centres de production de nitre, que nous venons de citer pour le Gourara, le Touat et le Tidikelt, sont très éloignés vers le N.-O. de la région sus-indiquée et compris entre les latitudes 27° 10′ et 29° 30′, et nous avons vu, d'autre part, que les formations géologiques de la grande dépression de l'oued Saoura ne comprennent aucun massif de roches éruptives anciennes ou récentes.

[1] Cap. Carette, *Recherches sur la Géographie et le Commerce de l'Algérie méridionale.* — Exploration scientifique de l'Algérie, 1844, p. 232.

Colonieu, *Voyage dans l'Aouguerout et au Gourara*, 1860.

De Colomb, *Notice sur les oasis du Sahara et les routes qui y conduisent.*

(*) Aug. Souleyre, *Un point de géographie à éclaircir.* — *Existe-t-il des nitrates dans l'Afrique du nord?* in Revue scientifique, 12 septembre 1896, n° 11, p. 348.

Weld; Benth; gommier), le belbel (Anabasis articulata, Moq. Tand) dans le district des Oulad Saïd [1].

Les districts de Teganet [2], de Charouin [3] en font un grand commerce [4].

Au Touat : pour les Ksour de Bouda et particulièrement Ben Drâa (ou Ben Draou), le principal d'entre eux, le charbon est l'objet d'une vente importante. L'essence employée est le karanka (Calotropis procera R. Br) [5]. Cette essence est réputée pour cet usage, et le charbon qui en provient est très recherché, il est d'un emploi général dans les oasis touatiennes [6].

Dans tous les Ksour du district de Tasfaout-Fenourin, le charbon, provenant des *raba* de la vallée de l'oued Saoura [7], est exploité. Il en est de même dans le district de Sali.

Au Tidikelt, c'est particulièrement aux environs et à l'ouest de Ksar el Kebir qu'on se livre à la fabrication du charbon.

SODIUM.

Chlorure de sodium (sel gemme). — Nous verrons plus loin que le *sel gemme* du bassin de l'oued Saoura

---

[1] Commandant Deporter, *Extrême-sud de l'Algérie*, 1890, p. 133.
[2] Commandant Deporter, *Loc. cit.*, p. 137.
[3] Commandant Deporter, *Loc. cit.*, p. 145.
[4] Commandant Deporter, *Loc. cit.*, p. 165.
[5] Duveyrier, *Touareg du nord*, p. 180.
[6] Commandant Deporter, *Loc. cit.*, p. 167.
[7] Commandant Deporter, *Loc. cit.*, p. 185.

se présentait en deux types de gisements bien distincts, le *sel gemme éruptif*, massif des gisements ophito-gypseux [1], le *sel gemme sédimentaire* des dépôts quaternaires récents des sebkhas.

Le premier se montre en d'assez nombreux pointements peu étendus comme surface, et n'est exploité que par les ksouriens de l'Atlas et consommé sur place. Il ne fait l'objet que d'un commerce très restreint et local. Les principaux points exploités sont: Djebel Melah près R'assoul — Djebel Mouilah près des Arbaouat — Aïn Ouarka au S.-O. de Bou Semr'oun — El Melah, à l'ouest de Figuig, dans l'est Teniet el Melah au débouché de l'oued Zergoun.

Le *sel gemme sédimentaire*, très répandu dans toute cette région, se montre déjà abondant dans la zone d'épandage des grands oueds au nord de l'Erg: la sebkha Melah M'ta Zirara — El Morr chergui — Gour Raoua — montrent des couches épaisses de sel gemme, exploité par les pasteurs pendant leur hivernage, et surtout par les caravanes de passage.

A la sebkha de Zirara, le sel se montre en bancs de 0,30 à 0,50, servant de substratum aux fines strates de *farine calcaire* à fossiles d'eaux douces et saumâtres, sur lesquelles reposent des bancs irréguliers d'argiles gypsifères et de gypse fer de lance en dépôts de 10 à 20 centimètres. C'est un sel gris, un peu sali par les matières étrangères, argiles et produits organiques

---

[1] Voir Appendice : roches éruptives (note).

charbonneux; il est un peu magnésien par place, mais les indigènes l'emploient directement, tel qu'il est.

On sait que le chlorure de sodium se rencontre dans presque toutes les sebkhas, sensiblement dans les mêmes conditions de gisement, toujours plus ou moins mélangé de gypse.

Au Gourara et au Touat, il fait l'objet d'exploitation en vue d'échanges contre les produits du Soudan, et les caravanes qui se dirigent vers Tin Bouktou emportent toujours des quantités considérables de ce produit.

Très nombreuses sont les localités où on l'exploite; aussi ne citerons-nous que quelques-unes d'entre elles.

Au Gourara :

La sebkha de Timimoun, vers El Hadj Guelman, présente, en certains points, des plaques de 5 centimètres d'un sel très blanc cristallisé [1].

Le sel de cette sebkha est encore exploité aux Oulad Saïd (Ksar el Kebir) [2].

Dans le district de Zoua et Deldoun, au ksar de Touki, on recueille un sel fin de très bonne qualité et recherché [3].

Au Touat :

Dans le district de Timmi (Adrar) et dans le district de Tamentit, existent de vastes espaces couverts de terrains salsugineux exploités çà et là.

---

[1] Marcel Frescaly (lieut. Palat), *Journal de route et correspondance*, p. 252.

[2] Commandant Deporter, *Extrême-sud de l'Algérie*, p. 134.

[3] Commandant Deporter, *Loc. cit.*, p. 149.

Enfin dans le Tidikelt, le district de l'Aoulef compte le sel gemme parmi ses productions naturelles d'échange [1].

« Tout le sel qu'emploient les Touareg (Azdjer) » vient de la sebkha d'Amadr'or, qui d'après les indi- » gènes serait la plus belle mine connue dans tout le » Sahara, ou des salines du Fezzan » [2].

Barth signale un gîte de sel du nom d'En Mellel, situé à un jour sud du puits de Tin Sliman (oued Botha)[3], c'est-à-dire à deux journées au sud d'In Salah, dans la grande dépression comprise entre le plateau du Tadmaït et celui du Mouidir [4].

---

[1] Commandant Deporter, *Loc. cit.*, p. 215.

[2] Duveyrier, *Touareg du nord*, pp. 143 et 412. L'existence de ce gisement se trouve confirmé dans la description suivante de la sebkha d'Amadr'or, extraite de l'ouvrage intitulé : *Les deux missions du colonel Flatters, racontées par un membre de la 1re mission*, p. 233. « La sebkha est une cuvette à peu près circulaire de 2 à 3 kilomètres » de largeur dont le fond, formé d'argile violacée, est un peu en » contre-bas du sol de la plaine ; un bourrelet formant levée de » 2 mètres de hauteur l'entoure complètement. Elle est située au » pied des derniers contreforts du Djebel Ahaggar, qui sont fort » élevés ici. C'est un gîte sec de sel gemme dont la puissance est » évidemment très considérable. On remarque deux excavations qui » ont servi à extraire le sel : ces puits ont 4 à 5 mètres de largeur » et sont assez profonds. On y voit le sel en bancs épais ; il est blanc » ou rougeâtre. A côté de la sebkha passe la route, abandonnée » maintenant, qui mène au pays d'Aïr et au Soudan ; cette route est » très large et parfaitement tracée ; à peu de distance est un cimetière » considérable qui indique combien cet endroit fut jadis fréquenté. »

[3] Barth, *Travels and Discoveries in North and central Africa*, 1857, t. I, p. 560.

[4] Depuis longtemps en pays arabe on exploite aussi de véritables marais salants (sebkhas), en concentrant le sel des terres argilo-salines

Presque tout le sel consommé dans l'Adrar Ahenet vient du Touat. Il en existe, il est vrai, mais de fort

des fonds. Le sel gemme provenant de ces divers gisements est purifié par les indigènes par dissolution dans l'eau et cristallisation successive. Un échantillon de sel gemme rouge du chott Melr'ir, qui présente bien le type moyen ordinaire de ce sel raffiné, peut servir d'exemple ; il contient :

Chlorure de sodium	88.41
Chlorure de potassium	0.89
Chlorure de magnésium	4.32
Sulfate de chaux	1.30
Carbonate de chaux	0.09
Péroxyde de fer	0.15
Sable siliceux	0.47
Eau et matières organiques	4.37
	100.00

Les indigènes du Touat exploitent aussi les *terrains salés*, dépôts actuels de remaniement vers le nord-est. Ce sont des sels très impurs à Touggourt où on a pu les étudier avec détail. Les terres détrempées des sebkhas dans lesquelles se réunissent les eaux pluviales fournissent aussi du sel aux habitants. Elles renferment :

Chlorure de sodium	38.44
Chlorure de potassium	16.97
Chlorure de magnésium	2.42
Chlorure de calcium	3.04
Sulfate de chaux	3.01
Carbonate de chaux	0.92
Carbonate de magnésie	0.38
Péroxyde de fer	4.07
Péroxyde de manganèse	0.06
Argile	5.34
Sable quartzeux	16.28
Eau et matières organiques	9.07
	100.00 (*)

(*) Dubosq, *Mémoire sur la constitution géologique des Ziban et de l'oued R'ir*, in Annales des mines, t. II, 1852, p. 249.

mauvaise qualité et mélangé à de la terre, à Belessa, au nord-est de Silet [1].

Soude carbonatée. — On sait qu'il existe dans la nature plusieurs carbonates de soude :

Le *natron* : carbonate neutre de soude à 10 équivalents d'eau ($CO^3\,Na^2 + 10\,H^2O$).

La *thermonatrite* : carbonate neutre de soude monohydraté ($CO^3\,Na^2 + H^2O$).

Le *trona* (Urao) : sesquicarbonate de soude hydraté [$(CO^3)^3\,(Na^2\,H^2O)^2$].

Le *natron* se rencontre dans les plaines basses, dans les lacs (lacs Natron (Egypte) des régions chaudes, où il se forme par réaction du carbonate de chaux sur le chlorure de sodium (sel gemme). Ce sel, très efflorescent par suite de l'évaporation des eaux, forme des encroûtements mélangés d'argiles limoneuses que l'on exploite. Il est ordinairement impur et le plus souvent altéré ; en s'effleurissant, il se transforme au contact de l'air en carbonate neutre de soude monohydraté (thermonatrite).

La *thermonatrite* accompagne toujours, dans les gisements, le natron.

Le *trona.* — Sesquicarbonate de soude (Bahar et Trounia, N.-O. de Mourzouk [1]), (Trona du Fezzan),

[1] Commandant Bissuel, *Touareg de l'ouest*, 1888, p. 78.

(*Urao* de Vénézuala), se montre ordinairement en masses fibro-compactes ou grenues d'une dureté relativement grandes (2, 5-3) et, au contraire des sels précédents, il ne s'effleure point à l'air et présente, dit-on, assez de compacité pour être employé dans les constructions de murailles. Il se montre en bancs de faible épaisseur, il peut être employé aux mêmes usages que le *natron*.

On comprend que, de composition si voisine, de caractères assez communs, ces sels aient pu souvent être confondus sous une même dénomination par les indigènes. En signalant les gisements de natron, nous sous-entendons, pour les mêmes localités, l'existence possible des deux autres minéraux.

Le *natron* ou *trounia* des arabes porte chez les Touareg les noms de : *Oksem, Ouksem, El Atroun*; il est aussi connu dans le Touat sous le nom de *Kelbou* [2].

On connaît des mines de *kelbou* :

Près du ksar d'El Mansour dans le district de Tasfaout-Fenourin (Touat) [3].

Au sud-est de Sahel, dans le district d'Akabli [4].

Le natron reçoit sa principale application dans les préparations tinctoriales, comme mordant, c'est un produit d'une grande importance commerciale. Il

---

[1] Duveyrier, *Touareg du nord*, p. 144.

[2] Commandant Deporter, *Extrême-sud de l'Algérie*, p. 187.

[3] Commandant Deporter, *Loc. cit.*, p. 187.

[4] Commandant Deporter, *Loc. cit.*, p. 219.

entre également dans la matière médicale des indigènes [1].

Le *natron* ou *nathroûn* نطرون est désigné aussi par les indigènes sous le nom vague de *bourak* بورق qu'ils donnent également à la plupart des sels de soude ou d'autres bases [2].

Dans les oasis, indépendamment des applications précédemment indiquées, le natron est employé à la fabrication du savon. On sait que souvent aussi les indigènes extraient ce sel de certaines plantes : belbel [3] (Anabasis articulata, Moq. Tand.), guetaf [4] (Atriplex halimus).

Soleillet, en 1874, indiquait dans son rapport l'importance de la *trounia* « sorte de carbonate de
» soude obtenu par l'incinération et le lavage des
» cendres d'une plante connue sous le nom arabe de
» bulbul (belbel) [5] que l'on rencontre fréquemment
» dans les terrains du Sahara imprégnés de sel [6] ».

Les indigènes qui habitent ou parcourent les bords de la *sebkha Safioun*, au nord d'Ouargla, fabriquent la

---

[1] Duveyrier, *Touareg du nord*, p. 144.

[2] *Kachef-er-Roumouz* de Abd-er-Rezzaq-ed-Djezaïri, *Traité de matière médicale arabe*. Traduction du docteur Luc. Leclerc, 1874, p. 59.

[3] P. Soleillet, *Voyage d'Alger à In Salah*. Rapport présenté à la Chambre de commerce d'Alger, 1874, p. 52.

[4] Kachef-er-Roumouz, *Loc. cit.*, p. 59.

[5] Ou baguel.

[6] P. Soleillet, *Loc. cit.*, p. 52.

trounia « qui est employée par quantités considérables
» en Algérie et vient jusqu'à Médéa où elle est
» utilisée par les *teintureries indigènes* [4] ».

Sulfate de soude. — Nous avons signalé précédemment l'existence, dans une daïa de la région de la zone d'épandage des grands oueds, de suintements d'eau très chargée en sels et particulièrement en sulfate de soude. C'est pendant les recherches que M. le commandant Godron et M. le lieutenant Sarton du Jonchay exécutaient dans les bas oueds Seggueur et R'arbi — au creusement du puits de Zebeïrat (Daïat el Habessa) — qu'ils constatèrent la présence, à peu de profondeur, d'une nappe liquide suintant à travers une couche de grès sableux très meuble et dont l'eau, à l'évaporation au soleil, donnait presque immédiatement un dépôt sub-cristallin de *sulfate de soude*. Depuis 1896, ce puits a été abandonné et comblé.

Azotate de soude. — *Nitrate de soude*. (Voir plus haut *Nitrate de potasse (Salpêtre)*.

SILICE ET SILICATES.

Silicium. — *Silice* (SiO^2). — Les minéraux de la silice, à l'exception du *quartz hyalin* cristallisé, qui ne se rencontre qu'accidentellement en géodes (druses ou fossiles, remplis intérieurement de cristaux secondaires de quartz), se montrent très répandus sur toutes les immenses surfaces que nous venons de parcourir et si aujourd'hui les indigènes utilisent peu ces minéraux, les hommes des époques préhistoriques et actuelles qui les ont précédés ont, on peut le dire, couvert le sol des débris d'outils et d'armes en silex [1].

Quartz. — Le quartz, outre le fait ci-dessus cité, se montre en cailloux roulés, ou en fragments bréchoïdes dans les grès quartziteux *dévoniens* et les grès à sphéroïdes *néocomiens*. Ce sont ces petits galets de quartz qui, très développés dans la partie supérieure du grès du crétacé inférieur, lui ont fait donner le nom de *grès à dragées*. Ces petits galets sont diversement colorés, mélangés à du sable ou à du sable et de l'argile, ils constituent le *sol de reg*. Les *grès quartzeux* du dévonien forment souvent de véritables brèches à éléments assez grossiers — Hassi el Azz — Hassi Aïcha — mais ils se montrent au contraire en beaucoup de points avec un grain assez fin et constituent de véritables *quartzites*, particulièrement sur la bordure sud de l'Erg occi-

---

[1] L. Rabourdin, *Mémoire sur les âges de pierre du Sahara central*, in Documents relatifs à la mission dirigée au sud de l'Algérie par le lieutenant-colonel Flatters (1ère expédition), p. 260.

G. B. M. Flamand, Association française pour l'avancement des Sciences. Congrès de Bordeaux, 1895.

dental, entre le puits d'Ounaden et le reg de Tabelkoza (Gourara)[1].

Ces grès quartziteux, à grains plus ou moins fins, ont été utilisés par les hommes de la période préhistorique, qui les taillaient assez grossièrement ; on les rencontre à l'état de haches, de pointes de flèches, de grattoirs, etc., dans les nombreuses stations du Meguiden et particulièrement dans ces sortes de *camps retranchés* naturels de cette grande dépression.

Silex calcédonieux. — *Ménilite.* — Les silex calcédonieux avec des facies multiples, les rognons de calcédoine, les silex jaspés passant à la ménilite, se rencontrent très développés à divers niveaux dans les *calcaires marneux* de l'étage cénomanien. Les silex de cette formation sont surtout constants dans la partie moyenne de l'étage. — Ils se montrent également en *bancs*, atteignant quelquefois 0^m30 d'épaisseur, dans les calcaires massifs *turoniens*. L'extension de ces deux terrains crétacés, ainsi que celle des zones supérieures à rognons siliceux (pour le Tadmaït), indique la fréquence des silex. Il faut ajouter que les terrains de transports — poudingues des terrains quaternaires — en contiennent, à l'état de cailloux roulés, des quantités considérables. Ce sont ces rognons siliceux, noirs, roulés, qui dominent sur les plateaux hammadiens et y rendent la marche si difficile.

[1] G. B. M. Flamand, *De l'Oranie au Gourara* in Algérie Nouvelle. Alger, 1896-97.

Les silex — silex calcédonieux, silex résinites, calcédoines, faux jaspes — abondent dans les ateliers de taille et les stations préhistoriques de tout le Sahara. Dans l'Erg, on en trouve en différentes stations des fonds d'oueds et de feidjs, sur le sol blanc crayeux. De nombreux échantillons de ces outils préhistoriques ont été retaillés afin de pouvoir servir comme « pierre à fusil ».

Grès. — *Meulières.* — Les grès sont quelquefois utilisés comme *pierre meulières*; et les indigènes, pour lesquels les moulins à grains sont des objets de première nécessité, les taillent dans des assises à grains moyens et à éléments bien tenaces. Palat, entre Zaouiet Debbar' et Adrar (Tin Erkouk), indique [1] que « le sol est fouillé
» à une faible profondeur; des dalles sont brisées;
» elles ont servi à faire des moulins à main dont
» se servent les femmes arabes pour préparer le repas
» de chaque jour ».

Jaspes. — Les indigènes sahariens possèdent presque tous des pierres à aiguiser qui sont de véritables jaspes — jaspes verts et gris. — On n'en connaît point la provenance exacte. Il en existerait, d'après les indigènes (Si M'hammed ben Hamza, de Tiberr'amin, déjà cité), dans le Baten, au sud de l'Aouguerout.

---

[1] Marcel Frescaly (Lieut. Palat), *Journal de route et correspondance*, 1886, p. 217.

SILICATES.

Serpentine. — (*Silicate magnésien hydraté*). — La serpentine existe dans le massif du Ahaggar. On n'en connaît point actuellement de gisement au nord de la dépression du Tidikelt. On sait que tous les Touareg portent des anneaux de bras qu'ils fabriquent eux-mêmes.

La serpentine est une pierre très tendre (dureté : 3) qui se laisse très facilement tailler au couteau. Duveyrier [1] indique comme gisement Tahodaït-tan-Hebdjan (rebord méridional du Tassili), sur la route directe de R'at à In Salah, non loin du ravin de Tahodaït-tan-Tamzerdja.

Actuellement les Touaregs retirent les blocs de serpentine, avec lesquels ils font les plus jolis bracelets, du Djebel Ahaggar à Tibelbilaouin, à une journée ouest de l'Oued Menyet [2].

Pierres précieuses. — Le « *Cid El Hadj Abd-el-Kader-ben-Abou-Bekr-et-Touati* » [3] indique, dans sa relation de voyage au Sahara et au Soudan, l'existence de très nombreuses pierres précieuses : rubis, saphir,

---

[1] Duveyrier, *Touareg du nord*, p. 143.

[2] Renseignement de M. le Capitaine Fournier, chef du poste de Ouargla.

[3] Abbé Bargès, *Le Sahara et le Soudan*. Documents historiques et géographiques, 1853.

etc., sur lesquelles il s'étend longuement, mais sans apporter aucune indication locale précise, sauf pour les prétendus diamants qu'il signale entre Ouallen et Akabli ; « relativement aux lieux où nous avons » découvert les pierres que nous avons apportées, en » nous conformant aux ordres du capitaine Abou Assen » (Boissonnet), il faut savoir que c'est entre Aïn Ghyr, » Tyt et Aoulef ». Il ne faut ajouter aucune foi à ce dire.

Les pierres précieuses qui ont été signalées par les indigènes aux autres informateurs, comme provenant du Touat viennent *très vraisemblablement*, pour la plupart, des Indes, de l'antique marché de l'Ancien Monde. Apportées par les Hindous dans l'Yémen [1], elles gagnent ensuite Djeddah et La Mecque d'où elles se dispersent dans tous les pays de l'Islam.

Emeraude. — (*Silico-aluminate de Glucine.*) — Duveyrier [2] écrit que l'on a trouvé des *émeraudes* dans le Touat et qu'au nord de Djerma les arabes prétendent qu'ils se les procurent en fouillant d'anciens tombeaux. Il avait lui-même rapporté d'El Goléa des cristaux, qui, dit-il, y ressemblent [3]. Jusqu'à ce jour,

---

[1] Niebuhr, *Description de l'Arabie*, Paris, 1779.

[2] Duveyrier, *Touareg du nord*, p. 68 et 143.

[3] Et l'auteur ajoute (p. 143) : « Il est probable qu'une exploration » complète des montagnes des Touareg et des bassins qui en » dépendent ferait retrouver l'ancienne émeraude garamatique des » musées ».

ce renseignement n'a jamais été confirmé ; il est d'abord plus que problable que les *cristaux d'émeraude*, même venant du Touat, avaient une toute autre origine et qu'ils ne se trouvaient dans cette région que par suite d'échanges [1].

En 1882, le capitaine Bernard, qui avait fait partie de la première mission Flatters, écrivait en publiant l'historique de la deuxième mission [2]: « Dimanche 6
» février..... La caravane campe à quelque distance des
» guelta dans un oued sablonneux. Autour du camp on
» trouve dans l'oued beaucoup d'émeraudes de toutes
» dimensions ; quelques-unes sont grosses comme un
» œuf. M. Santin en fait ramasser presque une demi
» charge de chameau. Le colonel promet une récom-
» pense à tout homme qui rapportera une de ces
» pierres ». Ce point est situé entre Temassint et Inzelman-Tikhsin.

[1] MM. Dorez frères, bijoutiers à Alger voulurent bien nous confier un cristal d'émeraude, que leur père possédait depuis 20 ans environ. Cette émeraude vient certainement du Mzab, d'où elle avait été apportée, avec de la poudre d'or, par un indigène ; à cette époque se faisaient encore, entre le Mzab et Alger, des échanges directs, des achats de poudre d'or et d'autres produits venant du Sahara central et du Soudan. Cette émeraude est un *Béryl* (Aigue-marine), elle se présente sous forme de prisme hexagonal très allongé — $0^m,15$ longueur du prisme — $0^m,05$ en moyenne, d'épaisseur entre deux faces parallèles du prisme. Finement striée longitudinalement, elle est d'une teinte très variable, suivant le point considéré, et, peu franche. Elle a déjà été utilisée dans ses parties les plus pures. Le canon d'émeraude est entièrement dégagé de toute gangue.

[2] Cap. Bernard, *Deuxième mission Flatters*. Historique et rapport. 1882, pp. 89 et 310.

Cette indication de la présence des émeraudes sur le flanc occidental du Djebel Ahaggar, donnée par M. le capitaine Bernard, dans l'exposé général de la marche et de l'historique de la deuxième Mission Flatters, ne se retrouve nettement dans aucune des dépositions des survivants de la mission, dépositions qui sont jointes au rapport comme documents à l'appui de la première partie. Seul, le récit du tirailleur Messaoud ben Saïd[1] (p. 310) vient fournir une nouvelle donnée sur ce sujet : « 18 Février — marché un peu
» à l'est dans une plaine analogue à celle que l'on
» a vue la veille, à quelques kilomètres du camp
» du 17; campé dans une sebkha de petite dimension;
» il n'y a pas de sel. Une heure de marche au delà,
» trouvé un oued bien boisé de tamarix qui poussent
» dans le sable, très abondant en ce point; le sable est
» mélangé de cailloux parmi lesquels se trouvent
» beaucoup d'émeraudes atteignant parfois les dimen-
» sions d'un œuf ».

Mais, voici au sujet de cet exposé (journée du dimanche 6 février) et de ces dépositions un complément très précieux d'information extrait d'une correspondance toute récente (juillet et septembre 1897) de M. le Chef d'escadron d'artillerie, Frédéric Bernard, l'auteur déjà cité :

« Le fait de la trouvaille d'émeraudes m'a été

---

[1] Messaoud ben Saïd, originaire de la fraction des Oulad Derradj, tribu des Oulad Sahnoun, annexe de Barika, subdivision de Batna, était soldat au 3ᵉ régiment de tirailleurs algériens.

» signalé pour la première fois par le nommé
» Messaoud ben Saïd qui s'est rappelé ce fait en
» voyant sur la table de mon bureau, où je l'interrogeais
» à Alger, une bague qui portait précisément une
» assez belle émeraude. Il m'a d'ailleurs été confirmé
» par un autre tirailleur, Amar ben Haoua, échappé
» au massacre. D'après Messaoud ce serait M. Roche,
» Ingénieur des Mines, qui aurait déclaré que les
» pierres vertes, trouvées au puits où campa la
» mission les 6, 7 et 8 février, étaient des émeraudes.
» Le Colonel Flatters aurait promis une récompense
» à ceux qui en apporteraient à l'Ingénieur et aurait
» chargé M. Santin de diriger ces recherches.
» Messaoud signale un autre endroit où il y aurait
» des émeraudes; cet endroit est situé sur l'itinéraire
» qu'il a suivi pour aller de Bir el Gharama au
» Ahaggar, c'est-à-dire suivant son interrogatoire [1],
» à un jour de marche N.-E. du Hassi Messeguef.
» Quant au mot arabe qui a servi à Messaoud et à
» l'autre indigène à désigner ces pierres, c'est bien,
» je crois me le rappeler : زمرد; et c'est bien le
» mot arabe qui signifie émeraude.

» Je crois le fait bien avéré, tant est qu'un fait
» affirmé par les indigènes puisse l'être. »

Enfin dans une autre publication parue en 1884,

---

[1] Cap. Bernard, *La deuxième mission Flatters, historique et rapport*, p. 311. Voir la carte annexée au rapport.

Messaoud ben Saïd, le même tirailleur déjà cité, indique, dans une nouvelle déposition, que, dans la vallée de l'oued Driss, « on trouve une pierre verte » d'un certain éclat. Messaoud en recueillit un » morceau dans lequel un juif d'Ouargla tailla quatre » châtons de bague [1] ; » l'indigène ne donne point à entendre, toutefois, que l'on ait ici affaire à une émeraude, ou bien à tout autre pierre verte, il n'établit aucune comparaison. A l'exception du fait précédent, et encore ignore-t-on la véritable nature de la pierre verte dont il est question, *aucune* des émeraudes recueillies par les membres de la seconde mission Flatters n'est parvenue dans le Nord. On ne possède donc au sujet de l'existence certaine des émeraudes du Ahaggar que les dépositions des indigènes que nous venons de citer. Nous indiquerons à titre de document la version du châanbi Cheikh-ben-Boudjemâa, ancien guide de la mission Flatters, version assez différente des assertions de Messaoud ben Saïd et Amar ben Haoua; nous devons ces derniers renseignements à M. le Capitaine Fournier, Chef du poste de Ouargla [2].

« Le point où le Lieutenant-Colonel Flatters a » fait ramasser les *pierres vertes* s'appelle Sebikat el » Melah ; celles-ci se trouvaient parmi des pierres

---

[1] F. Patorni, *Les tirailleurs algériens dans le Sahara*. Récits faits par trois survivants de la mission Flatters, 1884, p. 123.

[2] Renseignements contenus dans la lettre du 3 août 1897.

» noires éparpillées sur une surface de 300 mètres
» carrés et variaient comme dimensions, de la
» grosseur d'une bille à celle d'un œuf d'autruche.

» M. l'Ingénieur Beringer s'occupait du choix des
» pierres et ne prenait que celles qui résistaient au
» marteau. Il avait pu en faire réunir quatre caisses,
» aucune fouille n'ayant été faite on ignore si, à
» cet endroit, il existe de ces pierres vertes dans le
» sol.

» Le Lieutenant-Colonel Flatters, qui avait con-
» naissance que ce point possédait de ces pierres,
» avait engagé, la veille de l'atteindre, le guide Abed
» des Hoggar à le faire camper à ce lieu — mais,
» ce targui lui avait répondu, sans doute à dessein,
» qu'il ignorait ce point

» Le Colonel avait alors envoyé Cheikh ben
» Boudjemâa et Mohammed Ould Moumen des Adzjer
» à la découverte, et, ceux-ci avaient pu conduire
» la mission au campement demandé. »

« ... Le Colonel avait promis de fortes récompenses
» à ceux qui lui rapporteraient des *pierres vertes*.

» Il existerait un autre emplacement de *pierres*
» *vertes* à Oseksem dans l'oued Iza'r'ar au pied de
» la gara Djenoun et, celles-ci se trouveraient sur
» une étendue de 1 kilomètre carré, les pierres
» étant espacées de 2 à 3 mètres; ce point est situé
» entre Haci Gharis et le Tifedest.

» Le Colonel Flatters avait voulu s'y rendre, mais
» les guides Touareg, pour l'empêcher de mettre son

» désir à exécution, prétextaient qu'il allait manquer
» d'eau, et, qu'il s'écarterait beaucoup de son
» itinéraire. »

D'autre part on trouve une confirmation de la version du Commandant Bernard dans l'ouvrage intitulé : *Les deux missions du Colonel Flatters*, due à un membre de la première mission [1]. « Dans le
» sable autour du camp, on remarque une foule de
» pierres vertes, que Roche reconnaît bien vite pour
» être des émeraudes. Chacun se met à la recherche
» de ces gemmes, et Santin est chargé par le Colonel
» d'en faire la récolte. Le chef de la mission a
» promis une récompense à tout homme qui en
» rapporterait. Ces pierres sont tellement abondantes
» qu'on en remplit presque une cantine ; quelques-
» unes atteignent la taille d'un œuf. »

ADDENDA.

Thomela [2]. — طلبة On trouve dans tout le Touat proprement dit, d'après le commandant Deporter, un minéral appelé par les indigènes *Thomela* servant à teindre en bleu, pour le tannage des peaux [3] et pour la fabrication d'une encre indélébile.

---

[1] *Les deux missions du Colonel Flatters*, racontées par un membre de la première mission, Paris, sans date.

[2] Commandant Deporter, *Extrême-sud de l'Algérie*, p. 167.

[3] Commandant Deporter, *Loc. cit.*, p. 219.

La Thomela que l'on rencontre « dans ces régions
» doit être un sulfate de fer (?). Elle a une saveur
» acidulée et une action corrosive énergique, elle teint
» en noir en la mélangeant à l'écorce de grenade;
» elle entre également dans la composition d'une
» encre arabe d'un beau noir indélébile. On l'emploie
» encore pour combattre les accidents extérieurs de
» la syphilis »[1].

On en signale des mines à :

Ben Draa — district de Bouda [1];
Adrar — district de Timmi [2];
Tamentit — district de Tamentit [3];
Abenkour — district de Bou Faddi[4];
El Mansour — district de Tasfaout-Fenourin [5];
El Hamer — district de Tamest [6];
Zaouiet Kounta — district de Zaouiet Kounta [7];
Ksar el Kebir — district d'In Zegmir [8];
El Meharza — district de Sali[9];

---

[1] Commandant Deporter, *Loc. cit.*, p. 167.
[2] Commandant Deporter, *Loc. cit.*, p. 171.
[3] Commandant Deporter, *Loc. cit.*, p. 179.
[4] Commandant Deporter, *Loc., cit.*, p. 183.
[5] Commandant Deporter, *Loc. cit.*, p. 187.
[6] Commandant Deporter, *Loc. cit.*, p. 191.
[7] Commandant Deporter, *Loc. cit.*, p. 195.
[8] Commandant Deporter, *Loc. cit.*, p. 199.
[9] Commandant Deporter, *Loc. cit.*, p. 203.

Sahel (au sud-est de ce Ksar) — district d'Akabli (Tidikelt) [1].

Ouankal. — Une deuxième substance, dont nous ne connaissons pas le nom équivalent en français, ni la composition, est l'*Ouankal.* C'est, d'après le même auteur [2], une « substance minérale de couleur jaunâtre, » servant à faire les teintures, surtout le bleu, dans la » composition duquel elle entre spécialement. Elle » sert aussi à fixer et à renforcer le ton du henné sur » la main. Cette substance n'a ni saveur, ni odeur. On » en rencontre des mines importantes dans les districts » de Sali et de Reggan, » à El Meharza, district de Sali [3], à Timadanin, district de Reggan [4].

On en signale encore des gisements à Tasfaout [5], district de Tasfaout-Fenourin [6], et à Tilioulin, district d'In Zegmir (Touat el Henné); ce dernier très important [7].

En résumé, les minéraux dont la présence a été signalée dans le bassin de l'oued Saoura et dans les régions avoisinant le Touat, soit à l'état de *gites*

[1] Commandant Deporter, *Loc. cit.*, p. 219.
[2] Commandant Deporter, *Loc. cit.*, p. 187.
[3] Commandant Deporter, *Loc. cit.*, p. 203.
[4] Commandant Deporter, *Loc. cit.*, p. 207.
[5] Commandant Deporter, *Loc. cit.*, p. 187.
[6] Commandant Deporter, *Loc. cit.*, p. 187.
[7] Commandant Deporter, *Loc. cit.*, p. 199.

importants, soit simplement à l'état d'*indices*, sont les suivants :

Produits charbonneux (Tourbe fossile).

Soufre natif.

Météorite holosidère (Fer natif).

Pyrite, Marcasite (Fer sulfuré).

Limonite, Hématite rouge (Oxyde de Fer).

Ocres.

Oxyde de Manganèse.

Malachite, Azurite (Carbonate de Cuivre).

Stibine (?) (Sulfure d'Antimoine).

Chlorure de Magnésium.

Sulfate de Magnésium.

Dolomie (Carbonate double de Chaux et de Magnésie).

Alun (Sulfate double d'Alumine et de Potasse).

Calcite (Carbonate de chaux, Pierre à chaux, marbre, calcaire sublithographique, travertins calcaires, tufs calcaires, calcaire farineux).

Gypse (Sulfate de chaux hydraté, Pierre à plâtre, Albâtre gypseux).

Anhydrite, Karsténite (Sulfate de chaux anhydre).

Nitre ou *Salpêtre* (Azotate de Potasse).

Azotate de Soude.

Sel gemme (Chlorure de Sodium).

Natron (Carbonate de Soude).

Sulfate de soude.

Quartz (Silice), Silex calcédonieux, Menilite, Grès, Meulières, Jaspoïdes.

Argiles (Silicate d'alumine hydraté), Argile à poterie, Argile à foulon, etc.

Serpentine (Silicate de magnésie hydraté).

Emeraude (?) (Silico — Aluminate de Glucine).

Parmi ces minéraux, les seuls exploités et utilisés par les indigènes sont les suivants :

Soufre.

Oxyde de fer (colorants).

Ocres.

Oxyde de Manganèse (Koheul).

Oxyde de cuivre (Koheul).

Stibine (?) (Koheul).

Dolomie (Pierre à chaux, pierre d'appareil).

Calcite (Pierre à chaux, pierre d'appareil, marbre, calcaire farineux) (conservation des étoffes).

Alun (teintureries).

Gypse (Pierre à plâtre).

Nitre (Fabrication de la poudre).

Sel gemme.

Natron (Savon, teintureries).

Quartz, Silex, Jaspoïdes (Pierres à fusil, pierres à aiguiser, ornements),

Argiles (Poteries, terre à foulon, etc.)

Serpentine (Objets d'ornements chez les Touaregs).

Emeraude   id. (?)

A ces productions il faut ajouter :

La *Thomela* et l'*Ouankal* employés dans l'art de la teinture.

§ II. — Productions végétales.

OASIS. — PUITS. — FOGGARA. — CULTURES.

Les oasis sont situées, soit au milieu des sables et tout autour d'une sebkha comme au Gourara, soit dans le lit d'un ancien cours d'eau, comme dans l'Aouguerout, soit encore le long d'une grande rivière comme au Touat proprement dit. Elles sont généralement adossées à des pentes douces où elles vont puiser les eaux nécessaires à leur alimentation.

Au Gourara, les plus importantes sont situées au bord de la grande sebkha, formant le centre de cette région. Parlant de l'une d'elles, l'oasis d'El Hadj Guelman, Palat estime qu'elle a la même étendue que celle de Gafsa qui contient environ 250.000 palmiers. « Elle s'étend, nous dit-il, dans le fond de la sebkha » et, grâce à des pépinières et à de jeunes plantations, » elle rejoint presque celle des Oulad Saïd, plus » grande encore. De même, les oasis de Timimoun, » El Kef, etc., envahissent le lit de l'ancienne mer et » l'on peut, dès à présent, prévoir le moment où la » sebkha entière formera une immense forêt de » palmiers [1] ».

Au Touat, toutes les oasis sont échelonnées le long des dernières pentes qui descendent du Tadmaït ou à proximité des chaînes de hauteurs qui s'y rattachent

---

[1] Palat, *Ouvrage cité*, p. 299.

et constituent la ceinture de l'oued Messaoud, ceinture dont le système est encore d'ailleurs fort mal défini.

Au Tidikelt, presque toutes les oasis sont placées au débouché des oueds qui descendent du Tadmaït, cherchant vraisemblablement à profiter des apports alluvionnaires que ces cours d'eau ont constitués dans la plaine.

La culture des jardins est la principale occupation du Touatien. Le maître, le propriétaire ne travaille pas ; il a toujours, au moins, un esclave pour arroser ses palmiers, il ne lui reste qu'à visiter ses jardins de temps en temps. La culture du palmier n'est d'ailleurs pas très fatigante. Cependant les soins à leur donner sont incessants : au printemps, il faut les sarcler et relever la terre en entonnoir au pied de chacun d'eux pour y faire séjourner les eaux ; on coupe ensuite une certaine quantité de fleurs de façon à ne pas fatiguer l'arbre par une production excessive. Ils peuvent ainsi produire tous les ans et donner des fruits de bonne qualité. Il est rare cependant que plus de la moitié des arbres produisent, par suite d'une alternance périodique. Les mauvaises récoltes suivent les bonnes ou en sont séparées par de médiocres.

On peut calculer à trois cents le nombre de palmiers que porte un hectare. A six ans, cet arbre donne déjà un produit rémunérateur ; à dix ans, il est en plein rapport et sa vieillesse, loin de diminuer son rendement, ne fait que l'augmenter.

La récolte des dattes s'effectue en automne. Il existe

cependant des variétés hâtives, qui se récoltent plus tôt. C'est ainsi qu'au Tidikelt, d'après Rohlfs, les premières dattes se cueillent en mai, la fécondation ayant étant effectuée en Février [1].

Quand vient le moment de la cueillette, un homme grimpe sur l'arbre pour couper les régimes. C'est une opération dangereuse qui occasionne des accidents : les chutes sont souvent mortelles et les blessures faites par les fortes épines des djerid, qu'il est presque impossible d'éviter, s'enveniment fréquemment et sont toujours fort douloureuses. Pour ces travaux les plus riches propriétaires abandonnent à leur khammès une part de la récolte et la moitié du bois d'émondage. Au fur et à mesure que l'on cueille les dattes, on les emmagasine dans des chambres bien fermées où elles se conservent d'autant plus longtemps qu'on les a laissées dessécher plus ou moins sur l'arbre.

Dans les districts nord du Gourara, Tin Erkouk, El Haïha, Teganet, où l'on a à lutter contre l'envahissement des sables, la culture du palmier est beaucoup plus pénible et oblige le cultivateur à un travail incessant, analogue à celui des habitants du Souf.

Pour créer un jardin, on doit le plus souvent procéder de la manière suivante : Après avoir enlevé environ 3^m de la couche supérieure de sable, on creuse un puits de 3^m50 à 4^m50 de profondeur, au centre du

---

[1] Rohlfs, *Reise*, p. 195.

terrain déblayé. Pendant les premières années, on cultive quelques légumes autour du puits; les années suivantes on agrandit peu à peu l'espace déblayé et on approfondit le terrain afin d'amener le sol du jardin à 1^m50 au-dessus du niveau de la nappe aquifère. C'est alors qu'on plante les jeunes palmiers. Au fur et à mesure qu'ils se développeront, ils pousseront leurs racines jusqu'à l'eau, mais ils auraient péri si on les avait plantés directement dans l'eau.

Dans ces régions, la direction des vents ainsi que leur durée, leur intensité et leur périodicité, sont choses indispensables à connaître; la prospérité des cultures dépend souvent de cette connaissance. L'expérience seule, en effet, permet de déterminer de quel côté de l'entonnoir il faut rejeter le sable qui tend toujours à redescendre dans le jardin. Elle sert encore de guide quand il s'agit d'établir sur le faîte des dunes, qui entourent la plantation, des lignes de branches de palmiers destinées à détourner les sables.

Dans ce but, du côté du vent régnant et perpendiculairement à sa direction, on dispose en ligne des branches serrées de palmiers qu'on enfonce profondément. Du côté opposé, on place au contraire ces lignes en haies parallèles, dans la direction du vent, de telle façon que le sable chassé par lui ne soit pas arrêté, mais poussé dans ces espèces de couloirs.

L'arrosage n'exige un certain travail que dans les oasis où il n'y a que des puits et où il faut, par conséquent, élever l'eau par un moyen quelconque.

Ces puits sont généralement munis de deux montants en maçonnerie réunis par une traverse supérieure, à laquelle est fixée l'*adjebed*, bascule formée d'un tronc de palmiers. A la longue branche de l'adjebed pend une corde munie à son extrémité d'un seau, tandis qu'au bout de l'autre branche est attachée une grosse pierre pour faire contrepoids. Le récipient qui sert à puiser l'eau, la *guenina*, a la forme d'une grande gamelle. Il est fait de palmes tressées ou formées d'un cercle de bois, auquel on a attaché une peau de bouc ou de chamelon. Comme le plateau d'une balance, ce récipient est fixé par quatre ficelles à la corde que soulève la bascule. Les habitants des Ksour sont très adroits pour puiser de l'eau avec cet appareil. Une secousse suffit pour remplir la guenina quand elle arrive au niveau de l'eau, chaque coup de bascule durant à peu près six secondes et la guenina contenant environ 8 litres, il en résulte que chaque appareil, bien manié, peut fournir environ 80 litres à la minute. Souvent d'ailleurs, il y a 2 ou 3 bascules au même puits, ce qui augmente encore le débit.

Ce mode d'arrosage est exclusivement employé dans quelques ksour du Tin Erkouk, d'El Haïha, de Charouin et du Teganet [1], où la nappe d'eau est à petite profondeur. Dans cette région les puits ne servent qu'à l'irrigation des petites cultures, car les

---

[1] Le commandant Colonieu ne cite que Tabelkoza et Sidi Mansour.

palmiers peuvent aller chercher eux-mêmes dans le sous-sol l'humidité qui leur est nécessaire.

Partout ailleurs, l'irrigation se fait surtout à l'aide des feggaguir (au singulier foggara). On nomme ainsi de longues galeries creusées dans les ondulations qui avoisinent les oasis. Quelques-unes mesurent plus de trois kilomètres de longueur et sont même souvent assez hautes pour qu'un homme puisse y marcher debout. Sur tout le parcours de la galerie et à des distances variables sont creusés des puits. Fréquemment même, ceux-ci sont forés à quelque distance de la galerie centrale ; ils lui sont alors reliés par des galeries latérales. Ces galeries, dans leur ensemble, sont généralement souterraines, mais parfois aussi elles sont creusées en tranchée et recouvertes de larges dalles destinées à empêcher l'ensablement ; quelquefois même la galerie centrale est maçonnée. Le sol de cette dernière est creusé en pente, de façon à donner aux eaux qu'elle collige un écoulement vers un point convenablement choisi d'où il sera facile d'amener l'eau dans les parties à irriguer.

« Une première foggara ainsi établie peut devenir,
» si la nappe est abondante et le terrain à cultiver
» bien choisi, l'objectif d'une infinité de feggaguir
» latérales, car chaque particulier peut creuser sa
» foggara, et la faire aboutir à la foggara mère. Il a
» droit, à la sortie, à la quantité d'eau qu'il a
» amenée dans la foggara primitive. Il existe, dit-on,
» des feggaguir, qui ont jusqu'à 80 branches et dont

» l'eau est divisée à sa sortie en autant de parties
» proportionnelles [1] ».

La foggara exige pour son établissement un long travail, mais ensuite l'arrosage se fait sans effort, il n'y a qu'à entretenir les galeries et les séguias, en ne les laissant pas s'ensabler.

Rohlfs nous apprend que la foggara s'emploie dans tout le Touat concurremment à tous les autres modes d'arrosage [2].

Les feggaguir sont innombrables dans la région Touatienne : le commandant Colonieu, dans sa marche de Bel R'azi à Tiberr'amine, sur une distance d'environ 40 kil., a traversé 30 feggaguir ayant de 70 à 100 puits. Tous les travaux d'eau, construction et entretien des feggaguir, forage des puits, établissement et curage des canaux d'irrigation, sont l'œuvre des nègres.

Le palmier est la grande richesse des oasis. Il leur donne la vie et assure leur existence. Sans le palmier, l'habitant du désert n'aurait pour vivre que des ressources insuffisantes. Par son industrie, il a su transformer cet arbre presque sans valeur et s'en faire

---

[1] Deporter, *Sahara algérien, Gourara, Touat, Tidikelt*, p. 20. Le système des feggaguir n'est pas particulier, comme on l'a cru longtemps, au témoignage de Duveyrier, au Touat et au Fezzan. On le trouve employé dans toutes les parties de l'Afrique du Nord et même en Perse où il existe un grand nombre de ces galeries d'alimentation sur les plateaux arides que traverse la route de Kerman à Iezd (Schirmer, *le Sahara*, p. 225).

[2] *Globus*, *article cité* p. 275.

un auxiliaire précieux [1]. Au dire de Rohlfs, le palmier n'atteint au Touat proprement dit, qu'une faible hauteur, mais son bois est meilleur pour la construction que celui des oasis occidentales. Il en existe dans ce pays un grand nombre de variétés, produisant des fruits de toutes qualités. Rohlfs, qui ne peut être que bon juge en la matière, puisqu'il est le seul européen qui ait parcouru le Sahara depuis l'oued Drâa jusqu'à l'oasis de Koufra, constate que dans l'Afrique du Nord, plus on va vers l'ouest, meilleures sont les dattes. Pour lui, celles du Tafilalet et de l'oued Drâa surpassent en arome et en douceur celles du Touat ; et celles-ci surpassent à leur tour celles du Djerid tunisien, qui valent mieux elles-mêmes que les dattes des déserts tripolitains [2].

Les meilleures espèces [3] sont les Tinakour [4] et les

---

[1] A l'état sauvage, le palmier a des tiges plus minces, des palmes plus courtes ; il buissonne volontiers au ras du sol ; il donne des fruits petits et sans noyau. C'est ainsi qu'on le rencontre, dans les parties incultes de l'oasis de Koufra et dans les oasis désertes au Sud de la grande Syrte : Maradé et Abou Naïm. Il paraît être originaire du désert lybique (Schirmer, *le Sahara*, p. 285).

[2] Rohlfs, Globus, *article cité*, p. 275. — Confer : *Ibn Batouta*, trad. Defrémery et Sanguinetti IV, p. 376. — Mircher, *Mission de Ghadamès*, p. 152.

[3] Rohlfs (*article cité*, p. 275) fait observer que la plupart de ces variétés ont des noms berbères. Il en conclut que les premières plantations ont été faites par des populations d'origine berbère. Tini en Zenatia du Touat, teïni en tamahak, signifient datte.

[4] Cette datte, la plus appréciée au Touat, est petite et fondante.

Tinehoud [1] qui se vendent sur les lieux, dans les meilleures années, au moins 20 fr. la charge. Rohlfs cite également comme un fruit exquis la datte Bou Makhlouf (Ba Makhlouf) qui est une datte hâtive.

Au second rang, il faut placer les variétés appelées Tilemsou [2], Ahmira [3] (cette dernière se dessèche et n'est alors comestible qu'après avoir été réduite en poudre), Tineldjel et Adekli [4] qui se vendent 15 fr. la charge.

La 3e qualité comprend les Tegazza [5], Tinasseur [6] et Tikerbouch [7], qui se vendent 10 fr. la charge.

Ces espèces sont généralement les seules qu'achètent nos nomades.

Il existe encore bien d'autres variétés. Rohlfs, qui en donne une énumération, n'en a cité que quelques-unes parmi les centaines qu'il a entendu nommer.

---

[1] C'est l'espèce la plus estimée de nos nomades, dont les plus riches en rapportent toujours quelques charges. Elle figure avec honneur dans les diffas. Cette datte de forme ovoïde, de couleur jaune doré, à drupe très ferme, se conserve très bien.

[2] Datte rouge, dure et un peu âpre.

[3] La datte ahmira est de beaucoup la plus répandue. Elle forme les 95 pour cent des achats de nos tribus du Sud oranais. Elle est brune, très foncée, légèrement transparente et longue de 0^m03.

[4] Datte noire, rayée et très bonne.

[5] Grosse datte transparente. Elle prendrait une couleur rouge quand le palmier est près de l'eau, blanche quand il en est éloigné.

[6] Datte longue de 4 à 5 centimètres, mince, blanchâtre.

[7] Datte jaune, courte, très serrée.

Nous signalerons encore :

1° Les dattes molles, telles que les Hartan[1] (Ahartan), les Semat, les Timoudi. On les met en pain en les comprimant dans des peaux.

2° Les dattes de qualité inférieure. Elles sont innombrables. Nous citerons les variétés suivantes : Tazerzaït, Tinekesri, Lebrel, Aïssa ben Moussa, Titiran, Lefkir Ali, Aïssa Ali, Oukech, Naalouf, Bou Feggous, Ba Khemda, Bemmamou, Bent Cheikh, Bou Arif et Deguel ;

3° Les espèces hâtives, telles que les Tademamet, Cheikh Mohammed, El Ouarglia, Ba Makhlouf, Ahmed Malik, Zizaou, Abad, Tibahouin, Merad, Gaz, Baba Alla, Bir ed Dhob.

Les dattes de rebut — *hachef* —, les noyaux — *alef* —, concassés et gonflés dans l'eau, sont donnés à manger aux animaux : chameaux, chevaux, moutons etc.....

La datte est au Touat l'objet d'un important commerce d'échange avec les nomades du Sahara qui gravitent autour de ces oasis, tels que ceux du sud de l'Algérie (division d'Oran et d'Alger) et les Touareg de l'Ahenet. Aussi a-t-on dit, avec raison, que les Touatiens faisaient deux parts de leur récolte : une pour leur usage particulier, l'autre pour l'échange et l'exportation.

On a cherché à apprécier l'importance de la produc-

---

[1] Datte rouge, très bonne. Les Gourariens en apportent fréquemment sur nos marchés du Sud.

tion des dattes fournies annuellement par le Touat. Pour cela, on a été amené à déterminer le nombre des palmiers qui pouvaient exister dans les oasis. Nous résumerons, dans le tableau ci-après, les diverses estimations qui ont été produites à ce propos.

SUBDIVISIONS régionales.	Commandant FOSSOYEUX, Commandant supérieur de Géryville. 1880 (1)	Capitaine GRAULLE, chef du bureau arabe de Saïda. 1886 (2)	M. POUYANNE ingénieur en chef des mines. 1886 (3)	Lieutenant DEVAUX, adjoint au bureau arabe de Géryville. 1886 (4)	Commandant DEPORTER, commandant supérieur de Ghardaïa. 1890 (5)	M. SABATIER, ancien député. 1891 (6)
Gourara	908.500	3.000.000	1.747.000	900.000	2.527.000	»
Touat	1.519.800	3.000.000	4.316.000	1.520.000	2.948.500	»
Tidikelt	366.200	1.000.000	902.000	360.000	1.326.000	»
Totaux	2.794.500	7.000.000	6.965.000	2.780.000	6.801.500	10.048.000

La diversité même de ces chiffres prouve combien il est difficile d'apprécier le nombre de palmiers existant

[1] Chiffres relevés dans un travail inséré par M. Pouyanne dans l'ouvrage cité ci-dessous, p. 132, travail qui avait été établi à l'aide des témoignages d'une *quarantaine de Gourariens*.

[2] Chiffre contenu dans une lettre insérée dans le même ouvrage de M. Pouyanne, p. 136.

[3] Chiffres donnés par M. Pouyanne dans ses « *Documents relatifs à une mission dirigée au sud de l'Algérie* » p. 150.

[4] Mémoire manuscrit déjà cité. Les chiffres donnés par M. Devaux se rapprochent très sensiblement de ceux du commandant Fossoyeux.

[5] Chiffres extraits de l'ouvrage « *Extrême sud de l'Algérie* »

[6] Total donné dans l'ouvrage intitulé « *Touat-Sahara-Soudan* », p. 197.

au Touat, même, comme l'a fait M. Pouyanne, dans sa si consciencieuse étude sur l'établissement d'un chemin de fer transsaharien, en cherchant à s'appuyer sur un terme de comparaison pris dans une oasis dont le nombre de palmiers fut connu [1]. Il est, en effet, facile de se rendre compte de l'incertitude de ce procédé, car pour qui a vu une oasis, le chiffre de palmiers varie extrêmement sur une même étendue, en raison de leur plus ou moins grande densité.

Dans ces conditions, il ne semble pas possible de se baser sur l'évaluation plus ou moins exacte du nombre de palmiers existant au Touat pour apprécier la production de ce pays; il faudrait, en effet, pouvoir partir de données plus certaines que celles provenant des renseignements, plus ou moins exagérés, fournis par les Gourariens ou par ceux de nos indigènes qui visitent passagèrement ces régions.

Rohlfs qui, en somme, est le seul européen qui ait parcouru presque tout le Touat, et qui, par suite, aurait eu mieux que tout autre le droit de parler, s'est bien gardé de le faire. Il s'est contenté de dire, dans une note de son article sur le Touat, paru dans le Globus en 1893 : « Les Français parlent de neuf millions de » palmiers ; ce chiffre me paraît exagéré ».

On a cherché également à donner le rendement en dattes fourni par chaque pied de palmiers.

Ici, encore, les appréciations varient extrêmement.

---

[1] M. Pouyanne avait pris comme terme de comparaison l'oasis d'Ouargla recensée, en 1873, pour l'assiette de l'impôt.

En 1880, le commandant Fossoyeux [1] indiquait, pour le rendement en dattes sèches d'un palmier en année ordinaire, un poids au moins égal à 20 kilogrammes ; ce qui faisait à peu près 25 à 30 kilogrammes de dattes fraîches.

En 1886, le capitaine Graulle estimait qu'au Gourara chaque pied de palmier donnait à peine 50 litres de dattes par an ; au Touat, d'après le même, les arbres, d'un très faible rapport, ne produisaient environ que 30 litres par an [2]; mais au Tidikelt, la production se relevait et chaque palmier donnait annuellement 70 litres [3].

De son côté, M. Sabatier faisait observer à la même époque que la production varie considérablement avec les régions. Faible à Laghouat, à Bou Semr'oun, à Tiout, elle est sensiblement plus élevée à Ouargla, à Moghrar, à Figuig et atteint son maximum aux Beni

---

[1] Cité par M. Pouyanne, p. 149.

[2] Cette différence de production du dattier, entre ces deux régions voisines, avait déjà été signalée par le lieutenant-colonel de Colomb, (*notice citée*, p. 24). Pour lui, les palmiers du Touat proprement dit sont moins productifs que ceux du Gourara. Les habitants, ajoute-t-il, soignent peut-être leurs dattiers avec moins d'attention, ou, comme ils le disent, la culture du tabac leur nuit-elle.

[3] Lettre du capitaine Graulle, insérée dans l'ouvrage de M. Pouyanne, déjà cité, p. 136. Combinant ces données avec le chiffre de palmiers qu'il indiquait pour le Touat (voir le tableau inséré plus haut), M. Graulle trouvait pour cette région une production totale annuelle de 3.100.000 litres de dattes, soit, Gourara : 1.500.000 litres, Touat proprement dit : 900.000 litres, Tidikelt : 700.000 litres.

Goumi, au Tafilalet, au Touat. La véritable patrie du dattier est donc au dessous du 32° degré de latitude. En même temps la production varie suivant les années; généralement une année très bonne suit une année médiocre. Enfin dans les années fertiles, le rendement varie, lui-même, entre une demi charge et deux charges de chameaux, la charge variant à son tour entre 180 et 220 kilogrammes. Au contraire, dans les années mauvaises, la production par pied peut tomber de 20 à 60 kilogrammes. De là, M. Sabatier concluait qu'il fallait évaluer la production moyenne au Touat à 40 ou 50 kilogrammes [1], par arbre.

M. Pouyanne enfin, se basant sur de nouvelles considérations, s'arrêtait à son tour au chiffre de 40 kilogrammes par pied [2].

Mais, ici encore, ces estimations, malgré tout le soin et toute la conscience avec lesquels elles ont été établies, ne sauraient être acceptées qu'à titre d'indications. L'on ne doit en retenir avec certitude que le fait avancé par M. Sabatier, à savoir que le rendement par pied de dattier augmente, toutes proportions gardées, au fur et à mesure que l'on avance vers le Sud.

Quand on réfléchit, d'autre part, au nombre de tribus sahariennes qui, en plus des populations du

---

[1] Mémoire inséré par M. Pouyanne dans son ouvrage déjà cité, p. 148.

[2] D'après M. Rolland, dans l'oued R'ir, la production n'est que de 15 à 17 kilogrammes par pied.

Touat même, vivent au dépens des oasis, on ne peut s'empêcher d'admettre à priori que la production des dattiers de cette région soit tout à fait considérable[1]. Il est probable même que cette production a été jadis plus considérable encore; car, dans ce pays de la lutte pour la vie, ce ne sont que ruines de Kasba, canaux abandonnés, feggaguir comblées, palmiers *bour* (délaissés), qui font de la contrée un pays de ruines. Alors peu à peu les palmiers disparaissent et le sol qu'ils recouvraient de leur ombre rentre progressivement dans les conditions climatériques des terres voisines, dévorées par l'ardeur du soleil.

Sous les palmiers croissent, comme dans nos Ksour du Sud, des arbres fruitiers qui abritent de petits carrés *(guemmoun)* de céréales et de légumes. Toutes ces diverses cultures sont bien entendues dans tout le Touat; le fumier, tous les résidus que l'on retire des maisons, les cendres sont soigneusement recueillis[2],

---

[1] Les dattes sont, avec le tabac, les principaux articles d'exportation du Touat à Tin Bouktou. Barth. édit. anglaise, t. V, p. 36. — Lenz, *Timbouctou*, t. II, p. 167.

[2] C'est sans doute dans un but identique que, suivant Rohlfs, on multiplie au Touat les latrines publiques et privées. Léon l'Africain, dans un langage imagé, a constaté également avec quel soin les habitants du Gourara fumaient leurs terres : « Et pour mieux le faire
» rapporter (leur pays), ils les fument (leurs terres), au moyen de quoy
» ils ont coutume de bailler leurs maisons aux étrangers, sans louage,
» pour retirer seulement le fiens de leurs chevaux, lequel ils gardent
» fort curieusement, voire et ne sauroyent recevoir plus grand

et les femmes, les esclaves sont constamment occupés à les transporter dans les jardins ; c'est un excellent engrais pour les légumes que l'on y cultive et même pour les palmiers.

Les semailles se font en grattant simplement la terre avec le *fala* sorte de hoyau très large [1]. On arrose ensuite tous les jours pour assurer une bonne venue et une bonne récolte.

Les arbres fruitiers qui croissent dans les oasis sont : des figuiers, des amandiers, des cognassiers, des abricotiers, des pommiers, des pêchers, des grenadiers, ceux-ci en petit nombre et de médiocre qualité, au dire de Rohlfs, car la chaleur développe leurs fruits trop promptement et en dessèche le suc.

A cette énumération, il faut ajouter une espèce de cédratier dont la présence a été constatée par Soleillet [2] dans les jardins de l'oasis de Meliana (Tidikelt) et peut-être aussi le citronnier que Duveyrier croit ne pas être rare au Touat [3].

Le long de ces arbres grimpent quelques pieds de

» déplaisir, que de veoir quelqu'un sortir hors la maison pour aller » du corps, tellement qu'ils le reprennent fort aprement, disans s'il » n'y a pas lieu dedans, pour ce faire ». Léon l'Africain, édit. Jean Temporal, 1556, p. 310.

[1] Les Touatiens emploient encore un autre instrument, le *fas*, petite pioche et hachette tout à la fois.

[2] *Rapport à la Chambre de commerce d'Alger*, p. 90.

[3] *Touareg du Nord*, p. 155.

vigne ; ils fournissent aussi, d'après le voyageur allemand, un raisin qui comme la grenade mûrit trop vite [1] et se dessèche.

On cultive très peu de céréales au Gourara, quelques très petites planches dans les jardins. Cette culture, suivant le lieutenant-colonel de Colomb, serait plus développée au Touat proprement dit, où la faculté d'irriguer permettrait d'ensemencer de grandes surfaces en orge et blé, si bien que les habitants ne seraient pas obligés de demander des céréales aux caravanes[2]. Rohlfs exprime une opinion toute opposée ; pour lui, on cultive des céréales dans le Touat tout entier, mais la récolte que l'on en fait est loin de suffire à l'alimentation des habitants; ils doivent faire venir le complément du Tell [3]. Les céréales cultivées sont :

L'orge,
Le blé,
Le maïs,
Le millet (tasfaout), le mil des nègres[4],
Le sorgho (bechena) qui, comme le précédent,

---

[1] Des informateurs indigènes, envoyés par le Gouvernement Général de l'Algérie, ont constaté, à El Barka (Deldoun), en fin Juin, que « le raisin, qui était à maturité, ressemblait à de petites » mûres sauvages ».

[2] *Notice citée*, p. 24.

[3] Rohlfs, *Reise*, p. 163.

[4] On cultive le mil à In Salah. Rohlfs, *Reise*, p. 189.

semé en août, se récolte en octobre, ce qui permet de faire une double récolte par an [1].

Les légumes ne manquent pas. Nous citerons :

Le haricot; c'est, d'après Rohlfs, une espèce particulière que l'on cultive au printemps [2]. Elle serait très bonne.

Le petit pois,
Le pois chiche,
La fève,
Le chou,
L'oignon,
L'ail,
Le persil,
La carotte,
Le navet,
La rave,
Le melon,
La pastèque,
Le concombre,
La citrouille,
La courge,
Le gombo,

Le piment et particulièrement la variété appelée par les indigènes *felfelt-et-thiour* (piment des oiseaux). Ce piment est tout au plus gros comme une cerise, très rouge et extrêmement fort. Séché et

---

[1] Rohlfs, *Reise*, p. 163.

réduit en poudre, il suffit d'une très petite quantité pour assaisonner un grand plat.

L'aubergine,

La tomate,

et un peu aussi depuis quelques années, dit-on, la pomme de terre.

En sus de ces légumes, on cultive encore les plantes suivantes :

1° Le tabac : c'est la variété rustique qui est très forte et dont l'odeur est très piquante [1], que l'on cultive dans les oasis, particulièrement dans le Touat proprement dit, surtout dans le sud. Si les palmiers de cette région sont si peu productifs, c'est, au dire des habitants, dire rapporté par le lieutenant-colonel de Colomb, parce que la culture de cette solanée leur nuit. Le principal marché du tabac est à Sali [2].

Le tabac du Touat est très apprécié à Tin Bouktou où on l'exporte [3]. Dans l'oued Drâa où on l'emploie aussi, on lui préfère celui de l'oued Noun [4]. On le cultive également quelque peu au Gourara [5]. Palat l'a constaté et il en a vu vendre en feuilles. Il l'a trouvé petit, noirâtre, de qualité inférieure. Les

[1] *Touareg du nord*, p. 184.

[2] Rohlfs, *Reise*, p. 165.

[3] F. Dubois, *Tombouctou la Mystérieuse*, p. 293. — Lenz, *Timbouctou*, t. II, p. 167. — Barth. Edit. anglaise, t. V, p. 36.

[4] De Foucauld, *Reconnaissance au Maroc*, p. 123.

[5] D'après Rohlfs et le commandant Bissuel, le tabac n'est pas du tout cultivé à In Salah. Rohlfs, *Reise*, p. 189. — Bissuel, *Touareg de l'ouest*, p. 61.

habitants le hachent de leur mieux et le fument soit dans d'imperceptibles pipes qui servent en Algérie à fumer le kif, soit plus simplement dans un fémur de mouton raclé avec soin [1].

2° Le cotonnier : il est très cultivé au Touat proprement dit, dans l'Aoulef, à Akabli et à In Salah.

Le commandant Colonieu a trouvé des cotonniers arborescents au Gourara [2]. Palat a constaté que le coton, récolté dans cette région, était beau et solide. Rohlfs l'a vu cultivé au Touat dans les jardins où il réussit très bien. On l'y utiliserait avec soin. D'après Duveyrier, il fleurit au Touat, comme au Fezzan, dès le mois de juin.

3° L'indigotier : cette plante est, d'après Duveyrier, cultivée au Touat comme au Fezzan [3]. L'indigo y est d'ailleurs, comme nous le verrons, employé en teinture.

4° Le henné (lawsonia inermis) : cette plante se rencontre au Touat, d'après Rohlfs, à l'état sauvage. Cultivé déjà sur l'oued Saoura [4], le henné l'est également au Touat, depuis Deldoun jusqu'au district d'In Zegmir, où sa culture est très importante, d'où le nom de Touat el Henné qu'on donne souvent à ce dernier district.

[1] Palat, *Ouvrage cité*, p. 229 et 236.

[2] Le fait est confirmé par Ali ben Merin, le chef de la caravane, envoyée, en 1862, au Gourara par M. J. Solari ; d'après lui, le coton croît dans cette région spontanément et à l'état arborescent. — D' Maurin, *Les caravanes françaises au Soudan*, p. 26.

[3] *Touareg du Nord*, p. 162.

[4] Voir t. II, p. 717.

On cultive cet arbrisseau, qui s'élève jusqu'à trois et quatre mètres, pour ses feuilles qui sont l'objet d'un grand commerce. On les cueille en juillet, on les fait sécher au soleil et on les réduit en poudre.

Les indigènes, et surtout les femmes, s'en servent pour teindre leurs ongles, l'extrémité des doigts, la paume des mains, les orteils, les cheveux : on l'emploie également à teindre la crinière, le dos et les jambes des chevaux, surtout lorsqu'ils sont de couleur blanche.

5° Le pavot : il est, suivant Rohlfs, très cultivé dans le nord du Touat proprement dit, en vue de l'extraction de l'opium. Il ne l'est pas à In Salah [1].

6° Le chanvre : il est également cultivé au Touat. Les indigènes fument les extrémités des tiges de cette plante, c'est-à-dire les feuilles, les fleurs et les graines. Elle produit les mêmes symptômes que l'opium.

7° La garance : cette plante est cultivée au Gourara (Timimoun, Oulad Saïd) et dans l'Aoulef, mais c'est surtout à Bermata, dans le district de Sali, que sa culture est le plus développée. Elle est employée en teinture [2].

8° L'anis : cette plante est l'objet d'une certaine culture dans quelques districts du Touat.

---

[1] Rohlfs, *Reise*, p. 165 et 189

[2] Il y a une quarantaine d'années la garance était encore cultivée dans les jardins des ksour du Sud oranais, où elle croissait même spontanément. Voir : D' Leclerc, *Les oasis de la province d'Oran*, in Gazette médicale de l'Algérie, 1858, tirage à part, p. 43.

9° Le trèfle : la variété cultivée au Gourara et au Touat proprement dit est appelée par les indigènes *fossa*. Elle a une végétation très active. On la coupe tous les vingt jours, temps suffisant pour qu'elle repousse de plus d'un pied. Suivant le lieutenant-colonel de Colomb, quand on ne la fauche pas, elle atteint la hauteur d'un homme. Les Touatiens la donnent en fourrage à leurs chevaux, quand ils en ont, leurs chèvres, leurs moutons et leurs ânes. Ils la font sécher pour l'hiver.

A cette liste, il faut ajouter parmi les plantes, poussant naturellement dans la région des oasis :

1° Le séné : il vient au Touat à l'état sauvage comme d'ailleurs dans tout le Sahara et croît naturellement dans les jardins. On en distingue deux variétés [1].

2° Le belbel ou baguel (anabasis articulata) : c'est une salsolacée commune au Sahara où elle croît généralement dans des terrains imprégnés de sel. Par l'incinération et le lavage des cendres on en extrait du carbonate de soude, appelé *trounia* par les indigènes ; on en fait également du charbon.

3° La menthe : elle croît naturellement dans les jardins sur le bord des seguias ; on l'emploie à aromatiser le thé.

4° Le karanka (calotropis procera) : c'est un arbuste de 2 à 3 mètres de hauteur à suc blanc, épais, vénéneux et irritant comme le suc de l'euphorbe [2].

[1] Rohlfs, *Reise*, p. 163 et 189.
[2] Suivant Nachtigal, le suc de cette plante, connue au Kanem et au

Les arabes se purgent quelquefois avec une décoction de ses branches. Les Touareg se servent des plus gros d'entre eux pour faire des pommeaux de selle [1]. Il croît naturellement au Touat où on en fait, d'après Rohlfs et de Colomb [2], d'excellent charbon employé dans la préparation de la poudre. On en trouve aussi quelques pieds dans les jardins. Il formerait de véritables forêts dans l'oued Messaoud.

5° Le gommier : il en existe deux variétés, l'acacia tortilis (ou arabica), que les arabes appellent *talha*, et les Touareg *absak*, et l'acacia cavenia [3], connu sous le nom de *tamat* [4] que lui donnent les Touareg.

Le talha est très répandu dans tout le Sahara et ses graines sont très recherchées des chameaux. Il est particulièrement commun au Touat où il s'étendrait, au dire des gens de l'Aouguerout, jusqu'au Tidikelt, se développant aussi dans la partie occidentale du Tadmaït.

Borkou sous le nom d'*Ochar*, est employé par les Haddad du Kanem pour empoisonner leurs flèches.

[1] *Mission de Ghadamès*, p. 329.

[2] *Notice citée*, p. 10.

[3] Le tamat est-il bien l'acacia cavenia, comme l'indique le commandant Bissuel, d'après une identification faite au jardin d'essai du Hamma par les Touareg Taïtok (*Touareg de l'ouest*, p. 58)? C'est l'opinion adoptée primitivement par M. F. Foureau (*Mission de 1893-1894*, p. 32). Mais cet explorateur, dans un ouvrage récent (*Essai de catalogue des noms arabes et berbères des plantes algériennes et sahariennes*), se range à l'avis de Duveyrier (*Touareg du nord*, p. 166) et en fait une simple variété du talha.

[4] Le nom arabe de ce gommier, d'après Duveyrier, serait *ankich*.

Les arbres de cette variété forment de petites raba (bouquets de bois), au pied de la falaise de ce plateau [1]. Ils s'alignent d'ordinaire le long des ravinements qui en descendent, croissant dans les apports argileux des fonds de dépression.

Leurs troncs sont assez souvent droits, mais peu élevés en dessous des premières branches ; d'autres ont des troncs plus ou moins couchés et tordus. On en trouve qui ont $1^m 80$ de circonférence à 1 mètre du sol et leur hauteur atteint 14 à 15 mètres. Ceux de $1^m 30$ de circonférence avec 10 à 11 mètres de hauteur sont assez nombreux [2]. Mais le plus grand nombre atteignent 8 mètres avec une circonférence moyenne de $0^m 70$. Ils présentent un branchage serré et très dense, avec une tête souvent arrondie.

La gomme [3] exsude des grosses et des petites branches, : elle forme des chapelets de globules de différentes grosseurs ou découle en petites stalactites. Elle est d'abord translucide et blanchâtre, ou légèrement colorée en jaune. Douce et excellente au goût, dans cet état, elle se dilue facilement dans l'eau. Elle

---

[1] M. Flamand les signale dans les mêmes conditions dans la vallée de Meguiden. Bull. de la Soc. de Géog. commerciale de Paris, 9⁰ et 10⁰ fascicule, 1896.

[2] Foureau, *Mission au Tadmaït*, 1890, p. 53.

[3] La gomme est une production maladive de l'arbre, provoquée par une haute température et sous l'influence souvent renouvelée des vents du sud. Elle sort spontanément des gerçures que la chaleur détermine sur l'écorce de l'arbre. Duveyrier, *Touareg du nord*, p. 165.

devient à la longue opaque et prend alors une couleur foncée. Les indigènes l'emploient ainsi, au dire de Palat : ils en font de l'encre ou s'en servent pour teindre les étoffes [1]. Dans tout le Touat le bois de talha est employé à la fabrication du charbon.

Le tamat n'a pas le port du talha ; comme lui cependant il produit de la gomme. On le rencontre le plus souvent en buisson. M. Foureau signale particulièrement le tamat dans les oueds descendant du Djebel el Akhal vers le Tidikelt.

Ces deux variétés fournissent également des écorces à tan de très bonne qualité et très employées des indigènes [2]. Au dire de Duveyrier, les gousses de tamat serviraient au même usage [3] ; ses fleurs également, d'après le commandant Bissuel [4].

---

[1] Palat, *Ouvrage cité*, p. 178. Lui-même en a récolté un échantillon brun noirâtre qui lui a donné une couleur bistre très franche de ton.

[2] Foureau, *Mission de 1893-1894*, p. 38.

[3] On a signalé aussi à Duveyrier un autre acacia, appelé *aggara*, qui pousserait également au Touat et dont les gousses seraient de même utilisées en tannerie. Cet arbre serait connu au Ahaggar sous le nom de *tadjdjart*. — *Touareg du nord*, p. 166.

C'est sans doute le même arbre dont parle Rohlfs. D'après des renseignements qu'on lui avait fournis, il croîtrait dans le Touat méridional où on le nommerait *tisilith*. — *Reise*, p. 163.

Suivant le commandant Bissuel, les prisonniers Taïtok, faits à In Ifel en 1887, ont pu identifier, au jardin d'essai du Hamma, le *tadjart* de leur pays, avec l'acacia eburnea, févier à épines blanches. — *Touareg de l'ouest*, p. 58.

[4] *Touareg de l'ouest*, p. 125.

§ III. Animaux domestiques et sauvages.

Dans un pays où la question d'alimentation est la perpétuelle et constante préoccupation de la grande majorité des habitants, les animaux domestiques sont forcément moins nombreux que dans des régions moins déshéritées.

Le chameau, est, toutes proportions gardées, peu répandu au Touat. La nécessité de le nourrir d'hachef, l'éloignement des pâturages, les habitudes sédentaires de la plupart des habitants et par suite leurs déplacements moins fréquents les ont amenés à ne faire qu'exceptionnellement l'élevage du chameau. Toutefois les Khenafsa et surtout les Meharza, autant par tradition que par suite du voisinage de l'Erg et de sa végétation qui leur créent une situation particulière, possèdent toujours des chameaux. Ils ont, pour cela, des bergers nomades qui se déplacent avec leurs animaux.

Il en est de même au Tidikelt et particulièrement à In Salah, où la vie nomade n'a jamais été abandonnée par les Oulad ba Hammou, les Zoua, etc., et où on trouve d'abondants pâturages dans la raba.

Il y a peu de chevaux au Touat, ainsi que l'a constaté Rohlfs, à cause sans doute, de la difficulté de les nourrir avec autre chose que de l'hachef, régime dont, suivant Palat, ils ne se trouveraient pas bien [1]. Les plus riches seuls en possèdent ; c'est en effet un signe certain de fortune et de considération.

En tout cas les chevaux de ce pays sont réputés dans tout le Sahara. « Le cheval du Touat est proverbia-
» lement aussi célèbre, a écrit Barth, parmi les habi-
» tants du désert que les femmes des Imanan ou la
» richesse de Tunis ».[2]

Il n'existe pas de bœufs au Touat, mais on y trouve des moutons de la race demman, appelés *tili* en zenatia du Touat, moutons à poils, dont nous avons déjà parlé dans le 2e volume de ces Documents [3]. Rohlfs nous apprend, et le renseignement nous est confirmé par les informations recueillies à Géryville, que les moutons du nord de l'Algérie, importés au Touat, perdent leur laine dès la deuxième année pour la remplacer par des poils [4]. Parlant des moutons des Touareg, qui sont de la même race que ceux du Touat, M. Foureau [5] nous dit qu'ils « ressemblent plutôt à des chèvres ; leur tête
» fortement busquée, ornée d'énormes oreilles pen-
» dantes, est bien celle du mouton, mais ils ont seule-
» ment quelques touffes de laine sur les épaules et
» parfois sur la croupe, tout le reste du corps étant
» recouvert de poils courts et durs. Les Touareg disent

---

[1] Palat, *Journal de route*, p. 236.
[2] Barth, *Reise*, édit. allemand. T. I, p. 463, note.
[3] Voir tome II, p. 620, note.
[4] Globus, *article cité*, p. 276.
[5] *Mission de 1893-1894*, p. 62.

» que ces moutons supportent mieux la soif que ceux
» de nos contrées. Ils ont aussi plus de poids et four-
» nissent une plus grande quantité de viande ».

On nourrit au Touat les moutons avec l'hachef, le fossa et les fanes et épluchures provenant des légumes.

Les Touatiens possèdent en outre des chèvres ; elles leur fournissent le lait indispensable pour combattre les effets d'une alimentation dont la datte, fruit très échauffant, est la base presque exclusive. Chaque habitant un peu riche en a quelques-unes. On les nourrit comme les moutons. A El Hadj Guelman, Ksar principal d'El Djereïfat, Palat nous apprend qu'une cinquantaine de chèvres et de demman constituent tout le troupeau de ce Ksar [1].

On trouve également au Touat des ânes, très vigoureux. Il s'en exporte au Mzab. On les nourrit également de dattes de rebut. Les meilleurs viennent du Sud.

D'après des renseignements recueillis à Géryville, il n'y aurait pas de chiens au Touat. Cela paraît cependant peu probable, car il n'y a pas de raison pour que les habitants du Touat et surtout ceux du Tidikelt n'en aient pas quelques-uns quand les Touareg leurs voisins en possèdent, au dire de Duveyrier, trois espèces différentes [2]. Il est probable qu'il en existe comme dans

---

[1] Ils paissent, nous dit-il, des brins d'herbe, un peu d'agga (Zygophyllum cornutum), et se nourrissent surtout de dattes de qualité inférieure. — *Ouvrage cité*, p. 235.

[2] *Touareg du nord*, p. 224.

l'oued R'ir où on les engraisse, suivant Jus, avec des dattes pour les manger.

On signale aussi l'existence de chats, nourris toujours avec des dattes.

Parmi les volatiles, Rohlfs ne cite que la poule qui atteindrait la taille d'un poussin de nos contrées.

En fait d'animaux sauvages, le voyageur allemand avance qu'il n'en existe aucune espèce particulière à moins de faire des recherches dans le monde des insectes. Il a seulement constaté l'existence du moineau franc et d'une espèce d'hirondelle domestique qui est indigène au Touat, et a la queue non découpée et le plumage gris.

Il semble naturel d'y ajouter l'oiseau Gamme (Tonleïter) que le même explorateur a rencontré dans l'oued Touil (oued Massin) peu après son départ du Tidikelt. Il « appelle ainsi un petit oiseau noir avec la queue et
» la pointe des ailes blanches qui a coutume de s'ap-
» procher familièrement des caravanes et pousse alors
» quatre notes régulièrement descendantes à la manière
» d'une gamme [1]. »

Palat complète ses renseignements de quelques données nouvelles, touchant plus particulièrement la

---

[1] Rohlfs, *Reise*, p. 213. — M. G. B. M. Flamand (*de l'Oranie au Gourara*, in Algérie nouvelle, février 1897) signale la présence du même oiseau, appelé vulgairement *gammier*, dans l'Erg. Il est, d'après lui, « de la grosseur du merle et commun dans tout le Sahara ; ainsi
» que l'alouette huppée, il accompagne les voyageurs, se perche sur
» les arbustes et lance cinq notes aiguës détachées avant de reprendre
» son vol. »

partie nord-est du Gourara. Au Tin Erkouk, il a rencontré fréquemment des corbeaux qui s'envolaient lourdement[1]. Dans les Djereïfat, à El hadj Guelman, comme à Semmota, il a pu constater que le nombre des oiseaux était restreint. « Il se borne à deux pies-
» grièches aux cris aigus, pareils au grincement d'une
» girouette rouillée, quelques sveltes bergeronnettes
» courant sur le sable à la poursuite des insectes, un
» *aouïad brahim* (?) qu'on appelle ici *bou bechir* (le père
» de la nouvelle) une hirondelle grisâtre et une sorte
» de faucon blanc. » Ces trois derniers n'apparurent à notre voyageur que de temps à autre.

Les reptiles venimeux ne se montrent point en hiver ; Palat qui se trouvait dans le district d'El Djereïfat au mois de décembre, n'a donc pu constater leur présence ; mais on lui a affirmé qu'ils étaient très nombreux en été.

Les rats abondent, au dire du même voyageur. Il les croit d'une espèce particulière ; il en a tué un qui était gris tacheté de noir et long de 10 centimètres ; sa tête énorme occupait un quart de la longueur du corps ; ses yeux, noirs et très brillants, étaient aussi gros que chez les rats algériens.

Les phalènes sont nombreuses, nous apprend-il encore[2].

Il reste, cependant, un fait à noter : la puce et la

---

[1] Palat, *Journal de route*, p. 217.
[2] *Ouvrage cité*, pp. 296 et 297.

punaise sont inconnues dans les oasis. Espérons que nous ne les y importerons pas un jour comme nous l'avons fait au Mzab.

« Quant à la vermine (pediculus vestimenti, etc.),
» dit encore Palat, abondante et trop facile à transpor-
» ter, elle paraît être le principal article d'exportation
» du pays. »

§ IV. — Industrie.

On a souvent prétendu, et certains rapports de nos officiers l'affirment encore, que l'industrie des habitants du Touat se bornait à la fabrication de quelques tissus grossiers et à la confection de ces paniers et corbeilles, tressés avec des feuilles de palmier, que nos caravanes rapportent chaque année en assez grand nombre.

En parlant ainsi, on n'envisageait qu'un seul côté de la question; car si le Touatien travaille pour le nomade (et les articles qu'il fabrique pour lui sont plus nombreux qu'on ne l'a dit), il travaille également pour ses besoins personnels. Dans le premier cas, il s'efforce surtout de se procurer un surcroît de ressources en fabriquant, dans les meilleures conditions de bas prix possible, tous les objets recherchés par le nomade; dans le second, il cherche à subvenir par lui-même à toutes les nécessités de sa propre existence.

Il est à remarquer, d'ailleurs, que les habitants du Touat ont su tirer tout le parti possible des productions naturelles de leur pays. Sauf la laine, qui leur manque et qu'ils sont contraints d'acheter aux tribus qui s'approvisionnent chez eux, ils ne demandent strictement au commerce extérieur que ce qu'il leur est impossible de produire eux-mêmes.

Peut-être même faut-il voir dans ce fait une des causes pour lesquelles les Touatiens ont pu, jusqu'à présent, rester isolés et résister aussi bien à toute ingérence européenne.

Leurs besoins, d'ailleurs, sont restreints; ils se contentent généralement du nécessaire, trouvant inutile de rechercher le superflu. Cependant, dans les riches zaouias, chez les personnages les plus influents, on trouve un certain confortable et même un luxe relatif, qui ne peut qu'avoir quelque répercussion sur la production locale.

De tout temps, chez le sédentaire du Sahara, l'industrie familiale par excellence a été celle du tissage et de la fabrication des vêtements nécessaires aux membres de la famille ou destinés à la vente aux nomades. Le Touat n'échappe pas à la règle générale. Cette branche d'industrie y a même pris un assez fort développement, en raison des demandes toujours grandes des tribus. C'est là, en effet, que les plus pauvres d'entre eux sont assurés de trouver les vêtements à bon marché qui leur sont nécessaires, ou que les plus riches se procurent, à bon compte, de quoi vêtir leurs khammès ou leurs serviteurs.

Aussi le tissage à la main, depuis le nord du Gourara

jusqu'au fond du Tidikelt, prend-il aux femmes tout le temps qu'elles ne consacrent point aux soins domestiques. Pour ces travaux, elles utilisent la laine apportée chaque année par les caravanes du nord ou le coton récolté dans le pays.

Dans les oasis les plus septentrionales, situées au bord de l'Erg, où le cotonnier ne se rencontre qu'à l'état isolé, on ne travaille à peu près que la laine et on en fait des vêtements (bernous, haïks, melahfa) généralement assez ordinaires. Dans toutes les oasis au sud de Timimoun, on met également en œuvre la laine et le coton. Les tissus, fabriqués à Deldoun, aux Der'amcha, à In Salah, sont entre tous particulièrement réputés, à cause de leur finesse et du fini de leur travail.

Quelquefois même on emploie la soie. Celle-ci est alors importée. En la mélangeant avec la laine, on confectionne des ceintures de femmes [1] (*Grab*), dont quelques-unes, merveilleusement travaillées, feraient, dit-on, honneur à nos meilleurs fabricants de Saint-Etienne et de Lyon [2].

On fabrique encore des sangles pour chameaux [3], des

---

[1] En 1885-86, la caravane annuelle de Oulad Sidi Cheikh en a rapporté 60 à 10 francs pièce.

[2] D' Maurin, *Mémoire cité*, p. 26.

[3] En 1890-91, les caravanes du Sud oranais, ont rapporté 2922 sangles qu'elles ont payé 0 fr. 10, pièce. Deux ans plus tard (1892-93), elles en achetaient encore 1053 au prix de 0 fr. 25, pièce.

gueraras [1] (sacs de chargement), et des cordes en poils de chameaux [2] dont les indigènes se ceignent la tête en guise de turban.

Les femmes font, en outre, des tapis de coton, remarquables autant par leur solidité que par leurs teintes bizarres [3].

Les couleurs employées en teinture sont tirées des produits naturels du pays, tels que :

L'écorce de grenade ;

La gomme du talha, qui, récoltée sur l'arbre après un certain temps, a pris une couleur foncée, utilisée pour teindre les étoffes.

La garance, récoltée dans le pays ;

L'indigo, autre production du pays ;

La *thomela*, substance qui, mélangée avec l'écorce de grenade, produit une couleur noire indélébile.

L'ouankal minéral qui entre particulièrement dans la composition du bleu [4]. C'est, sans doute, avec ce minéral qu'est obtenue cette coloration bleue dont parle le Dr Maurin et qui serait d'une solidité extrême, résistant à tous les lavages [5] ; et l'on sait que la teinte bleue est la plus difficile à fixer sur les cotonnades.

[1] Nos caravanes en achètent quelquefois. En 1892-93, les tribus du Sud oranais ont acheté 82 gueraras et 85 en 1893-94. Ces sacs valent une dizaine de francs sur nos marchés.

[2] En 1878-79, les tribus du sud oranais ont acheté 9375 de ces cordes, valant 5 francs pièce sur nos marchés.

[3] Dr Maurin, *loco citato*.

[4] Deporter, *Extrême-sud de l'Algérie*.

[5] Dr Maurin, *loco citato*.

Les cuirs (*filali*) sont généralement importés du Sud marocain ; toutefois, on en fabrique également au Touat. Il ne pouvait, d'ailleurs, en être autrement dans un pays où les gisements d'alun sont assez nombreux [1]. Nos caravanes importent souvent des peaux de mouton destinées sans doute à cette fabrication : c'est ainsi qu'en 1888-89, elles en ont importé 1.720, et 860 l'année suivante.

Avec les cuirs, on fabrique des objets de toute nature, tels que :

Chaussures (babouches) d'un admirable travail [2] ;

Ceintures ;

Cartouchières ;

Blagues à tabac (*halaoua*) ; en 1876-77, nos nomades en ont rapporté 2.921, valant 8 francs pièce sur nos marchés,

Petits sacs ou bourses ; en 1894-95 nos nomades en ont rapporté 80, vendus 22 francs pièce sur nos marchés ;

Sachets en cuir (*znag*) que les femmes portent suspendus à la ceinture comme ornement ; ils sont généralement fabriqués à Timimoun ;

---

[1] Cependant, il y a lieu de noter que, suivant le lieutenant-colonel Monteil, « tous les cuirs baptisés du nom de maroquins (filali), teints » en jaune ou en rouge, sont préparés et teints à Kano, et sont, de ce » point, exportés vers la Tripolitaine, la Tunisie, l'Algérie et le » Maroc ». — *De Saint-Louis à Tripoli par le lac Tchad*, p. 382.

[2] D' Maurin, *Mémoire cité*, p. 26. — Rohlfs nous apprend (*Reise*, p. 145) que le métier de cordonnier est toujours florissant à Tamentit.

Articles de sellerie indigène.

A cette énumération, il faut ajouter la fabrication des outres pour le transport et la conservation des liquides.

Tous les Touatiens emploient leurs loisirs à la confection d'objets en vannerie de toutes formes. Ils utilisent pour cela la feuille de palmier. Les articles ainsi fabriqués sont demandés par les nomades qui les achètent à très bas prix. Ce sont principalement :

Des *gueneïn* (sing. *guenina*), sorte de corbeilles rondes ; il y en a de toutes dimensions, depuis la tasse à boire jusqu'au *delou*, servant à puiser l'eau d'un puits ;

Des *kefaf* (sing. *kouffa*), paniers ;

Des *safet* (sing. *safa*), autre genre de paniers ;

Des *tebouga* (sing. *tebag*), plat ou plateau, que l'on utilise dans toutes les tentes des nomades pour servir des dattes ;

Des *taouadir* (sing. *tadrà*), petits paniers en forme de boule, munis d'un couvercle terminé en pointe ; la femme indigène en fait son coffret à bijoux ;

Des *keskaset* (sing *keskas*), entonnoirs pour cuire le couscous[1] ;

Des nattes pour bâts de chameaux vendus 0 fr. 50 sur nos marchés ;

Des cordes de toutes dimensions ;

Des filets de chargements, etc.

---

[1] Le keskas est un panier en forme de cône tronqué dont la grande base est ouverte et la petite fermée par un tamis assez serré.

Les Meharza et Khenafsa fabriquent également des bâts de chameaux.

Le travail du bois ne doit pas être d'ailleurs négligé, car on trouve dans le district de Sali un ksar qui porte le nom caractéristique de Kasbet en Nedjara, la kasba des menuisiers.

Avec l'argile, on fait des poteries grossières dont on se sert dans tout le Touat.

Il est probable qu'on utilisait autrefois au Touat l'huile extraite du fruit de l'amandier, suivant une pratique usitée dans le Sahara, au dire de Duveyrier [1].

Parmi les plantes que les habitants des oasis cultivent dans un but industriel et commercial, il faut citer particulièrement le tabac. Celui du Touat est très répandu dans le Sahara central et occidental ; il est l'objet, dans son pays d'origine, d'une certaine manipulation pour laquelle on utilise le carbonate de soude (natron, *trounia*, ou *kelbou*). Au Touat, comme en général dans tout le Sahara, on emploie le tabac sous toutes ses formes.

Le tabac à priser est obtenu par le pilage. Très probablement les Touatiens, à l'imitation des Touareg, dont ils copient souvent les usages, mêlent à la poudre ainsi obtenue un huitième de natron et la prennent, en cet état, aussi bien par le nez que par la bouche [2].

---

[1] *Touareg du nord*, p. 169.
[2] *Touareg du nord*, p. 184.

D'autres plantes encore sont utilisées par l'industrie locale, comme le henné, le belbel, etc. ; nous en avons parlé précédemment.

Ainsi que nous l'avons vu plus haut, le charbon est fabriqué dans plusieurs districts ; tous, sauf celui des Oulad Saïd, sont placés à proximité de l'oued Messaoud. C'est, en effet, dans la vallée de cette rivière que les habitants de ces districts vont chercher le bois nécessaire à cette fabrication. Ils utilisent surtout dans ce but le talha et le belbel. Le meilleur charbon vient des Oulad Saïd et du Tsabit. Bouda, Timmi, Bou Faddi en font également le commerce.

Les Touatiens produisent encore, comme nous l'avons déjà montré, une assez grande quantité de poudre. Le charbon, qui entre dans sa composition, est spécialement fabriqué, au dire de Rohlfs [1] et du lieutenant-colonel de Colomb [2], avec l'arbuste appelé Karanka, plusieurs fois déjà mentionné ; le salpêtre est extrait des nombreux gisements existant dans le pays ; quant au soufre, il provient de la décomposition naturelle des gypses si fréquents dans ces contrées ou bien il est importé, principalement du Nord. Mais cette industrie paraît avoir beaucoup diminué par suite de l'introduction de plus en plus considérable de poudres étrangères à bas prix, particulièrement par la Tunisie.

Complétons cette énumération en parlant des

---

[1] *Reise*, p. 163.
[2] *Notice citée*, p. 10.

articles de bijouterie fabriqués au Touat. Ils sont en argent et en or massif. Ce sont des boucles d'oreilles ou des chaînettes à brins tordus, des bracelets et des périscélides. Tous ces bijoux sont coulés dans des matrices ; ils sont plus remarquables par la pureté du métal que par la main-d'œuvre artistique [1].

Le travail du fer n'est pas non plus négligé. Comme dans tout le Sahara, les forgerons jouissent de la considération publique. Rohlfs nous dit que les métiers d'armuriers et de serruriers sont toujours florissants à Tamentit [2]. Dans tout le Touat on fabrique des outils, principalement des outils de jardinage (fas, fala) et on répare les armes. On fait également des poignards, des sabres, et de ces grands fusils à courte crosse, encore en usage dans le Sud marocain. Mais avec l'introduction de plus en plus grande des armes européennes, cette industrie est appelée un jour ou l'autre sinon à disparaître, du moins à péricliter.

CONCLUSIONS.

En dehors des nécessités politiques que nous avons précédemment examinées, on s'est souvent demandé quel parti économique nous pourrions tirer du Touat le jour où nous en prendrions possession. Il est évident que dans un pays aussi déshérité, où la majeure partie de la population mène constamment une existence

---

[1] D' Maurin, *Mémoire cité*, p. 26.
[2] *Reise*, p. 145.

précaire, on ne trouvera jamais les éléments nécessaires pour en faire une région de grande production comme les contrées les plus fécondes de la terre. Tel qu'il est cependant, le Touat offre des ressources de diverse nature qui, sagement mises en valeur, pourront procurer à ces oasis une prospérité relative, totalement inconnue aujourd'hui.

L'étude, que nous venons de faire, a permis déjà de s'en rendre compte. Nous chercherons, pour conclure, à en préciser davantage les points les plus essentiels.

Une des premières conditions à rechercher pour obtenir le développement économique normal d'un pays, est d'en faciliter l'accès. Or ici, nous nous trouvons dans une situation particulièrement défectueuse due à la position géographique du Touat, très éloigné au sud de l'Algérie.

Parmi les routes qui conduisent de la colonie algérienne aux oasis, deux doivent particulièrement attirer notre attention, celle de l'oued Saoura et celle de Laghouat-Ghardaïa-El Goléa.

La première est incontestablement la plus directe. Elle mesure d'Aïn Sefra, terminus actuel de la ligne ferrée, à Brinkan dans le Tsabit 675 kil. environ, soit :

D'Aïn Sefra à Figuig.................... 113 kil.
De Figuig à Igli (approximativement).. 230 kil.
D'Igli à Brinkan (d°)................ 332 kil.

Elle aura 63 kilomètres de moins, le jour où le

terminus du chemin de fer sera reporté à Djenien bou Resk.

Nous avons vu précédemment les raisons qui avaient fait, au moins momentanément, abandonner toute idée de pénétration par cette voie. Nous n'y reviendrons pas, et nous étudierons plus particulièrement l'autre route au point de vue où nous nous sommes placés. D'ailleurs, qu'importe ici la direction à suivre ? Les considérations dans lesquelles nous allons entrer, sont d'ordre général et les critiques que nous pourrons formuler s'appliqueraient, le cas échéant, aussi bien à l'un qu'à l'autre de ces chemins.

La seconde route a son point d'origine à Berrouaghia, terminus également d'une voie ferrée. Elle mesure

De Berrouaghia à Laghouat............	319 kil.
De Laghouat à Ghardaïa...............	190 kil.
De Ghardaïa à El Goléa...............	268 kil.
D'El Goléa à Tabelkoza...............	245 kil.
Ou d'El Goléa à In Salah	460 kil.

soit en tout 1022 ou 1237 kilomètres.

Dans la première partie, c'est-à-dire de Berrouaghia à Laghouat, les transports s'effectuent par charrois. A partir de Laghouat, toutes les marchandises s'expédient par convois de chameaux. Ces transports, on le comprend, grèvent extrêmement notre budget en augmentant d'une façon considérable les dépenses de ravitaillement de nos postes du Sud, ainsi que le prix des moindres marchandises.

C'est ainsi qu'actuellement le transport d'une

tonne de matériel est payée par l'administration militaire :

Entre Berrouaghia et Laghouat	165 fr. 88
Entre Laghouat et Ghardaïa	83 60
Entre Ghardaïa et El Goléa	139 36
Soit en tout	388 fr. 84

de Berrouaghia à El Goléa.

Au delà, les frais sont encore très élevés : l'administration paie à l'entrepreneur pour le transport d'une tonne de matériel :

Entre El Goléa et Fort Mac-Mahon	282 fr. 50
Entre El Goléa et Fort Miribel	272 50
Entre El Goléa et In Ifel	270 00 [1]

Il est juste d'ajouter que pour diminuer ces dépenses, l'administration fait transporter une partie des denrées par les convois périodiques bi-mensuels constitués

---

[1] Il en résulte qu'un hectolitre de vin de Médéa, livré à 17 francs en gare de Berrouaghia, revient à :
33 fr. 60 à Laghouat,
41 fr. 95 à Ghardaïa,
55 fr. 90 à El Goléa,
et 83 fr. environ dans chacun des trois forts du sud.
D'autre part, si le vin est transporté en fût jusqu'à Laghouat, il doit, dans cette place, être transvasé dans des tonnelets de 50 litres, pour pouvoir être expédié à dos de chameaux dans les postes plus au sud. De là, de nombreuses pertes occasionnées, tant par le transvasement que par les accidents qui se produisent en cours de route : le vin aigrit à la suite d'une exposition prolongée au soleil ; une partie du liquide s'évapore sous l'action de la chaleur ; le chameau qui le

avec des prolonges du train. Mais ici encore l'économie qu'on réalise n'est que relative à cause de l'usure prématurée du matériel sur des routes mal tracées, et généralement non empierrées, et il y a en plus les pertes d'animaux occasionnées par les fatigues extrêmes. Du reste, ces convois périodiques, ainsi organisés, ne vont que jusqu'à Laghouat. Un tiers environ des approvisionnements, expédiés annuellement sur cette place, y parviennent de cette façon. On utilise aussi quelquefois les prolonges pour diriger du matériel de Laghouat sur Ghardaïa (1/20e environ des expéditions annuelles), mais la majorité des transports se fait à dos de chameaux.

On comprend que dans ces conditions, les dépenses faites annuellement pour chacun des trois forts du sud dépendant d'El Goléa, Fort Mac-Mahon, Fort Miribel et In Ifel, s'élèvent, malgré le faible effectif de leur garnison, à plus de 200.000 francs pour les deux derniers et à plus de 300.000 pour le premier.

---

porte, gêné par la forme des tonnelets qui compriment ses flancs, se décharge brusquement et les jette violemment à terre, en provoquant leur débondage et l'écoulement du liquide, etc.

Mais où ces pertes sont surtout considérables, c'est surtout sur le transport des pommes de terre. Sur un quintal de ce tubercule, expédié à El Goléa, il n'arrive, en état d'être consommé, qu'une vingtaine de kilogrammes, le reste est gâté et ne peut être utilisé. Pour remédier à cet état de choses et pouvoir fournir aux troupes cet aliment indispensable, le commandement a dû tout récemment prescrire de faire faire des essais de culture de pomme de terre par la garnison d'El Goléa.

Aussi doit-on désirer ardemment de voir prolonger le plus promptement possible jusqu'à Laghouat le chemin de fer qui s'arrête aujourd'hui à Berrouaghia. Des considérations budgétaires ont seules retardé jusqu'à présent son achèvement.

La construction de cette ligne ne présentera de difficultés que pendant les 45 premiers kilomètres jusqu'à Boghari, à cause du terrain accidenté à traverser. Au delà, les difficultés disparaissent : déjà même la plateforme, sauf sur certains points en lacune, est presque partout construite. Tout récemment, le service des Ponts et Chaussées a proposé d'achever et de mettre en exploitation immédiate, le tronçon de Boghari à Laghouat. Cette proposition n'a pu être encore adoptée bien que les Ponts et Chaussées aient fait ressortir que, malgré la dépense qu'entrainerait le transport sur route jusqu'à Boghari des rails, traverses et matériel de la voie, cette solution ferait gagner trois années pour la mise en exploitation de la ligne complète et réaliserait sur les transports de la Guerre seuls, une économie annuelle de 200.000 francs.

Il est encore une autre dépense qui grève considérablement le budget de la Guerre; c'est celle occasionnée par le déplacement des militaires voyageant isolément. Le tableau ci-après fera ressortir les allocations et dépenses qu'ils occasionnent à l'heure présente, et celles qui les remplaceront lorsque la voie ferrée sera construite jusqu'à Laghouat seulement.

	INDEMNITÉS ALLOUÉES ACTUELLEMENT ENTRE BERROUAGHIA ET LAGHOUAT (319 KIL.).		INDEMNITÉS QUI SERONT ALLOUÉES QUAND LA VOIE FERRÉE SERA OUVERTE (1).	
	pour absence temporaire	pour déplacement définitif	pour absence temporaire	pour déplacement définitif
Officiers supérieurs..	89.23	179.17	27.76	45.92
Capitaines.........	76.85	129.70	25.76	37.14
Lieutenants........	70.85	105.75	23.76	30.75
Hommes de troupe..	54.75	»	7.63	»

Les économies, réalisées sur ces dépenses spéciales par l'ouverture de la ligne de Laghouat, auront donc également une réelle importance. Elles seraient encore plus considérables si on pouvait espérer voir prolonger, à bref délai, le chemin de fer jusqu'à El Goléa.

	MONTANT DES INDEMNITÉS ALLOUÉES ACTUELLEMENT ENTRE EL GOLÉA ET BERROUAGHIA.		INDEMNITÉS QUI SERAIENT ALLOUÉES S'IL EXISTAIT UN CHEMIN DE FER (777 kil.) (2).	
	pour absence temporaire	pour déplacement définitif	pour absence temporaire	pour déplacement définitif
Officiers supérieurs..	251.53	460.55	66.08	100.28
Capitaines.........	209.45	331.10	60.08	80.62
Lieutenants........	177.45	258.15	44.08	56.79
Hommes de troupe..	86.20	»	17.29	»

[1] Le décompte des indemnités à allouer par voie ferrée a été fait d'après le tarif de la ligne Berrouaghia-Blida, soit : officiers, 0 fr. 04 par kilomètre; hommes de troupe, 0fr. 02.

[2] Le décompte des indemnités à allouer par voie ferrée a été fait d'après le tarif de la ligne Berrouaghia-Blida, soit : officiers, 0 fr. 04 par kilomètre; hommes de troupe, 0 fr. 02.

Le tableau qui précède met en regard les allocations perçues par les officiers, les dépenses occasionnées par le déplacement des hommes de troupe isolés qui se rendent actuellement d'El Goléa à Berrouaghia, et celles que ces mêmes déplacements nécessiteraient si cette ligne était construite.

Mais il est une autre question qu'il y a lieu également d'envisager. C'est celle de la subsistance des animaux de transport. Ce sont des chameaux, avons-nous dit, qui effectuent à partir de Laghouat la plupart des transports et tous depuis Ghardaïa. Or, de Laghouat jusqu'à l'entrée de la chebka du Mzab, ces animaux trouvent facilement le long de leur parcours, ou en s'en écartant plus ou moins, les pâturages qui leur sont nécessaires, mais, au milieu des roches de la chebka, la situation change, la végétation disparaît et on ne trouve rien à proximité de la piste tracée. Ce n'est qu'en approchant d'El Goléa, lorsque les sables commencent à se montrer, que la végétation reparaît.

Plus loin encore, dans la direction du Touat, les mêmes inconvénients se représentent. A ce point de vue, pourtant la route d'El Goléa au Gourara est peut-être un peu plus favorisée à cause de la proximité des dunes sur une partie du parcours : mais le medjebed d'In Salah qui franchit les plateaux pierreux du Tadmaït est tout à fait déshérité. Là, en effet, on ne peut nulle part s'écarter de la route tracée ; la maigre végétation que l'on rencontre est généralement localisée aux oueds et aux bas-fonds, et elle disparaît bien vite avec les nombreux convois de chameaux qui fréquentent actuellement cette piste, jusqu'à Fort Miribel. En outre, les pluies sont trop rares dans ces régions pour qu'on puisse espérer voir la nature réparer promptement ces effets destructeurs. Auparavant les caravanes indigènes qui suivaient ces parcours n'étaient jamais assez nombreuses ni assez fréquentes pour qu'il pût en résulter des inconvénients de ce genre.

Dans ces conditions, on conçoit l'importance que prend dans ces contrées cette question des pâturages et celle qu'elle prendra le jour où nous serons au Touat : car l'absence de pâturages empêchant l'emploi des chameaux, il n'y a plus de moyens de transports et par suite les opérations sont arrêtées.

Il y a là, pour notre pénétration saharienne des difficultés d'avenir dont on ne se préoccupe peut-être pas suffisamment. Cependant, toute marche en avant de notre part, toute occupation d'un point quelconque nécessite et nécessitera de plus en plus, au fur et à mesure que nous avancerons, l'organisation de convois et par suite l'emploi de nombreux chameaux. Sur les routes qu'on leur fait parcourir ces animaux doivent trouver l'eau indispensable à leur abreuvement et les pâturages nécessaires à leur nourriture. Mais les puits, quand il en existe, sont souvent peu nombreux et ne débitent qu'une faible quantité d'eau, qui, elle-même, la plupart du temps, ne se renouvelle que lentement. De là, grosse perte de temps, chaque fois qu'il s'agit de faire boire les chameaux d'un convoi important. Souvent, aussi, les pâturages manquent aux abords immédiats des puits ou sont épuisés, et les chameaux qui n'ont rien trouvé sur leur route à travers les plateaux pierreux, sont obligés chaque jour d'aller chercher au loin dans les rares oueds de la région, une nourriture quelquefois des plus maigres. De là, une nouvelle perte de temps, sans compter les dangers auxquels on s'expose, en laissant ces animaux de transport s'éloigner de la sorte. A la rigueur, il est vrai, on peut leur donner de l'orge comme on le fait à Fort Miribel, mais ce procédé, sans compter qu'il est onéreux, ne peut être qu'un palliatif passager et qu'il ne faudrait pas trop souvent renouveler.

Déjà, les routes conduisant aux trois forts de l'Extrême-Sud algérien actuel (Fort Mac-Mahon, Fort Miribel, In Ifel) sont à peu près dénudées et aux abords de ces postes les pâturages sont de plus en plus éloignés[1].

---

[1] Cette destruction de la végétation aux abords immédiats de nos postes peut quelquefois, dans ces régions où les dunes se forment si facilement, avoir des conséquences graves pour l'avenir du poste lui-même. Sur les hauts plateaux oranais où cet inconvénient est moindre puisque la végétation est relativement plus abondante et mieux répartie, la dénudation produite à proximité des postes par les besoins incessants de leur existence (pâturages ou litière des animaux, combustible) a de tout temps attiré l'attention des autorités. C'est ainsi que des plantations d'arbres ont été créées tout autour de Géryville. Le général Thomassin, que cette question préoccupait, avait même prescrit, alors qu'il commandait la division d'Oran, de tenter la régénérescence, par des semis, de l'alfa, détruit aux environs immédiats des localités occupées. Ces essais n'ont jamais réussi.

Que sera-ce le jour où nous serons au Touat?

Cette destruction de la végétation a d'ailleurs encore une autre cause, c'est la nécessité pour les détachements de passage, ou pour les troupes en stationnement dans les postes, de se procurer le combustible indispensable à la cuisson des aliments. A cet égard les exigences de notre manière de vivre sont excessives; là où le Saharien se contenterait de peu, il nous faut beaucoup, c'est-à-dire, toutes proportions gardées, au delà des ressources naturelles du pays. En marche, tout le long de la route, on recueille tout le bois que l'on peut rencontrer; à l'étape, on complète sa provision aux environs; dans les postes, on constitue de grands approvisionnements de combustible tant pour les besoins du poste même que pour ceux des troupes de passage. Peu à peu, les arbres, les moindres plantes ligneuses, qui ont échappé à la dent des chameaux, sont anéantis. Il faut alors aller très loin pour trouver le combustible indispensable.

En résumé, notre genre de vie n'est pas fait pour ces régions et si nous voulons nous y implanter, il nous faudra, soit imiter ceux qui l'habitent et adopter un mode d'existence plus simple, soit nous décider à utiliser les voies et moyens que la science moderne a mis entre nos mains.

A l'heure actuelle, les Anglais, dans leur campagne de pénétration au Soudan égyptien, ont eu à envisager des considérations de même ordre. Elles les ont amenés à reconnaître que la seule façon de progresser dans ces régions, consistait à n'avancer qu'en se faisant suivre de la locomotive.

Une pareille dépense n'est en réalité qu'une économie bien entendue. Le cas du chemin de fer de Laghouat est là pour le montrer. Car personne ne niera que s'il était construit depuis plusieurs années, les grosses économies réalisées soit sur le ravitaillement de cette place et de celles qui en dépendent, soit sur les frais de route des officiers et des hommes de troupe, n'auraient largement et depuis longtemps, compensé les dépenses de premier établissement de cette voie ferrée.

D'ailleurs un chemin de fer n'est pas seulement indispensable pour la mise en valeur du pays à occuper, c'est encore la marque la plus certaine d'une prise de possession effective, l'indice indiscutable du fait accompli.

L'occupation du Touat amènera, du reste, très probablement une transformation économique dans les oasis. Bien que nos projets soient de n'y appliquer qu'un système administratif particulier, empreint de la plus grande modération et laissant aux habitants toute l'autonomie possible, il est probable que nous serons amenés bientôt à les modifier. Car si, comme tout paraît le démontrer, les gisements de salpêtre, d'alun ou d'autres matières minérales qui y ont été signalés ont réellement quelque importance, l'industrie européenne cherchera promptement à les mettre en valeur. L'introduction de l'élément européen au Touat nous obligera à modifier notre manière de faire, afin de pouvoir donner à ces exploitations toute la sécurité qui leur est nécessaire, d'où découlera la nécessité d'assurer d'une façon tout à fait stable notre domination sur ce pays.

En même temps la mise en valeur de ces exploitations amènera des ressources nouvelles dans ces contrées; car elles réclameront l'emploi d'une main-d'œuvre assez nombreuse. On trouvera celle-ci facilement dans le pays même où bien des habitants, forcés actuellement de s'expatrier pour chercher du travail, seront heureux de trouver sur place un emploi rémunérateur de leur activité [1].

En outre, il sera sans doute nécessaire de rechercher d'abord, quels sont les droits d'usage des indigènes sur ces gisements et de les indemniser, s'il y a lieu. Étant donné, en effet, l'esprit de modération avec lequel nous voulons agir, notre prise de possession ne pourra en aucun cas prendre un caractère vexatoire, sauf, cependant, sur les points où nous aurons rencontré quelque résistance.

Enfin, il sera indispensable d'assurer à ces produits

---

[1] Il est probable, d'ailleurs, que si la main-d'œuvre locale était insuffisante, on trouverait facilement l'appoint de travailleurs nécessaires dans le sud marocain. En effet, chaque année un assez grand nombre d'habitants de l'oued Drâa, de l'oued Dadès etc., et même de l'oued Sous viennent faire la moisson ou chercher du travail en Algérie. Ils afflueraient sans doute au Touat s'ils étaient certains d'y trouver à s'employer.

miniers un débouché facile vers le nord, leur permettant d'atteindre le littoral sans que leur prix de revient soit grevé de frais de transports excessifs. Là, encore, la seule solution pratique est dans l'établissement d'une voie ferrée.

Celle-ci aura d'ailleurs un trafic assuré dans le transport des marchandises importées au Touat, dans celui des vivres et du matériel de toute nature nécessaires aux quelques troupes qui y tiendront garnison, ou aux Européens employés sur les exploitations qui pourront y être créées, dans celui enfin des produits naturels du pays qui vraisemblablement seront livrés de plus en plus à l'exportation.

Notre présence, en effet, appuyée sur une ligne de chemin de fer, susceptible d'amener rapidement la force nécessaire pour faire respecter notre volonté et d'assurer, par conséquent, la tranquillité du pays, permettra de donner aux oasis tout leur développement cultural, de revivifier toutes celles qui sont depuis longtemps abandonnées, et même d'en créer de nouvelles.

Pour atteindre ce but la première condition à remplir sera de faire l'étude très complète du régime hydrologique du pays. Tous les renseignements s'accordent pour reconnaître que les eaux sont très abondantes et à peu de profondeur dans toute la région, et il ne paraît pas impossible qu'on n'arrive à en augmenter encore considérablement le débit, en pratiquant des sondages profonds. L'expérience faite actuellement au Mzab, où un forage de 300 mètres de profondeur a été entrepris, ne pourra, si elle réussit, qu'encourager à multiplier de pareilles tentatives partout où le succès en paraîtra assuré.

Rien n'empêchera de confier une partie de ces travaux à l'initiative privée. Les particuliers ou les sociétés, qui parviendraient ainsi à créer de nouvelles plantations, jouiraient du bénéfice de la loi musulmane qui veut que la terre morte appartienne à celui qui la revivifie.

L'application d'un semblable programme, en amenant l'extension des cultures, contribuera certainement à la transformation des circonstances économiques actuelles du pays. Aujourd'hui, au Touat, la propriété se trouve principalement entre les mains d'un petit nombre, marabouts, djouad, etc., la majeure partie de la population est réduite à l'état de khammès. C'est elle surtout qui devra profiter des nouvelles créations d'oasis, et toute cette plèbe, qui aujourd'hui arrive difficilement à manger à sa faim, trouvera, à son tour, dans les produits du sol de quoi se procurer par des échanges les céréales qui lui manquent.

Le bien-être, qui en sera la conséquence, en restreignant d'abord l'émigration amènera peu à peu ensuite un accroissement certain dans la population. On ne pourra donc avoir la crainte de voir les bras manquer à la culture, et l'extension du travail libre, qui en résultera, compensera largement la suppression de l'esclavage.

D'ailleurs, l'abolition de la traite n'aura d'autre conséquence que d'empêcher de nouveaux apports de nègres et de ne plus permettre de combler les vides qui peuvent se produire parmi eux. Il n'en résultera aucune diminution dans le chiffre de la population, car comme cela s'est produit au Mzab, aucun esclave ne voudra vraisemblablement profiter de la liberté qu'on lui accordera ; la plupart préféreront rester auprès de maîtres chez lesquels ils sont assurés de trouver chaque jour leur subsistance [1].

Avec le développement des cultures viendra un rendement plus considérable des productions naturelles. La principale d'entre elles, la datte, qui n'a actuellement de débouchés que chez les nomades qui viennent s'approvisionner dans les oasis, en trouvera immédiatement de nouveaux, soit chez les indigènes de l'Algérie, toujours friands de ce fruit, soit dans l'industrie européenne qui pourra l'utiliser pour la fabrication de l'alcool ; la datte est, en effet, un des fruits les plus sucrés qui existent, et doit être plus avantageuse à distiller que la plupart des matières employées actuellement à cet effet. D'autre part, les meilleures qualités de ce fruit, qui actuellement sont relativement peu cultivées, trouveront un placement facile sur les

---

[1] Lorsqu'on proclama au Mzab l'abolition de l'esclavage et la liberté des esclaves, la plupart de ceux-ci préférèrent rester chez leurs maîtres : 8 d'entre eux seulement acceptèrent la liberté qu'on leur offrait. Mais le lendemain 5 de ceux-ci se ravisaient, et revenaient chez leurs maîtres.

marchés européens ; cela ne pourra qu'encourager les Touatiens à les cultiver davantage et à perfectionner leur culture, pour donner un produit meilleur encore.

D'autres productions pourront encore profiter, ipso facto, de ce développement, comme le henné, plante aborigène qui fournit une poudre tinctoriale très recherchée dans tous les pays musulmans, et le tabac, qui s'exporte non seulement dans le Sud algérien, mais aussi dans tout le Sud marocain et jusqu'à Tin Bouktou. Sa qualité est, dit-on, médiocre ; la manipulation doit d'ailleurs en être défectueuse. Il sera facile de porter remède à ces défauts tant par le perfectionnement de la main-d'œuvre, que par l'introduction des variétés les meilleures.

Il faut citer encore le coton, qui donne des produits beaux et solides, d'après Palat, et serait susceptible d'un développement important.

Enfin, il est encore une production naturelle qui doit attirer particulièrement notre attention, car elle pourra procurer facilement un rendement rémunérateur. Nous voulons parler du gommier, dont on rencontre de nombreux spécimens dans tout le Touat et les contrées limitrophes. Jusqu'à présent, ainsi que nous l'avons montré, ces arbres n'ont été l'objet, de la part des Touatiens, que d'une exploitation très restreinte, réduite à leurs quelques besoins personnels. Ils sont susceptibles cependant de fournir des produits d'un écoulement facile sur nos marchés européens.

Ceux-ci sont de deux sortes : la gomme et les écorces à tan.

Il est aujourd'ui reconnu que lorsqu'un gommier atteint un diamètre de $0^m 70$ à $0^m 80$, et on en trouve fréquemment de cette dimension dans ces contrées, il arrive à produire de 0 kil. 500 à 1 kil. de gomme par an. Or la gomme vaut actuellement de 160 à 225 francs les 100 kil., suivant qualité. C'est un prix très rémunérateur pour un produit qu'on n'a que la peine de récolter.

L'échantillon que Duveyrier avait rapporté du Sahara était d'aussi belle qualité que la gomme de la côte de l'Océan[1].

Les profits à retirer de l'exploitation des écorces à tan, provenant de ces acacias, sont également importants, quoique dans de moindres proportions. En effet ce genre d'écorce vaut actuellement sur le marché de Londres de 25 à 33 francs les 100 kil., suivant qualité.

Ce sont là des richesses qui ne pourront rester inexploitées et notre premier devoir en nous installant au Touat, sera de prendre les mesures les plus rigoureuses pour en empêcher la destruction.

En effet, en dehors des oasis, les gommiers, avec les tamarix, sont à peu près les seuls arbres de ces régions. Les indigènes, dont les besoins sont restreints, les respectent généralement assez, mais en sera-t-il de même lorsqu'une troupe européenne aura pris

---

[1] *Touareg du nord*, p. 165.

garnison au Touat. Ses besoins matériels, toujours considérables, l'obligeront à rechercher du combustible pour la cuisson de ses aliments.

Si elle récolte, dans ce but, les plantes ligneuses qui croissent dans le Sahara, elle détruit du même coup la seule végétation susceptible de maintenir les sables ; si elle s'attaque aux gommiers ou aux tamarix, elle anéantit les seules essences arborescentes du pays.

Dans les premiers temps, on détruira ainsi tout ce qui croît aux abords du point occupé. Puis, plus tard, lorsque l'occupation sera définitivement organisée, lorsque, suivant les règlements en vigueur, un marché sera passé pour la fourniture du combustible nécessaire aux garnisons, l'adjudicataire ne pourra remplir les conditions de son cahier des charges, qu'en exploitant les arbres de la région et peu à peu disparaîtra la seule végétation arborescente qui croisse dans ces contrées peu fortunées.

L'exemple de ce qui s'est passé sur certains points du Sud algérien où les hauteurs boisées ont été en grande partie dénudées, est trop près de nous pour que nous puissions l'oublier.

Dans ces conditions, il sera toujours préférable de n'entretenir en permanence dans ces contrées qu'une troupe indigène, vivant à la mode indigène, comme vivent nos troupes sahariennes de récente formation.

Enfin, une fois les mesures de préservation adoptées pour empêcher la destruction des gommiers, il y aura lieu de se préoccuper de leur exploitation. Celle-ci pourra être laissée aux indigènes, mais il sera nécessaire alors de leur enseigner la manière la plus profitable de récolter la gomme ou l'écorce à tan et d'augmenter le produit des arbres sans les faire périr. La récolte, ainsi obtenue, pourra ensuite être pour eux l'objet d'échange comme cela se pratique au Sénégal.

On a également préconisé l'organisation de grandes exploitations, concédées à des sociétés, à charge par elles, non seulement de tirer profit des gommiers existant, mais encore d'en planter de nouveaux. Dans ces conditions, pour que le rendement obtenu par les concessionnaires soit suffisamment rémunérateur, il serait utile que l'Etat assurât lui-même la surveillance des plantations afin d'empêcher les vols et surtout d'obliger les nomades et les caravanes de passage à s'écarter des plantations.

En résumé, le Touat est susceptible de fournir un certain nombre de produits utiles à notre commerce et à notre industrie, et cela en quantité plus considérable qu'on ne l'a cru jusqu'à présent. Leur mise en valeur ne pourra s'effectuer qu'autant qu'on aura diminué, dans les plus grandes proportions possible, les frais de transport entre ce pays et le littoral, c'est-à-dire lorsqu'on aura créé une voie ferrée.

Le coût de l'exploitation de cette ligne pourra d'ailleurs être réduit très largement, si on se décide à lui appliquer un principe, mis en vigueur dans un grand nombre de colonies étrangères : celui de proportionner le nombre des trains à l'importance du trafic. Un ou deux trains par semaine dans les deux sens sont en effet suffisants sur les lignes de ce genre à faible rendement, où l'on a intérêt à réduire le plus possible, les frais d'exploitation. Rien n'empêchera d'ailleurs la compagnie exploitante d'en augmenter le nombre chaque fois que le trafic le nécessitera.

La création de ce chemin de fer aura pour nous de multiples avantages : elle assurera de suite et sans conteste notre domination sur ces contrées ; elle nous permettra de vivre dans le pays sans en détruire les maigres ressources ; elle nous procurera enfin de sérieuses économies dans le ravitaillement de nos postes du Sud.

D'ailleurs d'autres l'ont dit avant nous : « Avoir la
» prétention de soumettre et de pacifier le Sahara avec
» des colonnes militaires péniblement ravitaillées par
» des bêtes de somme, sera toujours une chimère
» irréalisable, obtenir ce résultat par la construction
» progressive d'une voie de fer ouvrant et explorant
» le pays à l'avant, en même temps qu'elle en garantit
» la soumission à l'arrière, est au contraire une opéra-
» tion des plus simples et qui ne livre rien au
» hasard [1] ».

[1] Rinn, *Nos frontières sahariennes*, p. 83.

CHAPITRE CINQUIÈME.

Le Commerce du Touat.

A l'Ouest du Sahara, le Touat, comme le Fezzan au centre, est un véritable carrefour où viennent se réunir un certain nombre de voies commerciales. C'est aussi un lieu de ravitaillement où s'approvisionnent les nomades qui gravitent dans les contrées environnantes.

Grâce à cette situation exceptionnelle dont le simple examen d'une carte permet d'apprécier toute l'importance, le rôle joué par le Touat dans les relations à travers le Sahara, a dû être jadis relativement considérable. Sa décadence actuelle tient à des causes diverses, ainsi que nous allons le montrer.

La région touatienne était autrefois, à proprement parler, une grande station de transit, où venaient s'accumuler les marchandises avant d'être réexportées au Nord ou au Sud. C'est d'ailleurs la caractéristique du commerce du Sahara tout entier de ne se faire généralement que par des centres, jouant le rôle d'intermédiaires successifs.

Il devait en être déjà ainsi pour ces contrées dans l'antiquité ; malheureusement, les données historiques sur cette période nous manquent à peu près complètement et nous ne pouvons nous livrer à ce propos qu'à des conjectures.

Ce n'est qu'à la fin du IXe siècle que l'on constate pour la première fois, dans les historiens arabes, l'existence d'une route fréquentée qui, partant du Djerid tunisien, passait par Ouargla et le Touat pour aboutir au coude de Bourroum [1] sur le Niger.

Au XIIIe siècle, Bouda, qui pendant quelque temps avait été le grand entrepôt commercial du Touat, se voit supplantée, à la suite des brigandages des nomades, par Tamentit. Là, arrivaient, par la voie de Sidjilmassa, les marchandises européennes venant de Tlemcen où les commerçants italiens (vénitiens et génois) occupaient deux fondouks dans le quartier de la Kaïsariah [2]. De Tamentit, elles gagnaient Oualata et le Soudan. C'est par Oualata, le Touat et R'adamès que les fidèles, venant du Sud, se rendaient alors en pèlerinage à La Mecque.

---

[1] Schirmer, *le Sahara*, p. 331 et suiv.

[2] Abbé Bargès, *Mémoire sur les relations commerciales de Tlemcen avec le Soudan*. Revue de l'Orient, 1853, p. 333 et suiv. — Le même, Tlemcen, 1859, p. 206-214.

E. de la Primaudaie, *Le commerce et la navigation de l'Algérie avant la conquête française.* — Revue Algérienne et Coloniale, t. III, p. 820.

Deux siècles plus tard, Tin Bouktou hérite, sous la domination de Mohammed Askia, de la plus grande partie du commerce de Oualata et entretient des relations actives avec Tunis par le Touat [1].

Enfin au XVIᵉ siècle, la chute de l'empire Sonrhaï et la conquête du Soudan par les marocains vont amener les Touareg à déborder les frontières. Bientôt leurs brigandages auront, sinon complètement ruiné, du moins fortement diminué les relations commerciales du Touat avec le Soudan, en même temps que se fermait peu à peu, pour des motifs identiques, la route d'Ouargla à Agadès par la Sebkha d'Amadr'or.

A la même époque, au Nord sous les exigences des Turcs, les rapports avec le Touat se restreignaient chaque jour. « Le commerce se faisait alors sous le » bernous, presque en cachette, parce que celui qui » vendait était censé possesseur de quelques biens. » Si un espion turc (et il y en avait partout), s'en » apercevait, une amende frappait immédiatement le » marchand. La spoliation était alors la règle gouver- » nementale. Il est résulté de cette éducation une » grande défiance chez tous les indigènes et une ten- » dance à cacher ce qu'ils possèdent [2]. »

Dans ces conditions, la part du Touat, dans le commerce de transit du Sahara, devait diminuer de plus en plus. Ouargla, Constantine, Tlemcen, qui jadis

---

[1] Schirmer, *Le Sahara*, p. 337.

[2] Dʳ Maurin, *Les caravanes françaises au Soudan*, p. 15.

recevaient par son intermédiaire les produits du Soudan, cessèrent peu à peu toutes leurs relations avec cette contrée.

. Telle était la situation au moment de notre débarquement en Algérie. Sous notre administration, plus régulière que celle des Turcs, les routes commerciales du Touat, on pouvait l'espérer, allaient se rouvrir. Mais, au moment où la conquête presque achevée, on recherchait les moyens de rétablir ces relations, l'abolition de la traite des nègres apporta un nouvel obstacle à leur reprise. En même temps, les marabouts du Touat, poussés par leur ardeur religieuse, ne se faisaient pas faute d'exciter la défiance des habitants et de les empêcher d'entrer en rapport avec nous.

D'autre part nos exigences douanières ne pouvaient qu'apporter une nouvelle entrave à tout développement commercial.

Le décret du 28 avril 1874, en conférant à l'oasis de Biskra la situation de pays franc, fut un premier remède apporté à cette situation. On devait en attendre les meilleurs résultats, d'autant qu'en 1882, les luttes entre les Touareg fermèrent, à peu près complètement, la route de R'adamès à In Salah, ce qui contraignit les commerçants de cette dernière localité à venir de plus en plus s'approvisionner au Mzab.

Malheureusement, les dispositions, prises en 1874, pour empêcher le refoulement vers le Nord des marchandises en provenance de Biskra, n'avaient pas été suffisantes, et, pour remédier à cet état de choses, on crut bien faire en supprimant, par décret du 26 avril 1884, la franchise du marché de Biskra. Quelques mois après, la paix était conclue entre les fractions targuies et la route de R'adamès était ouverte de nouveau au commerce d'In Salah.

Cependant, depuis cette époque, le Mzab a conservé, une partie de la clientèle qu'il s'était acquise dans cet intervalle. Mais, afin de satisfaire aux demandes de ses clients, il a dû chercher, en dehors de nos marchés, un comptoir où il put s'approvisionner avec un bénéfice suffisant. Il l'a trouvé en Tunisie, particulièrement à Gabès et aussi à Tunis même, mais au profit du commerce étranger.

C'est pour favoriser les intérêts du négoce français et détourner vers l'Algérie ce courant commercial, qu'a été rendu le décret du 17 décembre 1896, créant des marchés francs dans le Sud Algérien. On ne peut encore en apprécier les résultats.

Telle est actuellement la situation. Les détails, que nous allons donner sur les différentes routes par où les marchandises accèdent au Touat, la feront encore mieux ressortir. Mais auparavant nous dirons quelques mots du commerce intérieur du Touat, ainsi que des monnaies qui y ont cours et des poids et mesures qui y sont employés dans les transactions.

Il y a lieu cependant de noter encore qu'on s'est généralement fort exagéré l'importance du commerce général du Touat. En l'état actuel, il n'est pas possible de l'apprécier avec des chiffres. Mais il est certain que si une statistique pouvait être établie, on serait étonné du peu d'élévation des chiffres obtenus ; c'est qu'avec nos idées européennes nous nous faisons une toute autre conception du développement commercial d'un pays d'une étendue relativement aussi grande, sans tenir suffisamment compte des conditions spéciales dans lesquelles il se trouve. Les besoins des populations, qui l'habitent, sont restreints et les transactions qui se font avec le Soudan par l'intermédiaire des oasis ne portent que sur un petit nombre de marchandises, en quantité relativement minime.

MONNAIES.

Le mode de trafic le plus simple, employé au Touat, est le troc, c'est-à-dire l'échange d'une marchandise contre une autre marchandise. C'est ainsi qu'opèrent généralement nos tribus ; cependant dans leurs transactions, achats de dattes, vente de moutons, de laine, de beurre, de céréales, etc., les prix sont d'ordinaire évalués en numéraire, mais le paiement s'effectue par des échanges ; le prix des matières d'échange est toujours lui-même évalué en numéraire.

Il existe en effet du numéraire au Touat, mais cette contrée n'a pas de système monétaire particulier. Elle emprunte aux pays voisins les monnaies qui y ont cours et leur impose une valeur fictive qui varie généralement avec les régions.

On trouve ainsi, à côté des pièces de monnaie

marocaines, de la monnaie française, qui y afflue même de plus en plus, et des pièces de 5 francs espagnoles, moins nombreuses cependant qu'autrefois.

Toute cette monnaie est apportée aussi bien par les caravanes des nomades que par les Touatiens qui, après être venus chercher du travail sur le littoral, s'en retournent ensuite dans leur pays.

Les renseignements que nous possédons sur les valeurs monétaires employées au Touat ne sont pas uniformes.

Cette diversité provient sans doute de ce que ces informations ont été recueillies dans des régions différentes et à des époques également différentes ; cela prouverait, comme nous l'avancions plus haut, que la valeur des monnaies utilisées au Touat subit de fréquentes variations suivant les années, les localités ou la rareté plus ou moins grande de numéraires, dans tel ou tel district.

Parmi les indications données ci-après, les unes datent déjà d'une quarantaine d'années, les autres sont plus récentes, mais ne se rapportent qu'au Gourara.

Renseignements anciens. — Ils remontent, pour la plupart, à 1860 et sont dus au commandant Colonieu qui les a recueillis au cours de son voyage au Gourara. Le voyageur allemand, G. Rohlfs, qui a parcouru le Touat en 1864, a donné de son côté quelques indications dans son journal de route ; elles présentent avec les précédentes des différences légères que nous noterons au cours de notre étude.

Les monnaies en usage dans les oasis, à l'époque du voyage du commandant Colonieu, étaient les suivantes. En premier lieu la pièce française de 5 francs, appelée *douro* par les indigènes. Sa valeur était au Timmi de 5 fr. 35 ou 16 oukia; au Tidikelt de 5 fr. ou 15 oukia seulement. Rohlfs lui donne une valeur un peu plus forte; elle ne valait que 17 oukia au Touat contre 32 à 32 1/2 au Maroc.[1]

Le *douro bou medfa* (le douro aux canons; c'est la pièce de 5 francs espagnole que les indigènes nomment ainsi à cause des deux colonnes d'Hercule qui sont frappées au revers et qu'ils prennent pour des canons), qui valait 6 francs au Touat proprement dit (18 oukia) et 5 fr. 35 (16 oukia) au Tidikelt.

Le rial, valant 6 oukia ou 24 mouzouna, soit 2 francs.

La rebia, valant 6 mouzounas ou 6 oudjouh, soit 0 fr. 50.

L'oukia (once) ou dirhem valant 4 mouzounas, soit, 0,333.

On comptait généralement 3 oukia dans le franc.

Prise isolément, l'oukia passait pour 0 fr. 35.

Le tenin valant 3 mouzounas, soit 0 fr. 25.

Enfin la mouzouna ou oudjh (face) dont la valeur était comprise entre 0 fr. 075 et 0 fr. 08. C'était une toute petite pièce d'argent.

---

[1] Rohlfs, *Reise*, p. 169.

Suivant Rohlfs les pièces marocaines de 10 mouzounas ne valaient que 6 mouzounas et même, au Touat proprement dit, 4 mouzounas ou 1 oukia. Il ajoute qu'on avait coutume de les partager pour obtenir de la petite monnaie, qui circulait ensuite comme mouzouna, car il n'y avait pas de monnaie de cuivre en circulation [1].

On employait encore une monnaie fictive n'existant pas ou plutôt n'existant plus : le mithkal, et aussi, suivant Rohlfs, le Kountar. D'après le voyageur allemand, le Kountar valait au Touat 1000 mithkals [2], ou 1600 francs [3]. Cela mettait la valeur du mithkal à 1 fr. 60. Mais au Tidikelt, le mithkal avait sans doute une valeur double, car Rohlfs indique, autre part, que, dans cette région, 150 mithkals valaient 500 francs [4].

La monnaie d'or était très rare au Touat, au temps du commandant Colonieu, car nos tribus n'y apportaient jamais que de la monnaie d'argent en circulation en Algérie. Les quelques pièces d'or, qu'elles y introduisaient, n'étaient pas acceptées par tous les habitants ; la majorité les refusait. Quelques-uns cependant les recevaient, mais conditionnellement afin de s'en servir

---

[1] Rohlfs, *Reise*, p. 169.

[2] Au Maroc le Kountar (Kintar) vaut seulement 100 mithkals. Erckmann, *Le Maroc moderne*, p. 160.

[3] Rohlfs. *Reise*, p. 150.

[4] Rohlfs, *Reise*, p. 184.

dans les achats faits à nos nomades. Toutefois des caravanes du Tafilalet passaient pour avoir, à cette époque, recherché avidemment l'or français au Timmi et en avoir offert une prime considérable 5 à 10 %.

Rohlfs, en 1864, éprouva beaucoup de difficultés à faire le change de sa monnaie d'or au Tidikelt ; il finit pourtant par trouver un marchand de R'adamès qui lui offrit de la lui changer à 50 % de perte ; un autre, après lui avoir proposé de la peser comme la poudre d'or pour l'évaluer en mithkals, ce qui lui aurait occasionné une perte de 5 % seulement, se ravisa sous prétexte que les pièces d'or françaises, dont il était muni, contenaient moitié cuivre [1]. L'un et l'autre n'avaient cherché en somme qu'à opérer une fructueuse spéculation au détriment du voyageur allemand.

Renseignements récents. — C'est à Palat que nous devons ces indications. Cet explorateur a noté dans la partie de son journal de route [2] qui nous est parvenue quelles étaient les monnaies employées au Gourara au moment de son passage.

D'après lui, on se sert surtout dans cette région de l'oukia marocaine et de la pièce de 0 fr. 20 française qu'on appelle tsmenin et qui vaut ici 0 fr. 23. La première est subdivisée au couteau en demies et en quarts (mouzounas), ce qui est un moyen très pratique

[1] Rohlfs, *Reise*, p. 176.
[2] P. 241 et suiv.

de faire de la monnaie. On emploie également une pièce marocaine appelée rebia[1] (quart de rial). Puis viennent le *frak* ou franc, le *rial*, le *mithkal* et une pièce turque appelée *tsmenia aouak* qui vaut la moitié d'un *soltani* ou pièce de 5 francs.

Le tableau suivant indiquera, d'ailleurs, la valeur et la provenance des monnaies en circulation au Gourara, d'après Palat. Ce sont toutes des monnaies d'argent.

NOMS des MONNAIES	ORIGINE	VALEUR au GOURARA
Mouzouna	marocaine	fr. 0 08
Tsmenin	pièce française de 0 fr. 20	0 23
Oukia	marocaine	0 30
Rebia	française ou marocaine	0 50
Frak dzaïri	française	1 »
Rial dzaïri	française	2 »
Tsmenia aouak	turque	2 50
Mithkal	marocaine	3 50
Soltani	française	5 »

Les pièces de cuivre ne sont pas admises; quant aux monnaies d'or, on reçoit seulement la pièce de 20 francs et encore passe-t-elle difficilement.

[1] L'éditeur de Palat a écrit ce nom de deux manières différentes : zebega et roega, qui nous paraissent l'une et l'autre erronées. Nous avons rectifié cette dénomination d'après celle donnée par Colonieu pour la pièce de monnaie de valeur correspondante.

On emploie aussi des monnaies conventionnelles ; le frak touati et le rial touati qui valent respectivement 0 fr. 90 et 1 fr. 80.

Les pièces françaises sont acceptées de préférence à celles d'Italie ou de l'Espagne, contrairement à ce qui se passe au Maroc, ce qui prouve l'influence de plus en plus grande prise insensiblement par les intérêts français dans les affaires de ces régions.

Ajoutons enfin, pour compléter ces divers renseignements, que les Soudanais, dans leurs échanges avec les Touatiens, quand il y a lieu de faire l'appoint, se servent de cauris (Kouri du Soudan, cyprœa moneta, en arabe ouda, pluriel oudia). Les marchands du Touat acceptent cette étrange monnaie bien qu'elle n'ait pas cours dans leur pays et ils s'en servent lorsqu'ils ont eux-mêmes à faire des appoints aux négociants soudanais ou quand ils envoient des caravanes au Soudan.

POIDS ET MESURES.

Au Touat on utilise [1], comme poids, la monnaie d'argent. On ne l'emploie d'ailleurs de cette manière que pour peser les objets ayant une certaine valeur sous un petit volume.

---

[1] C'est encore au Commandant Colonieu que nous empruntons la plupart des renseignements que nous donnons ici. Nous avons en même temps utilisé la notice, déjà mentionnée, du lieutenant Devaux.

C'est la pièce espagnole appelée douro bou Medfa [1] qui sert à faire les pesées. Elle représente une *oukia* (once) qui équivaut par suite à 27 grammes 045, poids de la pièce espagnole. Dix-sept *aouak* (pluriel de oukia) forment une livre, équivalant à 459 gr. 765 [2]. Les subdivisions monétaires sont également utilisées, comme subdivisions de l'oukia.

Pour les longueurs, on emploie la palme, appelée *cheber*, la coudée nommée *drâa*, et le pas désigné sous le nom de *khatoua*

Quelques commerçants utilisent aussi une mesure graduée, la *cala*. C'est la coudée employée au Maroc, elle est plus grande que le drâa du Touat.

Les liquides et certaines denrées de quelque valeur, comme l'huile, le miel, ne se vendent pas d'une façon uniforme. Chaque marchand a ses vases particuliers qui lui servent de mesure. Les essences se vendent au flacon et au jugé. Le beurre se vend de même en bloc et à vue d'œil.

Pour les grains, les dattes, les mesures sont loin d'être uniformes dans tout le Touat. Chaque district ou groupe de districts a son unité particulière qu'il est difficile de déterminer d'une façon absolue par comparaison avec nos mesures.

---

[1] Il est probable que l'on emploie aujourd'hui la pièce de 5 francs française. Nous n'avons pu le vérifier.

[2] A poids égal il faudrait un peu plus de 18 pièces de 5 francs françaises.

Cette unité est essentiellement variable et elle est fictive en ce sens qu'il n'existe pas, comme chez nous, un vase d'une capacité la représentant exactement ; on la nomme la guessâa.

Elle se subdivise pour le mesurage des grains en un nombre variable de *zegguen* (au singulier *zegguenia*, espèce de boisseau) partagées elles-mêmes en *mestemen* (au singulier mestemouna), lesquelles comprennent chacune un certain nombre de poignées. La poignée est prise, sans se servir du pouce, avec les quatre autres doigts de la main.

Pour les dattes, on emploie également l'*hamel* (la charge), qui équivaut approximativement au chargement d'un chameau de moyenne taille. La valeur de l'hamel n'est pas identique dans toutes les oasis.

On distingue l'hamel de Timmi, celle de Bouda et de Tsabit, celle de Timimoun, de Tamentit et des Zoua. C'est celle de Timmi qui est le plus en usage : elle comprend six guessâa. La guessâa se partage en 12 zegguen, comprenant chacune 8 mestemen de six poignées de grains l'une.

Au Timmi, la zegguenia sert aussi pour le mesurage des dattes. Elle se divise alors en 12 palmées (*lahoua*) de dattes, c'est-à-dire, douze fois ce que l'on peut retirer de dattes d'un tas, en y introduisant la main et la soulevant à plat, la paume en dessus.

Dans le Bouda et le Tsabit, la charge est de 10 guessâa, comprenant chacune 6 zegguen. La valeur de la zegguenia étant la même qu'au Timmi, il en résulte que la charge de Tsabit et de Bouda est inférieure d'un sixième à celle de Timmi.

A Timimoun, chez les Zoua, à Tamentit, la charge comprend 60 guessâa. Dans ces localités la guessâa est seulement un peu plus forte que la zegguenia de Timmi, mais elle renferme 10 mestemen tandis que la zegguenia de Timmi n'en contient que 8.

Pour mesurer les dattes on se sert également d'un vase quelconque que l'on remplit en le comblant autant qu'on peut, sans cependant en tasser le contenu ; le même vase rempli de blé ou d'orge correspondra comme valeur à un nombre déterminé de fois son contenu de dattes.

Les échanges se font également par charge, une charge de chameau en céréales correspondant à tant de charges de dattes. C'est même fréquemment ce dernier système qui est employé de préférence au précédent, surtout lorsqu'après une récolte peu abondante, les dattes étant chères, on veut arriver à un plus grand degré d'approximation.

COMMERCE INTÉRIEUR. — MARCHÉS.

A l'intérieur du Touat le mouvement commercial n'est pas très considérable, il porte principalement sur l'échange des produits naturels du pays contre les divers articles d'importation, denrées alimentaires ou marchandises de première nécessité.

Ce sont surtout les céréales qui motivent ces transactions. Bien qu'on les cultive au Touat proprement dit, la production de cette région ne paraît pas suffisante pour assurer la nourriture de tous ses habitants. Ils sont obligés de faire venir le surplus des oasis du Nord quand nos tribus ne les y apportent pas elles-mêmes. Ils en achètent ainsi en quantités d'autant plus grandes que c'est chez eux, comme le constate Rohlfs, que les gens du Tidikelt et particulièrement ceux d'In Salah viennent à leur tour s'approvisionner.

Autrefois, alors que le commerce avec le Soudan était prospère, que les relations avec R'adamès étaient plus suivies, il se produisait un contre-courant : une partie des marchandises, importées par ces deux directions, s'écoulait jusqu'à Tamentit et gagnait ensuite soit Brinkan, soit Timimoun ; elles n'étaient point échangées, mais vendues, et c'est de cette manière que le numéraire affluait vers le sud du Touat.

Maintenant que ces routes sont moins fréquentées, le trafic par le Sud diminue chaque jour au profit du commerce du Nord.

Les productions particulières à chaque oasis sont également l'objet d'échanges qui profitent au commerce local. Timimoun répand dans tout le Touat ses cuirs ouvragés ; l'alun, le salpêtre constituent, de même, pour plusieurs localités de production, des articles de commerce assez importants. Le henné s'exporte d'Inzegmir à In Salah qui n'en produit pas ou peu ;

souvent même ce dernier district fournit des dattes à l'Aouléf qui, bien que pays de production, n'en récolte pas toujours suffisamment pour sa consommation. Le charbon fait aussi l'objet d'un commerce très actif dans les divers districts où l'on s'adonne à sa fabrication et particulièrement aux Oulad Saïd, le marché le plus important du Gourara, par ses produits naturels, après Timimoun.

Suivant Rohlfs [1], Timimoun, Adr'ar et Tamentit sont les principaux marchés du Touat. Tous les renseignements confirment ces indications du voyageur allemand. Cependant Timimoun doit être placée en première ligne parce que cette oasis est à la fois un centre de productions naturelles (dattes, salpêtre, etc.), un centre industriel (poudre, cuirs ouvragés, vêtements, etc.), et un centre de commerce et de transit.

Adr'ar du Timmi réunit les mêmes conditions, mais à un degré moindre que Timimoun; elle reçoit d'ailleurs les marchandises de seconde main.

Tamentit a été jadis le grand entrepôt de transit des marchandises provenant ou à destination du Soudan. Elle est restée, au dire de Rohlfs qui l'a visitée, une place de commerce relativement importante. Ses habitants ont conservé l'activité et l'industrie de leurs ancêtres. Bon nombre d'entre eux sont cordonniers, tailleurs, armuriers, serruriers. On y voit plusieurs

[1] *Reise*, p. 166.

longues rues garnies de petites boutiques de chaque côté[1].

Après ces importants marchés de productions, il faut immédiatement placer In Salah qui est surtout une place de transit pour les marchandises du Soudan ; on y fabrique cependant des vêtements estimés et la proximité de gisements d'alun et de salpêtre y donnent lieu également à un certain négoce. Brinkan (Tsabit), au nord, joue à peu près le même rôle par rapport au Maroc, mais à un degré bien moindre, car le transit qui s'y opère n'est pas comparable à celui d'In Salah. Les marchés de Timadanin (Reggan), de Zaouiet Heïnoun (Aoulef) sont surtout alimentés par les marchandises importées du Soudan.

Il en est de même de Kasbet Sidi El Abed (Akabli), qui sert de point de concentration habituel aux caravanes se dirigeant sur le Niger.

Enfin quelques localités semblent avoir monopolisé la vente de certaines denrées. C'est ainsi que, d'après Rohlfs, Sali serait le grand marché du tabac. De même Inzegmir fait un grand commerce de henné, très cultivé d'ailleurs dans tout le district de ce nom.

COMMERCE EXTÉRIEUR. — VOIES COMMERCIALES.

Quatre routes commerciales, venant du nord et plus ou moins fréquentées, aboutissent au Touat.

[1] Rohlfs, *Reise*, p. 145.

Ces chemins sont de l'ouest à l'est :

1° La route du Maroc qui va de Figuig ou du Tafilalet au Touat par l'oued Saoura ;

2° Les routes du Sud oranais par l'oued Namous ou l'oued R'arbi ;

3° Les routes du Meguiden et de l'oued Mia ;

4° La route de R'adamès ;

5° La route de R'at.

Enfin, le Touat se relie au Soudan par l'intermédiaire de l'Adrar Ahenet, d'où partent deux routes :

La première va au sud-ouest sur Tin Bouktou par le Tanezrouft, Mabrouk et l'Azaouad ;

La seconde, par Timissao, atteint le Niger plus à l'est, ou se dirige sur le pays Haoussa.

1° Route du Maroc.

Nous avons décrit dans le 2ᵉ volume de ces Documents la route du Maroc par l'oued Saoura[1]. Que l'on parte du Tafilalet ou que l'on vienne de Figuig, cette route aboutit au Touat dans l'un des districts suivants : Charouin, Tsabit ou Bouda.

---

[1] Voir tome II, p. 545 et suiv., 564-751 et suiv., 754.
Il existe encore une autre route plus directe pour se rendre du Touat au Tafilalet, elle passe par Tabelbalet. Elle est fort peu connue ; le capitaine Coÿne dans son mémoire : *Une ghazzia dans le grand Sahara*, en a cependant donné une description par renseignements. Cet itinéraire, d'accès difficile et privé généralement d'eau, manque complètement de sécurité. Pour ces motifs, il n'est presque pas fréquenté, excepté par les gens en quête d'aventures.

Cette direction, très fréquentée au moyen âge, l'est beaucoup moins aujourd'hui ; le petit nombre de caravanes chargées de marchandises qui la parcourent n'évitent le pillage des nomades qu'en se plaçant sous la protection de personnalités religieuses importantes, telles que les marabouts de Kerzaz et de Kenadsa ou même, depuis quelques années, Bou Amama qui a su acquérir une influence incontestable dans ces régions.

En outre, tous les nomades du Dahra marocain, Beni Guil, Zoua R'araba, ou autres qui s'approvisionnent généralement de dattes au Tafilalet, et plus au sud, les Oulad Djerir et les Doui Menia, lorsque la récolte de leurs palmiers a été insuffisante, viennent aussi quelquefois en acheter au Touat [1]. Ils en profitent souvent pour faire du négoce, soit en s'associant à des commerçants de Figuig, soit plutôt pour leur compte personnel.

Voici l'énumération des marchandises importées au Touat par cette route. Ce sont :

Du thé vert [2],
Des épices,

---

[1] Tous ces nomades affluèrent au Touat en 1878. La récolte des dattes avait été, cette année là, très mauvaise dans l'ouest, particulièrement au Tafilalet. Il en résulta au Touat un grand renchérissement sur les prix habituels.

[2] Le thé noir n'est généralement pas apprécié par les indigènes qui lui préfèrent le thé vert. Ils le consomment en infusion très forte, à laquelle ils ajoutent généralement de la menthe, de l'armoise, de l'ambre, etc.

Du safran,
Du sucre,
Du café,
De l'huile,
Des bougies,
Des allumettes,
Des parfums,
Des roses sèches,
Du savon,
Du papier,
Des tasses et autres ustensiles en faïence et porcelaine,
Des cotonnades anglaises,
Quelques tissus de soie (foulards ou autres),
De la soie en écheveau,
Des gandouras (chemises) rayées à petites manches,
Du fil,
Des aiguilles (surtout des aiguilles à matelas pour coudre les gueraras),
Du filali,
Des articles de sellerie indigène,
Du soufre (kebrit) raffiné,
Des bracelets en corne,
Des cornes montées en poires à poudre,
Des armes, fusils et sabres (en petit nombre),
Des articles de quincaillerie,
De la ferblanterie,
Des marmites en fer,
Des vases de cuivre (marmites, aiguières, plateaux),

Du fer en barre,
Du plomb,
Du cuivre,
De l'étain.

A cette liste, il faut ajouter un petit nombre de chevaux, vendus par les nomades marocains, et les moutons qu'à l'exemple de nos indigènes, ils amènent avec eux. Ils apportent en même temps :

Du blé,
De l'orge,
Du beurre fondu et salé, appelé *dehan*,
Du *klila*, sorte de fromage très dur et cassé en morceaux.

Ce fromage en séchant devient dur comme de la pierre. On le mange au Touat, d'après Daumas [1], pilé et mélangé avec de la farine de maïs et délayé avec du lait ou de l'eau.

De la laine,
Quelques vêtements confectionnés d'un tissu fin,
Des gueraras, sacs en laine pour charger les marchandises sur les chameaux.

La plupart de ces marchandises sont consommées au Gourara et au Touat proprement dit : très peu parviennent au Tidikelt. D'ailleurs les principales denrées, importées par cette voie, sont le thé et les

---

[1] *Le Grand Désert*, p. 199.

cotonnades anglaises ¹ ; l'importation de toutes les autres est relativement insignifiante.

A part les dattes, les marchandises, exportées par la même voie, ne sont pas très nombreuses

Ce sont :

Du henné,
Du tabac ²,
Du piment rouge,
Du koheul,
Des articles de vannerie,
De l'alun,
Du salpêtre,
Du sel,
Des vêtements de laine, fabriqués avec la laine importée.

Il faut y joindre les quelques marchandises suivantes qui représentent seules l'ancien commerce de transit du Soudan au Maroc par le Touat.

Ce sont :

Des étoffes de coton du Soudan,
Quelques dépouilles d'autruche ;
Quelques peaux de buffles,

[1] Rohlfs, *Reise*, p. 166. Le voyageur allemand dit même que ce sont les seules marchandises qui soient importées du Tafilalet.

[2] Quant au tabac, écrit de Foucauld (*Reconnaissance au Maroc*, p. 35), une fois sorti des villes je le verrai disparaître complètement jusqu'au Sahara ; mais là je trouverai vers Tisint, Tatta, Aqqa, une vaste région où tout le monde le fume du matin au soir : les tabacs à la mode y sont ceux du *Touat*, du Drâa et surtout de l'oued Noun.

Un peu d'ivoire (très rarement),
Un peu d'or (très rarement).

Quelques esclaves, mais toujours en petit nombre, car l'occupation de Tin Bouktou a bien diminué la traite qui ne se fait plus guère qu'à l'est de cette ville dans les régions qui échappent encore à toute domination européenne. Déjà, en 1864, Rohlfs avait constaté le peu d'importance de ce commerce qui a encore diminué depuis. « Du Soudan, écrit-il, il n'arrive guère
» chaque année, au Touat et par conséquent au Maroc,
» plus de mille esclaves. On serait même, je crois,
» plus près de la vérité en n'adoptant que le chiffre
» de 500. Car, où sont les esclaves? Ceux qui sont
» conduits directement du Touat au Maroc ne sont
» guère plus de quelques centaines, qui sont amenés
» sur les marchés de Fez ou du Tafilalet. Au Touat,
» même les gens les plus considérables n'en possèdent
» pas plus de vingt et on ne compte pas plus de 4 ou 5
» notables dans ce cas. En ce qui concerne l'or, il ne
» faut pas non plus se croire en Californie; si on admet
» qu'en moyenne il n'en arrive chaque année qu'en-
» viron 50 livres, c'est un maximum. Quant aux
» défenses d'éléphant, je suis tout à fait hors d'état
» d'indiquer même approximativement s'il s'en écoule
» beaucoup du Touat au Maroc. Les cotonnades, les
» plumes d'autruche du Soudan comme les autres
» articles ne méritent aucune mention [1]. »

[1] Rohlfs, *Reise*, p. 166.

2° ROUTES DU SUD ORANAIS.

Les routes du Sud oranais seront décrites ultérieurement au commencement du volume suivant.

Elles ne sont pas seulement fréquentées, chaque année, par nos nomades, mais aussi par un certain nombre de petites caravanes de Gourariens, appartenant le plus souvent aux districts les plus rapprochés de l'Erg. En effet les habitants de ces régions, profitant de la sécurité des routes, amenée par notre domination, n'hésitent pas à venir faire leurs dévotions à El Abiod Sidi Cheikh et à apporter en même temps sur nos marchés du Sud des produits de leur pays. Ce sont principalement des dattes, du henné et du salpêtre. C'est, en effet, par leur intermédiaire, que cette dernière matière est introduite clandestinement dans nos Ksour du Sud ; là, les habitants, malgré toute la surveillance exercée, se livrent en cachette à la fabrication de la poudre, ce qui amène de temps en temps des accidents.

Ces petites caravanes, qui ne sont jamais bien nombreuses, ni même très importantes, rejoignent ensuite leur pays, non sans s'être munies au préalable de quelques marchandises achetées avec le prix de la vente de leur chargement d'arrivée. Elles emportent ainsi :

Du savon,
Des allumettes,

Des parfums (principalement de l'eau de Cologne).
De l'eau de fleur d'oranger,
Des cotonnades,
Des articles de quincaillerie,
De la ferblanterie,
Des marmites, etc.

Les échanges qui se font par leur entremise entre l'Algérie et le Touat sont d'ailleurs de peu d'importance.

Ce sont, en effet, nos tribus qui ont plutôt le monopole du trafic qui se fait par cette voie. Leurs caravanes annuelles souvent considérables y vont porter une grande quantité de denrées, principalement des denrées alimentaires et des laines, qu'elles échangent contre les produits du pays et surtout contre des dattes. En voici l'énumération d'après les rapports fournis annuellement par la Division d'Oran.

Blé. — Il provient du Tell où les nomades vont l'acheter chaque année.

Orge. — Les caravanes en emportent relativement peu, en comparaison surtout de la quantité de blé qu'elles exportent.

Farine. — Nos nomades en transportent rarement au Touat pour la vente; cette denrée n'est en effet signalée que deux fois dans les rapports fournis par la Division d'Oran: la première fois en 1878-79, où les caravanes en emportèrent 1.117 charges (soit au minimum 1.676 quintaux, en évaluant la charge à 150 kilog. seulement) et la seconde, en 1892-93, où 20 charges seulement (30 quintaux) furent exportées. Cependant nos administrés en emportent chaque année une certaine quantité, pour leur nourriture personnelle en cours de route; c'est pourquoi il n'en est pas fait mention dans les rapports annuels.

Semoule. — Denrée encore plus rarement emportée que la précédente. Elle ne figure qu'en 1886-87, où nos nomades en transportèrent 250 kharoubas, soit, en évaluant la kharouba à 1 décalitre, 25 hectolitres.

Fèves. — L'exportation de ce produit, qui était insignifiante en 1876-77, atteignait en 1894-95 : 37.244 kilog., exportés principalement par les Hamian.

Pois chiches. — Cette denrée ne fait pas l'objet d'une exportation régulière.

Fromage (klila). — Semblable à celui que les tribus marocaines transportent également au Touat. Il s'en exporte chaque année une grande quantité excepté, bien entendu, lorsque la production du lait a baissé, par suite de la sécheresse et du manque de pâturages qui en est la conséquence.

Beurre fondu (dehan). — Les observations qui précèdent peuvent s'appliquer également à ce produit. Il se transporte dans des pots ou dans des outres.

Graisse de mouton. — Toujours exportée en grande quantité.

Epices (principalement du poivre noir et des clous

de girofle). — L'exportation de ces épices n'est pas régulière, ou du moins elles ne figurent pas toujours dans les déclarations faites par les indigènes des denrées emportées par eux.

Huile. — La majeure partie est transportée par les Hamian ; cette exportation est, du reste, irrégulière.

Anis. — Il s'en emporte parfois quelques charges, ainsi que du romarin et de l'armoise (le thym de nos soldats).

A ces denrées alimentaires ou entrant dans la composition des aliments, il faut ajouter.

Les *moutons*, toujours emmenés en grand nombre par les nomades.

Les *chèvres*, rarement et en très petit nombre.

Les *chevaux*, même observation que ci-dessus.

Le tableau ci-après résume les indications fournies sur l'exportation de ces trois espèces d'animaux par différents rapports de la Division d'Oran.

ANNÉES.	MOUTONS.	CHÈVRES.	CHEVAUX.	ANNÉES.	MOUTONS.	CHÈVRES.	CHEVAUX.
1860-61	16.000	»	»	1887-88	1.172	»	»
1875-76	1.571	»	»	1888-89	4.502	»	»
1876-77	4.040	»	»	1889-90	7.194	»	»
1878-79	3.777	»	5	1890-91	2.153	15	7
1880-81	5.980	»	»	1892-93	2.480	»	»
1883-84	2.002	»	»	1893-94	3.512	»	»
1885-86	2.127	»	»	1894-95	4.485	»	22
1886-87	5.335	40	»				

On voit que si l'exportation des chèvres et des chevaux est insignifiante, celle des moutons est toujours assez considérable. En 1860 particulièrement, elle est montée à un chiffre qu'elle n'a jamais atteint depuis. C'est que cette année là, au dire du commandant Colonieu, au rapport duquel le renseignement est emprunté, les nomades, partis en grand nombre en caravane, n'emportèrent à peu près que des moutons comme articles d'échange. La moyenne annuelle des moutons exportés est d'environ 3.600; lorsque ce chiffre descend au-dessous, c'est que les nomades ont décidé, pour un motif ou un autre, de ne pas faire cette année là d'achats considérables au Touat.

Ajoutons à cette liste des denrées exportées:

Les peaux de mouton que nos nomades emportent de temps en temps.

La laine (toisons) qui constitue toujours un des plus forts articles d'échange.

Voici le relevé des quantités de laine exportées pendant un certain nombre d'années.

ANNÉES.	QUANTITÉS DE TOISONS EXPORTÉES.	VALEUR SUR NOS MARCHÉS.	ANNÉES.	QUANTITÉS DE TOISONS EXPORTÉES.	VALEUR SUR NOS MARCHÉS.
		fr.			fr.
1876-77	30.645	61.290	1888-89	21.605	34.747
1878-79	66.355	132.710	1889-90	22.071	34.611
1880-81	18.090	26.180	1890-91	21.042	31.733
1883-84	6.261	12.522	1892-93	48.898	86.368
1885-86	38.769	74.164	1893-94	13.900	30.600
1886-87	59.819	95.170	1894-95	56.770	34.075
1887-88	3.050	9.870			

De toutes les denrées que nous venons successivement d'énumérer, un certain nombre, comme le blé, l'orge, les fèves, les laines, le fromage, le beurre, la graisse de mouton, la viande séchée, etc., sont transportées au Touat par tous les nomades des Hauts-Plateaux oranais sans distinction. Mais, il en est quelques-unes, parmi elles, qui sont plus particulièrement introduites dans les oasis par les tribus placées à l'ouest de la province d'Oran ou avoisinant le Tell : Angad, Oulad En Nehar, Beni Mathar, Rezaïna, Amour et surtout Hamian. Ceux-ci par exemple apportent au Touat la presque totalité des denrées suivantes :

Pois chiches,
Poivre noir (épices),
Huile,

auxquelles il faut ajouter du savon et des bougies.

Par contre les tribus du cercle de Géryville (Oulad Sidi Cheikh, Lar'ouat du Ksel, Trafi) ne transportent presque jamais de ces denrées. Ils n'ont fait que très rarement exception à cette règle, comme on pourra s'en rendre compte par le tableau ci-après, extrait des rapports annuels des caravanes.

ANNÉES	EPICES (POIVRE NOIR)		HUILE			SAVON	POIS CHICHES		BOUGIES		GRAINS DIVERS
	Hamian	Amour	Hamian	Trafi	Amour	Hamian	Hamian	Trafi	Hamian	Ressina Beni Mathar	Hamian
1876-77	»	»	»	»	»	»	»	»	»	»	»
1878-79	»	»	»	»	»	»	»	»	r	»	»
1880-81	»	»	6 outres	2 charges	»	»	20 kgs	2 charges	»	»	»
1883-84	»	»	155 litres	»	»	»	»	»	»	»	»
1885-86	1540 kgs	»	»	»	»	»	»	»	»	»	»
1886-87	32 kgs	»	653 litres	»	»	13 kgs	950 litres	»	»	»	»
1887-88	»	»	»	»	»	»	»	»	»	»	»
1888-89	»	»	46 litres	1 outre	»	94 kgs	450 litres	»	40 kgs	»	»
1889-90	»	»	460 litres	»	»	30 kgs	150 kgs	»	40 kgs	»	»
1890-91	»	»	200 litres	»	»	706 kgs	1280 litres	»	»	»	600 kgs
1892-93	120 kgs	50 coufins	»	»	»	»	»	»	»	80 kgs	»
1893-94	1000 kgs	»	»	»	»	»	»	»	»	»	»
1894-95	»	»	300 kgs	»	125 kgs	»	»	»	»	»	»

C'est depuis 1862, que les Hamian [1] ont pris l'habitude de transporter la plupart de ces denrées au Touat. Leur exemple a été suivi par leurs voisins. A cette époque, les Hamian, encouragés par l'administration qui venait d'envoyer au Gourara le commandant Colonieu et le lieutenant Burin, et s'efforçait de développer nos relations commerciales avec les oasis, avaient emporté, lors de leur voyage annuel, des marchandises d'origine française. Ces marchandises furent généralement peu recherchées dans les oasis, sauf quelques-unes dont l'échange fut facile. Il faut citer en première ligne le poivre, les cotonnades et les mouchoirs d'indienne.

Vinrent ensuite le thé, le sucre, le savon, etc., dont l'écoulement fut un peu plus difficile. Le café ne trouva d'acheteur à aucun prix, les Gourariens n'en consomment pas. Ils en usent davantage maintenant, mais le café reste toujours pour eux une denrée de luxe dont un petit nombre seulement fait usage. Il en était d'ailleurs de même en Algérie au moment où

---

[1] C'est cette même année que se produisit la tentative dont nous avons déjà parlé, faite par M. J. Solari, de Saïda, pour entrer en relations commerciales avec le Gourara. Ali ben Merin, le chef de la caravane qu'il y envoya, avec des marchandises d'origine française, ne put en écouler qu'une faible partie. Il revint laissant le surplus en dépôt chez le principal notable de Timimoun, El Hadj Mohammed Abderrahman. En retour, celui-ci lui remit des marchandises pour une valeur approximative de 3.000 francs, consistant en peaux préparées et travaillées, matières d'or, salpêtre. Il lui fit en même temps des commandes de cotonnades, d'indigo et de gommes-laques.

nous y avons pris pied ; les gens des villes en usaient à peu près seuls ; c'est nous qui l'avons transformé de plus en plus en article de consommation générale.

De toutes les marchandises et denrées, rapportées du Touat par les caravanes algériennes, la principale est sans contredit la datte qui constitue pour tous les Sahariens l'aliment par excellence, à cause de ses grandes qualités nutritives sous un petit volume, et, en raison aussi de sa facilité de transport.

Le tableau ci-après fait connaître les quantités de ce fruit rapportées par nos nomades du Sud oranais, pendant différentes années.

ANNÉES	NOMBRE de charges de dattes rapportées	QUANTITÉS de dattes exprimées en kilog.	VALEUR sur NOS MARCHÉS
		kil.	fr.
1876-77	8.797	1.319.550	879.700
1878-79	8.730	1.309.500	873.000
1880-81	6.688	1.003.200	740.825
1883-84	3.409	511.350	»1
1885-86	9.902	1.485.300	676.600
1886-87	14.041	2.106.150	929.620
1887-88	1.111	166.650	134.282
1888-89	8.820	1.323.000	602.475
1889-90	12.276	1.841.400	701.634
1890-91	10.569	1.585.350	373.956
1892-93	10.822	1.623.300	550.821
1893-94	8.612	1.291.800	462.015
1894-95	9.878	1.965.736	588.869

[1] Ce chiffre n'a pas été indiqué dans le rapport fourni par la Division d'Oran.

Ces dattes se vendent sur les marchés du Touat à des prix très variables qui dépendent de l'état de la récolte annuelle, de la variété de dattes achetées, de l'époque où s'effectue la vente (commencement ou fin de saison), de la localité où se fait la transaction, enfin de la qualité de l'acheteur, client habituel ou non du Ksar où s'opère l'échange.

Ainsi en 1886-87, les Hamian payèrent les dattes de 15 à 40 fr. la charge : tandis que les Megan (Hamian), qui ne se décidèrent à faire partir leur caravane qu'en mars 1887, les achetèrent à leur tour de 30 à 60 fr. la charge.

Après les dattes viennent les denrées et objets suivants :

Épices (harrour), principalement du poivre rouge ;
Henné.

Le tableau ci-après indique la valeur sur nos marchés des quantités rapportées de ces deux denrées pendant un certain nombre d'années.

ANNÉES.	ÉPICES VALEUR sur nos marchés.	HENNÉ VALEUR sur nos marchés.	ANNÉES.	ÉPICES VALEUR sur nos marchés.	HENNÉ VALEUR sur nos marchés.
1876-78	fr. 10.472	fr. 9.066	1888-89	fr. 10.842	fr. 4.692
1878-79	19.624	13.866	1889-90	6.560	4.328
1880-81	»	»	1890-91	6.348	4.659
1883-84	»	300	1892-93	8.480	7.581
1885-86	»	»	1893-94	4.549	3.702
1886-87	17.220	9.040	1894-95	8.161	8.746
1887-88	767	322			

Tabac. — Nos caravanes n'en achètent que très irrégulièrement ou du moins les rapports officiels n'en mentionnent souvent pas ou presque pas, les indigènes négligeant sans doute d'en faire la déclaration.

Articles de cuir (petits sacs, bourses, blagues, etc.).

Articles de vannerie d'une valeur très minime, rapportés en grand nombre.

Nattes pour bâts de chameaux, Filets de chargement, Bâts de chameaux. } Articles rapportés en quantité relativement restreinte.

Alun. — En petite quantité.

Salpêtre. — L'introduction de cette matière se faisant clandestinement, on ne peut savoir les quantités introduites.

Gueraras,

Sangles de chameaux,

Ceintures de femmes,

Cordes en poils de chameaux,

Haïks,

Bernous,

Melahfa (manteaux pour les femmes).

Voici, pour ces trois derniers articles, les quantités rapportées et leur valeur sur nos marchés pendant certaines années.

ANNÉES.	BURNOUS		HAIKS		MELAHFA	
	QUANTITÉS rapportées.	VALEUR sur nos marchés.	QUANTITÉS rapportées.	VALEUR sur nos marchés.	QUANTITÉS rapportées.	VALEUR sur nos marchés.
1887-88	441	fr. 6.615	369	fr. 5.585	»	fr. »
1888-89	410	6.150	940	14.100	»	»
1889-90	352	4.400	1.095	12.970	»	»
1890-91	16	200	483	6.390	18	108
1892-93	548	10.960	80	964	1.723	17.230
1893-94	»	»	100	1.500	»	»
1894-95	184	2.208	756	8.790	153	765

Les nomades achètent d'autant plus volontiers tous ces vêtements qu'ils savent, par expérience, qu'à leur retour sur les Hauts-Plateaux, la différence de température les surprendra et qu'ils doivent se prémunir.

Il faut noter également l'habitude qu'ont les Touatiens, quand ils mettent ces vêtements en vente, de les saupoudrer de craie blanche ; cela donne au tissu un aspect plus brillant, le fait paraître plus serré. C'est une coutume assez bizarre qui ne trompe personne, mais qui est peut-être nécessitée par la conservation du tissu.

Un haïk de laine ordinaire vaut ordinairement de 8 à 15 fr. Ce prix peut monter jusqu'à 25 et 30 fr. pour ceux d'un tissu fort serré. La valeur d'un burnous ordinaire est également de 8 à 15 fr., mais fort et épais il peut monter jusqu'à 30 fr. Ces prix sont doublés certaines années.

Enfin il faut ajouter à cette énumération :

Quelques ânes et quelques chameaux.

Ceux-ci achetés de temps en temps aux Khenafsa et aux Meharza et dont le prix varie suivant les années de 150 à 250 fr.

Voici la liste des achats de ce genre que nous avons pu relever dans les rapports fournis par la Division d'Oran.

ANNÉES	NOMBRE de chameaux achetés	PRIX de L'UNITÉ	VALEUR TOTALE des animaux achetés
1876-77	»	»	»
1878-79	»	»	»
1880-81	»	»	»
1883-84	»	»	»
1885-86	»	»	»
1886-87	31	200	6.200
1887-88	5	250	1.250
1888-89	7	230	1.610
1889-90	30	230	6.900
1890-91	8	150	1.200
1892-93	»	»	»
1893-94	»	»	»
1894-95	26	150	3.900

L'énumération, que nous venons de donner des denrées de toute nature rapportées du Touat par nos caravanes, embrasse toutes celles qui ont été importées depuis 1876-77, d'après les rapports fournis annuellement par la Division d'Oran. Malgré tout le soin avec lequel ceux-ci sont établis, il est cependant certain qu'ils sont incomplets; car, pour les dresser, on ne peut que se fier aux données fournies par les chefs indigènes qui sont obligés, eux-mêmes, de s'adresser à leurs administrés. Or, l'esprit de défiance de l'indigène le porte toujours à dissimuler sa richesse, car il a perpétuellement la crainte de voir les renseignements, qu'il pourrait fournir, servir de base à une augmentation d'impôt. Du reste, l'administration elle-même a intérêt à ne pas accroître encore cette défiance par des manœuvres trop inquisitoriales.

C'est ainsi que depuis 1876, le tabac et les sangles de chameaux, articles de consommation courante pour nos indigènes, n'aurait donné lieu qu'aux transactions suivantes si l'on admet l'exactitude des rapports établis à Oran.

ANNÉES.	TABAC.			SANGLES DE CHAMEAUX.		
	QUANTITÉS importées en Algérie.	VALEUR au TOUAT.	VALEUR sur nos marchés.	QUANTITÉS importées en Algérie.	PRIX de L'UNITÉ.	VALEUR sur nos marchés.
1876-77	887 paniers	»	14.192 fr.	»	»	»
1878-79	816 paniers	»	13.056	»	»	»
1880-81	2620 kilos	»	»	»	»	»
1883-84	1 charge 1/2	»	»	»	»	»
1885-86	5000 bottes	750 fr.	»	»	»	»
1886-87	»	»	»	»	»	»
1887-88	»	»	»	»	»	»
1888-89	»	»	»	»	»	»
1889-90	»	»	»	»	»	»
1890-91	28 kilos	»	56 »	2.922	0 fr. 10	292 fr. 20
1892-93	10 bottes	»	5 »	1.053	0 25	263 25
1893-94	»	»	»	840	0 30	252 »
1894-95	268 kilos	»	134 »	»	»	»

Il est certain cependant que le nomade achète chaque année une assez grande quantité de tabac. Il préfère même celui du Touat à tout autre, non à cause de sa qualité, mais parce qu'il se le procure facilement, au moyen d'une transaction simple pour lui. Au contraire l'achat d'un tabac sortant de nos manufactures l'obligerait à un voyage spécial dans un centre du territoire souvent éloigné. Il serait contraint en outre de faire un déboursé d'argent et il n'en a généralement pas ou il le réserve pour des circonstances plus importantes.

Il en est de même des sangles de chameaux, vendues à bas prix au Touat. Les nomades en achètent, très probablement chaque année, de grandes quantités aux Touatiens. Les perpétuels déplacements de la vie pastorale ne permettent, en effet, généralement pas à leurs femmes de se livrer à un autre travail que celui du tissage des *flidjs* [1], pour la confection desquels on n'a besoin que de quelques petits piquets fichés en terre.

Certains articles même ne sont jamais déclarés par les indigènes ; tels sont le koheul (sulfure d'antimoine) et le salpêtre. Le premier n'est vraisemblablement rapporté par nos tribus qu'en petite quantité, et, pour ce motif, les nomades jugent sans doute inutile d'en parler. Il est peut-être même une autre considération qui les pousse à agir ainsi : ce serait la crainte de voir leur grenier du Touat envahi par les Européens, le jour où les richesses minérales qu'il contient seraient uni-

---

[1] Bandes d'étoffe pour tente, en poils de chameaux et laine.

versellement connues. C'est là, certainement, un sentiment qui les guide plus souvent qu'on ne pense.

Quant au salpêtre, ils en dissimulent, à bon escient, l'importation, sachant parfaitement que nous en prohiberions rigoureusement l'introduction dans nos tribus [1].

D'autre part, certaines marchandises, comme les burnous, haïks, melahfa, ne sont pas toujours mentionnées dans les rapports annuels de la division d'Oran, bien que ces objets, d'utilité constante, donnent évidemment lieu chaque année à des transactions entre nos nomades et les Touatiens.

En outre, les rapports établis par les autorités oranaises, ne visent que les grandes caravanes annuelles ; ils ne tiennent pas toujours compte des petits groupes fournis par les différents Ksour du sud de cette région qui se rendent dans le Touat en se joignant aux grandes caravanes, et ils ne parlent souvent pas davantage des petites caravanes de Ksouriens et aussi de nomades qui gagnent le Touat isolément et à toute époque de l'année.

Dans ces conditions, il est difficile d'évaluer exactement l'importance des échanges effectués entre le Touat et l'Algérie par la voie du Sud oranais.

---

[1] Depuis le 17 mai 1881, la vente du soufre, du salpêtre, du plomb et autres substances de même nature a été soumise aux mêmes formalités que le commerce de la poudre. Il ne peut en être délivré aux indigènes que sur autorisations délivrées exclusivement par les généraux commandant les divisions et les subdivisions et par les préfets et sous-préfets.

Une autre difficulté matérielle d'appréciation, à laquelle du reste il serait facile de remédier, est le manque d'uniformité dans l'estimation des quantités de denrées exportées et importées. En effet les déclarations des chefs indigènes ne sont pas faites d'une façon identique dans chacun des postes dont dépendent les tribus se rendant en caravanes au Touat. Là, par exemple, on calcule le blé emporté par charge, ailleurs par kilogramme, autre part encore par *kharouba* ; pour l'huile on emploie aussi bien le kilogramme, que le litre, la charge et même l'outre, mesure très variable puisqu'elle dépend de l'espèce et de la grosseur de l'animal dont la dépouille a servi à sa fabrication ; pour le henné, on se sert du kilogramme, de la charge, du *mezoued* [1], petit sac formé de la peau d'un chevreau [2].

---

[1] C'est du mot mezoued que nous avons fait musette.

[2] Afin de pallier à ces difficultés, nous avons dû, au cours de cette étude, adopter un mode d'évaluation pour certaines de ces mesures. C'est ainsi que nous avons estimé la *charge* à 150 kilog. Ce chiffre ne peut être qu'un minimum, car la charge d'un chameau peut monter au double. Mais nous avons dû tenir compte de cette considération que nos nomades, surtout quand ils reviennent du Gourara avec des animaux fatigués et mal nourris au cours du voyage, ne leur imposent souvent qu'un chargement assez faible.

La kharouba a été évaluée à un décalitre, ce qui n'est exact que pour certaines localités, car cette mesure de capacité employée par nos tribus du Sud oranais varie d'un lieu à l'autre et équivaut quelquefois même à un double décalitre.

Pour l'hectolitre de blé nous avons adopté la valeur de 78 kilogrammes et pour celui d'orge, celle de 60 kilog. L'annuaire de

Quoi qu'il en soit, on peut cependant se rendre un compte suffisant de l'importance des transactions opérées par cette voie commerciale en comparant, d'après les rapports de la division d'Oran et suivant les déclarations faites, la valeur des marchandises exportées à celles des marchandises importées.

Nous réunirons dans le tableau ci-contre (page 409) les données que nous possédons à ce sujet depuis 1876.

Les bénéfices réalisés par nos tribus sont en moyenne de 120 %; mais chaque année, certaines d'entre elles, qui font leurs achats dans des conditions particulièrement favorables, obtiennent des rendements encore plus considérables. C'est ce qui est arrivé, par exemple, à la caravane des Trafi en 1876-77, qui a pu réaliser, cette année-là, un bénéfice extraordinaire de plus de 500 %. Il est probable que si le rendement obtenu à la même époque par les tribus du Sud oranais nous était connu, la moyenne générale eût été bien inférieure à ce chiffre.

Nous complèterons les données du tableau de la page 409 en y ajoutant le relevé suivant (page 410) qui donne le détail des importations et des exportations opérées pendant une année. Nous avons choisi la

l'Observatoire du Montsouris de 1884 donne pour l'hectolitre de blé de 76 à 80 kilog. et pour celui d'orge de 56 à 64. Nous avons pris la moyenne.

Pour l'hectolitre de fèves nous l'avons évalué à 60 kilog. Cette estimation nous a été fournie par un commerçant en grains d'Alger.

ANNÉES.	EXPORTATIONS			Importations	MONTANT des pertes subies pendant la route (chameaux morts, vols etc.)	BÉNÉFICE		OBSERVATIONS
	VALEUR des denrées emportées	MONTANT de l'argent monnayé emporté	TOTAUX	VALEUR moyenne sur nos marchés des denrées rapportées		NET	%	
	fr.	fr.	fr.	fr.	fr.	fr.		
1876-77	93.794	10.000	103.794	686.400	19.250	563.356	542,7	Les chiffres donnés ne visent que la caravane des Trafi et autres tribus de l'est de la province d'Oran. Les tribus de l'ouest, Hamian, etc. ont également réalisé de beaux bénéfices ; aucun chiffre n'a été donné à leur sujet.
1878-79	443.815	»	443.815	1.061.104	14.000	603.289	135,9	Ensemble des tribus de la Division d'Oran.
1885-86	257.203	53.458	310.661	740.776	5.607	424.508	136,6	d°
1886-87	366.421	60.828	427.249	975.882	10.050	538.583	126,0	d°
1887-88	40.042	150	40.192	94.146	2.500	51.604	128,3	d°
1888-89	227.391	49.300	276.691	647.239	21.540	255.151	92,2	d°
1889-90	234.593	65.121	299.714	742.907	25.750	417.443	139,2	d°
1890-91	210.652	74.508	285.160	577.524	4.350	288.014	101,0	d°
1892-93	279.136	100.872	380.008	610.654	41.208	189.438	49,1	d°
1893-94	167.798	23.868	191.666	482.136	4.825	285.645	149,0	d°
1894-95	243.732	91.317	335.049	626.897	8.850	282.998	84,4	d°

EXPORTATIONS			IMPORTATIONS		
DÉSIGNATION DES DENRÉES ET OBJETS EXPORTÉS D'ALGÉRIE	QUANTITÉS	VALEUR sur nos MARCHÉS	DÉSIGNATION DES OBJETS ET DENRÉES IMPORTÉS EN ALGÉRIE	QUANTITÉS	VALEUR sur nos MARCHÉS
		fr. c.			fr. c.
....	2.621 qx	50.997 »	Dattes (espèces diverses)	1.965.736 kil.	588.869 50
ge	115qx80	2.000 »	Henné........................	13.718 kil.	8.746 »
ves...................	37.244 kg.	11.280 »	Tabac en feuilles (paquets de 1 kil).	268 kil.	134 »
isons de laine........	56.770 kg.	34.075 »	Épices (poivre rouge, etc.)........	8.081 kil.	8.161 50
omage................	9.485 kil.	7.123 »	Oignons......................	72 kil.	18 »
ande sèche	18.650 kil.	13.150 »	Melahfa	153	765 »
urre..................	20.610 kil.	30.320 »	Bernous......................	184	2.208 »
aisse de mouton......	13.700 kil.	12.330 »	Haïks.........................	756	8.790 »
ile....................	425 kil.	1.687 50	Articles de vannerie et menus objets	»	5.305 »
pis (à 50 fr.).........	47	2.350 »	Chameaux.....................	26	3.900 »
aux de mouton........	150	150 »			
utons.................	4.485	74.970 »		Total...	626.897 »
evaux................	22	3.300 »			
gent monnayé........	....	91 317 »			
	Total...	335.049 50			

période de 1894-95 pour laquelle le rapport de la division d'Oran a donné, pour chaque denrée, des évaluations plus uniformes que tous les autres ou du moins plus facile à ramener à des valeurs uniformes.

L'examen de ces deux tableaux montre que l'importance des transactions, qui s'opèrent par cette voie commerciale, n'est pas aussi considérable qu'on pourrait le croire à priori. En réalité ce mouvement d'échanges ne dépasse guère un million de francs par an ; il porte surtout sur des denrées de toute nécessité pour nos tribus. Mais le commerce français lui-même en tire peu de profit, la plus grande partie du trafic portant sur des articles de fabrication indigène, beurre, fromage, etc. ou sur des produits naturels, laine, dattes, henné, etc. Seuls les indigènes du Tell en bénéficient, dans une certaine mesure, par suite de l'obligation où se trouvent les nomades de venir chez eux s'approvisionner en céréales.

Les tribus des Hauts-Plateaux sont les intermédiaires obligés de ce négoce. Elles obéissent, en cela, aux nécessités les plus absolues de leur existence. Car habitant un pays où la culture est à peu près impossible par suite de la rareté de l'eau, elles n'ont pour vivre que leurs troupeaux. Chaque année, en été, elles se rendent dans le Tell pour y faire leurs provisions de céréales qu'elles échangent contre des laines, des moutons, du beurre et même une partie des dattes de la récolte précédente. A leur retour, elles emmagasinent ces provisions dans leurs Ksour.

Quand vient la fin de l'automne, lorsque la récolte des dattes est faite, elles vont s'approvisionner de ce fruit dans les régions du Sud où il abonde. Pour les tribus du Sud oranais, ces parages étaient jadis le Tafilalet, l'oued Zousfana (Saoura), le Touat et Ouargla, aujourd'hui, toutes se rendent au Touat ; elles ont à peu près abandonné les autres centres d'approvisionnement.

Le tableau suivant montrera le nombre, la composition de l'importance des caravanes que les nomades du Sud oranais ont envoyées au Touat depuis 1875.

ANNÉES.	NOMBRE de caravanes annuelles.	COMPOSITION DES CARAVANES	HOMMES	FEMMES	ENFANTS	TOTAL des personnes	NOMBRE de chameaux emmenés
1875-76	1re	Rezaïna (cercle de Saïda)............ Oulad Iagoub (annexe d'Aflou)....... Trafi (cercle de Géryville)...........	800	226	75	1.101	3.593
	2e	Beni Mathar (cercle de Daya)........ Hamian (cercle de Sebdou)...........	900	»	»	900	2.200
		Totaux de 1875-76...	1.700	226	75	2.001	5.793
1876-77	1re	Hamian...........................	768	»	»	768	2.963
		Beni Mathar......................	17	»	»	17	70
		Totaux de la 1re caravane...	785	»	»	785	3.033
	2e	Trafi.............................	1.549	»	»	1.549	4.848
		Harrar (du bach aghalik de Frenda)...	22	»	»	22	227
		Harrar (cercle de Tiaret)............	21	»	»	21	208
		Rezaïna...........................	256	»	»	256	751
		Tribus de l'annexe d'Aflou..........	96	»	»	96	285
		Totaux de la 2e caravane...	1.944	»	»	1.944	6.319
		Totaux de 1876-77...	2.729	»	»	2.729	9.352
1878-79	»	Ensemble des caravanes du Sud oranais.	2.450	766	323	3.539	9.540

DU TOUAT.

ANNÉES.	NOMBRES de caravanes annuelles.	COMPOSITION DES CARAVANES	HOMMES	FEMMES	ENFANTS	TOTAL des personnes	NOMBRE de chameaux emmenés
1880-81	1re	Trafi...............................	1.370	566	348	2.284	6.434
		Lar'ouat (annexe d'Aflou)............	92	22	»	114	246
		Totaux de la 1re caravane.....	1.462	588	348	2.398	6.680
	2e	Hamian.............................	278	10	»	288	745
		Totaux de 1880-81..............	1.740	598	348	2.686	7.425
1883-84	1re	Hamian (ensemble des tribus)........	838	145	27	1.010	2.881
	2e	Hamian (Megan et Mer'aoulia).......	38	5	»	43	198
	3e	Hamian (Megan et Oulad Embarek)...	15	»	»	15	80
		Totaux de 1883-84...	891	150	27	1.068	3.159
1885-86	1re	Hamian (ensemble des tribus)........	1.359	»	»	1.359	6.158
	2e	Hamian (Megan)....................	10	»	»	10	42
	3e	Tribus et ksour du cercle d'Aïn-Sefra.	309	»	»	309	1.138
	4e	Tribus du cercle de Saïda...........	520	»	»	520	1.712
	5e	Makhzen de Géryville..............	90	»	»	90	261
	6e	Oulad Sidi Ahmed el Medjdoub (cercle de Géryville)..................	42	»	»	42	220
	7e	Oulad Sidi Cheikh..................	57	»	»	57	160
		Totaux de 1885-86........	2.387	»	»	2.387	9.691
1886-87	1re	Hamian............................	1.765	479	169	2.413	7.636
	2e	Angad (annexe d'El Aricha)..........	11	»	»	11	62
		Oulad En Nehar (annexe d'El Aricha).	25	»	»	25	94
		Totaux de la 2e caravane.......	36	»	»	36	156
	3e	Rezaïna Cheraga (cercle de Saïda)....	200	67	8	275	836
		Rezaïna R'araba (cercle de Saïda).....	145	58	4	207	636
		Oulad Sidi Khelifa Cheraga (cercle de Saïda)...........................	11	6	»	17	58
		Oulad Attia (cercle de Saïda).........	4	»	»	4	20
		Totaux de la 3e caravane.....	360	131	12	503	1.550
	4e	Oulad Sidi Ahmed el Medjdoub......	46	8	»	54	204
	5e	Oulad Sidi Cheikh (cercle de Géryville).	110	»	»	110	310
		Lar'ouat du Ksel (cercle de Géryville).	159	25	»	184	528
		Méchéria (cercle de Géryville)........	18	7	»	25	55
		Brézina (cercle de Géryville).........	34	15	»	49	110
		Totaux de la 5e caravane......	321	47	»	368	1.003

ANNÉES.	NOMBRE de caravanes annuelles.	COMPOSITION DES CARAVANES	HOMMES	FEMMES	ENFANTS	TOTAL des personnes	NOMBRE de chameaux emmenés
1886-87 (suite)	6e	Trafi.............................	505	134	»	639	2.067
	7e	Tribus et ksour du cercle d'Aïn Sefra..	294	»	»	294	1.259
		Totaux de 1886-87............	3.327	799	181	4.307	13.875
1887-88	1re	Oulad Sidi Cheikh.................	324	»	»	324	798
	2e	Arbaouat.........................	20	»	»	20	60
		Oulad Sidi Ahmed el Medjdoub.......	64	»	»	64	200
		Totaux de la 2e caravane....	84	»	»	84	260
	3e	Cheurfa (cercle d'Aïn Sefra).........	5	»	»	5	24
	4e	Oulad Sidi Tadj et Souala (cercle d'Aïn Sefra)..........................	14	»	»	14	49
		Totaux de 1887-88............	427	»	»	427	1.131
1888-89	1re	Rezaïna............................	309	»	»	309	1.412
	2e	Trafi.............................	964	»	»	964	4.131
	3e	Oulad Sidi Cheikh.................	396	»	»	396	1.360
	4e	Cheurfa et Oulad Sidi Tadj.........	43	»	»	43	111
	5e	Hamian (1er voyage)................	322	»	»	322	1.882
	6e	Hamian (2e voyage)................	150	»	»	150	950
		Totaux de 1888-89............	2.184	»	»	2.184	9.846
1889-90	1re	Angad et Oulad En Nehar...........	24	»	»	24	106
	2e	Rezaïna et Beni Mathar.............	575	»	»	575	2.505
	3e	Hamian (1er voyage)................	1.272	»	»	1.272	5.091
	4e	Trafi..............................	1.122	»	»	1.122	3.652
	5e	Oulad Sidi Cheikh.................	345	»	»	345	1.432
	6e	Hamian (2e voyage)................	166	»	»	166	738
		Totaux de 1889-90............	3.504	»	»	3.504	13.524
1890-91	1re	Hamian............................	1.946	335	184	2.465	6.328
	2e	Angad et Oulad En Nehar...........	57	»	»	57	259
	3e	Trafi.............................	920	247	79	1.246	3.513
	4e	Oulad Sidi Cheikh.................	433	34	»	467	1.401
	5e	Rezaïna et Beni Mathar.............	430	110	»	540	1.973
	6e	Amour............................	28	4	4	36	111
		Totaux de 1890-91............	3.814	730	267	4.811	13.585

ANNÉES.	NOMBRE de caravanes annuelles.	COMPOSITION DES CARAVANES	HOMMES	FEMMES	ENFANTS	TOTAL des personnes	NOMBRE de chameaux emmenés
1892-93	1re	Rezaïna et Beni Mathar............	539	»	»	539	1.694
	2e	Hamian..........................	2.157	»	»	2.157	7.678
	3e	Trafi............................	1.071	»	»	1.071	2.933
	4e	Oulad Sidi Cheikh................	188	»	»	188	735
	5e	Amour...........................	226	»	»	226	841
		Totaux de 1892-93.........	4.181	»	»	4.181	13.881
1893-94	1re	Tribus du cercle d'Aïn Sefra.......	56	»	»	56	229
	2e	Hamian..........................	650	»	»	650	4.000
	3e	Oulad Sidi Cheikh................	313	»	»	313	1.127
	4e	Trafi............................	1.113	»	»	1.113	3.464
		Totaux de 1893-94.........	2.132	»	»	2.132	8.820
1894-95	1re	Amour...........................	123	37	12	172	631
	2e	Rezaïna et Beni Mathar............	365	158	26	549	1.715
	3e	Hamian..........................	1.177	248	81	1.506	7.071
	4e	Trafi............................	1.355	516	226	2.097	5.692
	5e	Oulad Sidi Cheikh et Lar'ouat......	210	27	33	270	680
		Totaux de 1894-95.....	3.230	986	378	4.594	15.789

De l'examen de ce tableau il résulte que les plus fortes caravanes sont fournies généralement, chaque année, par les deux importants groupes de tribus connus sous le nom de Trafi et de Hamian, auxquels il faut joindre les Oulad Sidi Cheikh et les Lar'ouat du Ksel. Puis viennent les tribus du cercle d'Aïn Sefra (Amour, Oulad Sidi Tadj, Cheurfa) et les Ksour de ce cercle ainsi que ceux du cercle de Géryville, qui, chaque année, fournissent leur contingent, et enfin les Rezaïna, les Beni Mathar et autres tribus de l'annexe de Saïda, les Angad et les Oulad En Nehar de l'annexe d'El Aricha, qui gagnent quelquefois au Touat soit en formant des caravanes isolées, soit en se réunissant aux Hamian.

Avant 1881, les Harrar de Frenda et de Tiaret se rendaient aussi parfois dans les oasis. Les Oulad Iagoub d'Aflou suivaient également de temps en temps leur exemple. Les uns et les autres ne s'y rendent plus actuellement, les Harrar se contentent d'acheter leurs dattes aux Trafi, et les Oulad Iagoub vont faire leurs approvisionnements de dattes au Mzab et même parfois à Ouargla.

D'autre part, l'effectif total des caravanes annuelles est extrêmement variable d'une année à l'autre. Cela tient à des causes diverses : souvent le manque de sécurité qui règne dans le Sahara retient la plupart des nomades chez eux et un petit nombre d'entre eux seulement se risque à entreprendre le voyage. Souvent aussi la récolte des dattes n'a pas été bonne, d'où un certain renchérissement sur les prix de ce produit qui arrête les projets de nos administrés.

En 1879, par exemple, les tribus du Sud oranais décidèrent de ne pas envoyer de caravanes au Touat cette année là, sous prétexte que la récolte des dattes avait été médiocre. Le véritable motif de cette abstention, qui ne pouvait que leur porter un préjudice sérieux, était l'insécurité qui régnait alors dans le Sahara.

D'ailleurs, l'année suivante elles organisèrent leur

voyage comme d'habitude. Mais les Touatiens demandèrent de leurs dattes un prix si élevé, que, parmi les Hamian, les Sendan, avisés de ce fait peu de jours après leur départ, préférèrent rebrousser chemin que de continuer jusqu'au Gourara. D'autres tribus des Hamian ramenèrent leurs chameaux avec le chargement qu'ils avaient au départ.

La même année, les Trafi eurent à subir au Gourara même deux coups de main, où ils perdirent 112 chameaux. Ils accusèrent de ces faits des maraudeurs des Doui Menia, et des dissidents, attachés à la fortune de Si Kaddour, en insurrection depuis 1864. Malgré ces incidents les Trafi tentèrent d'opérer leurs transactions habituelles dans les ksour où ils avaient coutume de s'approvisionner. Mais devant les conditions onéreuses qui leur furent faites, la plupart, ne voulant pas imiter les Hamian, résolurent de s'en affranchir, en poussant jusqu'à la limite nord du Touat proprement dit, quelques-uns se décidèrent même à aller jusqu'au Tidikelt. Tous n'eurent qu'à se louer de leur résolution : les uns revinrent avec un bénéfice de 50 fr. par chameau (leur groupe comprenait 550 de ces animaux), les autres (avec 4.400 chameaux) firent un bénéfice de 100 fr. par chameau, les derniers (avec 1.298 chameaux) réalisèrent un bénéfice de 200 fr., par animal : c'étaient ceux qui avaient été jusqu'au Tidikelt.

Deux mois après, l'insurrection éclatait et interrompait momentanément les relations commerciales entre le Sud algérien et le Touat. En 1883 les caravanes reprirent le chemin des oasis. La situation politique du Sud venait en effet de se modifier par suite du retour définitif de la presque totalité des dissidents. Toutefois les Hamian seuls, qui avaient été les moins éprouvés par l'insurrection, à laquelle même une partie d'entre eux n'avaient pas pris part, purent entreprendre le voyage. Les Trafi, en effet, avaient besoin de se refaire et le peu de chameaux qu'ils possédaient encore n'étaient pas en état de supporter les fatigues d'un tel déplacement.

Ce n'est qu'en 1885 que les caravanes reprirent leurs cours normal. Elles atteignirent dès l'année suivante un effectif important.

Mais en 1887, la plupart des tribus du Sud oranais renoncèrent à envoyer des caravanes au Touat. Pour justifier leur résolution, elles invoquèrent plusieurs motifs : 1° les profits réalisés étaient loin de compenser les fatigues éprouvées et les risques courus; 2° les Touatiens, l'année précédente, malgré l'infériorité de la qualité des dattes, n'en avaient pas moins demandé un prix élevé; 3° l'excédant des besoins de chaque tente s'était écoulé difficilement les années auparavant et le prix de revient n'en avait pas été suffisamment rémunérateur; 4° la sécheresse persistante et les maladies avaient éprouvé les chameaux qui n'étaient pas en état d'entreprendre le voyage; 5° l'abstention de nos administrés devait, ils l'espéraient du moins, amener les Touatiens à leur faire des avances pour renouer les relations. Les Trafi, les Hamian, les Rezaïna et la généralité des Amour s'en tinrent strictement à cette détermination ; quelques petites caravanes s'organisèrent cependant, le plus fort groupe fut fourni par les Oulad Sidi Cheikh qui ont des intérêts au Touat. Ils furent suivis par les Oulad Sidi Ahmed el Medjdoub, les gens des Arbaouat et quelques fractions du cercle d'Aïn Sefra (Cheurfa, Oulad Sidi Tadj et Souala), pour lesquelles le voyage au Gourara est à peu près indispensable.

En 1888, l'abondance de la récolte des dattes au Gourara ayant permis aux habitants de ces contrées de les céder à des conditions favorables à nos administrés, ceux-ci reprirent le chemin des oasis. Ils revinrent satisfaits et de leurs transactions et de l'accueil qu'ils avaient reçu. La caravane des Rezaïna fut la plus favorisée. Arrivée au début de la campagne, et n'ayant été précédée par aucune autre, elle profita des avantages réservés aux premiers arrivants. Seule la petite caravane du cercle d'Aïn Sefra ne réalisa qu'un bénéfice médiocre, parce qu'elle n'avait pas poussé assez loin son voyage et qu'elle s'était arrêtée dans les oasis du nord naturellement les plus visitées. Elle avait d'ailleurs été très éprouvée par la mortalité des chameaux. Toutefois, les Hamian se décidèrent à envoyer également une caravane aux Beni Goumi sur l'oued Zousfana. Cette caravane forte de 222 hommes et 1.830 chameaux, et qui n'avait emporté que de l'argent monnayé, rapporta de ce voyage 1.727 charges de dattes de différentes espèces, et réalisa un bénéfice de 57 %.

En 1891, les Rezaïna, les Trafi et les tribus de l'aghalik des Oulad Sidi Cheikh se rendirent comme d'habitude au Touat pour y faire leurs approvisionnements. Mais les Hamian, avertis que les dattes étaient, cette année là, à vil prix au Tafilalet, préférèrent se rendre dans cette région. Nous avons vu dans le 2e volume de ces Documents [1] quelle fut l'issue de cette tentative. Nos administrés se virent refuser au Tafilalet la faculté d'opérer aucune transaction et durent se retirer précipitamment, après avoir supporté l'attaque de bandes armées, qu'ils repoussèrent, il est vrai, mais non sans avoir subi des pertes sérieuses.

Pour compléter les renseignements que nous venons de donner sur le commerce fait avec le Touat par les tribus du Sud oranais, nous dirons maintenant quelques mots sur l'organisation et la marche de leurs caravanes et sur la manière dont s'opèrent les transactions dans les oasis.

ORGANISATION, MARCHE ET FONCTIONNEMENT DES CARAVANES DU SUD ORANAIS.

Chaque année, les tribus du Sud oranais, avant de se mettre en route pour le Touat, se renseignent sur l'état de la récolte des dattes dans ce pays et sur les

---

[1] Voir : t. II, p. 99.

prix qui pourront leur en être demandés. Ce n'est que lorsque ces indications leur sont parvenues, qu'elles prennent une décision.

Celle-ci une fois arrêtée, toutes les fractions, qui doivent prendre part au voyage, se mettent en marche pour le lieu de rendez-vous fixé : c'est-à-dire suivant le cas pour Moghrar Tahtani, Bou Semr'oun, El Abiod Sidi Cheikh, Brezina, Si El Hadj Eddin, etc. Chacun se rend auparavant dans les Ksour où il emmagasine ses grains, afin d'y faire ses provisions. A la date arrêtée, tout le monde se trouve réuni au point de concentration choisi.

Là, la caravane s'organise définitivement. Dans ce but, les notables de chaque fraction se réunissent et déterminent l'ordre dans lequel les groupes principaux, généralement de même origine, devront s'avancer successivement sur la direction à suivre, de façon à profiter de tous les points d'eau du parcours sans qu'il y ait encombrement. En même temps, l'itinéraire à suivre est arrêté, car il peut varier d'une année à l'autre, suivant l'état de sécurité de la région à traverser, ou même suivant l'état des eaux, des pâturages, etc.

Chaque groupe principal lui-même est partagé en groupes secondaires, comprenant 30 à 60 chameaux, escortés de 6 à 12 hommes, que suivent les femmes et les enfants partis avec eux.

Ainsi organisée, la caravane se met en route sous la conduite des guides (*delil*, *khebir* ou *menir*) dont l'expérience est surtout nécessaire dans la traversée des plateaux avant d'aborder l'Erg.

La marche s'effectue en bon ordre ; les groupes secondaires de chameaux marchent à 100 ou 150 mètres les uns des autres. Un chameau perd-il sa charge, le groupe s'arrête, les autres continuent sans s'occuper de lui, et il reprend sa marche dès que l'animal a été rechargé.

Une fois dans l'Erg la marche se continue dans les mêmes conditions, mais on avance lentement ne faisant pas plus de 2 kilom. à l'heure au maximum et en laissant les chameaux pâturer à droite et à gauche. Nos nomades, contrairement à la pratique habituelle des Touareg et en général des tribus du Sahara méridional, n'attachent pas leurs chameaux les uns aux autres par files de 15 ou 20, ils les laissent marcher isolément, mais lorsque la caravane est nombreuse et que les groupes se suivent à courte distance, ils contraignent leurs chameaux à marcher plus rassemblés dans les traces de ceux qui les ont précédés et qui ont amené peu à peu, par le piétinement, le sable à prendre plus de consistance.

En même temps une partie des hommes récolte du drin que l'on entasse dans des filets. Il servira à la nourriture des animaux quand on sera à l'étape ou à l'arrivée au Gourara.

Quelques puits jalonnent les routes qui traversent l'Erg. Les caravanes s'y arrêtent pour y faire provision d'eau. Mais comme leur débit n'est généralement pas suffisant, il n'y a que les petites caravanes qui peuvent y abreuver leurs chameaux.

Ces puits atteignent d'ordinaire de grandes profondeurs, 40 ou 50 mètres et plus. Ils sont, la plupart du temps, creusés cylindriquement et ne sont maçonnés que dans leur partie supérieure. Celle-ci même se termine, presque toujours, par une voûte, à travers laquelle a été ménagée une étroite ouverture pouvant livrer tout juste passage à un homme. Cet orifice est bouché aussi exactement que possible par une pierre dont on a soin, par surcroît de précautions, de luter les joints avec de la craie mouillée, de l'argile ou du drin.

Lorsqu'une caravane arrive à un puits, les uns s'empressent d'en dégager l'orifice; les autres recherchent l'appareil de puisage (poulie, traverse et montants en bois de retem) qui est d'ordinaire dissimulé dans une cachette à proximité, cachette connue généralement des guides.

Pour puiser de l'eau en grande quantité, on fait d'habitude descendre dans le puits un homme qui se charge de remplir les récipients qu'on lui fait parvenir. Pour le faire descendre on le place dans une guerara, fixée à deux cordes, et on le laisse couler, les cordes frottant sur les pierres de l'ouverture qu'on a eu soin de border de gueraras pour éviter un frottement trop considérable. En effet l'orifice du puits n'est généralement pas placée exactement sur la cavité principale du fond, de sorte qu'il est difficile de remplir les vases d'en haut, sans y faire descendre un homme. Quelquefois même, il est nécessaire de curer le puits avant d'y rien puiser. Car, malgré les précautions prises, il a pu s'ensabler, ou bien, lors du dernier puisage effectué, quelques matières organiques y ont été abandonnées, amenant la contamination de l'eau. La première que l'on retire est alors donnée aux chameaux qui la boivent, d'ordinaire, sans répugnance et impunément.

L'opération du puisage terminée, les caravaniers ont soin, avant de se remettre en route, de replacer tout en l'état où ils l'avaient trouvé.

Puis la marche reprend. Quelquefois, les dunes sont très tourmentées et assez élevées, il faut pour les franchir faire de nombreux zigzags sur leurs flancs, mais, contrairement aux idées reçues, le déplacement n'y est point trop pénible, car les caravanes y ont tracé elles-mêmes la route. En suivant toujours les mêmes pistes elles ont comprimé peu à peu le sol et l'ont rendu plus praticable.

En quelques points seulement, sur des mamelons assez élevés, on ne peut passer que un à un sur la piste tracée.

Enfin, les chercheurs de drin, montés sur les plus hauts sommets, signalent les palmiers des premières oasis du Gourara.

Quand on y parvient les habitants de ces oasis, avertis par des éclaireurs, attendent généralement les caravanes. Ils savent que le premier désir de tous, dès l'arrivée, c'est d'obtenir de l'eau. Aussi trouve-t-on tous les puits extérieurs de l'oasis, puits destinés aux caravanes, occupés par leurs propriétaires.

Chacun s'empresse de faire son prix avec eux pour abreuver ses animaux. Cette opération, malgré le nombre souvent considérable de ces derniers, se fait rapidement, grâce à l'habileté des habitants de cette partie du Gourara à puiser de l'eau avec leur bascule. Les propriétaires des puits reçoivent, pour leurs peines, un modique salaire qui serait, au dire du commandant Colonieu, de 2 jointées de farine par troupeau de moutons de 200 à 250 têtes et par trentaine de chameaux.

Suivant le même explorateur, auquel nous empruntons la plupart de ces renseignements, les caravanes ne s'arrêtent pas dans les oasis du nord du Gourara qui produisent des dattes en plus petite quantité et de moins bonne qualité que les oasis, situées au sud de la grande sebkha; cependant si les chargements n'ont pas été complétés au Timmi ou au Touat proprement dit, on les achève au retour chez les Meharza ou à El Haïha.

En thèse générale, chacune des tribus, qui se rendent annuellement au Touat, a l'habitude d'aller faire ses achats toujours dans les mêmes oasis; souvent même beaucoup d'achats se font par avance, soit d'une année à l'autre, soit au printemps par de petites caravanes envoyées par nos administrés; ce n'est que, lorsque l'oasis, où l'on a coutume de trafiquer, n'a pas été favorisée par une assez bonne récolte pour suffire aux besoins de ses clients que la tribu va compléter ses achats dans une autre.

Arrivées au Gourara, les caravanes trouvent des pistes assez bien tracées qui unissent les différents Ksour; elles les suivent jusqu'au moment où elles atteignent leur point de dislocation habituelle.

Avant de se séparer, on fixe l'époque et le lieu de la réunion pour le retour, en tenant compte du temps ordinairement nécessaire aux échanges qui varie de 15 à 20 jours.

Voici d'après le commandant Colonieu [1], comment se répartissent les tribus du sud oranais pour faire leurs achats de dattes.

Les Hamian Chafaa se rendent aux oasis des Zoua et de Der'amcha, c'est-à-dire à Deldoun, aux Oulad Rached, à Metarfa, etc.; quelquefois, suivant les besoins, ils poussent jusqu'à Keberten (Aouguerout) et Sbâ.

Les Hamian Djemba vont au Tsabit, c'est-à-dire à Brinkan, à El Habla et dans les Ksour qui en dépendent. Un seul Hamiani, au dire du commandant, achetait en 1860 ses dattes au Timmi, à la zaouïa de Melouka.

Les Trafi se rendent au Timmi, à l'exception de la tribu des Oulad Serour qui va faire ses achats dans les oasis de Bouda, c'est-à-dire à El Mansour, Ben Draou, et aux Ksour qui en dépendent.

---

[1] *Voyage au Gourara.* Bull. de la Société de Géographie de Paris, 1ᵉʳ tr. 1893, p. 58 et suiv.

Toutes les autres fractions s'installent dans le Timmi, de la manière suivante :

Les Oulad Maallah et les Brahmia, des Derraga R'araba, organisent leurs campements à Adr'ar.

Les Derraga Cheraga s'installent à Zegaga Amerad, plateau situé entre les oasis des Oulad Ouankal, des Oulad Ali et des Oulad Ouchen, où ils font leurs achats, les Akerma entre les oasis de Taridalet et des Oulad Brahim[1].

Les Oulad Abdelkerim, grossis du restant des Derraga R'araba, se placent à Aoukedim, aux Oulad Aroussa, aux Oulad Aïssa, aux Beni Tamer et à Zaouiet Sidi el Bekri. Les Oulad Ziad Cheraga et R'araba font leurs achats dans les oasis des Zoua, et à El Ouadjda et Taoursit, Ksour du district de Timimoun.

Les Rezaïna se placent tous à Tamentit.

Les Lar'ouat et les Oulad Sidi Cheikh font leurs achats dans l'Aouguerout, chez les Khenaïsa et chez les Cheurfa.

Lorsque la récolte des dattes au Timmi ne suffit pas aux demandes des acheteurs ou que le prix en est trop élevé, une portion des Trafi va compléter ses provisions au groupe de Tamest, traversant pour cela les districts du Tamentit et de Tasfaout-Fenourin.

Les données fournis par le commandant Colonieu sur la dispersion des caravanes dans le Touat, données

---

[1] Nous rétablissons ici un passage, qui a été tronqué dans le texte officiel du voyage du commandant Colonieu, reproduit par le Bulletin de la Société de géographie de Paris.

que nous venons de reproduire, ne doivent être acceptées qu'à titre d'indications générales, car nos tribus semblent pour la plupart s'affranchir de plus en plus des exigences des anciens usages et préférer aller trafiquer là où elles trouvent le plus d'avantages. Cependant certaines d'entre elles, les Oulad Sidi Ahmed el Medjdoub, clients habituels des Oulad Saïd, les Rezaïna qui de temps immémorial s'approvisionnent à Tamentit, continuent à suivre l'ancienne tradition et ne s'en écartent que lorsqu'ils ne peuvent faire autrement.

En 1885, lorsque les Rezaïna se présentèrent à Tamentit, ils y trouvèrent des gens des Hamian qui étaient venus commercer dans ce Ksar, contrairement à l'usage établi d'après lequel le district de Tamentit est réservé aux Rezaïna. Ceux-ci refusèrent d'entrer à Tamentit tant que les Hamian y seraient et une rixe faillit s'engager. Les Hamian finirent par céder et se retirèrent. Dès lors toute difficulté cessa.

Le tableau ci-après, extrait des rapports annuels fournis par la division d'Oran, montrera dans quels districts nos nomades du Sud oranais ont opéré leurs transactions pendant quatre campagnes différentes. Un second tableau, que des renseignements plus circonstanciés donnés par les autorités oranaises ont permis de dresser, fera voir dans quels districts chaque tribu des Hamian s'est approvisionnée pendant trois de ces campagnes.

DU TOUAT.

TRIBUS	1886-1887	1889-1890	1892-1893	1893-1894
Hamian (ensemble des tribus)....	Teganet. Charouin. Tsabit. Bouda. Timmi. Tamentit. Deldoun. Aouguerout. Timimoun. Der'amcha. El Haïha.	Voir le tableau suivant.	Voir le tableau suivant.	Voir le tableau suivant.
Angad et Oulad En Nehar......	Der'amcha.	Teganet.	»	»
Rezaïna et Beni Mathar........	Tamentit. Sali.	Tamentit. Timmi. Bouda.	Tamentit.	»
RAFI { Derraga Cheraga......... Derraga R'araba.......... Oulad Maallah........... Akerma.................. Oulad Serour............. Oulad Abdelkerim......... Oulad Ziad R'araba........ Oulad Ziad Cheraga.......	Tsabit.	Timmi. Bouda. Aouguerout. Tsabit.	Timmi. Oulad Saïd. Bouda. Tsabit. Der'amcha.	Timmi. Oulad Saïd. Bouda. Tsabit. Der'amcha.
Oulad Sidi Ahmed el Medjdoub..	Oulad Saïd.	Oulad Saïd.	Oulad Saïd.	Oulad Saïd.
Arbaouat......................	Timimoun. Tin Erkouk.	Tsabit.	Bouda.	Bouda.
Oulad Sidi Cheik	Oulad Saïd. Timimoun.	Aouguerout.	Timimoun. Deldoun. Der'amcha.	Timimoun. Deldoun. Der'amcha.
Ler'ouat du Ksel { Rezeïgat.................	»	Aouguerout.	»	»
Oulad Moumen	»	Charouin.	»	»
Oulad Aïssa ou Gueraridj.	»	Timimoun.	»	»
El Abiod Sidi Cheikh............	»	Tin Erkouk.	»	»
Brezina	»	Timimoun.	»	»
Méchéria......................	»	Der'amcha.	»	»
Amour	Timimoun. Oulad Saïd. Der'amcha. Tsabit. Deldoun. Teganet.	»	Teganet. El Haïha. Charouin. Der'amcha. Timimoun. Aouguerout. Tsabit.	Oulad Saïd. Teganet. Aouguerout.

TRIBUS DES HAMIAN	1889-1890		1892-1893	1893-1894
	1er Voyage	2e Voyage		
Bekakra	Der'amcha. Aouguerout. Teganet. El Haïha. Charouin.	»	Tsabit. Aouguerout. Teganet. Deldoun. Charouin.	Teganet. Charouin. Der'amcha. Tsabit.
Oulad Mansoura	Teganet. Tsabit.	Teganet. Deldoun. Der'amcha.	Tsabit. Timmi.	Teganet. Deldoun. Der'amcha.
Akerma	Teganet. Tsabit. Deldoun.	»	Tsabit. Timmi.	Teganet.
R'iatra Oulad Ahmed	Der'amcha. Teganet.	»	Der'amcha. Deldoun.	Timimoun. Teganet.
R'iatra Oulad Messaoud	Oulad Saïd.	»	Der'amcha. Deldoun.	Timimoun. Aouguerout.
Oulad Embarek	Charouin. Bouda. Timmi.	»	Der'amcha.	Der'amcha.
Mer'aoulia	Charouin. Oulad Saïd. Aouguerout. Teganet.	»	Charouin. Aouguerout.	Charouin. Deldoun. Tsabit. Timimoun.
Megan	Der'amcha.	»	Timmi.	Der'amcha. Oulad Saïd. El Haïha. Charouin.
Sendan	Teganet. El Haïha.	»	Teganet.	Teganet.
Frahda	Tsabit. Bouda.	»	Tsabit.	Tsabit.
Oulad Farès	Tsabit. Bouda.	»	Tsabit. Timmi.	Tsabit.
Oulad Toumi	Tsabit.	»	Bouda.	Aouguerout. Tsabit. Djereïfat. Oulad Saïd. Charouin.
Beni Metharref	»	Tsabit. Deldoun. Der'amcha.	Tsabit. Bouda.	»
Oulad Serour	»	»	Aouguerout. Timmi. Tsabit.	Teganet.

Une fois arrivée à destination, la caravane installe ses campements. Si elle est peu nombreuse, elle se place dans l'*haouch* de l'oasis, où l'on met les animaux de transport à l'abri des maraudeurs.

Les plus pauvres de la caravane sont chargés, moyennant une rétribution, de la garde des chameaux, quelquefois aussi on loue des bergers parmi les malheureux des Ksour.

Puis chacun vaque à ses affaires. Mais, avant qu'il soit procédé aux échanges, les djemâas des différentes oasis fixent l'évaluation en numéraire de chaque article : dattes, moutons, laine, beurre, fromage, grains, etc., etc.

C'est d'après ce tarif établi non sans débat contradictoire avec les intéressés, que les transactions vont s'opérer.

Le tableau ci-après indique le tarif obtenu par les Hamian pendant deux campagnes.

DÉTAIL DES DENRÉES	1886-87	1890-91
DENRÉES ACHETÉES	fr.	fr.
Charge de dates tinehoud.............	65 »	45 »
d° hamira....................	30 »	25 »
d° tinasseur	40 »	17 50
d° tegazza	30 »	25 »
d° blanches.................	»	15 »
Charge de henné.....................	150 »	150 »
Charge d'épices (poivre rouge)..........	100 »	100 »

DÉTAIL DES DENRÉES	1886-1887	1890-91
DENRÉES VENDUES	fr.	fr.
Toison de laine	2 »	2 50
Charge de blé (30 kharoubas)	120 »	125 »
d° d'orge (30 kharoubas)	65 »	50 »
d° de fromage (30 kharoubas)	120 »	225 »
d° de graisse (20 outres)	255 »	200 »
d° de viande sèche (30 kharoubas)	225 »	150 »
d° de fèves (30 kharoubas)	125 »	100 »
d° de pois chiches (30 kharoubas)	105 »	75 »
Le mouton	30 »	25 »
L'outre de beurre	45 »	40 »
Le litre d'huile	3 »	2 »
La kharouba de semoule	1 50	»
Le kilog. d'anis	5 50	»
Le kilog. de savon	2 »	1 20
Le kilog. de bougie	»	1 50

Les premiers échanges sont ceux des moutons vivants contre des fleurs de dattiers, coupées au moment de la floraison [1], des dattes de rebut (hachef), des noyaux de dattes (alef), du trèfle (fossa), du drin, du dhomran; avec lesquels on alimentera le reste des moutons et les chameaux; on choisit pour cela les

---

[1] Nous avons vu que les Ksouriens ont l'habitude d'enlever à chaque pied de palmier la moitié des régimes en fleurs pour ne pas fatiguer l'arbre par une production excessive.

moutons maigres et fatigués. Il faut en effet assurer d'abord l'existence des animaux que l'on a avec soi. Le peu de drin qui a pu être ramassé le long de la route est bien vite épuisé et hors des oasis on ne voit pas un brin d'herbe à moins de faire un assez long trajet. Quand il existe aux environs un peu de drin, comme entre le Bouda et le Timmi, nos nomades y envoient paître leurs chameaux [1], mais les animaux ne trouvent pas là une nourriture suffisante. Il faut acheter le supplément nécessaire aux Ksouriens et malgré ces achats, on se rend de temps en temps dans les endroits souvent éloignés, où poussent du drin et du dhomran pour faire des provisions de ce fourrage.

On procède ensuite à l'échange des bonnes dattes contre les moutons, les caravanes cherchent d'abord à se débarrasser de ces bêtes ovines dont l'entretien sur place est toujours difficile et onéreux.

Après l'échange des moutons vient celui du beurre, du blé, de l'orge, des fèves, de la laine, etc.

Une fois ces échanges terminés, il se fait un nouveau trafic: les caravaniers n'ayant plus que de l'argent monnayé complètent leurs achats avec ce numéraire et obtiennent généralement une baisse sensible dans les prix établis d'abord conventionnel-

---

[1] Lorsque nos tribus, aussi bien celles du Sud oranais que les Mouadhi de la division d'Alger, viennent trafiquer dans l'Aouguerout, elles envoient leurs chameaux au pâturage à Hassi el Meharzi, sous la garde de quelques bergers.

lement, car l'argent est très recherché au Gourara, et d'ailleurs le temps presse, la caravane va repartir et il faut écouler les marchandises à tout prix.

Enfin quelques jours avant le départ, il se fait un commerce assez considérable de haïks, de bernous, de melahfa, que les caravaniers achètent généralement à très bon marché.

En dernier lieu chacun fait sa provision d'ustensiles de ménage, paniers de diverses formes, entonnoirs, plateaux, etc., tressés en feuilles de palmiers.

Enfin les transactions étant terminées, chaque groupe se dirige vers le point de rassemblement choisi. Là, la caravane se reconstitue et reprend à petites journées la route du Nord.

Parties généralement à la fin de novembre, les caravanes sont ordinairement de retour dans leurs foyers dans les premiers jours de février. Si les transactions se sont faites dans de bonnes conditions, certaines tribus repartent quelquefois avec des chameaux frais pour faire de nouveaux achats, où même les fractions qui n'avaient pas voulu prendre part au premier voyage se ravisent et se mettent en route à leur tour.

3° ROUTES DU MEGUIDEN ET DE L'OUED MIA.

La description de ces routes sera donnée dans le volume suivant. C'est par elles que s'écoule la plus grande partie du commerce du Sud algérien avec le

Touat. Ouargla et surtout le Mzab sont à la tête de ce trafic.

Il y a plus d'un siècle, Ouargla, le pays d'origine des Mozabites, était un centre commercial des plus importants, en relations fréquentes avec le Touat et surtout avec le Soudan par Agadès. Les divisions, les luttes intestines et aussi les brigandages des Touareg ont amené sa décadence et la ruine de son commerce.

En 1874, quelques années avant notre installation définitive dans cette oasis, Soleillet constatait que ses habitants étaient contraints d'aller s'approvisionner en marchandises au Mzab. Les caravanes d'In Salah s'y montraient pourtant encore de temps en temps et le voyageur français trouvait, en dépôt, dans l'oasis, attendant l'arrivée d'une de ces caravanes, des objets de commerce européen destinés à El Hadj Abdelkader ben Badjouda [1], le chef des Oulad ba Hammou d'In Salah.

A la même époque, les mozabites faisaient la plupart de leurs achats dans l'oasis de Biskra à laquelle un décret du 28 avril 1874 avait conféré la situation de pays franc. Ces grands pourvoyeurs de tout le Sud, quoique n'allant jamais eux-mêmes au Touat, y entretenaient alors, par l'intermédiaire de leurs commissionnaires Chaanba, un assez fort courant commercial. Ils importaient dans cette région des céréales, du savon, de la bougie, des allumettes, du

---

[1] Soleillet, *Rapport à la Chambre de commerce d'Alger*, p. 52 et suivantes.

sucre, du café, etc. Ils en rapportaient en échange du filali, des plumes, des dépouilles et des œufs d'autruches, des cordes de palmiers, des peaux d'antilopes et de panthères, des objets et des armes targuis, des cuirs bruts, de l'ivoire, du bekhour (benjoin), du henné, de l'alun, du salpêtre, des ânes et surtout des nègres et des négresses [1].

Avec le salpêtre on fabriquait au Mzab beaucoup de poudre. Le commerce de cette matière s'y faisait

---

[1] En 1859, lors du voyage de Duveyrier à El Goléa, il put recueillir, à son passage au Mzab, quelques indications sur les relations commerciales existant entre ce pays et le Touat.

Parmi les articles de commerce reçus des oasis, il fallait citer alors en première ligne les esclaves des deux sexes, venant presque tous d'In Salah.

Les dépouilles et œufs d'autruche formaient également un article important ; ce négoce était presque exclusivement entre les mains d'un ou deux israélites de Ghardaïa. Une belle dépouille d'autruche mâle se vendait de 100 à 150 francs et même encore plus cher.

Les Touatiens apportaient aussi de l'or, tant en poudre que façonné en anneaux et en bracelets. Duveyrier ne put se procurer le prix de ces objets.

Le henné, apporté en grande quantité du Touat, se vendait, en gros, 0 fr. 57 le demi kilogramme.

L'alun, venant de Tamentit, était l'article le moins cher. Une charge de chameau ne valait que de 20 à 30 francs.

Le salpêtre, apporté par les Chaanba des Oulad M'hammoud (Aouguerout), se vendait à Ghardaïa depuis 0 fr. 50 jusqu'à 1 franc la livre.

Timimoun expédiait au Touat les articles suivants de provenance marocaine : le sulfure d'antimoine qui se vendait 0 fr. 68 la livre ; les roses sèches, de 0 fr. 80 à 1 franc ; le plomb, 0 fr. 80 la livre ; et des bracelets pour les femmes en corne de buffle.

Bull. de la Soc. de Géog. de Paris, 1859, p. 233 et suiv.

sur une grande échelle ; le kilogramme de poudre se vendait de 3 à 4 fr.[1].

Le commerce des nègres y était également florissant, car le mozabite ne faisait pas seulement venir la marchandise humaine pour la revendre avec profit, mais aussi pour l'employer à la culture et à l'arrosage des jardins qu'il a su créer dans ce pays déshérité.

Notre présence à Ghardaïa est venue arrêter complètement ce double trafic entre le Mzab et le Touat et porter, en même temps, un préjudice sensible au commerce local.

Déjà en 1876, la Chambre de commerce d'Alger s'était préoccupée de cette question qui est, en somme, la raison de l'abandon relatif des routes commerciales du Sahara algérien. Elle avait alors proposé d'admettre les engagements de nègres dans des conditions analogues à celles des coolies pour les mers de l'Inde[2]. C'était évidemment la traite déguisée, mais c'était pour l'époque un moyen certain, fort probablement le seul, de rétablir et même d'étendre le courant commercial entre l'Algérie, le Touat et le Soudan. Aujourd'hui les mozabites prétendent qu'avant l'interdiction du commerce des esclaves, leurs relations commerciales avec le Touat étaient beaucoup plus considérables.

Lorsque le décret du 26 avril 1884 eut supprimé la

[1] Soleillet, *Rapport cité*, p. 126 et suivantes.
[2] Flatters, *Documents relatifs à la mission dirigée au sud de l'Algérie*, p. 312.

franchise de l'oasis de Biskra, les mozabites cherchèrent une autre localité où ils pussent s'approvisionner à bon compte. Ils la trouvèrent à Tunis et surtout à Gabès. Ce port tunisien ne fit, du reste, que reprendre son ancienne importance, car, lorsqu'il y a plus d'un siècle la décadence d'Ouargla amena l'abandon de ce débouché, le mouvement commercial se porta d'abord par R'adamès sur Gabès et Tunis; ce fut seulement vers 1850 que l'insécurité des routes du sud de la Régence, fit appuyer les caravanes encore plus à l'est vers Tripoli [1].

Cependant, les mozabites, n'ayant pas de correspondants à Gabès, le trafic se fit par l'intermédiaire des Chaanba Guebala et de quelques Mekhadema, heureux de tirer parti de leurs chameaux.

Ces nomades ne sont pas de simples caravaniers, commanditaires des mozabites; ils achètent pour leur propre compte et vont revendre à ces derniers, ne laissant à peu près à Ouargla que ce qui est nécessaire aux besoins de cette localité.

En quittant Gabès et aussi Tunis où ils vont quelquefois, ils prennent la direction du Sud par Douz pour franchir la frontière tunisienne au sud des grands chotts; de là ils arrivent directement en huit jours à Ouargla et au Mzab. De cette manière, les caravanes ne peuvent être atteintes; elles échappent à nos postes de douanes, passant au delà du

---

[1] *Mission de Ghadamès*, p. 37.

rayon soumis à leur surveillance par le décret du 24 juillet 1890, rayon qui s'arrête à la ligne El Oued Touggourt. Les principales marchandises, qui arrivent actuellement au Mzab, venant de Gabès, sont les suivantes : sucre, café, clous de girofle, poivre noir en grains, cordages, cotonnades assorties et savon. Toutes sont d'origine étrangère. Il s'importe de cette manière annuellement au Mzab, pour être expédiés sur les oasis du Sahara, environ 800 quintaux de sucre, d'une valeur moyenne de 70.000 francs. La quantité de café est beaucoup moindre ; elle se limite à un maximum de 30 quintaux valant à peu près 10.000 francs. La faiblesse de ces chiffres provient de ce que les populations de ces oasis consomment surtout du thé qui leur arrive du Maroc.

Pour les autres marchandises, c'est-à-dire, clous de girofle, poivre noir, cotonnades et savon, le transit moyen annuel est de 25.000 francs. A cette énumération, il faut ajouter, au moins pour mémoire, d'autres articles d'exportation venant d'Alger, de Biskra ou d'autres points que Gabès. Ils entrent pour 35.000 francs dans les transactions annuelles.

D'après les déclarations de commerçants mozabites, ces dernières marchandises seraient les suivantes :

Bougies,
Coton brut,
Parfums de toute sorte,
Musc,

Safran,
Miroirs,
Armes,
Bimbeloterie.

Au Mzab toutes ces marchandises sont achetées par les dix ou douze plus grands commerçants du pays qui les emmagasinent pour être ensuite livrées à l'exportation qu'ils ne font pas eux-mêmes.

Ils vendent, en effet, leurs marchandises, sur place, soit au comptant, soit à crédit, partie à des Chaanba de Metlili ou même d'El Goléa et partie à des caravaniers du Touat[1], qui vont les revendre avec d'assez gros bénéfices dans leur pays. Toutes ces transactions ne se font en général que pendant la saison froide.

Le tableau ci-contre donne le relevé des marchandises qu'un indigène des Chaanba Berazga est allé vendre à Timimoun en janvier 1891 ; 13 chameaux avaient suffi à emporter cette cargaison.

Les relations avec In Salah et Foggara sont également fréquentes. Avant 1881, elles l'étaient beaucoup moins. A cette époque l'insurrection de Bou Amama, qui avait fermé la route du Nord, et la rupture, survenue peu après, entre les Oulad ba Hammou et les Imanr'assaten, rupture qui avait rendu impraticable

---

[1] A In Salah, ce sont principalement les Zoua qui font ce trafic, ou encore les Chaanba Mouadhi.

DÉSIGNATION des DENRÉES	QUANTITÉS EMPORTÉES	PRIX D'ACHAT au Mzab	PRIX de vente à Timimoun
Cotonnade..................	750 mètres	0 fr. 26 le mètre	0 fr. 36 le mètre
d°	2000 d°	0 40 d°	0 60 d°
d°	30 d°	0 40 d°	0 63 d°
d°	700 d°	0 35 d°	0 50 d°
d°	400 d°	0 35 d°	0 50 d°
Mouchoirs.................	1200 d°	0 40 l'un	0 80 l'un
Bernous...................	20	7 50 d°	10 » d°
Haïks de coton.............	12	4 » d°	5 » d°
Couvertures	20 kilog.	3 50 l'une	5 » l'une
Savons (3 caisses)..........	200 d°	0 90 le kilog	2 » le kilog
Sucre.....................	200 d°	0 90 d°	2 » d°
Café......................	50 d°	3 50 d°	5 » d°
Huile.....................	100 litres	1 20 le litre	2 » le litre
Bougies	10 kilog.	1 80 le kilog	2 40 le kilog
Poivre en grains	300 d°	2 90 d°	5 » d°
Safran....................	»	1 60 »	2 » »
Mastic de chio	50 kilog.	8 » le kilog	10 » le kilog
Gomme laque (pour teindre la laine en rouge).............	20 d°	1 60 d°	2 50 d°
Gomme laque (pour teindre la laine en rouge)	15 d°	2 50 d°	3 50 d°
Soufre....................	20 d°	0 80 d°	1 50 d°
Espèce de parfum....	4 douzaines	18 » la douz.	25 » la douz.
Pommade noire sentant presque le musc employée comme parfum....................	3 kilog.	172 » le kilog	193 » le kilog
Cordages	100 d°	1 75 »	3 » d°
Aiguilles..................	20 paquets	1 » le paquet	2 » le paquet
Pioches...................	10	2 50 l'une	4 » l'une
Fil de fer	»	1 35 le kilog	2 » le kilog

la route de R'adamès, détournèrent momentanément presque tout le courant commercial du Touat en général et d'In Salah en particulier vers le Mzab. A la reprise des affaires, en 1884, lorsque le calme fut partout rétabli, les négociants mozabites conservèrent une grande partie de leur nouvelle clientèle [1].

Les principaux d'entre eux ont toujours eu d'ailleurs à In Salah des correspondants qui viennent quatre ou cinq fois par an au Mzab. Ils y font des approvisionnements de marchandises qu'ils écoulent ensuite, principalement chez les Touareg.

En 1891, un des associés d'une des plus fortes maisons du Mzab, la maison Aïssa ben Mohammed frères, reconnaissait avoir des correspondants non seulement à In Salah et à Foggara, mais même à Tin Bouktou. Ces derniers venaient quelquefois aux Beni Isguen pour régler leurs affaires, voir les marchandises et faire leurs commandes et offres. Tout ce trafic transitait par le Touat. La maison Aïssa ben Mohammed frères avait alors 35.000 francs de créances sur In Salah, Foggara et Tin Bouktou et elle attendait sans crainte qu'on lui apportât chez elle les paiements en marchandises et en espèces. Les bénéfices étaient très rémunérateurs. Voici d'ailleurs, d'après un relevé dressé à la même époque, le mouvement d'affaires qui s'est opéré entre le Touat et le Mzab pendant l'année 1890.

---

[1] Le Châtelier, *Description de l'oasis d'In Salah*, p. 79.

DÉSIGNATION DES DENRÉES	MONTANT des TRANSACTIONS
EXPORTATIONS DU TOUAT	fr.
Anes, dits du Touat..........................	60.000
Alun..	20.000
Salpêtre..	5.000
Plumes d'autruches	25.000
Peaux..	30.000
Armes et objets targuis.....................	20.000
Total des exportations	160.000
IMPORTATIONS AU TOUAT	
Cotonnades......... ⎫	
Foulards............. ⎬ dits malti.........	60.000
Mouchoirs.......... ⎪	
Indienne............. ⎭	
Sucre et café....................................	30.000
Savon..	12.000
Verroteries......................................	30.000
Objets de quincaillerie......................	20.000
Fer en barres....................................	10.000
Total des importations..............	162.000

En outre, les mozabites avaient, en même temps, environ 150.000 francs de capitaux engagés au Touat à titre de créances.

Si les caravanes du Touat viennent volontiers faire leurs approvisionnements au Mzab et aussi, quoique dans une moindre proportion à Ouargla, car les commerçants de cette oasis ne sont pas assez riches pour être munis de toutes les denrées et autres articles demandés par les Touatiens, elles ne dépassent guère ces localités. Il est très rare, en effet, qu'elles aillent chercher des marchandises à Gabès, préférant se rendre à R'adamès qui est relativement moins éloigné de leur pays. Il est rare également, pour les motifs indiqués ci-dessus, de voir des marchandises venant de Gabès être dirigées directement d'Ouargla sur les oasis.

Il faut noter cependant, malgré leur peu d'importance, les quelques relations qui se sont établies, depuis peu d'années entre le Souf et la région d'In Salah. En effet, la plupart des actes de pillage que nous avons eu à enregistrer dans le Sud, depuis quelques années, ont été commis par de petites bandes qui s'étaient formées au Touat. Ces bandes, ayant ramené dans ces régions le butin qu'elles avaient fait, les habitants du Souf ont dû y envoyer des mandataires pour réclamer leurs biens. Ceux-ci ont cherché à récupérer les frais de leur voyage, en emportant une petite pacotille.

Parmi les indigènes du Sud algérien qui trafiquent avec le Touat, il faut particulièrement citer les Chaanba

Mouadhi. Ceux-ci en effet ne retirent pas de leurs palmiers d'El Goléa une production de dattes suffisante pour les besoins de leurs tentes. Ils sont, par suite, obligés d'aller chercher ailleurs le complément indispensable. Dans ce but, ils organisent chaque année, comme les tribus du Sud oranais, une ou plusieurs caravanes dont l'ensemble constitue ce qu'ils appellent *l'haoucha*. Elles vont principalement dans l'Aouguerout faire leurs approvisionnements de dattes, mais en 1896, quelques groupes ont également visité les districts des Oulad Saïd, de Deldoun, du Tin Erkouk et d'El Djereïfat.

Les rapports fournis par les autorités d'El Goléa permettent d'apprécier l'importance du mouvement commercial qui se fait par leur entremise. Il y a quelques années encore il était relativement fort peu considérable ; alors les Mouadhi, qui se rendaient dans les oasis pour faire leurs achats, n'emportaient à peu près que de l'argent.

C'est ainsi qu'en 1891, ils avaient emporté une vingtaine de mille francs, déduction faite de la valeur d'un nombre insignifiant de charges de blé, de sucre et de viande de gazelle séchée[1]. De même, en 1893, à part quelques charges de viande de gazelle et des bernous, ils ne s'étaient munis que d'argent. Toutefois, ils avaient dans l'Aouguerout, cette année là, un crédit

---

[1] Les Mouadhi sont de grands chasseurs de gazelle. Ils en consomment chaque année une assez grande quantité, ou en font sécher la viande pour la conserver.

de 115 moutons qui y avaient été conduits quelques temps auparavant; ils s'en firent rembourser la valeur en dattes.

Depuis 1894, les Mouadhi ont modifié leur manière de faire. Ils emportent moins d'argent et plus de marchandises diverses. La vente de ces dernières au Touat leur procure avec des bénéfices assez forts une augmentation de ressources. Cette même année, ils emportèrent de la sorte 32 quintaux de sucre, 8 quintaux de poivre, 120 quintaux de toisons de laine et 2 charges de peaux de moutons.

En 1896, ils donnèrent encore plus d'extension à leurs importations au Touat. Ils se mirent en route avec seulement 1,880 fr. de numéraires et les denrées ci-après dont ils trouvèrent à se débarrasser à un taux rémunérateur.

DÉSIGNATION des denrées emportées	QUANTITÉS emportées	VALEUR à El Goléa	VALEUR au TOUAT
Sucre de Gabès........	6.700 kil.	5.360 fr. »	8 016 fr. 25
Poivre noir de Gabès...	2.271 kil.	2.498 10	4.158 10
Savon.................	100 kil.	120 »	200 »
Coupons d'étoffe.......	46	1.900 »	2.772 50
	Totaux	9.878 10	15.146 85

Devant ces heureux résultats, il est probable que les Mouadhi continueront à l'avenir de profiter de leur voyage annuel aux oasis pour y importer de plus en plus de marchandises. Dorénavant d'ailleurs, ils sont assurés de se procurer sur place, et par suite plus facilement, les denrées qui leur sont nécessaires pour ces transactions. En effet, depuis deux ans environ des négociants mozabites, dérogeant aux habitudes de leurs compatriotes, qui ne dépassaient jamais Ouargla au sud, sont venus s'installer à El Goléa, où ils ont construit de grands magasins, véritables entrepôts pour le trafic avec les caravanes des régions sahariennes. Quoiqu'il en soit le mouvement commercial qui s'opère par l'haoucha des Mouadhi sera toujours d'une importance secondaire et le montant total de leurs transactions ne pourra être jamais bien considérable. La population de ces tribus n'est pas en effet assez nombreuse pour qu'il puisse en être autrement et l'effectif total des caravanes, qu'ils envoient presque tous les ans au Touat est par suite relativement restreint. En 1894 même, où l'état sanitaire n'avait pas été bon chez ces indigènes, beaucoup d'entre eux ne purent entreprendre ce voyage.

Toutes ces caravanes ne rapportent d'ailleurs du Touat que des dattes et un peu de henné qui ne profitent en grande partie qu'à eux-mêmes puisqu'ils réservent presque tout pour leur consommation personnelle.

Le tableau ci-après, en faisant connaître l'effectif des caravanes pendant un certain nombre d'années, montrera en même temps les quantités de denrées qu'elles ont rapportées chaque fois.

ANNÉES	NOMBRE de caravanes ayant composé l'haoucha	EFFECTIF TOTAL		CHARGES de dattes	CHARGES de henné
		Hommes	Chameaux		
1891	1	196	667	667	10
1893	8	126	607	601	3
1894	1	77	288	287	»
1896	6	112	533	541	»

Toutefois ce mouvement d'échanges laisse entre les mains de nos administrés un certain bénéfice qui ne peut que les encourager à lui donner plus d'extension. En 1896, par exemple, il a atteint les chiffres suivants :

EXPORTATIONS			Importations	MONTANT des pertes subies pendant la route (chameaux morts, vols etc.)	BÉNÉFICE	
VALEUR des denrées emportées	MONTANT de l'argent monnayé emporté	TOTAL	VALEUR moyenne à El Goléa des denrées rapportées		NET	%
fr. 9.878 10	fr. 1.880 »	fr. 11.758 10	fr. 27.043 25	fr. 2.935 »	fr. 12.350 15	105

Il vient enfin, chaque mois, à El Goléa, quelques petites caravanes du Touat et principalement d'In Salah.

Elles apportent surtout du henné et aussi
  Des dattes,
  De l'alun,
  Des chertanes (cordes en lif)[1],
  Des guenanites (cordages),
  Du filali,
  Des plumes d'autruche,
  Du thé.

Elles emportent :
  Des étoffes,
  Du sucre,
  Du café,
  Des instruments aratoires,
  Des parures de femmes (bracelets, bagues),
  Des ustensiles de ménage.

Il est venu ainsi à El Goléa dans le cours de 1896, aussi bien du Gourara que du Touat proprement dit ou du Tidikelt, cinquante petites caravanes formant un total de 442 hommes et de 358 chameaux.

C'est ce qui rend d'autant plus intéressante la tentative faite par les négociants mozabites dont nous avons parlé plus haut. Deux d'entre eux Salah Kraoua, de Ghardaïa, et El Hadj Brahim ben El Hadj, d'El Ateuf, ont fait, en 1896, un chiffre d'affaires déjà important, qui est monté pour le premier à 20.000 fr. et pour le second à 15.000 fr. Un début aussi heureux permet d'espérer que leurs

[1] Fibre de palmier.

efforts, sagement encouragés, donneront chaque jour plus d'importance à ce mouvement commercial et que les populations du Touat, que les frais excessifs de douane, d'entrepôt et de marché ont jusqu'ici tenu éloignées de nos comptoirs, viendront de plus en plus faire des échanges sur nos marchés.

Le récent décret du 17 décembre 1896, dont nous avons parlé au premier chapitre de ce volume, est encore trop rapproché de nous pour qu'on puisse en apprécier les résultats sur notre commerce du Sud, mais il permet aussi d'espérer que notre négoce national profitera de plus en plus du trafic, si faible qu'il soit, qui se fait entre le Sud algérien et le Touat, et cela, au détriment du commerce étranger dont le principal débouché est actuellement en Tunisie.

Toutefois, il sera toujours difficile d'empêcher complètement nos négociants indigènes du Sud de s'approvisionner dans la Régence de Tunis, parce qu'il se fait en même temps par cette voie une importante contrebande de guerre qui attire particulièrement l'indigène et qui échappe généralement à notre surveillance la plus active, grâce aux précautions prises par les délinquants et à la connivence de leurs coreligionnaires.

Des saisies opérées, de temps en temps, permettent de se rendre compte de l'importance de ce trafic clandestin. C'est ainsi, qu'en juillet 1889, une caravane de 4 indigènes des Beni Thour (Ouargla), venant de Tunis et se dirigeant sur Ouargla, fut arrêtée à Bir Alenda, au sud-ouest d'El Oued. Les 15 chameaux qui la composaient étaient chargés de 58 fusils (carabines et mousquetons de cavalerie ancien modèle, fusils à baguette à 2 coups), deux pistolets, deux revolvers, 14 kilogrammes de poudre et 1.120 kilogrammes de marchandises diverses (blé, pois chiches, arachides; déchets de soie, toile, couvertures, bernous, objets de toilette pour les femmes et d'habillement pour les indigènes). Tout ce chargement provenait de Tunis; les armes avaient été achetées chez un armurier anglais de cette ville.

En 1893, M. G. Méry, revenant de son exploration chez les Azdjer, trouva aux environs d'Hassi Matmat deux chameaux dont les propriétaires s'enfuirent à son approche. L'un de ces animaux était chargé de poudre, l'autre de sucre.

La plupart des poudres qui s'introduisent ainsi dans notre Sud, et dont une partie parviendrait même au Touat, sont d'origine étrangère et particulièrement anglaise.

Palat a pu constater que la poudre européenne se vendait 5 fr. la livre au Gourara [1].

Il n'y a pas à espérer d'enrayer jamais complètement ce trafic clandestin. Toutefois on pourrait peut-être le réduire dans une très grande proportion en adoptant les idées émises, en 1893, dans le sein de la commission,

---

[1] *Journal de route*, p. 252.

instituée à cette époque par le Gouvernement Général de l'Algérie pour étudier les moyens de développer les relations commerciales dans le Sud algérien.

On fit alors ressortir que si au lieu de n'autoriser la vente de la poudre qu'à des conditions presque prohibitives, on laissait plus de liberté à ce commerce, au moins dans les régions du Sud, les indigènes ne chercheraient pas à se procurer des poudres étrangères au prix de grandes fatigues et au risque d'encourir de sévères condamnations. Il n'y aurait pas, d'ailleurs, d'inconvénients à leur laisser acheter de la poudre de traite, car les armes perfectionnées que nous possédons aujourd'hui permettent de considérer comme une quantité négligeable les engins qui nécessitent l'emploi de ce genre de poudre. En outre, en autorisant et en réglementant, d'une façon spéciale pour les régions du Sud, la vente et le commerce de cette poudre, on aurait le triple avantage de procurer au Trésor des recettes importantes qui lui échappent actuellement, de permettre à l'administration de connaître la quantité de poudre achetée par les indigènes, et de décourager enfin la contrebande en réduisant les bénéfices que le trafic de la poudre lui assure sous le régime prohibitif en vigueur.

4° ROUTES DE R'ADAMÈS.

C'est surtout par In Salah que les habitants du Touat sont en relations avec R'adamès. Il est fort rare que leurs caravanes se rendent dans cette ville en passant par le sud de nos possessions algériennes.

Deux routes conduisent d'In Salah à R'adamès. La première, celle du Nord, suit partout l'oudjh de l'Erg ; c'est la route des rezzous et des voleurs. Elle est généralement peu fréquentée. La route du Sud, par le Tinr'ert et Timassinine, l'est bien davantage ; c'est le chemin habituel des caravanes paisibles [1].

La première est jalonnée à partir d'In Salah par les localités suivantes :

Hassi Oulad Messaoud,
Farès oum el Lill,
Oued Massin,
Hassi Messeguem ou Hassi Aouleggui, quand le
    puits de Messeguem est comblé,
Daïa ben Abbou,
El Biod,
Tin Iagguin,
In Amedjen,
El Oudjh,
El Allam el Akhor,
El Allam El Douni,
Hassi Imoulaï,
R'adamès.

La seconde est marquée par :
Hassi Oulad Messaouad,
Farès oum el Lill,

---

[1] F. Foureau, *Mission de 1892*, p. 58

Oued Massin,
Areg er Rih,
Tilemmas Hamian,
Oued Malah,
Timassinine,
Tadjentourt,
Tabenkourt,
Bela R'adamès,
In Eïdi,
Bir Gafgaf,
Hassi Tifochaïn,
R'adamès.

Ici, comme partout dans le Sahara, lorsque plusieurs pistes, plus ou moins parallèles, unissent deux mêmes points, ou passe facilement de l'une à l'autre suivant les circonstances. C'est ainsi qu'en 1864, G. Rohlfs a suivi la première de ces routes jusqu'à Hassi Messeguem ; ayant gagné ensuite Timassinine, il a pris la seconde pour atteindre R'adamès.

In Salah emprunte son importance commerciale à sa position géographique. Placée à l'extrémité sud-ouest du Touat, au pied du Tadmaït, elle est en quelque sorte la porte d'entrée par où arrivent toutes les marchandises venant de R'adamès et qui, de là, se répandent dans tout le Touat ou ne font que traverser le Tidikelt pour être exportées au Soudan.

Cette situation fait plutôt d'In Salah, un comptoir de transit qu'une place munie de grands capitaux.

La plupart des négociants que l'on y trouve sont des

Oulad Mokhtar de Ksar el Kebir, quelques-uns sont originaires de R'adamès. Presque tout le transit qui se fait par cette localité est monopolisé entre leurs mains.

C'est la tribu maraboutique des Touareg Ifor'as qui s'est faite la protectrice de la route qui unit In Salah à R'adamès, sans compter l'influence qu'y exercent également jusqu'à un certain point les Oulad ba Hammou. Ce sont ces mêmes Ifor'as et aussi, dans une certaine limite, les Isakkamaren qui ont accaparé à peu près tout le trafic de cette route, soit qu'ils transportent des marchandises pour leur propre compte, soit qu'ils se louent comme convoyeurs [1]. C'est ainsi qu'en 1864, G. Rohlfs gagna R'adamès avec la caravane, chargée de plumes d'autruche, d'un marchand de R'adamès que convoyaient des Ifor'as qu'il appelle des Oulad Sidi El Hadj el Faki.

Le voyageur allemand évaluait alors l'importance du commerce de plumes d'autruche qui se faisait par cette voie à 20.000 francs par an. En outre, il s'exportait d'après lui à R'adamès de l'ivoire, de la poudre d'or, des cotonnades foncées en bandes étroites, provenant du Soudan et des esclaves des deux sexes, dont le nombre, d'ailleurs peu considérable, ne dépassait pas quelques centaines par an [2]. Plus tard Flatters a relevé

---

[1] Duveyrier, *Touareg du Nord*, p. 360. — Le Châtelier, *In Salah*, p. 79.

[2] Rohlfs, *Reise*, p. 189.

qu'il se produisait également des contre-courants dans ce commerce des nègres.

« Il n'est pas rare, écrit-il, de voir une caravane
» conduire des esclaves d'In Salah à R'adamès et en
» ramener d'autres de R'adamès à In Salah ou récipro-
» quement. J'ai vu, ajoute-t-il, par ici, un nègre qui a
» été vendu trois fois à R'adamès et deux fois à In
» Salah ; ce n'est qu'à la cinquième vente qu'il a
» trouvé un maître qui a bien voulu l'affranchir et il
» est resté avec lui comme domestique [1] ».

Quelque temps avant Rohlfs, le commandant Mircher avait estimé la valeur des frais de transport d'une charge de chameau entre R'adamès et In Salah à 2 mithkals 1/3 d'or, le cantar (kounter), soit environ 50 francs les 50 kilogrammes [2].

Les marchandises importées à In Salah par cette voie étaient, d'après le même explorateur allemand, le drap, les cotonnades blanches, le café et le sucre. Les échanges qui s'effectuaient alors entre les deux centres sahariens étaient assez importants, car c'est par là que s'approvisionnaient tous les marchands du Touat qui ont pour clients habituels tous les nomades des contrées environnantes, Touareg, Berbères ou Arabes.

Il en est cependant de cette route comme de toutes celles qui parcourent le Sahara, elle se trouve quelquefois momentanément fermée aux caravanes par

---

[1] Flatters, *2ᵉ mission*, p. 312.

[2] *Mission de Ghadamès*, p. 51.

suite d'hostilités engagées entre les nomades ou pour tout autre motif. Elles se rouvrent ensuite au trafic quand les causes qui les avaient fait abandonner ont disparu.

C'est ainsi que de 1873 à 1875, les dissensions, qui partagèrent les Azdjer et les Ahaggar, contraignirent ces derniers à ne plus fréquenter le marché de R'adamès. Il en fut de même, en 1881, à la suite du massacre de la mission Flatters [1].

En même temps l'insurrection du Sud oranais, en empêchant les tribus algériennes de venir trafiquer, comme d'habitude, dans le nord du Touat, amenait une décroissance marquée dans les affaires de cette région. Bientôt même, la rupture survenue entre les Oulad ba Hammou et les Imanr'assaten interrompait totalement les relations avec R'adamès. Pendant toute cette période qui se prolongea jusqu'au milieu de l'année 1884, les Isakkamaren de l'Ahaggar purent seuls faire parvenir quelques caravanes de marchandises à In Salah.

Ce furent les négociants du Mzab qui profitèrent le plus de cette situation. Lorsqu'enfin la paix fut conclue, en 1884, entre les Oulad ba Hammou et les Imanr'assaten, les caravanes reprirent aussitôt le chemin de R'adamès. Mais les Mozabites conservèrent une partie de leur nouvelle clientèle.

D'après le capitaine Le Châtelier, à qui nous

---

[1] Le Châtelier, *Description de l'oasis d'In Salah*, p. 80.

empruntons la plupart de ces renseignements [1], il n'y eut pas plus de 150 charges de marchandises transportées de R'adamès à In Salah, pendant les derniers mois de 1884, dès la réouverture de cette route, soit une valeur d'environ 75.000 francs. En même temps les exportations montaient à une centaine de mille francs, défalcation faite de la part des convoyeurs. Le même informateur évalue le total des importations annuelles effectuées par cette voie à 300.000 francs seulement, donnant un bénéfice d'une centaine de mille francs aux intermédiaires. « Ces » données, ajoute le capitaine Le Châtelier, sont » d'ailleurs plutôt au-dessus qu'au-dessous de la » vérité ; elles représentent ainsi une appréciation » moyenne trop forte ».

Les marchandises, importées par cette voie à In Salah, sont, pour la moitié, des cotonnades blanches, noires et bleues ; viennent ensuite le sucre, le café, le thé, les épices, la quincaillerie, des chéchias, des mouchoirs de soie et de coton, des chaussures, etc.

Outre les esclaves et quelques produits du Soudan, l'exportation porte principalement : sur l'alun, le henné, le salpêtre, les plumes d'autruche, les cuirs tannés et les peaux de chèvres dont la production a beaucoup augmenté dans tout le Sahara, devant les demandes croissantes des Etats-Unis d'Amérique, grand consommateur de ce produit.

---

[1] *Description de l'oasis d'In Salah*, p. 79-80.

On voit combien le mouvement d'échanges entre R'adamès et In Salah est relativement peu considérable. Il est probable même que l'occupation de Tin Bouktou, en arrêtant momentanément les relations de la ville soudanaise avec le Touat, l'a même fait encore quelque peu baisser.

Si on accepte les chiffres que nous avons donnés, le commerce du Touat n'entrerait que pour 1/10 dans le total des affaires du marché de R'adamès, évalué par le lieutenant-colonel Rebillet à 2 millions de francs par an [1].

Cet important marché du Sahara n'est d'ailleurs lui-même qu'une station de transit d'une part entre In Salah et Tripoli, de l'autre entre R'at et Tripoli. C'est dans cette dernière ville même qu'il faut chercher le véritable point d'origine du trafic qui se fait dans l'une et l'autre de ces directions. Là, s'est constitué un groupe de négociants, connus sous la dénomination générale de *Société italo-juive*, disposant d'un capital de roulement de 3 millions de francs environ et qui a accaparé en entier le commerce de R'adamès. Cette société achète les marchandises soit à Malte, soit en Italie, les emmagasine et les remet ensuite aux caravaniers du Djebel, en échange des produits que les commerçants de R'adamès ont reçus par l'intermédiaire des Touareg.

Comme les négociants de Tripoli ne peuvent pas trouver en toutes saisons des convoyeurs sur R'adamès,

---

[1] Lieutenant-colonel Rebillet, *Les relations commerciales de la Tunisie avec le Sahara et le Soudan*, p. 11.

ils ne se contentent pas d'acquérir au moyen d'échanges de cette place, mais ils renvoient presque toujours les caravanes avec un chargement complet et ils consignent chez des négociants de R'adamès, pour y être vendues par ceux-ci, des quantités considérables de marchandises diverses à l'usage des habitants du Sahara central et du Soudan. Les gens de R'adamès, deviennent ainsi non plus des négociants, agissant pour leur propre compte, mais des commissionnaires opérant pour des maisons de Tripoli.

C'est certainement là une des principales raisons qui empêchent la réouverture complète de l'ancienne route commerciale de Gabès à R'adamès. Les efforts les plus louables, faits dans ce sens depuis quelques années par le Gouvernement tunisien, n'ont donné jusqu'à présent que des résultats peu importants, mais cependant encourageants pour l'avenir si l'on continue à opérer avec méthode et ténacité.

Quant à la route sur In Salah qui nous occupe plus spécialement ici, quoi qu'il arrive, il est probable qu'elle finira par être totalement abandonnée. Le fait se produira le jour où le commerce des esclaves ne sera plus toléré dans les possessions ottomanes, et lorsque nous aurons créé un modus vivendi entre les Touareg et nous. Alors les caravanes du Touat viendront sur notre territoire par la raison que nous pourrons plus facilement que les autorités turques leur garantir la sécurité des routes et créer les points d'eau qui leur seront nécessaires.

5° ROUTE DE R'AT.

Une route, tracée à travers des régions montagneuses, réunit In Salah à R'at. « Les Isakkamaren » dans le Tassili, et les Kel R'aris dans le Mouidir en » commandent les principaux passages »[1]. Son trajet est jalonné par le Kheneg el Hadid et Amguid, ce carrefour de routes dont le général Philebert a signalé toute l'importance[2].

Ce sont les Isakkamaren qui effectuent le transport des marchandises qui suivent cette direction. Celles-ci consistent principalement en objets de fabrication indigène tels que selles de mehara, sabres, cuirs ouvrés, etc. Mais les transactions qui s'opèrent par cette voie sont, d'après le capitaine Le Châtelier, fort restreintes. Une douzaine de chameaux tous les ans accompliraient seuls ce voyage. Les achats seraient faits à R'at contre du numéraire, la proximité de R'adamès et de Tripoli empêchant complètement

---

[1] Duveyrier, *Touareg du nord*, p. 376.

[2] *La conquête pacifique de l'intérieur africain*, p. 187. Duveyrier indique, sur la carte qui accompagne son ouvrage intitulé : les Touareg du nord, un itinéraire un peu différent pour la route d'In Salah à R'at. Elle serait, d'après ces données, jalonnée par les points suivants : Ti-ouen-Hedjen, Ti-ouen-Kenin, Aguellachen (à 60 kil. au sud d'Amguid, d'après Flatters qui y a campé), Tihodaïen (au pied du rebord méridional du Tassili du nord. D'après une indication contenue dans le texte du livre de Duveyrier, [p. 143] ce point s'appellerait Tadohaït-tan-Hebdjan), Tididji, In Imenas, Tin Esokal et R'at.

d'importer aucune marchandise du Touat [1]. Le mouvement d'affaires opéré de la sorte ne dépasserait pas 5 ou 6.000 francs par an.

Il est cependant à noter qu'au temps de Richardson et de Barth qui l'ont constaté, tous deux, à dix ans d'intervalle, les solides cotonnades soudanaises, originaires de Kano, si réputées dans tout le Sahara où l'on préfère généralement le coton à la laine, parvenaient à Tin Bouktou par la voie de R'at ou celle de R'adamès à In Salah. Il s'en expédiait ainsi, au dire de Barth, au moins 300 charges par an pour Tin Bouktou et le Sahara occidental.

S'il ne s'exporte plus de ces cotonnades au Sahara occidental, le commerce en est cependant toujours florissant. Le lieutenant-colonel Monteil l'a noté lors de son passage à Kano. « On peut dire, écrit-il en » effet, que cette ville vêt les deux tiers du Soudan » et presque tout le Sahara central » [2].

6° ROUTES DE TIN BOUKTOU ET DU SOUDAN.

Trois routes principales unissent le Touat au Soudan. Ce sont : la route de l'ouest qui va directement à Tin Bouktou, celle du centre qui se dirige vers le coude du

---

[1] Le Châtelier, *ouvrage cité* p. 78. Un document récent parle cependant, sans préciser, de marchandises européennes parvenant en petites quantités d'In Salah à R'at.

[2] Lieutenant-colonel Monteil, *De Saint-Louis à Tripoli par le lac Tchad*, 1895, p. 282.

Niger et celle de l'est qui aboutit à Kano par Agadès. Les deux premières ont leur point d'origine à Akabli et leur parcours se confond tout d'abord, jusqu'à Tirechchoumin, où l'on ne trouve qu'un puits donnant une eau très abondante, mais saumâtre. Là, la route se bifurque.

« La branche occidentale se dirige, droit au sud, sur
» Ouallen, point très important en ce qu'il s'y trouve
» une *guelta* où, en tout temps, les caravanes sont
» assurées de trouver, en abondance, de l'eau excel-
» lente : aussi toutes y passent-elles. En quittant la
» guelta, la route se dirige sur le petit lac dit Adjelmam
» Amessedel près d'In Ihahou (ou In Ziz), puis suivant
» une direction sud-ouest, traverse l'oued Tirehart,
» s'engage dans le Tanezrouft, passe à Am Rennan où
» elle coupe la route, peu fréquentée, qui conduit de
» l'Adrar Ahenet à Taodenit, et où quelques puits,
» peu profonds, donnent une petite quantité d'eau de
» qualité médiocre ; elle se dirige ensuite sur Mabrouk
» qu'une route transversale réunit à Arouan. De
» Mabrouk on peut, ou prendre cette route trans-
» versale ou se rendre directement à Tin Bouktou.

» La branche orientale traverse la région de l'Adrar
» Ahenet, passe au pied et à l'ouest de la montagne
» de ce nom et se dirige sur Timissao. Il y a, en cet
» endroit, un puits qui donne, en abondance, une eau
» de très bonne qualité : ce point est situé au pied
» d'un contrefort du Tassili Tan Adar. De Timissao, la
» route se dirige sur l'Adrar des Aoulimmiden,

» s'engage à In Ouzel, dans une gorge d'accès facile,
» et, arrivée à Ifernan, se bifurque.

» L'une des branches se dirige, à l'ouest, sur
» Mabrouk où elle rejoint la route de Tin Bouktou.

« L'autre continuant à suivre une direction sud-
» ouest passe au Ksar Irachar d'où, probablement,
» une route passant par Aferadj-onan-Illi et suivant
» la vallée de l'oued Tir'lit, doit aboutir à Bamba sur
» le Niger (cette route n'est pas connue). Du Ksar
» Irachar, où on commence à trouver des eaux
» courantes, la route se dirige sur la forêt d'An-ou-
» Mellel qu'elle traverse, va aboutir à Bourroum, au
» coude du Niger, et par un embranchement dont le
» point de départ est, probablement, à An-ou-Mellel
» même, à Gogo, sur le même fleuve, au-dessous du
» coude. (A partir d'An-ou-Mellel ces routes ne sont
» pas connues [1]) ».

La troisième route aboutit par Agadès dans le Soudan central. Elle a son point d'origine à In Salah.

En quittant cette localité, le chemin se dirige à travers le Mouidir, vers Ouahaïen, point situé à l'ouest de l'Adrar Ahenet; puis, laissant au sud les oasis de Tit et de Silet, il va au Sud-Est sur la gorge de l'oued R'sour, gorge étroite et impraticable par laquelle cette rivière s'est frayé un passage; les caravanes contournent cette gorge par le nord, en gravissant les pentes du Tassili. Lorsqu'elles en sont redescendues à l'autre

---

[1] Bissuel, *Le Sahara français*, p. 103 et suiv.

extrémité, elles reprennent la direction primitive qui les conduit aux puits d'In Azoua et d'Assiou qui, situés sous la même latitude, ne sont séparés que par une faible journée de marche[1]. Assiou est une étape de la route de R'at à Agadès. Les deux chemins vont dès lors se confondre se dirigeant ensemble vers l'Aïr, puis plus loin vers le Soudan à Kano ou à Kouka.

De ces trois routes, les deux dernières seraient actuellement très peu fréquentées ; c'est par là pourtant que les Touareg amèneraient au Touat la majeure partie des esclaves qui y parviennent encore.

Par la route centrale s'importaient autrefois directement au Touat[2] et s'importent encore actuellement la plus grande partie des plumes et des dépouilles d'autruche provenant du Niger. Ce commerce a aujourd'hui un peu baissé par suite de la diminution de production au Soudan.

La route de l'est devait être assez suivie jadis, alors que les commerçants du Touat étaient nombreux à Agadès. Barth, il y a quarante ans, y constatait encore leur présence en ces termes : « Les Touatiens, » écrivait-il, sont encore maintenant comme leurs de- » vanciers d'il y a trois siècles, les principaux » commerçants d'Agadès. Ils semblent tout à fait » appropriés au caractère particulier de ce marché : » en effet, ils ne sont pas aisés, ce sont plutôt

[1] Bissuel, *Le Sahara français*, p. 106.
[2] Bulletin du Comité de l'Afrique française (1897). *Renseignements coloniaux*, p. 12.

» des détaillants. Ils s'accroupissent tranquillement
» auprès de leur petit stock de marchandises et
» cherchent à en tirer le plus de profit possible.
» C'est ainsi qu'ils accaparent la plus grande partie
» des céréales ou plutôt des grains des nègres, surtout
» le Pennisetum, au moment où ils sont à bon compte,
» c'est-à-dire quand arrivent les caravanes de grains
» du Damergou, et lorsque les prix sont montés, ils
» cherchent à s'en défaire par petites quantités. La
» spéculation des céréales est assurément à l'heure
» actuelle la principale affaire à Agadès, mais les
» branches commerciales, qui ont procuré à cette
» localité dans les temps antérieurs influence et
» richesse, ont pris d'autres directions.

» Je ne remarque qu'ici ce fait particulier que les
» habitants du Touat, quoique voyageurs très entre-
» prenants et commerçants adroits, ne deviennent
» jamais de riches négociants. Presque tout l'or avec
» lequel ils font le commerce appartient aux gens de
» R'adamès et leur gain ne leur permet que de se bien
» nourrir et vêtir, chose à laquelle ils tiennent entre
» toutes. C'est un fait remarquable que les Kel Oui ont
» fréquenté en grand nombre, jusque dans les temps
» modernes, le marché du Touat et étaient exclus
» tout à fait de ceux de R'at et de Mourzouk, tandis
» que maintenant au contraire ces derniers leur sont
» ouverts; mais le premier s'est fermé à son tour [1] ».

---

[1] Barth, *Reisen*, t. I, p. 435.

Quant à la route du Touat à Tin Bouktou, route autrefois très fréquentée, elle a perdu actuellement de son importance. Jadis la traite des nègres constituait l'appoint le plus considérable des transactions qui s'opéraient dans cette direction. La conquête de l'Algérie, puis, il y a quelques années, l'occupation du Mzab sont venues successivement diminuer ce trafic en retirant au commerce de transit du Touat ces différents débouchés.

C'est ainsi qu'en 1882 une baisse subite de 50 % sur le prix des nègres s'est produite à In Salah [1]. Tout récemment enfin la prise de Tin Bouktou a porté le dernier coup à cette branche commerciale.

D'ailleurs l'importance du trafic qui se faisait par là a-t-elle été jamais bien considérable? En 1862 le capitaine de Polignac [2] avait évalué à 1 million le chiffre annuel des affaires entre R'adamès et Tin Bouktou. Barth avait été plus affirmatif; pour lui toutes les estimations données étaient fort exagérées. Il l'avait particulièrement constaté, lors de son passage à Tin Bouktou, mais il s'était montré trop exclusif en disant que le tabac et les dattes étaient les principaux articles d'importations que les oasis sahariennes expédient sur le grand marché du Niger, c'est que pendant tout son séjour à Tin Bouktou, il n'avait vu

---

[1] Le Châtelier, *Description de l'oasis d'In Salah*, p. 77.
[2] *Mission de Ghadamès*, p. 193.

arriver du Touat qu'une vingtaine de charges de ces deux denrées. Il ajoutait que les gens du Touat qui s'adonnent à ce trafic ne sont que les représentants des négociants de R'adamès et que ce sont les capitaux de ces derniers qui sont engagés [1].

Ce dernier fait devait être confirmé par le docteur Lenz qui, tout en reconnaissant que le tabac et les dattes venaient spécialement du Touat, constatait à son tour que « les négociants de R'adamès jouaient » un rôle très important à Tin Bouktou où ils » apportaient toutes les marchandises d'Algérie, de » Tunis et de Tripoli » [2]. Alors, chaque année, au printemps et à l'automne, deux grandes caravanes partaient de Kasbet Sidi El Abed, dans l'Akabli, se dirigeant sur Tin Bouktou ; on les appelait *akabar*. Elles comptaient jusqu'à 4 et 500 chameaux, quelquefois davantage et comprenaient des groupes qui venaient l'In Salah, du Touat proprement dit, du Gourara, du Tafilalet et même de Figuig, c'étaient généralement les arabes Mazil et surtout les Sekakna qui en étaient les convoyeurs [3]. Les Kounta qui habitent au nord de Mabrouk se livraient également à ce commerce par caravane. En dehors de ce mouvement régulier de caravanes, il s'en organisait encore d'autres à des époques indéterminées ; celles-ci, qui

---

[1] Barth, édition anglaise, t. V, p. 36.
[2] Dr Lenz, *Timbouctou*, t. II, p. 167.
[3] Bissuel, *Touareg de l'ouest*, p. 24.

étaient d'ordinaire beaucoup moins fortes, étaient connues sous le nom de *zouirig*.

La route généralement suivie était celle de Mabrouk que nous avons décrite, mais il arrivait parfois qu'obliquant plus à l'ouest, on se dirigeait sur Taodenit où une partie des marchandises était échangée contre du sel qui prend une grande valeur à Tin Bouktou. Quelquefois même, suivant l'exemple des caravanes marocaines, on partait avec la moitié des chameaux à vide et en passant à Taodenit on complétait leur chargement avec du sel.

C'était généralement les négociants d'In Salah qui fournissaient le plus fort contingent à toutes ces caravanes. La sécurité de la route leur était assurée au nord par les Oulad ba Hammou qui, dans ces régions, sont assez forts pour faire contrepoids aux Touareg. Au sud, c'est-à-dire au point d'arrivée des caravanes, les marabouts El Bakkaï, ont joué jusqu'à ces derniers temps, le même rôle. En échange, les négociants d'In Salah entretenaient dans leur ville trois zaouias bakkaïtes. Depuis, cette famille a perdu toute influence à Tin Bouktou même, mais elle a toujours une action sur les routes qui y mènent par ses parents, les Kounta de Mabrouk, à l'ouest, par les Touareg Aouelimmiden à l'est.

Jadis les Taïtok, de l'Adrar Ahenet, exigeaient un droit de passage et de protection des caravanes parcourant la route de Tin Bouktou. Mais ils ont reconnu qu'étant eux-mêmes tributaires des marchés du Tidikelt, ils remboursaient au centuple la refara qu'ils se faisaient payer; ils ont cessé de l'exiger [1].

Les principales marchandises, exportées du Touat à Tin Bouktou, étaient :

Les cotonnades européennes de toute sorte,
Les cotonnades de Kano,
Les mouchoirs,
La soie,
Les draps,
Les vêtements (bernous, haïks),
Les armes (fusils, sabres),
La poudre,
Les aiguilles,
Les miroirs,
Les ustensiles de ménage,
La coutellerie,
Les bougies,
Les allumettes,
La verroterie,
Le papier,
Les épices,
Le sucre,
Le café,
Le thé,
Le tabac,
Les dattes,
La parfumerie,

---

[1] Deporter, *Extrême-Sud de l'Algérie*, p. 448.

Les objets de sellerie indigène,

L'huile, etc..

Les caravanes en rapportaient de l'or, en petite quantité [1],

De l'ivoire, en petite quantité,

Des cotonnades foncées en bandes étroites,

Des plumes d'autruche,

Des cuirs bruts,

De la cire,

De l'encens,

Du musc des civettes,

De l'indigo,

De la gomme (en petite quantité),

Et enfin des esclaves.

C'est à In Salah que venaient affluer la plus grande partie de ces marchandises. En 1886, le capitaine Le Châtelier évaluait la moyenne des affaires qui se faisaient entre cette place et Tin Bouktou à 150.000 ou 200.000 francs par an, les importations dans la cité soudanaise figurant dans ce chiffre pour les trois quarts. Ce mouvement commercial représentait un arrivage au Touat de 250 esclaves, enfants et femmes principalement.

A la suite de l'occupation de Tin Bouktou, les relations furent, un instant, suspendues entre les oasis et cette ville. Mais, les Touatiens qui l'habitent, devant notre

---

[1] Nous avons vu précédemment que Rohlfs (*Reise*, p. 166) évaluait à 50 livres au maximum la quantité de poudre d'or importée annuellement au Touat.

attitude conciliante, ne tardèrent pas à reprendre confiance. Les caravanes reparurent bientôt comme par le passé.

Il est certain, toutefois, que dans un avenir rapproché, lorsque les voies d'accès du Sénégal au Soudan se seront développées, cette route commerciale perdra de son importance relative. L'abolition absolue de la traite et l'afflux de plus en plus grand des marchandises européennes par la voie du Niger, en seront les principales causes déterminantes. Cependant elle ne sera jamais complètement abandonnée, car les populations du Touat, comme celles du Soudan, auront toujours besoin d'échanger les produits naturels de leurs pays.

APPENDICE.

Aperçu général sur la géologie du bassin de l'oued Saoura et des régions limitrophes [1].

Malgré les observations recueillies par les explorateurs [2] qui ont parcouru ces régions, malgré les renseignements nombreux communiqués par les savants spécialistes [3], par les officiers des cercles du

---

[1] Comme nous l'avons déjà indiqué, cet aperçu géologique est dû à M. G. B. M. Flamand.

[2] Laing : 1825-1826. — René Caillié : 1828. — Duveyrier : 1860. — Colonieu et Burin : 1860. — Gerhard Rohlfs : 1864. — Soleillet : 1874. — Oscar Lenz : 1880. — Palat : 1886. — Camille Douls : 1889. Et pour les régions sahariennes limitrophes : Ismaël bou Derba : 1858. — Barth : 1850-1855. — Richardson : 1845 et 1850. — Owerweg : 1850-1851. — Vatonne : 1862. — Erwin von Bary : 1876.

[3] Abbé Bargès, *Sahara et Soudan*, 1853, revue de l'Orient.
De Colomb, *Notice sur les oasis du Sahara et les routes qui y conduisent*, Paris, 1860.
Dr Maurin, *Les caravanes françaises au Soudan*, 1862.
A. Pomel, *Le Sahara*, Alger, 1872.
Largeau, *Le Sahara*, Paris, 1881.
C. Sabatier, *Itinéraire de Figuig au Touat*, 1876.
J. Pouyanne, *Documents relatifs à la mission dirigée au sud de l'Algérie*. Paris, Imprimerie Nationale, 1886.
Capitaine Graulle, in Pouyanne, *loc. cit.*, 1886.
Capitaine Coÿne, *Une ghazzia dans le grand Sahara*, Alger, 1881.
Capitaine Bernard, *Deuxième mission Flatters*, Alger, 1882.
Commandant Deporter, *Extrême sud de l'Algérie*, Alger, 1890.
Commandant Deporter, *Sahara algérien*, Alger, 1891.
Commandant Bissuel, *Le Sahara français*, Alger, 1891.

sud[1], et provenant des indigènes, caravanes annuelles ou émigrants, malgré les études faites au cours des récentes missions [2] qui ont approché ces contrées, on ne possède que d'incomplètes et imparfaites données sur les richesses minérales, sur l'âge et sur la nature des formations géologiques du bassin de l'oued Saoura.

Si, d'une part, ceux qui ont rapidement traversé ces pays n'étaient pas toujours suffisamment préparés pour ces études spéciales, il faut remarquer aussi combien de difficultés insurmontables elles eussent fait naître pour celui qui dans les conditions de tels voyages les aurait tentées.

Tenu à suivre une route déterminée, ne pouvant s'écarter que très peu du medjebed sur lequel les *Khebir* guident les caravanes, le voyageur la plupart

---

[1] Les rapports inédits de MM. les officiers chefs des cercles, annexes, postes du Sud : MM. le colonel Didier, les capitaines de Castries, Redier, Fariau, du Jonchay, Cotte, Pouget et Fournier, les capitaines du génie Digue et Almand, les lieutenants Pein et Falconetti.

[2] *Mission de l'Ingénieur Pouyanne*, Imprimerie Nationale. Paris, 1880.

Mission Flatters, (1879-1880), Documents officiels, Imprimerie Nationale. Paris, 1881.

G. Rolland, *in mission Choisy*, Imprimerie Nationale. Paris, 1890.

Missions F. Foureau, Paris, 1890-92, 1893-94, 95.

Mission de l'Ingénieur Jacob, Rapport inédit officiel, 1893.

Mission du commandant Godron, Rapport inédit officiel, 1895.

Mission G. B. M. Flamand, Rapport officiel inédit. B. S. G. F. 1896 — *de l'Oranie au Gourara*. Alger, 1896-97.

du temps juge à distance, il ne peut trop souvent questionner; et il lui faut borner ses recherches strictement à la route qu'il suit, c'est-à-dire, dans la plupart des cas, au milieu des plaines, le long des berges alluvionnaires des oueds, sur la partie médiane des plateaux, toujours loin des accidents de terrain : failles, falaises, lit de torrents, que l'on évite avec soin et qui, justement, pourraient être féconds en observations.

D'autre part, il est évident que les indigènes ne connaissent, comme produits naturels, que ceux qui chez eux reçoivent une application facile et journalière; ignorants des premières notions scientifiques, peu industrieux, les renseignements qu'ils fournissent, au point de vue particulier qui nous occupe ici, sont très bornés. Encore se gardent-ils parfois de nous renseigner sur ce qu'ils savent, le plus souvent par indifférence, parfois par crainte vague.

Néanmoins, nous possédons aujourd'hui, grâce à ces informations de différentes sources, qui dans bien des cas s'appuient et se contrôlent, des données générales nous permettant de fixer, provisoirement, dans les grandes lignes, la nature géologique des terrains, dépendances de l'*archipel touatien*, et de préciser pour certaines localités, assez nombreuses, les ressources minérales qui y sont d'ores et déjà exploitées, pour leurs besoins propres, par les indigènes. Nous donnerons ici, une rapide description géologique de cette contrée, nous avons exposé précédemment les ressources minérales qu'elle renferme [1].

TERRAIN DÉVONIEN.

Les vastes plateaux, les bas-fonds des sebkhas, les plaines, les vallées secondaires qui, au Nord-Ouest et à l'Ouest du Tadmaït, forment la grande dépression de l'oued Saoura, les régions qui la limitent : Tadmaït, Meguiden, bassin des oueds Massin, Botha, Akabara ou Iahret (dépression du Tidikelt), paraissent présenter dans leur ensemble une constitution géologique simple.

Et, quoique formés de terrains appartenant à des périodes géologiques distinctes, le sol et le sous-sol constitués, eux-mêmes, par des assises presque lithologiquement semblables, à éléments minéralogiques peu variés, montrent, répétées à l'infini, les mêmes formations, sous le même facies, et cela sur d'immenses espaces.

On sait que l'existence de terrains paléozoïques a été reconnue dans la partie nord-occidentale du Sahara, depuis les rivages de l'Atlantique (région du cap Noun) jusque vers le Tafilalet, sur le versant méridional des contreforts de l'Anti-Atlas et loin vers le Sud, au-delà [2]. Ils avaient été reconnus

---

[1] Voir chapitre quatrième : Productions minérales du Touat.
[2] O. Lenz, *Bericht über die Reise von Tanger nach Timbuktu und*

antérieurement au Maroc même par Coquand [1]. En ce qui concerne plus spécialement la région qui nous occupe, en 1870, un officier de la colonne du général de Wimpffen trouvait sur le flanc même de la région du Guir, extrémité S. E. de l'Atlas marocain (Aïn Chaïr), — au Kheneg ben Nouna, à une journée de marche de Djorf et Torba, le *Dévonien* bien caractérisé par des fossiles, (*Rhabdocrius verus. Goldf*), déterminés par M. A. Pomel [2].

C'est une formation puissante de grès, plus ou moins

Senegambien (Zeitschrift der Gesellschaft für Erdkunde zù Berlin, 1881).

O. Lenz, *Geologische karte von West-Afrika* (Petermann's geographische Mittheilungen, taf. I, 1882). — G. Stache. *Verhandl. d. k. k. Akademisch*. Wien, 22 juin 1882.

La carte géologique (1882) de O. Lenz montre des erreurs considérables pour plusieurs régions, particulièrement en ce qui concerne le Sud de Figuig, l'oued Zousfana et l'oued Guir, et le Sud-Ouest. M. Pomel a bien voulu nous en signaler plusieurs autres pour le littoral Atlantique.

A. Pomel, *L'Algérie et le Nord de l'Afrique aux temps géologiques*. Association française pour l'avancement des Sciences. Alger, 1881, p. 42.

[1] H. Coquand, *Description géologique de la partie septentrionale de l'empire du Maroc*. Bull. Soc. géologique de France, 2ᵉ série T. IV, 1847, pp. 1188-1249.

Le même, *Sur la Constitution géologique de quelques parties de l'empire du Maroc*. (C.R.) t. XXIV, p. 857-860.

Le même, *Description géologique de la partie septentrionale de l'empire du Maroc*, t. XXV, p. 312.

[2] A. Pomel, *Le Sahara*, Alger, 1872, p. 27.

A. Pomel, *Aperçu sur la géologie du continent africain*. Association

quartziteux, très ferrugineux, toujours de teintes plus ou moins sombres

O. Lenz rencontrait des assises semblables (déterminées par analogie) au Nord et au Sud des dunes d'Iguidi [1]. Plus loin encore [2], ces mêmes grès apparaissent depuis le front septentrional des dunes d'Iguidi, ils suivent la rive droite de l'oued Saoura, où ils

---

française pour l'avancement des sciences. Clermont-Ferrand, 1876, p. 4.

A. Pomel, *Les grès dits nubiens sont de plusieurs âges*. Bull. Soc. géologique de France, série 3. T. IV, 1876, p. 526.

G. Rolland, *Géologie du Sahara et aperçu géologique sur le Sahara de l'océan Atlantique à la mer Rouge*, Paris, 1890, p. 190.

Général de Wimpffen, *Journal de marche de la Colonne expéditionnaire du Sud-Ouest*, mars 1870, inédit.

[1] D. Lenz, *Timbouctou*, traduction Lehautcour, 1886, T. II, p. 71.

G. Stache, *Verhandl. d. K. K. Akad. der Wissensch.* — Wien, juin 1882.

[2] G. Rohlfs, *Reise durch Marokko und durch die grosse Wüste uber Rhadames nach Tripoli*. — Bremen, 1882, 3ᵉ édition.

Voir aussi : G. Rolland, *Géologie du Sahara*, p. 345.

Le même, p. 344, avait écrit :

« Cette grande zone paléozoïque avait déjà été traversée plus à
» l'est par René Caillié, dans son itinéraire du Djouf au Tafilalet
» (1828). D'après la relation du voyage de Caillié (René Caillié,
» *Journal d'un voyage à Tombouctou et à Djenné dans l'Afrique
» centrale*, (1830) et malgré ses expressions évidemment impropres
» au point de vue géologique, je considère les hammadas situées au
» sud-ouest et à l'ouest de la dépression des oasis du Tafilalet comme
» étant constituées essentiellement par des grès noirs ou noirâtres,
» analogues aux grès dévoniens qui se trouvent si développés au
» S.-E. de ces régions, sur le versant nord du Ahaggar ».

Pouyanne, *Documents relatifs à la mission dirigée au sud de l'Algérie*, Paris, Imprimerie nationale, 1886.

constituent les berges rocheuses des grès noirs de Foum el Kheneg, au Sud du Ksar de Kerzaz, grès noirs que M. A. Pomel considère, d'après les renseignements qui lui ont été transmis, comme identiques aux grès dévoniens du Sahara central; ils descendent ainsi en bordure à l'ouest, accompagnant l'oued jusqu'au bas Touat.

Plus au Sud encore, vers le district de Reggan, sur la rive gauche de l'oued Saoura (oued Touat), G. Rohlfs « a traversé, entre les oasis du Touat et » du Tidikelt, une plaine rocheuse en contre-haut » d'une soixantaine de mètres, laquelle semble, » d'après la relation de ce voyageur, présenter les » mêmes grès *dévoniens* [1] ».

A l'Est du lit de l'oued Saoura, à 295 kil. Est un peu Nord du ksar d'Igli, dans la masse du grand Erg, entre Hassi Ouchen et les dunes de Ben Naourou, par 31° de latitude, M. l'Ingénieur Jacob [2] (1893) indiquait un affleurement de grès bruns très durs, n'occupant que quelques mètres de surface, et où ne se montrait aucun fossile; quelques jours auparavant, à El Mehassa, sa mission avait rencontré des cailloux roulés de ces mêmes grès assez clairsemés, trop nombreux cependant pour avoir « été apportés par la main de l'homme ».

---

[1] G. Rolland (d'après G. Rohlfs) loc. cit., p. 345, et *carte géologique* du Sahara, du Maroc à la Tripolitaine et de l'Atlas à l'Abaggar, au 1 : 5.000.000°. Paris, Imprimerie nationale, 1886.

[2] Ingénieur Jacob, *Rapport de mission*, inédit, 1893.

Enfin, au cours de notre mission (mars-mai 1896) [1], nous signalions ces grès bruns quartziteux au nord de Tabelkoza (Tin Erkouk), à Hassi el Azz, dans l'oued Rekama, au campement de Guern ech Chouff, à Hassi Aïcha; puis sur la bordure méridionale de l'Erg, perçant les terrains de reg en des surfaces très restreintes, des roches lithologiquement très voisines, que nous identifions avec les premières, et, qui se montrent vers Ounaden, Hassi el Hamar, et les regs au nord-ouest de Souinat, — reg Tahantas et extrémité orientale du reg Tabelkoza [2]. On n'y a pas, jusqu'à ce jour, trouvé de fossiles.

L'ensemble des pointements de ces grès bruns quartziteux de l'Erg forme une ellipse dont l'axe est sensiblement parallèle à la direction de la rive atlantique; il se peut que sous les dunes cette formation se prolonge au sud-ouest jusqu'aux reliefs gréseux dévoniens de l'oued Saoura (sud de Kerzaz). C'est en raison de l'analogie de facies, et des considérations sus-énoncées que M. l'Ingénieur Jacob et

---

[1] G. B. M. Flamand, *Rapport inédit*. Voir aussi du même : *Note sur la géologie du Sahara nord-occidental*. Bull. Soc. géol. de France, troisième série, 1896, t. XXIV, p. 891.

Le même, *De l'Oranie au Gourara*, in « Algérie nouvelle », Nos 8, 13, 14. Alger, 1897.

[2] Nous avons rencontré en outre des blocs erratiques de faible dimension et des fragments de ces roches dans la zone d'épandage de l'oued R'arbi, un peu au Sud d'Oummat Ghebira, sur le medjebed d'Hassi Cheikh, et aussi près de ce puits même. Elles ont fourni dans toute la région de l'Erg et du Meguiden — des matériaux pour la taille des outils de l'époque néolithique.

nous, avons considéré ces grès comme se rattachant à la formation dévonienne du Sud marocain.

On sait d'ailleurs que le terrain dévonien a été reconnu depuis longtemps par Owerweg, Ismaël bou Derba, Duveyrier, la mission Flatters, M. F. Foureau, dans le Sahara central et au Fezzan, au sud et au sud-est de l'archipel touatien (On pense qu'il constitue les plateaux du Mouïdir (?)), les monts Iraouen, le Tassili des Azdjer, vers R'at, dans le grand Erg oriental, et qu'il s'étend jusque dans l'Aïr [1].

CARBONIFÈRE. — HOUILLER.

Aucune constatation précise de l'existence du terrain houiller proprement dit n'a été faite, jusqu'à ce jour, dans le Sahara.

---

[1] Barth, *Travels in Afrika*, 1855.
Ismaël bou Derba, 1858, in Vatonne, *Mission de Ghadamès*, p. 278, 1863, fossiles déterminés par H. Coquand.
Owerweg in Beyrich, *Bericht über die von Owerweg auf der Reise von Tripoli nach Murzuk und von Murzuk nach Ghat gefundene Versteinerungen* (Zeitschrift der deutschen geologischen Gesellschaft. Band IV. Berlin 1852).
Duveyrier, *Touareg du Nord*, p. 33, 63 et suivantes.
Roche, *Sur la géologie du Sahara septentrional*, C. R. Academ. Sciences, 1880, p. 890.
Erwin von Bary, Zeitschrift der Gesellschaft für Erdkunde zu Berlin, 1877.
F. Foureau, *Missions au Sahara, Mes deux Missions chez les Touareg*, 1892-93. *Mes deux itinéraires sahariens*, 1894-95.
Dans le grand Erg (Mes itinéraires sahariens), décembre 1895,— mars 1896.

Owerweg, en 1850, dans la chaîne de l'Amsak, au nord-est de R'at, découvrait dans une argile rouge une empreinte de plante fossile « *Sigillaria* » dont la détermination est due à Beyrich[1]. C'est là, la seule preuve de l'existence du terrain « carbonifère ou » houiller s'il reste encore admis que ce genre de » plantes est étranger au dévonien[2] ».

Dans le Nord-Ouest africain sa présence est plus certaine, tout au moins pour la région tellienne. En effet, sur le versant septentrional de l'Atlas marocain « le botaniste Balansa a observé au Djebel Okris au » sud de Merrakech et pas loin de Miltsin des *schistes* » *à fougères* qui sont presque toujours les révélateurs » certains du combustible[3] ». Deux autres botanistes, MM. Moreau et Ocker avaient précédemment fait cette même constatation[4], en un point très proche du même gisement.

Au delà de l'Anti-Atlas, dans la partie occidentale du désert, le Dr O. Lenz a signalé, entre l'oued Drâa et les dunes d'Iguidi (à la limite de la hammada de Djouf-el-Bir à Kerb en Negar), une région où se montrent très

---

[1] Owerweg in Beyrich, *loc. cit.*

[2] A. Pomel, *État actuel de nos connaissances sur la géologie du Soudan, de la Guinée, de la Sénégambie et du Sahara*. Association française pour l'avancement des sciences. Clermont-Ferrand, 1876, p. 2.

[3] A. Pomel, l'*Algérie et le nord de l'Afrique aux temps géologiques*. Ass. fr. pour l'av. des sc., Alger, 1881, p. 43.

[4] Communication verbale de M. Pomel.

développées de minces plaques calcaires bleues à *Productus*, qui appartiennent aux formations carbonifères [1].

Au delà (Es Sfiat) apparaît un terrain rocheux couvert de nombreux cailloux roulés de quartz, parmi lesquels se trouvent en quantité des fossiles paléozoïques.

Ces fossiles: crinoïdes, brachiopodes, ont été déterminés par M. Stache [2]; un certain nombre de Productus y caractérisent le calcaire carbonifère inférieur [3], non le *terrain houiller*.

---

[1] Dr O. Lenz, *Timbouctou*, trad. Lehautcourt, 1886, pp. 51-53-384. Le même, Zeitschrift d. Gesell. für Erdkunde, zu Berlin, 1881.

[2] G. Stache, *Fragmente einer Afrikanischen Kohlenkalk. Fauna aus dem Gebiete der West-Sahara* (V. K. K. d. Akadem. Wissensch. Wien., juin 1882).

G. Rolland, *Geologie du Sahara*, 4e partie, ch. 1, p. 343 et suivantes.

Le même, Carte géologique, pl. IV.

[3] M. de Lapparent les considère comme synchroniques des calcaires de Visé (Dinantien-Culm). *Traité de géologie*, IIe partie, 3e édition, Paris, 1893, p. 866.

Remarque : — Voir la carte géologique in Petermann's Mittheilungen, 1882.

C'est cette formation qui, avec les grès dévoniens, sous la teinte grise, occupe sur la carte du Dr O. Lenz tout le vaste espace compris entre le cap Noun, l'Adrar sud-occidental et l'Atlas marocain jusqu'à Figuig, et même un peu au delà. Sa limite orientale épouse sensiblement le méridien de Zoubia, passe à Kerzaz, comprenant tout le Tafilalet et les dunes d'Iguidi. Or rien ne justifie cette extension *totale* vers l'Est : Djorf et Torba, Foum el Kheneg ne sont que des îlots très restreints, émergeant des dépôts alluvionnaires — tertiaires ou quaternaires — qui occupent

Dans le Sud-Est, M. F. Foureau, au cours de ses dernières missions [1], a rapporté de très nombreux échantillons de roches et de fossiles de l'étage carbonifère [2] de l'Erg d'Issaouan et du plateau d'Eguélé. Suivant les observations de cet explorateur, le triangle formé par Timassinine et le lac Mihero, comme base, avec Hassi Tadjentourt, comme sommet, comprend, disposées parallèlement à la base et en allant vers le N.-E., des bandes formées d'assises, *dévoniennes* [3] d'abord, puis *carbonifères* « *et en continuant dans cette direction on pourrait, peut-être, rencontrer le terrain houiller* [4] ».

M. F. Foureau, indépendamment des fossiles carbonifères marins : *Productus cora*, *crinoïdes*, etc., a signalé l'existence des végétaux carbonifères du genre *Lepidodendron* ainsi que celle de grès ferrugineux avec traces de *charbon* [5].

Tout récemment, M. J. Bergeron [6] a indiqué les

d'immenses espaces, marqués à tort sur la carte comme paléozoïques. Les formations secondaires, d'ailleurs, occupent certainement, dans toute cette région nord-orientale, des surfaces notables.

[1] F. Foureau, *Rapport sur ma mission au Sahara et chez les Touareg Azdjer*, octobre 1893-94.

[2] Fossiles déterminés dans les laboratoires de Géologie de la Faculté des Sciences de Paris par M. Munier-Chalmas.

[3] Flatters, *1re mission*, 1879.

[4] F. Foureau, *Ouvrage cité*, p. 236. Voir la carte spéciale, p. 235.

[5] F. Foureau, *Loc. cit.* Voir du même, *Mission chez les Touareg*, 1894-95. — *Dans le Grand Erg*, 1895-96.

[6] J. Bergeron, *Résultats des voyages de M. Foureau au point de vue de la géologie et de l'hydrologie de la région méridionale du Sahara algérien*, p. 6, in Bull. Soc. Ing. civils de France, janvier 1897.

résultats au point de vue de la géologie des voyages de M. F. Foureau. Voici ce qu'il écrit à propos du terrain houiller: « Au Sud de la dépression d'El
» Djoua (qui s'étend au pied de la falaise bordant
» le plateau de Tinr'ert), le sol devient plus acci-
» denté. Il est formé encore pendant quelque temps
» par les marnes et les gypses inférieurs aux calcaires
» cénomaniens; puis commence une série de bancs
» calcaires et de grès. Les affleurements disparaissent
» très fréquemment sous les dunes de sable de
» l'Issaouan. Ces calcaires sont parfois très riches
» en fossiles carbonifériens: *Productus* voisins de
» *Pr. cora*, *Spirifer*, *Chonetes* et gastropodes nom-
» breux; les débris d'encrines sont particulièrement
» abondants. Très fréquemment ces fossiles sont
» usés, polis par le frottement du sable. Les grès sont
» riches en débris de végétaux, notamment de
» *Lepidodendron*. Souvent ces végétaux ont été
» moulés en limonite. Il est à remarquer, d'ailleurs,
» que dans le Carboniférien, comme dans le Dévo-
» nien, la limonite est très abondante.

» Ce qu'il y a de plus curieux dans ces grès, c'est
» la présence de traces de charbon; c'est la première
» fois que dans le Carboniférien de la région saha-
» rienne, on rencontre ce combustible. Mais ce ne
» sont que des traces, et il serait très intéressant de
» savoir si ce charbon se trouve en plus grande
» quantité. Malheureusement, comme je l'ai déjà dit,
» les sables de l'Erg d'Issaouan couvrent une très

» grande partie de ces affleurements carbonifériens,
» ce qui rend toute recherche difficile, sinon même
» impossible.

» Le Carboniférien occupe une grande surface ; ses
» affleurements s'arrêtent à peu près au niveau de
» l'oued Assekkifaf. A partir de cette dépression, ce
» sont d'autres grès caractérisés par une faune dévo-
» nienne. Ils n'ont été reconnus par M. Foureau que
» jusqu'à l'altitude de 640 mètres, dans l'oued
» Izecrate, point terminus atteint par lui. S'il ne
» nous a pas fourni de renseignements sur les régions
» situées plus au Sud, c'est que les Touareg Azdjer,
» malgré tous les engagements antérieurs, n'ont
» jamais voulu le laisser pousser plus loin. »

On voit donc que si, aujourd'hui, ces multiples
découvertes, qui embrassent des régions immenses,
laissent quelque peu place à *l'espoir*, aucune d'elles
ne vient confirmer d'une façon indubitable l'existence
de la *houille* dans les régions sahariennes [1].

---

[1] M. A. Pomel, dans son exposé sur l'*Algérie et le Nord de l'Afrique*
» *aux temps géologiques*, écrit à ce propos : « Dans le sud de l'Algérie
» on sait positivement que ce sont les assises inférieures à la formation
» houillère qui recouvrent les granites et les gneiss dans tout le massif
» montagneux du Ahaggar ; mais on ignore s'il n'y a pas quelque
» lambeau houiller dans les plis de ce terrain dévonien, ce qui n'est
» pas impossible et pourrait même être soupçonné, d'après certains
» indices, pour le sud du Fezzan. » Et plus loin, M. Pomel ajoute :
« Peut-on dire que le terrain houiller manque absolument en Algérie ?
» Evidemment non. Mais s'il existe quelque part, il est tellement
» caché, qu'il nous reste comme inaccessible ». — Association
française pour l'avancement des sciences, Alger, 1881.

TERRAINS CRÉTACÉS.

CRÉTACÉ INFÉRIEUR. — GRÈS.

Contrairement à ce qui a été observé dans le Sahara central[1] et au Kheneg ben Nouna dans l'oued Guir[2], le terrain cénomanien ne repose pas directement sur le terrain dévonien dans la région de l'Erg et du Meguiden[3]. En effet les assises calcaires (cénomanien et turonien), qui constituent la partie supérieure du vaste plateau du Tadmaït, reposent ici directement sur un ensemble marno-gypseux de 60 à 80 mètres d'épaisseur[4] (cénoma-

[1] Dans la chaîne de l'Amsak, Owerweg in Beyrich, *loc. cit.* — A Serdelès, Duveyrier, *Touareg du Nord*, p. 63.

[2] A. Pomel, *Aperçu sur la géologie du continent africain.* Association française pour l'avancement des sciences, 1876, p. 4.

[3] G. Rolland, *Géologie du Sahara et aperçu géologique sur le Sahara de l'Océan Atlantique à la Mer Rouge.* 4ᵉ partie, p. 343 et suivantes.
G. B. M. Flamand, *Note sur la Géologie du Sahara nord occidental.* Bull. de Géol. de France, 3ᵉ série, t. XXIV, 1896, p. 81.

[4] M. J. Bergeron, dans sa notice sur les résultats géologiques et hydrologiques des voyages de M. F. Foureau, dit à ce propos de l'extension du *terrain cénomanien* de la falaise du plateau de Tinghert : « Sous le cénomanien dans cette même falaise se voient » des argiles et des gypses attribuées jusqu'à présent à ce même » étage, mais qui appartiennent peut-être au Trias. * »

Nous ferons remarquer que, dans le Sahara algérien, *partout* où le terrain cénomanien se montre avec la composition ci-dessus décrite, c'est-à-dire : grands bancs calcaréo-marneux reposant sur une série puissante d'alternances de bancs de gypse et de marnes jaunes ou

---

* J. Bergeron, *Résultats des voyages de M. F. Foureau au point de vue de la géologie et de l'hydrologie de la région méridionale du Sahara algérien.* Extrait des Mémoires de la Société des Ingénieurs civils de France. Bull. de janvier 1897. Paris.

nien moyen et inférieur avec fossiles caractéristiques : *Ost. flabellata* et *Ost. olisiponensis*, etc., qui se montre lui-même superposé à une série puissante de couches gréseuses et argilo-gréseuses fissiles (très colorées : rouges, lie de vin, vertes) et caractérisées dans la partie supérieure de la formation par de très nombreux cailloutis et petits galets de quartz. Ce sont les *grès à dragées* de MM. Pomel et Pouyanne[1], considérés par eux comme néocomiens dans le Djebel Amour et les montagnes des Ksour et comme albiens par M. A. Péron[2].

Au Nord le point le plus rapproché de la dépression du Meguiden, où ils se montrent avec des caractères bien francs, tout à fait identiques, et dans les mêmes conditions de gisement, est la vallée d'éro-

---

verdâtres ; — ces dernières bien litées en concordance parfaite avec les assises gypseuses qui s'y intercalent et avec les couches calcaires qui les surmontent, renferment, *de la base aux assises les plus élevées* de nombreuses *ostrea flabellata*. Ex. : bande saharienne développée de Brézina à Figuig (260 kil.), falaise occidentale du plateau du Mzab, Djebel Tismert, Sbâ-et-Tin, Chebket-Brézina, au S.-O d'El Abiodh Sidi Cheikh, Baten (Tadmaït) ; puis, dans les montagnes des Ksour : Djebel Bes-Segguïa, Djebel Maghzel, Djebel Guebar Rechim Djebel Milok Dahrania, etc....

[1] A. Pomel, *Le Sahara*, 1872.

A. Pomel et J. Pouyanne, *Texte explicatif de la carte géologique au 1 : 800.000° des provinces d'Alger et d'Oran*, 1881.

A. Pomel, *Stratigraphie générale de l'Algérie*, 1890.

[2] A. Péron, *Essai d'une description géologique de l'Algérie*. Annales des Sciences géologiques, 1883.

Cotteau, Gauthier et Péron, *Description des Echinides fossiles recueillis jusqu'ici en Algérie et considération sur leur position stratigraphique*, Paris, 1874, 1895.

sion de Sba-et-Tin et de la Chebket Brezina, au sud-ouest d'El Abiod Sidi Cheikh.

Ce sont ces grès qui, en grande partie, forment le sol même de la vallée du Meguiden. Nous les avons observés depuis la gara Samani jusqu'à Hassi Targui, au pied même du Baten, puis de Hassi Agouinin (Hassi Moulai Guendouz) à Fort Mac-Mahon (Hassi el Homeur), enfin, depuis le Baten au Sud d'Hassi Targui jusque vers Hassi el Hamar à la bordure méridionale de l'Erg (reg Tahantas) [1],

Fortement érodés, ils montrent, par place, de nombreuses dépressions (*madher*) que, par partie, des dépôts d'atterrissements sont venus combler, formant ainsi le sol dur de *reg* à *fond sableux* et à petits graviers de quartz. Nous les avons reconnus jusqu'auprès des Ksour du Gourara.

Leurs couches, très faiblement ondulées, se relèvent insensiblement vers le sud-ouest; elles se montrent très développées sur les flancs mêmes de la Gara el Aggaïa [2]. M. F. Foureau [3] les signale,

---

[1] G.-B.-M. Flamand, *De l'Oranie au Gourara*, in « Algérie nouvelle », n°ˢ 8, 13, 14. Alger, 1896-1897.

[2] Indication de M. le capitaine Almand, Grès assimilés aux grès *albiens* du Djebel Amour par M. G. Rolland. (Note manuscrite).
Lieutenant Pouget, *Itinéraire d'Hassi el Homeur à Hassi Isfaouen* (1894). Inédit.
Lieutenant Falconetti, *Renseignements sur la région de Fort Mac-Mahon*, 1896. Inédit.

[3] P. Soleillet, *L'Afrique occidentale. Algérie, Mzab, Tidikelt* (avec carte), 1877, p. 251.
F. Foureau, *Note sur la route d'El Goléa à Hassi Mongar*, p. 15, et communication verbale.

plongeant au Nord, au S.-E. du Tadmaït, sur le medjebed d'In Salah ; — ils occupent, en ce dernier point, la même position relative, par rapport aux couches cénomaniennes, que celle, signalée ci-dessus, à la lisière du Sahara et au pied du Baten.

D'autre part, leur relèvement régulier vers le S.-E. et les indications fournies par quelques itinéraires d'indigènes permettent d'indiquer leur existence sur le revers occidental et sud-occidental, à la limite des plateaux calcaires entre le pied des escarpements du Tadmaït et la vallée proprement dite de l'oued Saoura [1]. Cette large dépression serait donc comprise entre deux *bandes gréseuses* : l'une dévonienne sur la rive droite, l'autre crétacée (néocomienne) au pied même du Baten [2].

[1] Marcel Frescaly (Palat), *Journal de route et correspondance* (avec une carte), 1886.

[2] Nous ajouterons au sujet du Meguiden et des dépressions et des plaines de l'Aouguerout et du Tin Erkouk : les terrains de reg et les grès y dominent, les nebak et les areg n'y sont que très subordonnées, ainsi que les dépressions limoneuses des daïas ; les nebak et les areg se montrent surtout développés en deux bandes distinctes vers les bordures septentrionale et méridionale. Les grès très développés, tendres dans leur masse, se sont durcis à l'extérieur par suite d'un cimentage plus serré des grains de quartz ; une oxydation superficielle, due à la capillarité très grande de ces roches, est venue recouvrir d'un enduit silico-ferrugineux noir, souvent manganésifère, les parties exposées à l'air. Alors, sous l'action lente de la chaleur et sous l'action constante des vents, par le passage répété des poussières sableuses, emportées dans l'atmosphère, ces grès se sont peu à peu polis et guillochés.

En de nombreux affleurements, plus particulièrement sur les

Dans l'Atlas algérien [1] — montagnes des Ksour (Géryville) [2] (*Voir les notes 1 et 2 page 492*), Djebel Amour (Er R'icha,

plateaux des petits gour, sur les parois des faibles escarpements que forment ces grès dans le Meguiden, ils se montrent sous un faciès spécial très remarquable (Hassi Targui, Gara Kerboub) celui de *grès à sphéroïdes*, que l'on rencontre aussi dans le Djebel Amour et dans les chaînes montagneuses de Géryville (El R'elida). Sous l'action, pour ainsi dire, seule agissante, des vents qui règnent en maîtres dans ces pays, des *érosions éoliennes* se produisent ; les grains de quartz des sables, projetés violemment contre les parois des rochers ou filant à leur surface, usent peu à peu les parties tendres de la roche, les désagrègent et entraînent aussitôt au loin les éléments ainsi détachés. Il ne reste bientôt plus que les parties dures, sphéroïdes isolés, groupes de sphères accolées, ellipsoïdes, dégagés en relief, et qui peu à peu ne s'usant pas ou peu, se polissent ou s'enduisent de la patine silico-ferrugineuse jaune, brune ou noire, dont nous avons parlé. En certaines parties du Meguiden, on marche sans discontinuité sur des *sphéroïdes* détachés de la roche-mère, pendant plusieurs kilomètres et d'après ce que l'on savait déjà par les rapports et d'après nos renseignements personnels, les *grès à sphéroïdes* s'étendent d'un bout à l'autre du Meguiden.

Les indigènes donnent aux points où sont développées ces formations spéciales le nom de *kerboub*, — pilules. Ces boules, ces pilules ont un diamètre variable de quelques millimètres à quelques centimètres ; elles sont loin, d'autre part, d'être bien régulières, c'est pourquoi il nous paraît préférable de donner à ces grès le nom de *grès à sphéroïdes*. Quelques-uns de ces sphéroïdes sont creux : la croûte extérieure est alors ordinairement un magma de petits grains de quartz, reliés par un ciment silico-ferrugineux très compact, très foncé ; l'intérieur plus ou moins rempli de sable et de cristaux microscopiques de gypse.

Deux facteurs ont concouru à rendre plus facile l'action érosive éolienne : les variations extrêmes annuelles de la température et le mode de formation des dépôts sableux des temps géologiques qui, par la suite, ont constitué ces grès. La disposition très particulière en cercles et en hélices des zones des grains de ces *sphéroïdes* indique

Enfous)³, montagnes des Oulad Naïl (Bou Saada) — ces mêmes grés néocomiens montrent des affleurements de *stipites* (lignites); vers le Djebel Djara et à Aïn Sefra, ils renferment des filons cuivreux.

CRÉTACÉ MOYEN ET SUPÉRIEUR.

Le plateau de Tadmaït ou la *Chebka*⁴ de Tadmaït, suivant la très juste expression de M. G. Rolland, est constitué par des formations géologiques appartenant aux étages moyen et supérieur (cénomanien, turonien, sénonien) du terrain crétacé.

Nous avons signalé antérieurement qu'elles reposaient au nord ⁵, au nord-ouest ⁶ et au

des dépôts de peu de fond, là où naissent après chaque flux, de très nombreux tourbillons minuscules; c'est à eux qu'est due cette aggrégation globulaire des éléments des grès.

Il faut encore ajouter à ces causes le *retrait* qu'ont subi plus ou moins ces roches à la suite des actions de dynamique générale.

¹ *Notice minéralogique sur l'Algérie.* Alger, 1889.

² G. B. M. Flamand, *Rapport de mission*, Années 1890-92 (Carte géologique). Inédit.

³ G. Rolland, *Ouvrage cité*, p. 128.

⁴ G. Rolland, *Géologie et hydrologie du Sahara algérien et aperçu géologique sur le Sahara de l'Atlantique à la mer Rouge.* Paris, 1890. Le même, C. R. Acad. Sciences, 8 juin 1880.

⁵ G.-B.-M. Flamand, *Note sur la géologie du Sahara nord occidental* (Hammada, Grand Erg. Méguiden, Tin Erkouk). Bull. Soc. Géol. de France, 3ᵉ série, t. XXIV, 1896, p. 891.

Le même, *De l'Oranie au Gourara*, in « Algérie nouvelle » 1896-97, Nᵒˢ 8-13.

⁶ **Capitaine du génie Almand**, 1894. — Lieutenant Pouget. *Ren-*

sud ¹ sur les grès *à sphéroïdes* et *à dragées* de l'étage néocomien; les marnes et argiles cénomaniennes, couronnées par des couches épaisses de calcaires massifs, se montrent en falaises abruptes, très élevées au nord (70 à 100 mètres) ², au Nord-Ouest (120 mètres) et relativement plus basses (40 à 60 mètres) ³ sur le revers méridional du plateau; ici, elles dominent en escarpement la longue dépression du Tidikelt, depuis le Nord du district d'Aoulef jusque vers le Madher Souf, au Nord-Est d'Hassi Messeguem⁴.

Les couches les plus inférieures du cénomanien, marnes et argiles, avec intercalation, à différents

---

seignements et rapports. *Itinéraire d'Hassi el Hameur à Hassi Isfaouen*, 1894. Inédits.

[1] P. Soleillet, *L'Afrique occidentale. Algérie, Mzab et Tidikelt*, avec une carte 1877, p. 251.

Marcel Frescaly (lieut. Palat), *Journal de route et correspondance*, avec une carte, p. 217 et suiv.

F. Foureau, *Mission au Tadmaït*, 1890.

[2] G.-B.-M. Flamand, *De l'Oranie au Gourara*.

Lieutenant Falconetti, *Renseignements sur la région du Fort Mac-Mahon*, 1886.

[3] G. Rohlfs, *Reise durch Marokko und durch die grosse Wüste uber Rhadames, nach Tripoli. Bremen*, 1864 (3ᵉ édition).

F. Foureau, *Rapport à M. le Ministre de l'Instruction publique*, 1863, Le même, *Une mission au Tadmaït*, 1890.

Le même, Communication personnelle.

[4] On sait que d'après Roche, in deuxième mission Flatters (*Documents relatifs à la mission dirigée au sud de l'Algérie*) et *C. R. Acad. Sciences*, 1880, ils s'étendent au delà du plateau de Tinr'ert.

niveaux, de bancs de gypse épais, forment les falaises de l'ensemble du Bâten : baten ou djebel Samani, baten Kerboub, gara Kerboub, gara El Feïdj, au Sud et au sud-est de l'Aouguerout [1]. Ce sont ces couches inférieures qui forment la base de la masse du premier plateau du Tadmaït; les bancs de gypse fibreux et saccharoïdes sont souvent cachés par les éboulis, marnes et blocs calcaires, mais, de place en place, on peut les observer néanmoins : djebel (baten) Samani, et baten Kerboub, au Sud de la gara du même nom (région du Meguiden). Les indigènes, qui nous accompagnaient, nous ont en outre signalé des gypses en bancs intercalés dans les marnes dans plusieurs des nombreuses vallées qui entaillent profondément ce plateau. Si ces derniers renseignements étaient confirmés, ils prouveraient l'existence du cénomanien inférieur au fond ou sur les flancs des grandes coupures des parties sub-centrales du plateau et ils modifieraient très sensiblement les conditions de recherche des points d'eau pour la région centrale et occidentale du Tadmaït. Les calcaires marneux (à *ostrea flabellata*), supérieurs aux assises précédentes, forment le couronnement du plateau sur toute l'étendue de son front nord, dominant la dépression du Meguiden. Mais, immédiatement au-dessus, vient une seconde série de calcaires cristallins souvent très dolomitiques qui s'étendent au loin vers le Sud.

[1] Renseignements recueillis de Si M'hammed ben Hamza, de Tiberr'amin, par nous, au cours de notre mission (mars-mai 1896).

Ces calcaires, en bancs très puissants, appartiennent à l'étage *turonien*. Ils continuent ceux de la falaise d'El Goléa [1] et constituent le sol de hammada du premier plateau du Tadmaït. Corrodés, guillochés, déchiquetés ou polis par le sable et les eaux, oxydés à la surface, arides, ils n'offrent aucune ressource en eau ou en pâturages; ils sont, pour ainsi dire, impraticables, en dehors des étroits *medjebed* qui les traversent.

La succession générale de ces terrains est la même que celle qu'ils présentent dans la chaîne de l'Atlas du Sud de la province d'Oran à la limite du désert [2], de Brézina à Figuig. En particulier, il faut signaler l'identité absolue des coupes de détail que présentent le Baten (Tadmaït) et les chaînes de la R'elida, du Tismert, de la Chebket Brézina et Sba-et-Tin dans la région d'El Abiod Sidi Cheikh [3]. Un lambeau de ce terrain paraît exister au sud de Kerzaz. Dans le nord-ouest, dans l'oued Guir, le cénomanien fossilifère

---

[1] G. Rolland, *Géologie et hydrologie du Sahara algérien et aperçu géologique sur le Sahara de l'Atlantique à la mer Rouge*, p. 178. Paris, Imprimerie nationale, 1890.

[2] A. Pomel, *Le Sahara*, 1872.

A. Pomel et J. Pouyanne, *Texte explicatif de la carte géologique de l'Algérie au 1 : 800.000^e*, 1881.

J. Pouyanne, *Documents relatifs à la mission dirigée au sud de l'Algérie*, 1886.

[3] G.-B.-M. Flamand, *Rapports de missions pour l'établissement de la carte géologique au 1 : 200.000^e du Sud oranais* adressés à MM. A. Pomel et J. Pouyanne, directeurs du service géologique de l'Algérie. Années 1893, 1895, 1896. Inédits.

a été reconnu lors de l'expédition du général de Wimpffen[1] et dans l'extrême Sud-Est, au Sud du plateau de Tin'rert[2].

Le premier plateau calcaire crétacé, uniforme, se développe en bordure du Tadmaït, au nord et au nord-ouest, très probablement aussi à l'ouest[3], sur une largeur variant de 20 à 40 kilomètres ; à peine ondulé, il présente néanmoins dans son ensemble un vaste pli synclinal dont l'axe, dirigé N.-N.-E.-O.-S.-O., est très approximativement tracé par le cours de l'oued Mia. Les légères dépressions qui s'y rencontrent, de faible étendue, ont été peu à peu comblées par les apports limoneux ; elles constituent les madher ou les sols sableux ou graveleux des regs.

Sénonien. — La puissance de ces précédentes formations calcaires est considérable. Au-dessus se montre encore une seconde série également marno-calcaire (*sénonien*, craie supérieure) dont la détermi-

[1] A. Pomel, *État actuel de nos connaissances sur la géologie du Soudan, de la Guinée, de la Sénégambie et du Sahara*, in Bull. Ass. fr. avanc. Sci., 1876, p. 4.

[2] *Deuxième mission Flatters. Documents officiels*, 1884.

Roche, *Géologie du Sahara algérien*, C. R. Acad. des Sciences, 1880.

Duveyrier, *Touareg du nord*.

[3] Renseignements fournis par des indigènes.

nation et, par conséquent, la séparation et la délimitation nettes avec le groupe précédent n'a pu toujours être faite, surtout pour la région rarement traversée qui nous occupe. M. Rolland[1], sur sa carte géologique du Sahara, attribue à cet étage la totalité du second plateau du Tadmaït, comprenant ainsi tout le bassin du haut oued Mia jusqu'à Hassi Khechba, au nord-est d'In Ifel[2].

Les nombreux oueds, qui, au nord, à l'ouest et au sud, entaillent le plateau, établiraient alors leurs bassins seulement dans les assises cénomaniennes du plateau inférieur.

Les couches calcaires des terrains *sénoniens* forment, eux aussi, d'immenses hammadas, plus arides encore, s'il se peut, que celles décrites précédemment. C'est également, d'après M. Rolland, cette formation qui se montrerait sur les plateaux successifs rencontrés par Soleillet dans son voyage au Ksar Méliana et par M. F. Foureau dans son raid d'El Goléa à Hassi Mongar; elle constituerait les masses du djebel El Akhal (djebel Tidikelt), du djebel El

---

[1] G. Rolland, *Géologie du Sahara algérien et aperçu géologique sur le Sahara de l'Océan Atlantique à la mer Rouge. Chap. II.: Étude d'ensemble sur les terrains crétacés du Sahara septentrional*, p. 179 et suiv.

[2] G. Rolland, *Carte géologique du Sahara, du Maroc à la Tripolitaine et de l'Atlas au Ahaggar*. Pl. IV, in. loc. cit.

Le même, *Aperçu sur l'histoire géologique du Sahara depuis les temps primaires jusqu'à l'époque actuelle*. Bull. Soc. Géol. de France. 3° Série, t. XIX, p. 237, 1891.

Abiod, qui dominent de l'est à l'ouest la bordure méridionale, première plate-forme (cénomanien) du Tadmaït.

Le terrain sénonien n'a point été signalé à l'ouest dans le bassin de l'oued Saoura; au contraire dans toute la région orientale au delà d'Hassi Messeguem, il paraît très développé et s'étend dans l'est dans tout le sud de la Tripolitaine (Hammada el Homra) et remonte jusqu'au nord dans le Sahara tunisien [1].

TERRAINS TERTIAIRES.

Il est impossible, dans l'état actuel de nos connaissances géologiques sur les formations du bassin de l'oued Saoura et des régions qui le limitent, d'indiquer d'une façon précise l'existence de terrains tertiaires, pour l'archipel touatien lui-même; mais il faut en excepter le vaste quadrilatère borné par les

---

[1] Roche, *Géologie du Sahara algérien.* C. R. Acad. sciences, novembre 1880.

Deuxième mission Flatters, *Documents officiels.* Paris, 1881.

Ismaël bou Derba, *Revue algérienne et coloniale*, 1859.

Duveyrier, *Touareg du Nord*, 1864.

Vatonne, *Mission de Ghadamès*, 1863.

Owerweg in Beyrich, *Bericht über die von Owerweg auf der Reise von Tripoli nach Murzuk und von Murzuk nach Ghat Gefundene Versteinerungen* (Zeitschrift der deutschen geologischen Gesellschaft, 1852).

Barth, *Travels and discoveries in North and central Africa*, 1857.

A. Pomel et J. Pouyanne, *Carte géologique de l'Algérie au 1 : 800.000^e*, 1889, et texte explicatif.

falaises crétacées du Mzab à l'est, l'oued Namous à l'ouest, l'Atlas oranais au nord et le Méguiden au sud, qui présente, au contraire, un très grand développement en surface et en puissance d'un étage de ces terrains.

TERRAIN ÉOCÈNE.

On sait que pour le Sahara algérien, dans la partie orientale de la région des daïas, plusieurs lambeaux des terrains éocènes suessoniens, quelque peu fossilifères (terrain et niveau à phosphate de chaux dans le Tell) ont été reconnus par M. Pierrodon[1] (1887-88) vers la daïa Mzabi (Ogla Mdaguine) et plus à l'est Daïa Touilha (Moul Adam) et à Dzioan.

Plus loin, vers le sud d'El Goléa, le terrain crétacé supérieur se termine par des calcaires crayeux parfois pulvérulents à rognons siliceux « présentant » une similitude incontestable de faciès minéralogique » avec les calcaires à silex du nord et du nord-est » du Sahara algérien lesquels sont nummulitiques » et correspondent au suessonien[2] ». Ce sont ces calcaires qui forment l'îlot suessonien situé à 200 kil. au nord-est d'El Goléa[3], signalé par M. G. Rolland

---

[1] Pierrodon in A. Pomel, *Explication de la 2ᵉ édition de la carte géologique provisoire de l'Algérie au 1 : 800.000ᵉ*.
Voir A. Pomel et J. Pouyanne, Carte géologique en 4 feuilles, 1889.

[2] G. Rolland, *Géologie et hydrologie du Sahara algérien et aperçu géologique sur le Sahara de l'Océan Atlantique à la mer Rouge*, p. 176.

[3] A. Pomel et J. Pouyanne, Carte géologique provisoire de l'Algérie au 1 : 800.000ᵉ 2ᵉ édition, feuille du S.-E.

au cours de sa mission. Cet auteur, dans sa carte géologique du Sahara au 1 : 5.000.000º indique aussi ce terrain sous la même teinte conventionnelle que celle du crétacé supérieur, au nord du Sahara algérien [1]. Enfin, ainsi formé de calcaires à silex, le suessonien pourrait peut-être montrer quelques lambeaux isolés dans la partie orientale du Tadmaït, entre In Sokki et Hassi Messeguem [2], mais aucune constatation précise, en ce sens, n'a encore été faite.

TERRAIN MIOCÈNE.

La formation, attribuée à cet étage dans le Sahara ou *Terrain des gour* [3], est très développée dans tout le Sud oranais depuis la dernière ride montagneuse de l'Atlas : montagnes des Ksour et Djebel Amour, jusque dans la région même de l'Erg où elle disparaît cachée sous l'amoncellement des sables. Formé par des dépôts continentaux : poudingues à très gros éléments calcaires et gréseux, grès grossiers, graviers

---

[1] G. Rolland, Carte géologique du Sahara, du Maroc à la Tripolitaine et de l'Atlas au Ahaggar (1886) in *loc. cit.*, pl. IV.

[2] Lettre de l'Ingénieur Roche à M. G. Rolland, in *Documents relatifs à la mission dirigée au sud de l'Algérie par le lieutenant-colonel Flatters* (correspondance officielle et privée des membres de la mission), p. 439.

[3] G.-B.-M. Flamand, *Note sur la géologie du Sahara nord-occidental.* Bull. Soc. géol. de France, 3ᵉ série, t. XXIV, 1896, p. 893.

Le même, *De l'Oranie au Gourara*, in « Algérie nouvelle », 1896-97.

et sables, le *terrain des gour* constitue la masse même des gour géants de Brezina (gara Bent-el-Khass, gour Si El Hadj bou Hafs, Sidi Mohammed ben Abdallah) et les gour de Melk Sliman et de Benoud, dans l'oued R'arbi. Entaillé profondément par les oueds torrentueux venus du nord, ce terrain a donné naissance aux hautes falaises qui terminent brusquement les plateaux de hammada (oued R'arbi, oued Namous, oued Zousfana) et aux brusques dépressions appelées *Mehareg*, sorte de chotts, vastes excavations sans issues, profondes de 20 à 30 mètres qui se montrent au milieu des plateaux hammadiens.

La puissance de ce *terrain des Gour*, l'uniformité de composition de ses assises, son homogénéité minéralogique impriment un caractère spécial à toute cette vaste région du Sud oranais.

M. Pomel [1] a le premier signalé la présence et déterminé l'âge tertiaire (miocène) de petits lambeaux d'un terrain, exclusivement formé par des poudingues à éléments calcaires, sur la lisière du Sahara, immédiatement au nord de l'oasis de Brézina, sur l'oued Seggueur et dans l'Atlas oranais au djebel Gourou, dans le djebel Amour; et, M. J. Pouyanne [2] signalait ces mêmes poudingues à Tiout; plus tard, nous en indiquions des îlots importants en aval de l'oued

---

[1] A. Pomel, *Le Sahara*, 1872, p. 64.

[2] J. Pouyanne, *Mission dirigée au sud de l'Algérie*.

A. Pomel et J. Pouyanne, *Texte explicatif de la carte géologique provisoire*, 1881.

Melah (Kerakda), à Ksar El Ahmar, au sud-est de Géryville, au nord des Arbaouat, et au sud-ouest du djebel R'oundjaïa [1]; nous avons d'autre part montré que ces poudingues, dont les couches inférieures sont uniquement formées de galets calcaires et de silex calcédonieux empruntés aux terrains cénomanien et turonien (fossiles roulés et repris), très fortement relevés vers le nord, passent dans leur partie supérieure à des couches présentant des éléments calcaires de plus en plus petits, qui se mélangent d'éléments gréseux, qui peu à peu subordonnés qu'ils étaient deviennent dominants; ils constituent alors des graviers et enfin des grés grossiers, passant parfois à des sables simplement agglutinés. A certains niveaux, ils s'intercalent d'argiles marneuses très subordonnées, marno-gypseuses (rarement) en certains points, silico-calcaires en d'autres.

Ces dernières couches, mises au jour, lorsqu'elles se creusent en cuvettes, donnent souvent naissance à des redirs. La continuité des couches de poudingue et des assises gréseuses s'observe particulièrement à l'ouest de Brezina, au nord de Kerakda près du rocher de sel, et surtout au sud-ouest de la Chebket Brezina, entre le Ksar ruiné de Kkeroua et les premières pentes de la Chebka.

[1] G.-B.-M. Flamand, *Rapports de mission pour l'établissement de la carte géologique au 1 : 200.000ᵉ du Sud oranais*, adressés à MM. les Directeurs du service géologique de l'Algérie, 1892-94. Ibidem, 1896 (inédits).

APPENDICE. 503

Ce terrain avec le faciès gréseux se montre dans *toutes les coupures* qui entaillent les plateaux de hammada depuis la lisière saharienne : Brezina, El Abiod Sidi Cheikh, Kheneg Namous, Kheneg Zoubia, jusque vers la dépression de Méguiden dans l'oued Zergoun, l'oued R'arbi, l'oued Namous, l'oued Zousfana ; en dehors du cours des grands oueds du Sahara oranais, il atteint son extension la plus grande en surface dans la *zone d'épandage* entre les parallèles de Raknet el Halib et du 2me Mekam Sidi el Hadj bou Hafs, à la bordure septentrionale de l'Erg [1] ; dans l'Erg, il apparaît, mais rarement, sur les pentes et sur les flancs des gour qui n'ont point encore été totalement envahis par les sables.

G. B. M. Flamand ad. nat. del.

GOUR SUD-EST DE CHAT OU EL HAOULI
ZONE D'ÉPANDAGE DES GRANDS OUEDS
(SAHARA ORANAIS).

Plus au sud (bordure nord du Méguiden) le *terrain des gour* apparaît encore formant avec le plateau hammadien qui le surmonte le substratum des dunes de l'Erg.

---

[1] G.-B.-M. Flamand, *De l'Oranie au Gourara* in « Algérie nouvelle » 1896-1897.

La puissance de ce terrain des gour est considérable, à Brézina, et au nord du Ksar Kheroua elle dépasse certainement 300 mètres, et les seules assises calcaréo-sableuses très homogènes des gour sont bien visibles sur 80 mètres à Bent El Khass, sur 70 mètres à Melk Sliman et à 35 mètres au-dessous du sol se montrent encore identiques (puits de l'oued R'arbi).

G. B. M. Flamand ad. nat. del.

GOUR A L'OUEST DE GARET TEBEL

ZONE D'ÉPANDAGE DES GRANDS OUEDS

(SAHARA ORANAIS).

Cet ensemble de dépôts continentaux, jusqu'à ce jour sans fossiles, montrent des *discordances angulaires*, nombreuses avec les terrains quaternaires anciens classés antérieurement dans le quaternaire récent et qui constituent des plateaux presque horizontaux ; les couches de ce terrain tertiaire sur toute la lisière du Sahara se relèvent à 35° et viennent s'appuyer sur les derniers contreforts atlantiques. Du Nord au Sud, ils présentent de longues ondulations toujours bien visibles, mais surtout remarquables aux *orgues* de Melk Sliman, à Djelid Foukani, vers Oummat Ghebira et au sud-est de Chat-ou-el-Aouli [1].

[1] G.-B.-M. Flamand. *Note sur la géologie du Sahara nord-occidental.* Bull. Soc. géol. de France, 3ᵉ série, t. XXIV, 1896 p. 891.

Le *terrain des gour* avait été classé antérieurement comme quaternaire ancien [1]. C'est au cours de nos différentes missions (1894-96) que nous constations les relations de *continuité* et de ces dépôts rouges gréseux *du terrain des gour* et des poudingues de Brézina et de ceux qui les représentent à l'Est de Khéroua, et au Sud de la Ghelida, et, que nous précisions les relations de position stratigraphique de ce terrain avec les terrains crétacés les plus récents (turonien) et les formations quaternaires les plus anciennes (sol des hammadas) avec lesquelles il se montre en discordance.

Contrairement à l'observation faite (en séance) par M. E. Ficheur[2], le terrain tertiaire miocène (oligocène(?) ou *terrain des gour* n'avait aucunement été signalé *dans le Sahara oranais*, où, les formations qui le représentent, puissantes et étendues sur des surfaces considérables, avaient été jusqu'à ce jour classées dans le terrain *quaternaire ancien*. Le lambeau peu

---

[1] Dr P. Marès, *Note sur la géologie du Sahara dans le sud de la province d'Oran*. Bull. Soc. géol. de France, 2e série, t. XIV, 1857.

Dr P. Marès, in *Exploration des Ksour et du Sahara de la province d'Oran de Colomb*, 1858.

A. Pomel, *Le Sahara*, 1872.

A. Pomel et J. Pouyanne, *Texte explicatif de la carte géologique au 1 : 800.000^e*, 1881, p. 139.

G. Rolland, *Géologie et hydrologie du Sahara*, 1890.

A. Pomel, *Stratigraphie générale de l'Algérie*, 1890.

[2] C. R. *De la réunion extraordinaire de la Société géologique de France en Algérie*, séance du 14 octobre. Blida, p. 1075, 1896.

étendu de poudingues de Brézina seul appartient à la bordure nord saharienne [1]. Des deux autres points auxquels M. E. Ficheur fait allusion, l'un, celui du Djebel Gourrou est situé sur le revers *septentrional* du Djebel Amour, l'autre, celui de Tyout, au milieu des alignements *des montagnes des ksour;* tous deux éloignés d'environ 50 kil. à vol d'oiseau des premiers atterrissements sahariens et séparés d'eux par la presque totalité du massif élevé du grand Atlas.

M. l'Ingénieur Jacob [2], en considérant ce terrain comme quaternaire ancien l'a rencontré jusqu'auprès de Hassi Ouchen, et les nombreux renseignements, que nous possédons, laissent à penser avec une quasi-certitude, qu'ils s'étendent bien au delà, tout au long de l'oued Saoura, au Sud et à l'Ouest.

Dans le Nord de l'archipel touatien, Palat indique [3] la présence de ce terrain près des Ksour d'El Hadj Guelman et de Semmota. Le même voyageur fournit d'autres indications sur quelques points du Tin Erkouk

---

[1] On sait, ainsi que nous l'avons dit plus haut, et, en insistant sur l'importance de la détermination de M. A. Pomel, que le lambeau *restreint* de Brézina, limité comme composition lithologique aux poudingues calcaires de la base avait été classé primitivement par ce savant dans le miocène (*Sahara* 1872) et marqué comme *cartennien* sur la carte géologique de l'Algérie (1881), puis comme *oligocène*, sur la 2ᵉ édition de cette carte (1889-90). Voir les textes explicatifs correspondants.

[2] Ingʳ Jacob, Rapport de mission, inédit, 1894.

[3] Marcel Frescaly (lieut. Palat), *Journal de route et correspondance*, avec une carte, 1886, p. 304.

qui ne laissent que bien peu de doute (Ksar d'Adr'ar[1]), et, plus loin, la description qu'il donne des *rivages* de la Sebkha de Timimoun répond exactement au facies habituel de ce terrain dans le bas oued R'arbi, et, géologiquement les berges de cet oued : Djelid tahtani, Djelid foukani, Djelid oustani, au Sud du redir de Bou Aroua), doivent correspondre aux escarpements « *El Djereïfat* », qui ont donné leur nom collectif au district de la partie orientale de la Sebkha du Gourara, mêmes terrains rouges, même nature gréseuse, mêmes altitudes assez élevées (80 mètres) [2].

D'autre part, il existe toute une série de plateaux et de plaines, plus ou moins élevés, entre le bord occidental du Tadmaït et le lit d'alluvions récentes de l'oued Saoura, formant très souvent, à leur partie supérieure des sols de hammadas caillouteuses, de nombreux gour sur lesquels s'installent très souvent les Ksour et qui paraissent d'après les renseignements pouvoir, *pro parte*, être assez vraisemblablement attribués à ce même terrain tertiaire [3].

On ne possède *aucune* donnée sur l'extension de ce terrain des gour vers le Sud, au delà des Ksour du

---

[1] Marcel Frescaly (lieut. Palat), *Ouvrage cité*, p. 217.

[2] Marcel Frescaly (lieut. Palat), *Ouvrage cité*, p. 224.

[3] D'après certains informateurs indigènes (Si M'hammed ben Hamza de Tiberr'amin, Si Mohammed ben Cheikh d'El Abiod Sidi Cheikh) il y aurait lieu de croire que de nombreuses feggaguir sont établies dans ces terrains.

Gourara, tant pour la dépression du Saoura même que pour les revers sud du plateau du Tadmaït, d'Hassi Messeguem à l'Aoulef.

TERRAINS QUATERNAIRES

Quaternaire ancien [1]. — On comprend ordinairement sous le nom de *terrain quaternaire ancien*, partie du *terrain subatlantique* de M. A. Pomel, c'est-à-dire : poudingues, calcaires travertinaux et tufs des plateaux hammadiens de hauts et bas niveaux, et le terrain *rouge des gour* (que nous avons classés dans les *terrains tertiaires*), puis aussi l'ensemble des formations indiquées par M. A. Péron sous le nom de *terrain saharien*

---

[1] Dr P. Marès, *Note sur la constitution géologique du Sahara dans le sud de la province d'Oran.* Bull. Soc. géol. de France, 2e série, t. XIV, 1857.

Ville, *Exploration géologique du Mzab, du Sahara et de la région des Steppes de la province d'Alger.* 1872.

Ville, *Voyages d'exploration dans le bassin du Hodna et du Sahara*, 1868.

A. Pomel, *Le Sahara*, 1872.

A. Peron, *Essai d'une description géologique de l'Algérie*, in Annales des Sciences géologiques, p. 186, 1883.

A. Pomel et Pouyanne, *Texte explicatif de la carte géologique de l'Algérie au 1 : 800.000°*, 1881.

G. Rolland, *Géologie et hydrologie du Sahara algérien et aperçu géologique sur le Sahara de l'Océan Atlantique à la mer Rouge.* Imprimerie nationale, Paris, 1890.

G.-B.-M. Flamand, *Note sur la géologie du Sahara nord-occidental.* Bull. Soc. géol. de France, 3e série t. XXIV, 1896.

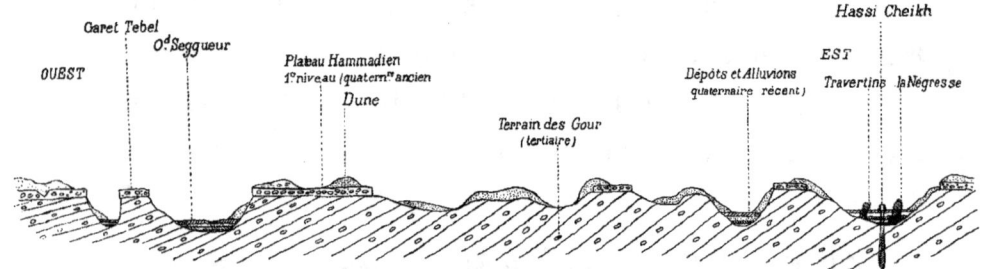

COUPE SCHÉMATIQUE PRISE DANS LA ZONE D'ÉPANDAGE DE L'OUED H'ARBI
ENTRE L'OUED SEGGUEUR (Garet-Tebel) et HASSI CHEIKH

et que l'Ingénieur Ville sut le premier ainsi désigner. Le *quaternaire ancien*, pour la région qui ici nous occupe, est pour nous beaucoup plus restreint, il comprend dans les grandes lignes, les quatre terrasses hammadiennes dont la plus ancienne est peut-être même tertiaire (pliocène?) et quelques autres formations : tufs, travertins etc. d'importance secondaire.

Le terrain quaternaire le plus ancien est formé, dans toute la région des hammadas et dans la zone d'épandage des grands oueds, par des dépôts continentaux, caillouteux, à gros éléments reliés par un ciment calcaréo-siliceux; il est constitué par d'épais bancs de poudingues qui forment les surfaces rugueuses du sol des hammadas et les terrasses qui s'étagent à *quatre* niveaux différents le long du lit des grands oueds. Parfois aussi il y a, vers la partie supérieure, des poudingues intercalés de calcaires tufacés bien développés.

Cette formation est très variable d'épaisseur — en moyenne, 5 à 6 mètres — mais, en certains points (Melk Sliman, Benoud) elle atteint une dizaine de mètres.

Les éléments en surface (calcaires cénomanien et turonien et silex) de ces poudingues, sous l'action constante du pulvérin sableux et des vents, ont été guillochés et gravés; peu adhérents, ils se détachent par suite de la dissolution et de la destruction des ciments qui les agglutinent, et, isolés, durcis, oxydés, ils impriment aux hammadas leur aspect caractéristique, ils y rendent pénible et fatiguante la marche des caravanes, en dehors des *medjebeds* étroits qui y sont tracés.

C'est à ce terrain qu'il faut rapporter toutes les tables supérieures des gour, très développées en puissance et en étendue dans le Sahara oranais septentrional; elles se montrent depuis le dernier ridement atlantique jusqu'à la dépression du Méguiden; des érosions successives nombreuses les ont peu à peu fait disparaître vers le Sud, où elles ne se constituent plus de larges plateaux hammadiens, mais des îlots très restreints, formant au-dessus du terrain rouge toutes les terrasses des gour (gour Chat-ou-el-Haouli, garet Tebel, gara d'Hassi Cheikh, gour du premier mekam Sidi El Hadj bou Hafs), particulièrement dans la zone d'épandage des grands oueds et jusque dans les dunes de l'Erg.

Dans le Nord (vallée de l'oued R'arbi), le terrain quaternaire ancien se montre sur la rive droite, en quatre étages superposés, bien visibles dans le système des gour du Mechaïch. Çà et là, dans l'Erg, un peu au Sud-Ouest d'Hassi el Azz par exemple, le même terrain apparaît à une trentaine de mètres au dessus du fond des feidjdj, coupant d'une ligne droite l'amoncellement des sables. Plus loin qu'Hassi El Azz, en plein Erg, il disparaît complètement, pour réapparaître plus au sud, sur la bordure nord de la dépression du Méguiden: à quelques centaines de mètres de la Koubba de Moulai Guendouz (Nord du puits d'El Agouinin) et au Nord-Ouest de ce point, vers Ounaden et Morfog Chems — dominant le sol de reg si caractéristique de cette région.

Ce sont les dépôts quaternaires anciens formant le sol des hamadas de bas niveau ou terrasses inférieures (les plus récentes) qui, dans la région d'épandage des grands oueds sahariens, au nord, ont donné naissance aux divers *seuils* qui se rencontrent dans les couloirs, les dépressions et les daïas; ils ont constitué, dans ces parties érosées du *terrain des gour*, surtout à la fin de l'époque quaternaire, de véritables barrages naturels qui ici, dressés en obstables, s'opposaient aux écoulements des eaux des crues, détournant celles-ci les rejetant dans les méandres où leur force était vaincue, ou bien, là, moins élevés, se laissaient franchir et permettaient alors aux masses liquides de pénétrer en torrents violents jusqu'aux parages du Méguiden. L'action érosive de ces inondations successives créait de nouveaux gour, creusait de nouveaux bas-fonds et préparait ainsi pour la crue suivante un libre passage au milieu des dépôts compacts de la période géologique précédente[1].

Il est difficile d'affirmer par des observations positives l'existence de ce terrain quaternaire ancien pour la région que traverse l'oued Saoura; sans doute, il se montre dans toute la partie du bassin de l'oued Saoura, compris entre Kerzaz et le nord

---

[1] G.-B.-M. Flamand, *De l'Oranie au Gourara*, in « Algérie nouvelle », 1896, n° 13, pp. 195 et 196.

(oued Guir, oued Zousfana). Et nous avons pu en constater l'existence un peu au Sud-Ouest du Kheneg Zoubia ; d'autre part des renseignements l'indiquent à la hauteur de Ksar el Azoudj et même au delà [1]. Dans le Gourara, au Nord de la Sebkha, Palat l'indique au sommet d'une gara au sud-ouest du Ksar d'Ouadrar [2]. Nous venons de le signaler sur la lisière méridionale de l'Erg ; dans la vallée de Méguiden même, il en existe des lambeaux, formant de longues surfaces elliptiques, recouvertes de sol de reg (quaternaire récent), et alternant, très subordonné comme étendue, avec les grès néocomiens et les *nebak*.

La teinte gris-foncé, par laquelle sont représentés les alluvions quaternaires dans la carte géologique du Sahara de M. G. Rolland [3], recouvre toute la vallée du Méguiden, et l'espace immense compris entre le rebord occidental du Tadmaït et la ligne rocheuse de grès dévoniens de la rive droite de l'oued

---

[1] Lieutenant Boule, du poste de Djenien bou Resk (cercle d'Aïn Sefra). Communication personnelle.

[2] Marcel Frescaly (lieut. Palat), *Journal de route et correspondance*, avec une carte, 1886, p. 220.

[3] Carte géologique du Sahara, du Maroc à la Tripolitaine, et de l'Atlas au Ahaggar au 1 : 5.000.000° ; sous cette teinte sont compris : le *terrain des gour* précédemment décrit, le terrain *quaternaire ancien* (poudingue des hamadas) et le terrain *quaternaire récent*, in G. Rolland, *Géologie et hydrologie du Sahara algérien et aperçu géologique sur le Sahara de l'Océan Atlantique à la mer Rouge*, 1886, pl. IV.

Saoura. Au S.-E., d'après la même carte, ce terrain comble entièrement la vaste dépression du Tidikelt (oued Massin, oued Botha). Nous avons déjà vu, que, pour le Méguiden, il fallait beaucoup restreindre son extension. Pour toute la partie occidentale du Tadmaït, là où se dressent les nombreux Ksour des divers districts et les palmeraies innombrables, des études de détail permettront seules, dans l'avenir, une délimitation de ces diverses formations; mais, cependant d'après les descriptions [1] et les renseignements émanés des indigènes, l'existence de ces terrasses caillouteuses paraît certaine, et, pour le Tidikelt en particulier, toute la zone située au sud du Tadmaït semble devoir se rapporter à cette formation. Cette zone traversée par G. Rohlfs pour se rendre d'In Salah à R'adamès, se montre coupée de nombreux et profonds ravinements et de dépressions d'où émergent çà et là des plateaux calcaires [2].

Travertins. — C'est en partie au quaternaire ancien, peut-être même au pliocène et non au quaternaire récent, qu'on doit rapporter les travertins calcaires à fossiles végétaux, relevés par nous, dans les régions de la zone d'épandage (Hassi Cheikh) et de l'Erg

---

[1] G. Rohlfs, *loc. cit.*
Colonieu, *Voyage au Gourara et à l'Aouguerout*, 1860. Bull. Soc. géog. Paris, 1er trimestre 1892 ; 2e trimestre 1893; 3e trimestre 1894.
Deporter, *Extrême-sud de l'Algérie*, 1890.
[2] G. Rohlfs, *loc. cit.*

(2ᵉ mekam Sidi El Hadj bou Hafs). Ces travertins occupent la partie médiane des dépressions; ils se dressent, en blocs émergeant du sol blanc des daïas, au milieu d'un chaos de roches siliceuses et calcaires, ils atteignent parfois de grandes dimensions (une douzaine de mètres à Hassi Cheikh [1]) et occupent des surfaces relativement peu étendues; en ce dernier point où ils sont le plus développés, ils affectent communément la forme de piliers, de colonnades irrégulières; des dépôts massifs, situés près des puits et de la Kheloua Sidi Cheikh, montrent vaguement des figures humaines. Ils rappellent dans leur ensemble les alignements des menhirs de Carnac.

Quaternaire récent [2]. — A cette formation appar-

[1] G.-B.-M. Flamand, *De l'Oranie au Gourara*, « in Algérie nouvelle », 1898, n° 13, p. 198.

Leur forme étrange, leur nature toute différente de celle des formations environnantes, — le milieu ambiant, — ont contribué à leur faire donner par les indigènes une origine surnaturelle (voir la légende de Sidi Cheikh, chap. III).

[2] Voir pour les études de détail de ces diverses assises et des faciès différents de ces formations pour la partie orientale, du Sahara :

A. Pomel et J. Pouyanne, *Texte explicatif de la carte géologique au 1 : 800.000ᵉ de l'Algérie*, 1881.

Tissot., *Texte explicatif de la carte géologique au 1 : 800.000ᵉ de la province de Constantine*, 1881.

A. Péron, *Essai d'une description géologique de l'Algérie*, in Annales des Sciences géologiques, 1883, p. 184 et suiv.

A. Pomel, *Stratigraphie générale de l'Algérie*. Id. 1890.

G. Rolland, *Géologie et hydrologie du Sahara algérien et aperçu sur la géologie du Sahara de l'Atlantique à la mer Rouge*, 1890, ch. II, p. 273.

tiennent les dépôts d'atterrissements ; — cailloux roulés, peu ou non agglutinés, les graviers, les sables et surtout les limons qui comblent en bien des points, le long des berges des grands oueds, les parties érosées des hammadas de bas niveaux. Ces dépôts se montrent en général recouverts par les formations limoneuses et cailouteuses actuelles, particulièrement dans les lits majeurs des oueds et dans les grandes dépressions. C'est aussi à cette époque que se sont formés les fonds limoneux des cuvettes comprises dans les légères ondulations des plateaux de hammadas. Ces cuvettes argileuses retiennent l'eau un certain temps (redir) donnant naissance à des daïas, véritables petites oasis de verdure, isolées au milieu de ces vastes surfaces arides.

Il y a eu, à notre avis, et il y a encore actuellement, car ces dépôts continuent à se former de nos jours, une séparation du sable et de l'argile ; une véritable décantation des éléments siliceux s'opère sous l'action combinée des eaux et du vent ; les matières argileuses restant dans les fonds, les tapissent à la longue d'une couverture imperméable, et produisent ainsi peu à peu un *colmatage* suffisant pour la retenue des eaux.

Atterrissement subatlantique. — *Calcaires travertineux. (Carapace).* — A la partie supérieure des poudingues (quaternaire ancien) des hammadas, de tous les niveaux, mais plus particulièrement, sur le couronnement des plateaux, se montrent, sur une épaisseur très variable (de quelques centimètres à plusieurs mètres), des calcaires travertineux, blanchâtres, empâtant les éléments calcaires et siliceux des terrains sous-jacents; ils forment ainsi des poudingues et des brèches au contact des couches plus anciennes ; mais cette partie inférieure, en général peu épaisse, passe bientôt au calcaire franc, quelquefois tufeux, et fournissant souvent d'assez bons matériaux de construction.

Cette carapace calcaire se relie directement au terrain quaternaire ancien ; elle a continué à s'édifier, avec des temps d'arrêt, pendant la période suivante (quaternaire récent), et se forme encore à l'époque actuelle. C'est à cette carapace que se rattachent les dépôts crayeux testacés des surfaces des terrasses qui dominent les grands cours d'eau et les plaines. « Elle résulte d'une sorte d'incrustation stalagmitique » superficielle par suite de l'évaporation des eaux » plus ou moins salées et séléniteuses qui remontent » par capillarité. L'origine de cet atterrissement paraît » avoir été clysmienne [1] ».

L'étendue de cette formation dans le Sahara septentrional est considérable. C'est elle qui constitue les surfaces immenses des plateaux de hammadas de l'Atlas à l'Erg, du Mzab à l'oued Saoura, et elle

---

[1] A. Pomel, *Texte explicatif de la carte de l'Algérie au 1 800.000ᵉ*, 1889, 1ʳᵉ édit., p. 189.

se montre encore à la partie supérieure des gour qui sont parfois visibles sous l'épais manteau des dunes jusque vers le Méguiden; là, elle est polie et striée par les sables.

Elle accompagne partout le terrain quaternaire ancien dans son extension vers le sud; et, c'est peut-être à elle qu'il faut rapporter les hammadas calcaires signalées par G. Rohlfs au Sud du Tadmaït dans son itinéraire de l'Aoulef à R'adamès en passant par In Salah [1].

Mais les dépôts les plus importants de cet ensemble de formations sont ceux des fonds argilo-gypseux et gypso-salins de certaines *daïas* des *sebkhas* et des *heïchas*, tant en raison des surfaces relativement considérables qu'ils occupent, que des ressources minérales, entre autres, le sel gemme, qu'ils peuvent présenter.

Dans les longs couloirs, dans les dépressions, dans les *metalefs*, produits par les érosions successives auxquelles ont été soumises les masses silico-argileuses rouges du terrain des gour et les poudingues et les corniches tufacées des hammadas de haut et de bas niveau, se sont déposés, lentement, au sein d'eaux tranquilles, saturées de produits salins, (gypse et sel gemme), de carbonate de chaux pulvérulent et de limons argilo-gypseux, présentant une série d'alter-

---

[1] G. Rohlfs, *Reise durch Marokko und durch die grosse Wuste uber Rhadamès nach Tripoli.* Bremen, 1882 (3ᵉ édition).

nances, répétant les mêmes assises dans le même ordre de succession. Quelquefois cependant à la base de cette série s'observent « des poudingues, des sables » et des grès plus ou moins friables »[1]. Innombrables sont les fossiles des assises farineuses blanches calcaires, — cardiums, mélanies, mélanopsides, planorbes, paludines, physes, — appartenant par conséquent à des espèces d'eaux douces et d'eaux saumâtres, et que l'on trouve exactement, côte à côte dans des gisements communs. Les cardiums toutefois forment en certaines sebkhas, à eux seuls des couches de près d'un mètre d'épaisseur, et cela sur une étendue considérable.

A ces coquilles fossiles viennent quelquefois s'ajouter des traces organiques végétales : traces de roseaux que nous avons pu observer dans les couches ordinairement silico-calcaires, salies par des résidus tourbeux ; dans l'Erg, à Hassi el Azz (oued Abdelkerim), à Hassi Aïcha[2]. Vers Hassi Meharzi, les planorbes et les physes accompagnent souvent ces couches tourbeuses noires.

La diversité de la nature minéralogique de ces dépôts, la présence de types fossiles d'eaux douces (fluviatiles et lacustres) et d'eaux saumâtres, les

---

[1] Tissot, *Texte explicatif de la carte géologique du département de Constantine au 1 : 800.000°*, 1881.

[2] G.-B.-M. Flamand, *De l'Oranie au Gourara*, in « Algérie nouvelle, 1896, n° 14.

alternances des couches, tout indique une succession de *phases* au cours desquelles les eaux des crues, venant du nord, d'abord douces, donnèrent primitivement, par précipitation, des sels dissous, les pulvérins calcaires, auxquels correspondent, en plus grand nombre, les planorbes, les physes et les mélanies, puis, ces eaux devenant par concentration, conséquence de l'évaporation, de plus en plus salines, produisirent dans la suite les dépôts argilo-gypseux auxquels correspondent le plus généralement les zones à cardiums, et les couches de sel gemme. Pour certains de ces lacs ou estuaires des grands fleuves quaternaires du Sud, l'évaporation dans certains cas, devait même être complète. Enfin le cycle précédent terminé, une nouvelle crue ramenait, dans le bas-fond, des eaux douces chargées de limon, et les dépôts, semblables aux précédents venaient peu à peu de nouveau combler la dépression. On ne voit la possibilité de la formation de ces heïchas et sebkhas que dans les alternances successives de saisons de grande sécheresse et de périodes de hautes crues.

Ce sont les masses puissantes des sables des grandes dunes, les espèces littorales des mollusques fossiles du revers sud de l'Atlas, les dépôts salins : gypse et sel gemme, et, surtout la présence du *cardium edule* et de quelques autres coquilles marines fossiles, qui, il y a quelque vingt ans, étaient considérés (Bourguignat[1],

---

[1] Bourguignat, *Malacologie de l'Algérie*, 1864.

Ville [1], Desor [2], Martins [3], Escher de la Linth) comme preuves convaincantes de l'existence d'une mer saharienne à la fin de l'époque quaternaire. M. A. Pomel, le premier, a montré l'impossibilité d'une pareille hypothèse [4], puis, et après lui, bien des géologues [5] ont également combattu cette idée de mer saharienne. Nous ajouterons que les altitudes des principales sebkhas, étudiées dans le Sahara oranais, varient entre 403^m (Daïa el Habessa) [6], 380^m (oued Rekama) [7], 330^m

---

[1] Ville, *Exploration géologique du Mzab, du Sahara et de la région des steppes de la province d'Alger*, Paris, 1872, 4°, p. 115.

[2] Desor, *Die Sahara*. Bâle, 1871.
Le même, *Aus Sahara und Atlas*. Wiesbaden, 1865.
Le même, *La mer saharienne*, réponse à M. Pomel. Neufchâtel. 1879.

[3] H. Martins, *Tableau physique du Sahara oriental.* — Revue des Deux Mondes, 1864.
H. Martins, *Du Spitzberg au Sahara*, Paris, 1866, p. 551.

[4] A. Pomel, *Le Sahara*, 1872, p. 48 et suiv.
Le même, *La mer intérieure d'Algérie et le seuil de Gabès*, 1873.
Le même, *Revue scientifique*, 10 novembre 1877.
Le même, *Géologie de la province de Gabès*. Assoc. avanc. sciences, 1877.

[5] Zittel, *Die Sahara*, 1883.
Tournouër, *Sur quelques coquilles marines recueillies par divers explorateurs dans la région des Chotts sahariens*. Association française pour l'avancement des sciences, avec planche. Paris, 1878, p. 608.
G. Rolland, *Géologie et hydrologie du Saharien algérien, et aperçu géologique sur le Sahara et l'Océan Atlantique à la mer Rouge*, 1890, p. 187 et suivantes.

[6] Dr P. Marès, *Détail des observations indiquées dans une note lue à la Soc. météor. de France* (14 juillet 1857), et faites dans le sud de la province d'Oran. — In Annuaire de la Soc. météor. de France, 1859, t. II, p. 222.

[7] G.-B.-M. Flamand, Mission mars-mai 1896.

(Hassi Aïccha) et 340^m au N.-E. de Tabelkoza[1], ce qui montre toute l'impossibilité d'une communication entre les masses liquides qui ont donné naissance à ces dépôts et la mer, à la fin de l'époque quaternaire. Nous venons de voir que ces dépôts lacustres fluviatiles et d'estuaires (à planorbes, à mélanies, à physes) étaient produits par des eaux qui, par périodes, redevenaient saumâtres (à cardiums). Ils sont en tout comparables aux atterrissements qui se forment actuellement dans les plaines basses [2] du littoral (Macta). Mais, ici, dans le Sahara, la salure des eaux est due à la dissolution des masses gypseuses et salines de nature sédimentaire et éruptive, si puissantes et si développées dans toute la chaîne atlantique [3]. M. le Dr P. Marès[4] a étudié ces formations au nord du grand Erg en un point très septentrional de ce que nous appelons *la zone d'épandage des grands oueds*, à la daïa

---

[1] Id.

[2] Communication de M. A. Pomel.

[3] « Le sel du Sahara n'est pas plus un délaissé de mer que celui,
» accompagné également de gypse des Hauts-Plateaux et du Tell,
» dont l'origine n'est certainement pas celle-là, mais doit résulter
» des concentrations de tout ce que les eaux, pendant des siècles, y
» ont accumulé de dissolutions opérées sur l'Atlas et l'Ahaggar.
» Presque tous les terrains en sont imprégnés dans ces parages, et il
» existe, en outre, des montagnes entières de sel gemme, associé à
» des typhons de roches dioritiques. » A. Pomel.— *Le Sahara*, 1872, p. 87.

[4] Dr P. Marès, *Note sur la constitution géologique du Sahara dans le Sud de la province d'Oran*. Bull. Soc. géol. de France, 2e série, t. XIV, 1857.

el Habessa ; plus au Sud nous les avons étudiés. Dans toute cette région en bordure de l'Erg, ces dépôts de sebkhas sont très abondants, ils se montrent dans tous les fonds de *hofra*, dans tous les oueds que le sable n'a pas envahi (Ounakel, Souïd, Oued Seggueur gara Tebel, Hassi Cheikh, Msafra, etc.). Dans l'Erg même, nous les avons observés près d'Hassi el Azz, dans l'oued Abdelkerim, dans l'oued Rekama (Guern Chouff), à 12 kil. au N.-E. de Tabelkoza, à Hassi Aïcha, partout où le sable, qui recouvre la presque totalité de ces dépôts, laisse percer un peu du sol même. L'étendue dans l'Erg de ces sekkhas est très restreinte ; mais leur présence constante dans l'axe des grandes vallées est une indication précieuse, car elle démontre qu'il y a continuité entre ces dépôts depuis la zone d'épandage du Nord jusqu'au Tin Erkouk, bien près de la grande sebkha du Gourara.

En certaines de ces sebkhas, au deuxième Mekam Si El Hadj bou Hafs, à Hassi el Azz, sur la route suivie par les Oulad Sidi Cheikh à Tabelkoza, nous avons observé des dépôts sableux, meubles, à concrétions sphéroïdes et bacillaires, calcaires, dus certainement à *des eaux artésiennes*, amenant au jour les éléments siliceux des terrains sous-jacents. Ces concrétions présentent la plus grande analogie avec ceux de la station célèbre de Ternifine (Palikao près Mascara dans la plaine d'Eghis), si riches en ossements fossiles de grands mammifères.

Le sel gemme (exploité) qui occupe les parties

inférieures de ces cuvettes atteint en quelques endroits près d'un mètre d'épaisseur : hyalin, bien cristallisé, il est suffisamment pur.

Le sel gemme a été signalé par le Dr P. Marès dans la daïa el Habessa [1]; il existe en couches épaisses — 0^{m}40 à 0^{m}50 en moyenne — dans une sebkha à quelques kilomètres au Nord-Ouest de Hassi Zirara, et, là, il est exploité par les indigènes des caravanes de passage. On en rencontre encore vers Gour Raoua et au nord-est de ce point à Aïn Amara, Hassi el Morr. On sait que très nombreuses sont les localités, où, sur les rivages des sebkhas et surtout ceux de la grande sebkha du Gourara, on exploite ce produit.

Nous ajouterons que dans une de ces sebkhas au Nord-Est de l'Erg (Zebeirat)[2], dans des travaux de recherches, des puisatiers ont recueilli à 2 mètres environ au-dessous du sol, des eaux à écoulement assez abondant, tellement sursaturées de produits salins qu'à l'air sous l'effet d'une très faible évaporation, elles se prennent presque immédiatement en masses cristallines, très riches en *sulfate de soude*, mêlé de quelques impuretés. *D'après les renseignements indigènes*, c'est aussi du sous-sol de certaines sebkhas [3],

---

[1] Dr P. Marès, in de Colomb, *Exploration des Ksour et du Sahara de la province d'Oran*, p. 45.

« Croûte épaisse d'environ vingt-cinq centimètres ».

[2] Renseignements obligeamment communiqués par MM. le commandant Godron et le lieutenant du Jonchay.

[3] Gourara, Touat, Tidikelt.

à de faibles profondeurs sous des couches gypso-sableuses et de sel gemme, que proviennent les *salpêtres* exploités par les habitants de certains Ksour [1] pour la fabrication locale de la poudre et, l'exportation de ce produit, grossièrement raffiné, à R'adamès et surtout au Mzab [2] et dans quelques Ksour de l'Atlas méridional.

Enfin, l'on a signalé, depuis longtemps, la présence de soufre natif, mélangé aux couches gypseuses superficielles, toujours en des points où les limons argilo-gypseux sont en contact avec des produits de nature organique (excréments d'animaux) [3].

L'extension de la sebkha du Gourara est considérable et les descriptions des explorateurs ou des indigènes, que nous en possédons, lui donnent tous les

---

[1] Voir : Ressources minérales du Touat.
Marcel Frescaly (lieut. Palat), *Journal de route et correspondance*, avec 1 carte, 1886, p. 252.
Deporter, *Extrême-sud de l'Algérie*, 1890, passim.
Renseignements indigènes, etc. (Documents inédits).

[2] P. Soleillet, *Voyage d'Alger à l'oasis d'In Salah*. Rapport présenté à la Chambre de commerce d'Alger, 1874, p. 77, 121, 126, 130, 142.
Depuis l'époque où s'accomplissait ce voyage, comme nous le verrons plus loin, cette exportation a bien diminué par suite de la contrebande de poudre étrangère qui se fait par le sud tunisien. Voir chap. VII, commerce.

[3] G. Rolland, *Géologie et hydrologie du Sahara algérien et aperçu géologique sur le Sahara de l'Océan atlantique à la mer Rouge*, 1890, p. (Soufre de la daïa Kebrit).

mêmes caractères que nous venons de décrire pour les dépressions bien plus restreintes de la zone d'épandage et de l'Erg.

« Au Sud des collines s'étend, grise et coupée par
» des bandes vert-sombre, la sebkha du Gourara (oued
» Mebrouk, partie septentrionale). Sur la gauche, les
» collines sont escarpées à pic (El Djereïfat), nous
» descendons dans l'oued à 80 mètres environ en
» contre-bas.... [1] ».

---

[1] Marcel Frescaly (lieut. Palat), *Journal de route et correspondance*, avec carte, 1886, p. 224.
De son côté, Rohlfs, parlant des sebkhas de Timmi et d'In Salah, a écrit :

« Tamentit n'est séparé de l'oasis de Timmi que par la sebkha
» de ce nom qui a une longueur de 4 kil. sur une largeur de
» 2 kil. 1/2 et qui s'étend, en forme d'ovale, ayant son axe nord-
» sud, jusqu'auprès de Tamentit...... La sebkha elle-même,
» couverte de sa couche et brillante de sel, ne mérite pas tout à fait
» ce nom, car, comme celle de Timimoun, elle ne contient jamais
» d'eau amenée par une rivière ou provenant d'une chute de pluie ».
Rohlfs, *Reise durch Marokko, Uebersteigung des grossen Atlas. Exploration der oasen von Tafilet, Tuat und Tidikelt und Reise durch die grosse Wüste über Rhadames nach Tripoli*, 3ᵉ édition, Brême, 1882, p. 145.

« La sebkha, qui baigne à l'ouest toute la lisière de la forêt de
» palmiers de l'oasis (d'In Salah), se couvre également d'eau au
» printemps ; mais cette eau est salée. On a d'ailleurs déjà
» commencé à la rendre labourable et, dans quelques années, elle
» aura sans doute disparu et sera convertie en une forêt de palmiers ».
Rohlfs, *Ouvrage cité*, p. 190.

Enfin, les informateurs indigènes du Gouvernement général de l'Algérie, allant en juin 1894, de Foum el Kheneg à Arian Ras (Tsabit), après avoir dépassé El Atchane, ont dû traverver une

Le sol, presque partout couvert d'un couche blanchâtre, craquante sous les pas, montre en certaines parties des limons argilo-gypseux qui, chaque année, dit-on, après la saison des pluies du nord, se chargent d'humidité. C'est là un fait comparable à ce qui se passe pour beaucoup de ces dépressions à dépôts salins. Les dangers que présentent les traversées de ces espaces, rendus ainsi mouvants, sont dans le Sahara devenus légendaires [1].

Le terrain quaternaire récent, représentant le sol des sebkhas, est très développé au Gourara dont la sebkha immense se développe en un premier bassin entre le Ksar El Hadj Guelman et Timimoun et dans le vaste prolongement S.-O., jusqu'au district des Zoua.

A l'est dans l'Aouguerout, au sud-ouest du Ksar de Bou Guemma jusqu'au Ksar Tala, puis plus au Sud au débouché de l'oued Aflissez, se montrent également des fonds de sebkhas assez étendus ; enfin, au Sud de Deldoul, la sebkha de Seba.

---

sebkha pendant une heure (de 8 à 9 heures du matin), « c'est,
» disent-ils, un sol sablonneux recouvert de sel, dans lequel hommes
» et bêtes enfoncent. La surface en est aussi brûlante que du feu ».

[1] De Colomb, *Exploration des Ksour et du Sahara de la province d'Oran*, 1858. Légende de la daïa el Habessa, p. 45.
Une daïa du même nom existe à 10 kil. E. de Hassi el Melah sur l'oued Khechaba, affluent de gauche du bas oued Mia. Comme celle des environs d'Hassi bou Zid, elle engloutirait bêtes et gens au dire des indigènes. Voir : *Documents relatifs à la mission dirigée au sud de l'Algérie par le lieutenant-colonel Flatters*, p. 283.

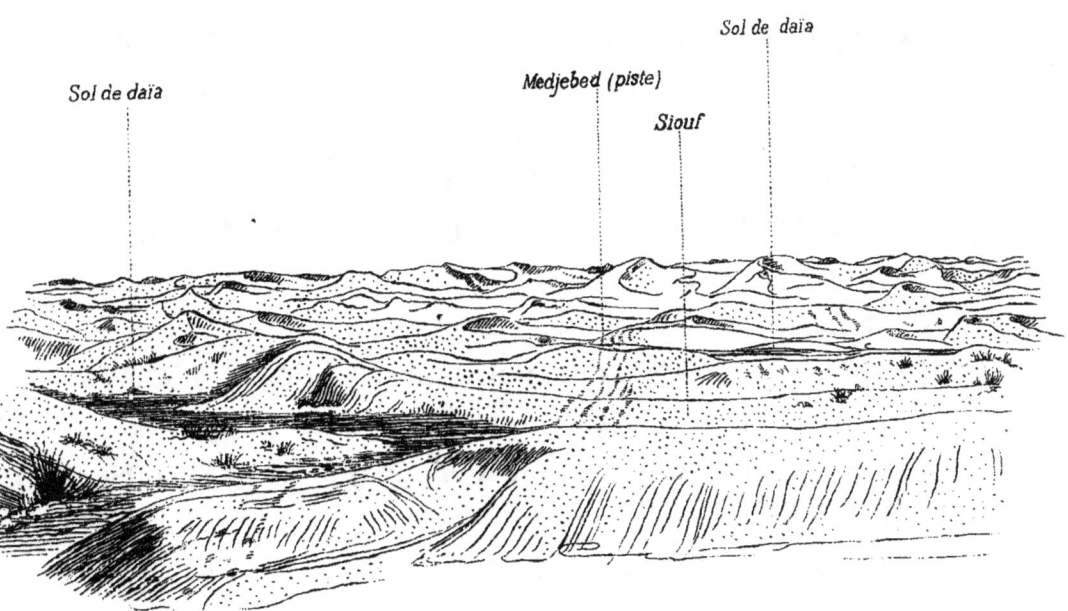

L'ERG (GRANDES DUNES) Vue prise au Nord de HASSI-EL-AZZ (SAHARA ORANAIS).

Entre les plus connues, dans le Touat, sont: la sebkha de Bouda Foukani, la sebkha de Timmi, celle au sud d'El Ahmar et l'une des plus étendues, sur la rive droite de l'oued Saoura, à l'ouest de Zaouiet Kounta et du district d'Inzegmir.

Pour toutes les autres formations attribuées au quaternaire récent (par analogie de faciès ou de composition), le sol silico-limoneux des daïas, la carapace calcaire des plateaux de hammadas, etc. passent en partie localement aux formations *actuelles*, il en est de même des éboulis des pentes, des dépôts caillouteux incohérents et des limons des anciennes vallées. Ces formations ont, vers le sud, dans l'archipel touatien et le Tadmaït — et au nord, plateaux hammadiens de l'oued Saoura, une extension, fonction des accidents orographiques généraux que présentent dans ces contrées les terrains les plus anciens que nous venons d'étudier.

On ne saurait actuellement leur assigner de limites précises.

LES DUNES.

Les géologues et les voyageurs qui se sont occupés de l'étude des *dunes* ont publié, depuis longtemps, sur cette importante question, de très nombreux travaux, traitant en détail de l'orographie, de l'extension et surtout de l'origine de cette formation; renvoyant pour ces données générales et pour les hypothèses diverses qui ont été mises en jeu à leur sujet aux mémoires originaux [1] des auteurs, nous ne dirons que

---

[1] Pour ne citer que les principaux :

Dr P. Marès, *Note sur le Sahara de la province d'Oran*, Bull. Soc. géol. de France, 2e série, t. XIV, 1857.

A. Pomel, *Le Sahara*, 1872.

Le même, *Texte explicatif de la carte au 1 : 800.000^e*, 1889, p. 201.

Vatonne, *Études sur les terrains et sur les eaux des pays traversés par la mission*, in Mission de Ghadamès, 1863, p. 201.

G. Rolland, *Géologie et hydrologie du Sahara Algérien et aperçu géologique sur l'Océan Atlantique à la mer Rouge, 1890 : les grandes dunes de sable du Sahara*, p. 322. Voir : carte géologique, pl. IV.

Le même, *Sur les grandes dunes de sable du Sahara*. C.R. Acad. Sciences, 1881.

Le même, Id. Bull. Soc. géolog. de France, t. X, p. 30.

Le même, Id. Revue scientifique, mars 1881.

V. Largeau, *Le Sahara*, 1877.

Le même, *Voyage à Ghadamès*, Bull. Soc. géog. Paris, 1875.

Le même, *Le Sahara algérien et les déserts de l'Erg*, 1881.

H. Duveyrier, *Les Touareg du Nord*, p. 5.

Le même, *Commission supérieure pour l'examen du projet de mer intérieure dans le sud de l'Algérie et de la Tunisie*, p. 279 et suivantes, 1882.

Pouyanne, *Documents relatifs à la mission dirigée au Sud de l'Algérie*, 1886.

Dr O. Lenz, *Timbouctou*, 1887, pp. 55 et 383.

K. Zittel, *Die Sahara*, 1883.

G. Rohlfs, *Loc. cit.*, 1864.

Documents relatifs aux deux missions dirigées au sud de l'Algérie par le lieutenant-colonel Flatters, 1884.

A. Péron, *Essai d'une description géologique de l'Algérie*, in Annales de géologie, 1883, p. 74.

Commandant Colonieu, *Voyage au Gourara et à l'Aouguerout (1860)*, in. Bull. Soc. géog. Paris, 1er trim. 1892, 1er trim., 1893 ; 3e trim. 1894.

Lieutenant-colonel de Colomb, *Notice sur les oasis du Sahara et*

quelques mots résumant nos observations personnelles touchant le *grand Erg occidental*, observations qui modifient très sensiblement les connaissances acquises jusqu'en ces dernières années sur cette partie peu visitée du Sahara [1].

La surface, occupée par les dunes de l'Erg occidental, se limite au N.-E. à Hassi bou Zid, passe un peu au nord d'Oum-es-Sif (2e mékam Sidi el Hadj bou Hafs), se continue obliquement jusqu'au Nord d'Hassi

---

les routes qui y conduisent, in Revue algérienne et coloniale. Juillet, septembre et octobre 1860.

Le même, *Exploration des Ksour et du Sahara de la province d'Oran,* 1858.

Ch. Martins, *Du Spitzberg au Sahara,* Paris, 1886, p. 560.

F. Foureau, *Mission au Tadmaït,* 1890.

Le même, *Mission au Sahara,* 1892-1893.

Le même, *Missions Sahariennes,* 1893-1894-1895.

Le même, *Dans le grand Erg,* 1896, etc.

Voir aussi les cartes annexées à ces différents ouvrages.

[1] M. l'Ingénieur Jacob, accompagné de M. Bernard, garde général des forêts et de M. le lieutenant Fariau, du bureau arabe de Géryville, a, au cours de sa mission saharienne, abordé l'Erg au sud de l'oued Namous et l'a parcouru jusqu'à Hassi Ouchen ; puis, dans une autre partie de son voyage, il en a parcouru la limite N.-E. (région d'Hassi bou Zid) et orientale (bas oued Seggueur).

C'est dans le rapport du voyage à Tabelkoza (juin 1895) de M. le commandant Godron, accompagné par MM. le lieutenant Sarton du Jonchay, chef du poste d'El Abiod Sidi Cheikh, le lieutenant de Lamothe, adjoint au bureau arabe de Géryville, et l'interprète militaire Palaska, que MM. de Lamothe et Palaska, dans l'itinéraire détaillé qu'ils en ont dressé, ont fait ressortir, *les premiers,* la faible largeur de l'Erg *vrai,* qu'il fallait traverser pour se rendre au Tin Erkouk en suivant le medjebed des Oulad Sidi Cheikh.

Ouchen et descend ainsi avec une direction moyenne S.-O. jusqu'à l'oued Saoura.

Toute la partie comprise entre Raknet el Halib (bas oued R'arbi), Bab Guefoul (bas oued Namous) et une ligne passant par Hassi Cheikh et Msafra doit être détachée de l'Erg vrai ; c'est, nous l'avons vu, le pays des gour et des sebkhas : la *zone d'épandage* des grands oueds [1].

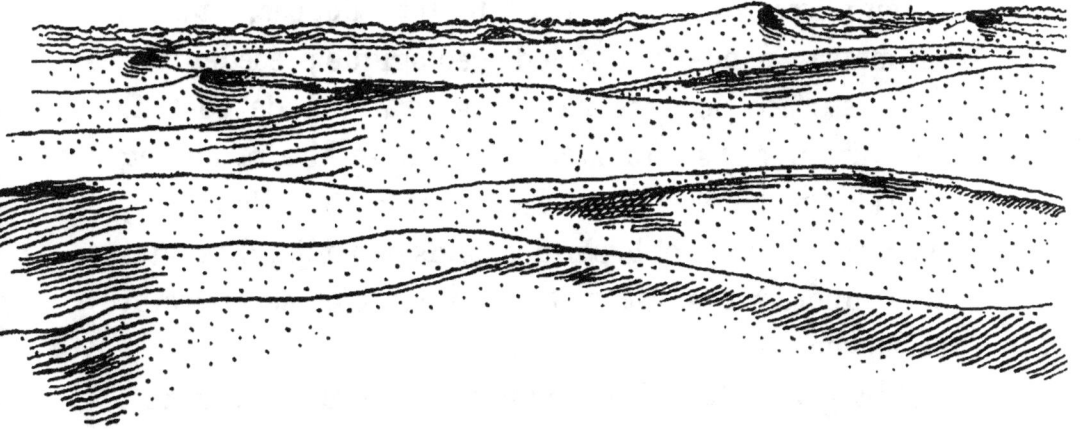

. B. M. Flamand ad. nat. del.

SIOUF DE L'ERG (Grandes Dunes) (Vue prise au sud de Hassi el Azz).
(Sahara oranais).

A l'est, le grand Erg se limite par la vallée de l'oued Seggueur et aux falaises du plateau crétacé du Mzab, et vers l'ouest à la vallée de l'oued Saoura. Vers le sud, l'Erg vient mourir en faibles ondulations dans la partie septentrionale du Méguiden.

[1] G.-B.-M. Flamand, *De l'Oranie au Gourara*, in « Algérie nouvelle », N° 14 (1896), n° 5 (1897).

Partout, depuis Metilfa, Chebikat Meriem et les Dour jusqu'entre Msafra et Oum es Sif, et vers Hassi Ouchen, les gour nombreux, les couloirs de reg et de sebkhas, les daïas et les heïchas, les plateaux de hammadas, partiellement recouverts de dunes, forment un ensemble parfaitement distinct de l'Erg vrai : c'est une région intermédiaire à celle des hammadas, et des grands oueds, formant une suite de lagunes, d'estuaires de grands lacs, de sortes de marigots, qu'emplissaient les eaux tantôt douces, tantôt saumâtres, pendant la période géologique précédente.

La surface occupée par l'Erg vrai est, de ce fait, très diminuée ; sa traversée oblique de Msafra au reg de Tabelkoza présente un maximum de 90 kilomètres, encore coupée çà et là par des fonds de feidjs, il est vrai très subordonnés. On voit par là combien se restreint sa largeur.

L'Erg vrai, loin de se montrer uniforme et constant, se subdivise lui-même en régions naturelles bien caractérisées, très inégalement réparties, mais affectant toujours la disposition en zônes parallèles comme pour les grandes régions telliennes. L'*oudjh*, la bordure de l'Erg, est ici peu nette ; les gour nombreux et les plateaux très découpés modifient beaucoup l'aspect que présente dans le Sud de la province de Constantine l'Erg oriental.

Le sable constitue les sommets, les contreforts des chaînes, les pentes et le fond des vallées, les dépressions de toutes sortes des plateaux, et si l'on retrouve ici toutes les formes des accidents et des reliefs orographiques connus, on les voit très modifiés, très différents des types des régions montagneuses rocheuses : la nature lithologique même du terrain opère ce changement. « Vues de loin ces » dunes rappellent aussi quelquefois l'apparence de » *névé* [1] ». Le sable mouvant et léger a remplacé le roc résistant et les actions éoliennes, là, presque négligeables, sont ici toutes puissantes pour adoucir les reliefs et les modeler. Alternant avec les grandes chaînes des Areg orientées généralement N.-N.-E. S.-S.-O. et, les séparant, s'alignent de larges dépressions sableuses ondulées (feidjs ou oueds), dans les parties basses desquelles se développe une végétation arbustive assez intense. Le sable, ayant envahi toutes les surfaces des pentes ou des plateaux des gours (très surbaissés : 20^m, 30^m) et des bas-fonds, s'étend aujourd'hui sur le fond de ces vallées où la végétation qui s'y montre croît sur de petites *nébak* secondaires.

Au contraire, sur les fonds de sebkhas ne croît jamais aucune plante.

Quelquefois le fond blanc fossilifère de sebkha apparaît (Hassi El Azz, oued Rekama, Hassi Aïcha) et les vents emportent les tests légers des coquilles, les déposent sur les flancs des dunes en si grande quantité qu'ils modifient la couleur et parfois la composition chimique de celles-ci.

---

[1] Ch. Martins, *Du Spitzberg au Sahara*, p. 561.

Les puits de l'Erg occidental sont remarquables, et l'eau, à l'encontre de ce qui a été constaté, dans la zone correspondante pour le Sud de la province de Constantine, y est excellente.

Les altitudes, atteintes par les grandes chaînes des dunes au-dessus du sol des feidjs dans l'Erg occidental, sont loin d'être considérables dans toute la région comprise entre Zebeirat, Metilfa au nord et le Méguiden ; elles ne dépassent jamais 70 mètres, et c'est là une valeur maximum (au-dessus du col, medjebed d'Hassi El Azz à Hassi el Meharzi). Leur hauteur moyenne se maintient entre 45 et 55 mètres.

Tr'atir. — La région méridionale de l'Erg occidental, depuis Hassi el Meharzi jusqu'à la vallée de Méguiden, Hassi Aïcha, Ounaden, et jusqu'à la Koubba de Moulai Guendouz, présente une allure très particulière, une entité géographique nouvelle : le *tar'tar'* [1].

Un *tar'tar'* (pluriel *tr'atir'*) est un vaste plateau sableux, véritable fouillis sans feidj ni or'ourd de quelque importance et sur lequel ne se montre aucun alignement de dunes un peu étendu.

L'expression de *tar'tar'* s'applique soit à un plateau sableux où la marche est indécise, l'orientation très difficile — plateau vrai — dominant les dépressions, les ouidan ou les sahan, et sur lequel on accède

---

[1] G.-B.-M. Flamand, *De l'Oranie au Gourara*, in « Algérie nouvelle », n° 14 (1897), n° 5, p. 68.

par des pentes sablonneuses plus ou moins raides, — soit à de véritables plaines à peine ondulées.

Les *tr'atir'* limitent l'Erg au sud et paraissent se développer au sud-ouest au delà du groupe du Tin Erkouk ; ils correspondent très vraisemblablement à un sous-sol de plateaux hammadiens.

La composition minéralogique des dunes varie peu. Ordinairement entièrement siliceuses, elles se montrent très accidentellement silico-calcaires, et sur des points très limités. Dans la zone d'épandage — vers Oummat Ghebira — et au N.-E. de Chat-ou-el-Haouli — les dunes présentent une coloration brune spéciale, provenant du mélange, en proportion très notable, des particules brunes siliceuses et silico-argileuses du terrain des gour et des alluvions brunes avoisinantes au sable jaune commun. Plus rarement encore — Msafra (2º mekam Sidi El Hadj bou Hafs) et oued Seggueur (S.-O. de Chat-ou-el-Haouli) des sables — jaunes d'ocre très intense, amenés au jour par des eaux artésiennes (temps quaternaire récent), soulevés par les vents, viennent en s'ajoutant modifier localement la composition des dunes voisines.

M. A. Pomel [1] considère les grandes dunes du

---

[1] A. Pomel, *Le Sahara*, 1872.
Le même, *Texte explicatif de la carte géologique de l'Algérie au 1 : 800.000º*, 1889, p. 202.

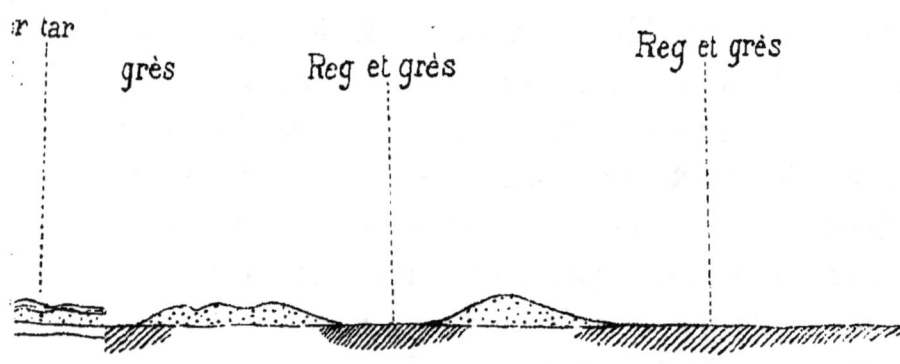

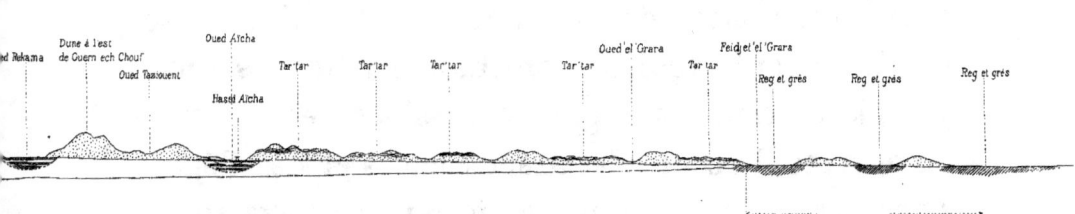

SCHEMA DE LA DISPOSITION DES TH'ATIR' ENTRE L'OUED REKAMA ET LE MEGUIDEN.

Sahara comme le dernier terme des formations géologiques quaternaires les plus récentes. Elles se forment encore de nos jours [1].

FORMATIONS ACTUELLES.

Les formations actuelles sont très limitées comme surface dans toutes les régions sahariennes voisines de l'archipel touatien et du bassin de l'oued Saoura, qu'il a été donné jusqu'ici de parcourir.

Elles consistent principalement en dépôts, plus ou moins cohérents, dus au remaniement des assises précédemment étudiées : brèches, poudingues repris sur place, cailloutis, graviers, sables, et alluvions limoneuses du cours des grands oueds et des dépressions, cônes de déjection des torrents, dépôts argilo-gypseux et salins des sebkhas et des heïchas, déplacés par de nouvelles crues.

On a vu plus haut que la *carapace calcaire* des Hauts-Plateaux des hamamdas continuait à notre époque à édifier de fines assises testacées. Cette carapace, en englobant, en cimentant les éléments sporadiques du sol, forme des sortes de poudingues peu compacts; tels les poudingues à sphéroïdes

---

[1] Quant au massif compact des dunes d'Iguidi, qui se développe en d'immenses surfaces dans le Sahara sud occidental depuis la rive droite de l'oued Saoura jusqu'à l'Adrar, nous renvoyons pour son étude aux publications de René Caillié et du Dr O. Lenz.

R. Caillié, *Journal d'un voyage à Tombouctou et à Jenné*, 1830.

Dr O. Lenz, *Timbouctou*, 1886.

gréseux et ciment calcaire vacuolaire du Méguiden, d'Hassi Targui et de Kerboub.

Souvent, aussi, les pentes argilo-calcaires, les grès mêmes, sous l'influence de l'évaporation et de la capillarité, se recouvrent de grumeaux ou de plaques calcaires qui peu à peu se cimentent, se durcissent et finissent parfois ainsi à consolider les terrains sous-jacents.

A ces formations actuelles il faut ajouter les éboulis des pentes (pro parte) et les travertins, débris végétaux qui paraissent, en certains points, postérieurs aux couches de calcaire farineux à planorbes et à physes et aux limons argilo-gypseux à cardium edule (Oued Zergoun).

Dans l'ensemble, elles n'ont donc que peu d'importance et il serait tout à fait impossible de préciser leur extension; on ne peut qu'en indiquer les conditions générales.

Il faut néanmoins en excepter les dunes de sables — sables argilo-salins à la base — plus ou moins consolidés des *nebak* (nebka) qui obstruent les larges lits et les rives des cours d'eau, et les *areg* isolés des plaines (Erg Zemoul, Erg Isfaouen, dans le Meguiden) et les petites dunes du type des Habilat des plateaux hammadiens.

ROCHES ÉRUPTIVES.

On sait que les roches éruptives sont très répandues dans le Sahara central : roches basaltoïdes des vallées du plateau d'Eguéré [1], du plateau (Tassili) [2] des Azdjer, du massif de l'Ahaggar [3], au sud et au sud-est de la région qui nous occupe ; mais aucune roche éruptive *en place* n'a été signalée jusqu'à ce jour, ni dans le Tadmaït, ni dans aucune des grandes dépressions qui l'entourent.

Pour le bassin même de l'oued Saoura, il faut remonter très haut vers le nord et atteindre les

---

[1] J. Roche, *Documents relatifs à la mission dirigée au sud de l'Algérie par le lieutenant-colonel Flatters* (deuxième mission).
Etudes géologiques : voyage d'Amguid à Inzelman Tisim, p. 341.

[2] Ismaël bou Derba, *Voyage à R'at*, août-décembre 1858, in Revue algérienne et coloniale, 1859, p. 264. — Roches déterminées par le Dr Marès
H. Duveyrier, *Les Touareg du nord*, p. 33 et suiv.
J. Roche, *Documents relatifs à la mission dirigée au sud de l'Algérie par le colonel Flatters* (première mission). Etudes géologiques et hydrologiques, p. 213. — Ces roches confiées aux soins de M. l'Ingénieur Rolland ont été déterminées par M. Michel Lévy.
Le même, *Loc. cit.* (deuxième mission). Voyage d'Hassi Messeguem à Amguid, p. 332.

[3] Ismaël bou Derba, *Loc. cit.*, p. 264.
H. Duveyrier, *Touareg du nord*, p. 33 et suiv.
Erwin von Bary, Zeitschrift der Gesellschaft für Erdkunde Berlin, 1880.

massifs montagneux de l'Atlas algérien et marocain pour rencontrer des pointements éruptifs nombreux, mais formés alors, exclusivement, de roches *gypso-ophitiques* des *rochers de sel*, signalées depuis longtemps dans les montagnes des Ksour et le Djebel Amour [1].

« En trois points du Sahara algérien, dans la vallée
» de l'oued Djedari, près des gour Ouargla et dans la

---

[1] Ces pointements éruptifs se montrent : dans le Djebel Amour, au sud-est du Djebel Ongal ; au Khanguet el Melah (dans l'annexe d'Aflou) ; à Aïn Tessela ; à Tiourtelt — à Aïn Ouarka (djebel Chemarikh) ; au djebel Malah (dans le cercle de Géryville), ils ont été signalés par :

J. Pouyanne, *Documents relatifs à la mission dirigée au sud de l'Algérie*.

A. Pomel et J. Pouyanne, *Carte géologique de l'Algérie au 1 : 800.000^e*, 1881-1889.

A. Péron, *Essai d'une description géologique de l'Algérie*, in Annales des Sciences géologiques, 1883.

Le même, *Notices stratigraphiques in Echinides fossiles de l'Algérie*.

Au Djebel Zerga près de Djenien bou Resk (sud-ouest d'Aïn Sefra), dont a parlé le premier le Dr Bleicher, in Thomas : *Roches ophitiques de la Tunisie*, in Bull. Soc. géol. de France, 1891, p. 440.

Et enfin vers l'oued Sebgague, sur la route d'Aflour à Enflour (annexe d'Aflou), sur le flanc oriental du djebel Malah (Dir ech Chemakhen), — à Zerigat el Malah, au nord-est de l'Aïn Malah dans le cercle de Géryville, — au Kheneg el Hadjadj, — à Aïn Tiloula (deux pointements) (cercle d'Aïn Sefra), — et au djebel Melah (à l'ouest de Figuig), etc. Ces huit derniers pointements ont été relevés au cours de nos missions de 1892 à 1895 (Rapports annuels à MM. les Directeurs du Service géologique de l'Algérie).

» plaine d'Hassi Berkan[1], région d'El Goléa, M. l'ingénieur Rolland a recueilli des échantillons d'une roche, déterminée comme dolérite andésitique à structure ophitique par M. Michel Lévy. Ces échantillons n'ont point été « d'ailleurs trouvés en place. Deux de ces » échantillons semblent façonnés de main d'homme » et, d'après les guides, « ce sont des débris de moulins » touareg ».

A notre avis et contrairement à l'opinion de M. Rolland, ces échantillons de roches proviennent plutôt de gisements ophitiques du nord. Nous avons plus tard, signalé la présence de types semblables, sous forme de haches polies, de polissoirs et de pilons (néolithiques) dans de nombreuses stations de *Pierres Ecrites (Hadjera Mcktouba)* et d'*Abris sous roches* du Sud oranais [2].

D'autre part, nous avons constaté l'existence [3], à l'état de *cailloux roulés*, des roches éruptives : ophites et roches des gisements ophitiques: calcédoine verte avec épidote, tuf siliceux amphibolique altéré, etc., à divers niveaux

---

[1] G. Rolland, *Géologie et hydrologie du Sahara algérien et aperçu géologique sur le Sahara de l'Océan Atlantique à la mer Rouge*, 1890, p. 357-358.

[2] G.-B.-M. Flamand, *Notes sur les stations nouvelles ou peu connues de Pierres écrites* — (Hadjra Mektouba) du Sud oranais. C. R. Acad. Inscrip. et Bel. Lettres, 19 fév. 1892, et Anthropologie, mars avril 1892.

[3] Le même, *Note sur la géologie du Sahara nord-occidental.* Bull. Doc. géol. de France, 1896, p. 891.

dans les terrains quaternaires anciens, poudingues des hammadas : particulièrement dans le poudingue très épais (bas niveau) qui surmonte le puits d'Hassi bel Mahi (oued R'arbi) et, dans le poudingue quaternaire (niveau supérieur) le plus ancien, près des gour de Brézina (oued Seggueur), dont les éléments proviennent tous de la chaîne atlantique.

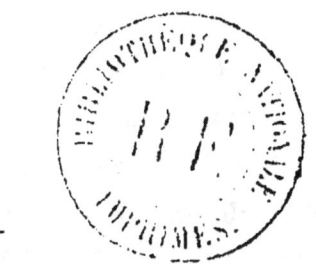

TABLE DES GRAVURES.

(Ces gravures ont été exécutées d'après les dessins originaux et croquis de M. G.-B.-M. Flamand).

	PAGES
Gour Sud-Est de Chat ou el Haouli. Zone d'épandage des grands Oueds (Sahara Oranais).	503
Gour à l'Ouest de Garet Tebel. Zone d'épandage des grands Oueds (Sahara Oranais).	504
Coupe schématique prise dans la zone d'épandage de l'Oued R'arbi entre l'Oued Seggueur (Garet Tebel) et Hassi Cheikh (Hors texte).	508
L'Erg (Grandes Dunes), (Vue prise au Nord de Hassi el Azz) (Sahara Oranais) (Hors texte)	526
Siouf de l'Erg (Grandes Dunes), (Vue prise au Sud de Hassi el Azz) (Sahara Oranais).	530
Schéma de la disposition des Tr'atir' entre l'Oued Rekama et le Meguiden (Hors texte).	534

TABLE DES MATIÈRES.

	PAGES
Avertissement.	VII

CHAPITRE PREMIER.

Nos premiers rapports avec le Grand Désert. — Différentes tentatives d'exploration dans le Sahara. — Le commerce du Sud-Algérien. — Les projets de chemin de fer transsaharien. Les nécessités politiques d'occuper les Oasis de l'Extrême-Sud. — De la sécurité de notre domination dans le Sahara-Algérien. 1

CHAPITRE SECOND.

La question du Touat depuis dix ans. 49

CHAPITRE TROISIÈME.

Le Touat et ses habitants. — Aperçus géographiques. — Notions historiques. — Mœurs. — Climat. — Maladies. 124

CHAPITRE QUATRIÈME.

Les productions du Touat. 241

CHAPITRE CINQUIÈME.

Le Commerce du Touat. 367

APPENDICE.

Aperçu général sur la géologie du bassin de l'oued Saoura et des régions limitrophes. 473

Achevé d'imprimer le 10 octobre 1897,

par la Maison L. DANEL, de Lille.